U0104056

經學研究叢書・經學史研究叢刊

尚書周書牧誓洪範金縢呂刑篇義證

程元敏 著

目次

自序

尚書記虞夏商周事，爲我國上古重要典籍，國人必讀之書。維以世代湮遠，字奥誼古，素稱難讀。更遭嬴秦焚禁，簡斷篇殘。其後漢人以隸寫古，寖失本眞；唐代翻隸爲楷，去舊尤遠。又或轉抄傳刻，手民誤植；臆度增損，淺人妄改。使尙書錯謬益甚，愈難讀矣。故治斯學者獨多，著書充棟兼兩，而近世大儒王靜安尙不免興「於書所不能解者殆十之五」之嘆，則昔賢書說猶多未達經義，從可知矣。

漢人書說專著，貞觀、永徽之際猶有存者。孔沖遠因江左好尙，義疏獨取晉人依託之孔傳，而漢學幾絕。孔傳牽就僞經，頗作不實之注；而枝蔓其言辭，尤爲通人詬病。正義既主之，故亦多空詮，宜晦菴評爲五經疏之最下者也。降及有宋，蘇東坡書傳失之簡，林拙齋全解弊在繁，呂氏家塾說書傷於巧。蔡九峰集傳，用考亭遺意，又博采當代傳注，成就較高，影響最大。宋末元初學者，則纂輯宋人語錄、書注以疏通蔡傳，不遺餘力。惟草廬吳氏秀出其間，作纂言，多所創發。永樂修大全，莫非剽竊。其後，陳一齋疏衍、郝京山辨解之作，義各有所偏主，非經詁之常經也。是有明一代書學，無足觀者。

明室既覆，漢學復興。江艮庭宗惠氏家法，撰集注音疏，鉤稽兩漢舊注，流風所被，王鳳喈後案、孫淵如今古文注疏宗之，皆反宋是務。宋學本有所長，今一槩抹殺，使典謨誓誥之微義隱旨，明而復闇。及至晚清，善化皮錫瑞承道咸公羊學緒餘，說書貴今賤古，著今文尚書攷證，主持過偏，至於誣聖害經。順德簡竹居，獨具隻眼，不泥漢宋，兼收竝畜，然其集注述疏，繁冗複沓，詮釋雖多，條達殊寡。

民國既肇，學者多以卜辭金文治書。于省吾新證、楊筠如覈詁，其傑作也。然于本忽視一篇大義，但拈孤辭單句，依傍彝銘，輾轉牽合，釋多非義；楊編兼采龜卜，通釋全經，顧稱引舊說，大率祇舉書名，不別篇章，不便考按，且於宋元大家之書，多未參看。於所解詁，序云「自信可通者，尚不過十之四五」，蓋非苟謙之辭也。

二次大戰迄今，六十餘載，治書風氣不變。抉發尚書中難題，專文討論，散見期刊雜誌者多；而通釋全經者，則不多覯。西人高本漢注釋全書廿八篇，多闡聲韻，然說經義往往隔膜，引述傳注時有誤解，又每闕斷語，令人不知所從。惟魚臺屈先生翼鵬據漢晉古注，參清人傳疏，徵以金甲文字，折衷羣言，斷以己意，著尚書釋義，最是善本，學者不可不讀。

余曩從屈先生受業，恭讀先生之書，粗識治書門徑。暇時裒集漢唐古注舊疏、清儒傳說、近人著述；又因鄞縣戴先生靜山指點，略涉宋儒之書。不拘今古，無間漢宋，博觀約取，左右采獲，而反求本經，惟善是從。嘗有志撰作一書，詳解尚書全經，擬其題曰「尚書義證」，用補前修之未備，發皇書經之奧義。

顧茲事艱鉅，非短期可成。昔儒治尚書，有謂先通其難通者，則其餘易於究尋。余敢竊斯義，先注直接攸關周武王者一篇，曰牧誓；與疑義最多，且涉及周公事蹟併周初史實之金縢一篇，資藉新近出土之「清華楚簡」，校今古本異同，以甄正公旦東征故事；洪範大法，五帝三王治國之極則，呂刑者成文律典，周穆王口述，先秦西漢典獻最多述引，後世君主治國，多所取則。斯四篇者於廿九篇全書中，嚮謂難治，攻木先堅，故茲先解此者也。

茲據十三經注疏本全錄今文廿九篇經文，分篇劃段逐句註釋。每註大率以小圈隔爲兩部分：圈上爲「義」，圈下爲「證」。「義」即案斷，故辭語尚精約；初學或非專攻斯學者，照對經、注，經義庶可通了。「證」所涵括較廣：一則考辨諸家異同，言所以去取；再則明詁訓，疏通字義辭理；或援據別本異文，以與今本讎校；亦或審訂名物度數，考索繁細、探討微旨奧義，鉤致深遠。至錯簡佚文，闕義存疑，間亦附著於其間焉。網羅眾說，一「證」往往費文數百千言，等同短篇論文一題，刻刻事事俱作案斷，定申己意，非徒抄剳陳說，敷衍成篇而已。凡引舊說，皆署出處；非習見之書，則標明引文原屬某書卷葉。每篇前著題解，言是篇之所以作；各篇之末附主要引用參考書目，駢列所引圖書簡名，卷內稱引時，或用簡名，以減省翰墨。

尚書周書牧誓篇義證

尚書周書牧誓篇義證

題解

牧誓，書序：「武王戎車三百兩，虎賁三百人，與受戰于牧野，作牧誓。」牧，說文（土部坶下）引作坶，地名，在殷朝歌近郊（今河南省淇縣之南）。是謂本篇周武王伐紂時之作也。伐紂年月，泰誓三篇（書已逸）書序曰：「惟十有一年，武王伐殷，一月戊午，師渡孟津，作泰誓三篇。」史記周本紀：「（武王東伐紂，）十一年十二月戊午，師畢渡盟津，……十二年二月甲子昧爽，武王朝至于商郊牧野，乃誓。（下引本篇文）」是史記謂武王十二年二月甲子至牧野誓師也。案：孟津至商郊四百里，赴敵宜速，戊行而癸至。若依周本紀由十二月渡孟津，二月（次年）至牧野，歷時月餘，非用武之道。恐有誤。史記齊世家：「（武王）十一年正月甲子誓於牧野，伐商紂。」與書序合，亦與尚書洪範篇合，洪範曰：「惟十有三祀，王訪于箕子。……」訪箕在克殷後，史記周本紀又曰：「武王已克殷後二年，問箕子殷所以亡，箕子不忍言殷惡，以存亡國宜告。」「存亡國宜」，謂洪範九疇（史公盡錄其文于宋微子世家）。洪範言「十有三祀」，在「已克殷後二年」，是克殷當武王之十一年，史記周本紀、齊世家竝與書序合，竹書紀年亦謂武王十一年始伐商（見王國維古本竹書紀年輯校），記十二年二月甲子者史公誤，諸家不必以周正殷正曲爲之說，免節外生枝。

本篇雖記武王伐紂誓師之辭，然非殷、周之際著成，此由下證可知：（一）其文辭不似周誥古奧，而與其它三誓（甘誓、湯誓、費誓）相近，故不得早至春秋。（二）本篇記武王面稱與征將士曰「夫子」（「夫子勖哉」、「勖哉夫子」），崔述洙泗考信錄（卷二頁三八）曰：「凡『夫子』云者，稱甲於乙之詞也，春秋傳皆然；未有稱甲於甲而曰『夫子』者，至孟子時，始稱甲於甲而亦曰『夫子』，孔子時無是稱也……。」李宗侗裒集左傳、國語、論語、孟子中「夫子」，研究其作稱代詞之位，結論與崔氏所說同。（見所著「論夫子與子」，載中央研究院歷史語言研究所集刊第二十八本。）

結論：本篇記周武王發伐紂，於商朝歌郊外牧野誓師之辭。乃後人——戰國時人——述古之作。

時甲子昧爽（註一），王朝至于商郊牧野（註二），乃誓。

釋文

一　甲子，周武王十一年正月甲子日也（詳題解）。昧，冥也；爽，明也（僞孔傳）。昧爽，天微明、日未出之時也。◯利簋：「珷征商，隹甲子朝，……。」漢書律歷志引武成「甲子咸劉商王紂」。此有日無年月者，劉盼遂錄觀堂學書記（全文載國學論叢二卷二號總頁二五一—二九一）：「無月者，月在泰誓中也。」覈詁（卷三總頁五十）：「古書多不紀年，而月日則必兼備。此篇不載何月，蓋以前有大誓一篇，已詳紀其年月而省耳。」案：楊說未盡，尚書泰誓、牧誓、武成，記武王伐紂始末，年或在武成篇中；古書有繫年於末如召、洛二誥之例。昧爽，禮記內則：「昧爽而朝，慈以旨甘。日出而退，各從其事。」是昧爽爲微明、日未出也（參孫疏卷十一總頁一◯九）。昧爽猶詩鄭風女曰雞鳴「昧旦」，朱傳：「天欲旦。」（說文：「旦，明也。」）荀子儒效謂武王伐紂，軍「厭旦於牧之野」，楊注：「厭，掩也；夜掩於旦，謂未明已前也。」厭旦亦猶昧爽、昧旦也。釋文引馬融云：昧，未旦也。

二　王，武王也。本或王上有武字。商郊，商都朝歌之郊也。牧，地名；在朝歌南七十里（說文「坶」字下），今河南省淇縣之南。牧野，牧之野外也。◯大傳：「武王伐紂，至于商郊。」（輯校卷二頁一）史記周本紀：「武王朝至于商郊牧野。」詩大明鄭箋：「書牧誓曰：『時甲子昧爽，武王朝至于商郊牧野。』」（詩閟宮孔疏引牧誓文同鄭箋所引）王上皆有武字，撰異（經解卷五七九頁一）：「武字未必鄭所加，史臣追加之，如湯誓史臣追加王字也。」案：

湯伐桀、武王伐紂時已稱王；武爲美稱非謚，及身而有：皆非史臣追加。大傳、史記、鄭（詩閟宮孔疏蓋據鄭）本與僞孔不同，王上原有武字，猶酒誥「王若曰」上，漢世傳本或多「成」字，亦與僞孔不一。牧野，鄭玄曰：「郊外曰野，將戰于郊，故至牧野而誓。」（書疏引）鄭謂武王師將戰於朝歌近郊，先於其遠郊牧地之野外誓之，其書序注（詩大明疏引）云：「牧野，紂南郊地名。禮記及詩作坶野，古字耳。」亦以牧爲地名。羣經平議（卷五頁一）據爾雅釋地「邑外謂之郊，郊外謂之牧，牧外謂之野」，謂牧亦野，非地名。案：牧野，詩大雅大明）「牧野洋洋」、魯頌閟宮「于牧之野」、禮記大傳「牧之野」，揆其文意，皆言於牧地之野外，武王誓師焉。且鄭玄所見古文禮記及詩經牧作坶、內野本尚書牧作坶，與說文引牧作坶略合；不得如爾雅「郊外牧」之義，甚明。俞說失之。

王左杖黃鉞，右秉白旄以麾（註三）；曰：「逖矣西土之人（註四）。」

釋文

三　杖，持也（說文）。鉞，本又作戉（釋文）；戉，大斧也（說文）。黃鉞，大斧以銅製，故云。秉，執也（爾雅釋詁）。旄，旄牛尾（釋文引馬融說）；說文作氂。注氂牛尾於杆首也。麾，指揮也；說文作摩。〇王杖鉞者，東坡書傳（卷九頁七）：「王無自用鉞之理，以爲儀耳。」不獨爲儀，逸周書克殷篇、史記周本紀皆記武王以黃鉞斬紂。左執鉞、右秉旄者，僞孔傳：「左手杖鉞，示無事於誅；右手把旄，示有事於教。」王安石從而以五行學爲說（全解卷二三頁四引）。竝失之。

四

逖，遠也（僞孔傳）。古本作逷。西土，西方也；周在西方，故云。又參與討紂者（庸、蜀等）皆西方諸侯，故統稱西土之人。◯逖，本當作逷，撰異（經解卷五七九頁二）：「爾雅釋故：『逷，遠也。』郭注：『書曰：「逷矣西土之人。」』北齊書文苑傳顏之推觀我生賦曰：『逷西土之有眾』，文選李善注兩引書皆作逷。是唐初本尚作逷。衛包據說文逖爲今字、逷爲古字改之，而開寶閒又改釋文也。」案：內野本、汗簡、書古文訓（卷七頁八）逖皆作逷。段說有據。誓眾而稱逖矣西土之人者，勞其勤而勵其進；且自別於東土之商，以激有眾同仇敵愾之情也。「乃誓」之下即可徑接「王曰古人有言」云云，今復加入「左杖」至「予其誓」一節者，吳闓生曰：「將一番文字頓作二三層級，以爲文章節奏。從空際展拓，摹寫武王神威及三軍列國聲勢，一一赫弈如見；省卻多少鋪敘閒文。乃由無文字處生出文字，想見史家于此特費經營，所謂夾縫中寫生手也。」（大義卷一頁三六）

王曰：「嗟！我友邦冢君、御事；司徒、司馬、司空、亞、旅、師氏、千夫長、百夫長（註五），及庸、蜀、羌、髳、微、盧、彭、濮人（註六）。稱爾戈，比爾干，立爾矛（註七），予其誓（註八）。

釋文

五　友，讀爲有；友邦，史記周本紀作有國。冢，大也（史記周本紀集解引馬融說）。友邦冢君，謂有封國（諸侯）之君長。御，治也（僞孔傳）。御事，邦君執政之官也（覈詁卷三總頁五一）。司徒以至百夫長，皆周國官員。司徒，主民；司馬，主兵；司空，主土（僞孔傳。並詳洪範八政。）。亞、旅，二官；皆兵職，蓋軍帥之副貳之職。師，義同洪範八政之「師」；師氏，亦掌兵之官。千夫長、百夫長，亦皆掌兵之官。千夫長，統千人之帥（蔡傳）。百夫長，一「卒」（百人爲一「卒」）之長也（書疏引王肅說）。◯武王時已受天命，儼然天子，率西方諸侯伐罪，視之爲己所命封之國，故友邦當如臯陶謨「亮采有邦」、多方「有邦間之」，釋如呂刑「有邦有土」，義同史記「有國」。周禮大宗伯「以賓射之禮親故舊朋友」鄭注：「天子亦有友諸侯之義」，且引本篇「我友邦冢君」爲證。是鄭玄視武王爲天子，待諸侯爲封國。御事先三公，非書篇之常經，故傳、疏謂御事指下司徒、司馬、司空——治事三卿而言。尚書無此例。而大傳（輯校卷二頁一）（載泰誓）、史記周本紀（蓋亦據泰誓）武王告臣屬竝無邦君、御事。案：彼泰誓所記爲武王九年會諸侯於盟津之初告辭，與牧誓非一事，不得引以證牧誓文衍。王國維亦謂御事爲諸侯國之卿（劉錄學書記），覈詁之所本。說可從。亞旅，僞孔傳：「亞，次、旅，眾也；眾大夫其位次卿。」以亞旅爲一官。案：酒誥「內服百僚庶尹惟亞惟服」，甲金文頗見亞官（詳斯維至兩周金文所見職官考頁二三一，全文載金陵齊魯華西三大學中國文化研究彙刊七卷），是亞自爲一官；詩周頌載芟「侯亞侯旅」，亞、旅各爲一官。傳失之。左成二年傳：「（魯）賜三帥……三命之服，司馬、司空、輿帥、候正、亞、旅皆受一命之服。」疏：「軍行有此大夫從者，司馬主甲兵，司空主營壘，輿帥主兵車，候正主斥候，亞、旅……無專職掌，散共軍事。」是亞、旅爲軍職，與本篇合。又亞、旅既受一命，是位次於三命之卿（左傳疏據周禮），蓋大夫也。此師氏亦掌兵之官，彔卣「女其以成周師氏戍于𠂤」、詩大雅雲漢「趣馬、師氏」毛傳：「師氏弛其兵」、又毛公鼎「小子、師氏、虎臣」、顧命「師氏、虎賁」，皆以師氏與虎臣連舉；虎臣即虎賁，爲武人，師氏宜同（並參兩周金文所見職官考頁七）。周禮地官師氏之職：「……使其屬帥四夷之隸，各以其兵服守王之門外且蹕。朝在野外，則守內列。」其位下大夫，見序官。云百人爲一卒，據司馬法。

六

庸，地在今湖北省竹山縣東。蜀，在今四川省成都。羌，西戎牧羊人也。髳，在今山西省平陸縣。微，在今陝西省郿縣。盧，在今湖北省南漳縣。彭，在今湖北省鄖西縣。濮，在今湖北省石首縣至湖南省澧縣、常德縣一帶。○庸，即文十六年春秋經「庸人帥羣蠻以叛楚」之庸，杜注：「上庸縣」，故城在今湖北省竹山縣東。國爲楚所滅（參春秋大事表譔異頁三七五—三七七）。蜀，即西蜀，今四川省成都（參地理今釋，經解卷二〇七頁三三）。羌，覈詁（卷三頁五一）：「說文：『西戎（楊氏誤作方，今正。）牧羊人也。』詩殷武『自彼氐羌』，鄭箋：『夷（狄）國在西方者。』」髳，成元年春秋經「王師敗績于茅戎」，王國維疑即此髳（劉錄學書記），據括地志古茅地在今山西省平陸縣。微，字與郿通，在今陝西省郿縣（覈詁卷三頁五一）。盧，殆即春秋之盧戎，古地在今湖北省南漳縣東北（春秋大事表譔異頁四九四）。彭，書經稗疏（卷四頁四）：「彭之爲國，濱於彭水，當在（湖北）上津縣之南也。」在今湖北省鄖西縣西北。濮，左文十六年傳「麇人率百濮聚於選」（昭元年左傳、十九年左傳竝及「濮」），逸周書王會篇云正南之王有百濮，僞孔傳云在江漢之南，春秋左氏傳地名圖考（頁一七〇）謂自今湖北省石首縣以南至湖南省澧縣、常德迤西地帶爲百濮散居之地。蠻夷與師伐紂者，精義（卷二六頁八）引張九成曰：「文王爲西伯，故西南夷來助。文王美化行乎江漢之域，故江漢之夷來助。」案：時三分天下，周有其二；蠻夷歸心於周久矣，興師來助，固理勢所許。

七　稱，舉也（僞孔傳）。比，「附也；謂附近身體也。」（釋義）○比，書古文訓（卷七頁十）：「以次列也。……舉戟排盾卓戈而聽之。」案：盾者，人各所持，以扞敵蔽身，故言比附。薛說失之。書疏：「戈短，人執以舉之，故言稱；楯則並以扞敵，故言比；矛長立之於地，故言立也。」將誓而先戒其稱戈比干立矛者，蔡傳：「器械嚴整，士氣精明，然後能聽誓命。」

八　其誓，將戒敕之也。

王曰：「古人有言曰：『牝雞無晨；牝雞之晨，惟家之索。』今商王受，惟婦言是用（註九）。昬棄厥肆祀，弗荅（註一〇）。昬棄厥遺王父母弟，不迪（註一一）。乃惟四方之多罪逋逃，是崇是長（註一二），是信是使（註一三），是以為大夫、卿士（註一四）；俾暴虐于百姓，以姦宄于商邑（註一五）。今予發惟恭行天之罰（註一六）。

釋文

九 古人有言曰，鄭玄曰：「以古賢之言爲驗。」（詩大雅蕩疏引）牝雞，雌雞也。晨，謂早旦鳴如雄雞然也。上「之」字，猶若也。惟，語詞，有「爲」意，焦氏易林六注引作「爲」。下「之」字，其義爲「是」。索，盡也；謂窮也。牝雞無晨以下三句，謂雌雞無司晨之理，雌雞若如雄雞司晨，則主其家衰敗；以喻婦人無與政事之理，婦人而與政事，則其國喪亡。受，殷末帝紂名。婦，謂妲己。○將索紂罪之本，先引古賢之言爲證。酒誥、泰誓亦竝有「古人有言曰」，所揭者蓋皆相傳之格言大訓。史記周本紀引無「曰」字，史遷省文；羣書治要引同。牝雞，書疏：「爾雅：『飛曰雌雄，走曰牝牡。』而此言牝雞者，毛詩、左傳稱『雄狐』，是亦飛走通也。」爾雅以牝牡專言走獸，乃後起之義。呂氏春秋等書謂紂名受德，誤，說詳立政。參楊樹達竹書紀年所見殷王名疏證，積微居甲文說。妲己，有蘇氏女，紂聽信其言，紂敗，武王斬其頭，說詳書疏。唐石經「是」字旁注，漢書五行志引此經無「是」字（阮元校勘記），案：「是」字當有，下文「惟四方之多罪逋逃是崇是長……」與此句句式同、旨近，而有「是」字；又皋陶謨「惟慢遊是好」、金縢「惟永終是圖」，句法亦竝似此句：皆以「惟……是」爲型。古本省字，不可從也。

一〇 昬，讀曰泯（述聞，經解卷一一八二頁三二），滅也；昬棄，絕棄也。下「昬棄」義同。肆，祭名（史記周本紀集解引鄭玄說）；肆享，祭宗朝也（周禮春宮大祝及典瑞鄭注）。肆祀，宗廟之祭祀也。荅，報也。弗荅，謂廢宗廟之禮，不報本也。○昬，述聞讀曰泯，引左昭二十九年傳「若泯弃之物」、國語周語「不共神祇而蔑棄五則」，謂昬棄猶蔑棄。案：杜注泯曰滅；滅，絕也。揆本篇上下文，釋昬爲「絕」是。僞孔傳以昬棄爲昏亂，失之。肆，舊訓陳，不可通。書古文訓（卷七頁十）：「郊社不修，宗廟不享，是爲昏弃常祀不荅。」訓肆祀爲常祀。厥後，書經注（卷七頁十三）訓肆祀爲大祀。皆未遑深考。書纂言（卷四頁二）：「肆，祭名，未詳其義，周官『以肆獻祼享先王』。」是明引春官大宗伯解肆爲祭享先王之廟。案：周禮大祝「凡大禋祀肆享祭示則執明水火而號祝」，鄭注肆爲祭宗廟，據大宗伯及周禮春官典瑞「以肆先王，以祼賓客」，其說可信。矧春官肆師之職，掌祀禮，以佐大宗伯；肆師蓋亦因祭得名。肆祭，典瑞鄭注「解牲體以祭」。又詩周頌雝「相予肆祀」，鄭箋：「百辟與諸侯又助我陳祭祀之饌」，訓彼肆爲陳，各有攸當，非鄭說自相牴牾，清儒論之未盡是。荅，上肆祀既爲祭宗廟，此荅應爲報荅祖先，東坡書傳（卷九頁八）：「祀所以報也，故謂之荅。」覈詁（卷三頁五二）：「荅，鄉射禮孔注『對也』，與清廟『對越在天』、毛公鼎『對敭天子皇休』同義；對之言報也。」尚書說（卷四頁六）云「鬼神弗荅」，誤賓語爲主語。

一一

王，謂先王、蓋帝乙也。王父母弟，蓋謂微子啓、仲衍也。迪，用；謂進用。史記周本紀引作用。二句，言紂絕棄其先王所遺留之同父同母兄弟不任用也。○王父母弟，僞孔傳：「王父（弟），祖之昆弟；母弟，同母弟。」以王父爲祖父（史記周本紀載太誓集解引鄭注同），合爾雅釋親「父之考爲王父」，顧乃後起之義，新證（卷一頁二八）：「凡甲骨金文稱祖父母皆曰祖某妣某，稱父母爲考某母某，考某亦稱父某。」父（考）上加帝以稱其先王者，買簋「其用追孝于朕皇祖帝考」、周克鼎「其于享于厥帝考」、師仲父鼎「其用享于孝于皇祖帝考」，上加王以稱母者，易晉卦六二「受其介福，于其王母」。書纂言（卷四頁二）始釋此王爲先王，纂疏（卷四頁八）更引左昭三年傳「先君之（適及）遺姑姊妹」、亦謂王爲先君，且二家又皆訓遺爲遺亂：後人多承其說。解爲同父母弟者，今古文攷證（卷三頁一）：「母弟，兼母兄言之，謂微子、微仲，呂氏春秋（當務）以爲皆紂之同母兄也。」暫用其說。今古文集解（卷十一頁四）：「古稱王父猶言伯父、叔父，晉語：『年過七十者，公親見之，稱曰「王父」；王父不敢不承。』是也。」不知紂之伯父叔父謂誰，其子何人，晉語伯叔非指血親，引以解此經，頗不倫。王，漢石經（隸釋卷十四載）作任，蓋此經原作王，誤作壬，後又增人旁爲任，而石經（用小夏侯本）承之，史記引太誓「（紂）離逷其王父母弟」，正作王，可證。迪，僞孔傳訓道，云「不接之以道」，失之。迪當讀爲由；由，用也。史公以詁訓字「用」易本經字「迪」也（參羣經平議卷五頁一）。詩大雅桑柔：「維此良人，弗求弗迪。」疏訓迪爲進用。「昏棄厥遺王父母弟」，史記周本紀作「昏棄其家國，遺其王父母弟」，所多「家國」二字乃史公釋文，漢石經「厥遺」連文，無此二字，與今本同；且上引太誓「離逷其王父母弟」，與此句義近，句式同，而「逷」、「其」之間亦無「家國」。

一二　逋，（逃）亡也（說文）。逋、逃，同義複詞。多罪逋逃，釋義：「謂罪惡多而逃亡之人也。」是崇，尊之也；是長，亦尊之也。崇，長複詞。○逋逃連用，義爲逃亡，費誓：「臣妾逋逃。」大誥「逋播臣」，謂有罪逃亡之臣，與此義近。左昭七年傳：「昔武王數紂之罪以告諸侯曰：『紂爲天下逋逃主，萃淵藪。』」謂四方有罪逃亡之人皆以紂爲主，集而歸之也。與此經合。

一三　是信，信賴之；是使，任用之。

一四　大夫，官名，位在卿下、士上。卿士，卿也（書纂言卷四頁二）；官名，位在大夫上。○此經「卿士」，猶詩小雅十月之交「皇父卿士」之卿士，祇是一官，非謂卿與士二官。左隱三年傳「鄭武公、莊公爲平王卿士」，杜注：「卿士，王卿之執政者。」亦以卿士爲一官。尙書另九稱卿士，亦皆指一官。本篇僞孔傳、十月之交毛傳皆訓士爲事，「金文中每有『卿事』，即『卿士』也，說文：士，事也。故通用。」（劉錄學書記）覈詁（卷三頁五二）從之，且增引論語異文、荀子致仕注，證「士」通「事」，云：「卿事（士），執政之官，非上士中士下士之士也。」卿在大夫上，周禮春官：「王之三公八命，其卿六命，其大夫四命。」而此經以大夫先卿士者，當自作者謀篇觀之：此節責紂之於其罪臣如飛廉、惡來輩，先言崇長之，次言信使之，再言以之爲高官；既爲高官，然後彼奸回敗德之人乃得暴虐百姓，姦宄商國。——由輕敘至重，舒徐不迫，嚴肅而溫厚。據此，則孫疏（卷十一總頁一一二）：「大夫卿士，不云卿大夫士，蓋以此士、卿之屬也。」述疏（卷十一頁七）：「王制云：『諸侯之上大夫卿』。繇是推之，蓋天子亦然，詩所以言正大夫也。經不以卿大夫士爲文，於文自適也。」疑竝失之。史記周本紀引無「是以爲大夫卿士」，今文攷證（卷十頁四）：「疑……今文尚書本無，乃後人解經之詞，誤入正文。」案：經文去此句，則文氣中絕，矧彼羞刑逸德之人不爲大夫卿士，又何得殘虐邦國。史公疎脫，皮說失之。

一五 商邑，殷國城邑；謂商國（此例尚書習見），史記周本紀作商國。

一六 發，周武王名。恭，史記周本紀作共；恭行即共（供）行，執行也（甘誓語同）（詳撰異，經解卷五七九頁五—六）。◯此九字句，宋、元儒書全解、精義、纂傳、纂言，皆屬上段，而清簡氏述疏蓋從之，云：「湯誓云：『有夏多罪，天命殛之』，此湯誓所以伐夏者也。今牧誓義同，故備陳商罪，而以一言要之曰：『今予發惟恭行天之罰』。」（卷十一頁七—八）吳氏大義亦以此句屬上段。案：湯誓次段云：「夏氏有罪」，遂以二語要之曰：『予畏上帝，不敢不正』，二語義與此句逼似，皆在段末。

今日之事，不愆于六步、七步，乃止、齊焉（註一七）。夫子勖哉（註一八）！不愆于四伐、五伐、六伐、七伐，乃止、齊焉（註一九）。勖哉夫子！尚桓桓，如虎、如貔、如熊、如羆（註二〇），于商郊。弗迓克奔，以役西土（註二一）。勖哉夫子！爾所弗勖，其于爾躬有戮（註二二）。

釋文

一七　徂，（超）過也（僞孔傳）；史記周本紀作「過」。步，足步。不徂于六步、七步，謂兩軍將接、衝進之步數不適六、七也。止，謂止步、齊，言整齊其隊伍也。◯證詳註一九。

一八　勖，勉也；史記周本紀作勉。夫子勖哉，呼將士而勉之也。◯勖，俗形譌作勗；尚書注疏本作勗，亦失正。說文力部：「勖，勉也；从力冒聲。周書曰：『勖哉夫子。』」段注：「（爾雅）釋詁同（敏案：阮刊宋本爾雅亦譌作「勗」）。邶風（燕燕）『以勖寡人』，傳曰：『勖，勉也。』方言曰：『釗薄，勉也。……齊魯曰勖。』按：勖古讀如茂，與懋音義皆同，故般庚『懋建大命』、『予其懋簡相爾』，今文尚書懋皆作勖，見隸釋石經殘碑。心部曰：懋，勉也。」勖音訛許玉切者，郝懿行爾雅義疏（經解卷一二五七頁三二）引阮元曰：「勖从冒聲，當讀與冒同。今人讀若旭者，漢以後音之譌變。……詩『以勖寡人』，坊記引作『以畜寡人』，是勖、畜同音，其來已久。」劉錄學書記：「詩『以勖寡人』，禮記引作畜。按：詩義本當爲冒字，後人以禮記畜音讀之，遂改作今勗爾。」說與阮氏略同。吳錄講授記（全文載國學論叢一卷三號頁一九九—二二六）：「勗當讀冒，……不知因何變讀若洫。漢時尚讀爲冒，敦煌石室近發現一王莽詔書，中有云：『可不冒哉！』可證。」案：

君奭：「惟茲四人昭武王，惟冒。……我咸成文王功于不怠，丕冒。」二冒字皆借爲勖。又堯典「惟時懋哉！」皋陶謨二見「政事懋哉！懋哉！」彼懋哉即此勖哉。尚書凡七勖字，音義皆當如上所考。

一九

伐，謂擊刺也（詩周頌維清疏引鄭玄尚書注）；一擊一刺曰一伐（禮記曲禮上疏引鄭玄尚書注）。不愆于四伐、五伐、六伐、七伐，謂敵我刀兵既相接、進擊不逾四、五、六、七次也。○謂之擊刺者，書疏：「上有（稱爾）戈、（立爾）矛，戈謂擊兵，矛謂刺兵，故云。」說拘泥忒甚！戰豈無刀斧乎？步伐止齊二句，鄭玄注（曲禮上疏引）：「始前就敵，六步、七步，當止、齊正行列；及兵相接，少者四伐，多者五伐，又當止、齊正行列也。」才進而止、少擊乃休者，以此戰猛烈，勢不得不爾，東坡書傳（卷九頁八）：「孫武言用兵，其勢險，其節短，故不過六步、七步、四伐、五伐、六伐、七伐，必少休而整齊之。」精義（卷二六頁十一）引張九成曰：「休止以養其力，整齊以警其慢。」合上三家說，蓋得經義。雖然，戰場風雲瞬息萬變，豈可拘於步數伐數？東萊書說（卷十六頁四）：「軍陣之間形勢高下，敵情艱險，皆不可知。拘於止齊，亦豈聖人之法乎？周禮大司馬『伍兩卒，旅各有其長』。使止齊者，使其步伍之長各自止其止，自齊其齊，故當戰亦井然有序，不失紀律；三軍一人，百將一指。」諒得其情。周殷牧野激戰，兩軍情勢險嚴，孫子兵法杜注援以釋疏此牧誓文，孫子埶篇：「激水之疾，至於漂石者，埶也；鷙鳥之疾，至於毀折者，節也。是故善戰者，其埶險、其節短。埶如彍弩，節如發機。」杜牧曰：「勢者，自高注下，得險疾之勢，故能漂石也。節者，節量遠近則攫之，故能毀折物也。」又曰：「彍，張也，如弩已張，發則殺人。……機者，固須以近節量之，然後必能中。……此言戰陳不可遠逐敵人，恐有隊伍離散斷絕，反爲敵所乘也。故牧野誓曰：『六步、七步、四伐、五伐。』是以近也。」樂記「天子夾振之而駟伐」，鄭注：「駟當爲四，聲之誤也。武舞，戰象也；每奏四伐。一擊一刺爲一伐。（尚書）牧誓曰：『今日之事，不過四伐、五伐。』」疏：「云駟當讀爲四，聲之誤也者，以牧誓有四伐之文，故讀爲四也。云每奏四伐者，武樂六奏。每一奏之中，舞者以戈矛四度擊刺，象伐紂時也。引牧誓曰『今日之事，不過四伐、五伐』者，此武王戒誓士眾云：『今日戰事，前進不得過四伐、五伐，乃止齊焉。』」曲禮上疏引鄭玄尚書注「少者四伐，多者五伐」，疏又引牧誓注文「四伐、五代，乃止齊焉」。故江聲、王鳴盛皆疑「六伐、七伐」爲衍文。案：樂記鄭注引牧誓「四伐」以證「駟伐」之義，連帶及於「五伐」；「六伐、七伐」節而未引。此注經之常。而疏僅依注，亦節取牧誓文，且貼注爲說。至曲禮疏引鄭「多者五伐」，今文經說攷（卷十三頁八）：「五字乃七之譌，僞孔傳云：『伐謂擊刺，少則四、五，多則六、七，以爲例。』其語即本於鄭注。」陳氏說是。四伐與五伐，伐數相近，難以形容少、多之差距，鄭必謂「少則四伐，多則七伐」。數字誤作，不易察見，據誤而疏者，乃節取牧誓文求合于注，非鄭、孔所見本缺此四字也。史記周本紀引、漢石經（隸釋卷十四）竝有此四字，可證。

二〇 尚，庶幾也（爾雅釋言）；希冀之詞。桓桓，威武貌；重言形況字。貔，猛獸；豹屬（說文）。羆，爾雅釋獸：「如熊，黃白文。」郭璞注：「似熊而長頭高腳，猛憨多力，能拔樹木。」于，於也。〇于，便讀（卷四上頁五）：「于，如也；往也。」述疏（卷十一頁八）：「于，往也。大誥：『予翼，以于。』言庶幾威武如四獸然，齊往商郊也。」于得訓往，見大誥。二家以爲誓於牧野，自牧野徂商郊——朝歌邑之郊外。亦通。

二二　迓，迎擊也（僞孔傳）；或本作御，御、迓古音近義通，亦當訓迎擊。奔，謂奔走來降（周）者。役，義如周禮春官瞽矇「以役大師」之役，謂令供役使也。兩句，戒師眾不可迎擊來降之殷人，將以降者供役使於周也。◯迓，史記周本紀作禦，馬融本（釋文引）、鄭玄本（史記周本紀集解引）同；王肅本（書疏引）、匡謬正俗作御。迓與御、禦古音極近，義近。迓訓迎，義爲迎擊，史記淮陰侯傳韓信擊魏，「魏王豹驚，引兵迎信。」迎信，迎擊韓信。御亦得訓迎擊，列子周穆王篇：「鄭人有薪于野者，遇駭鹿，御而擊之。」張湛注：「御音訝，迎也。」迎、擊並用。經籍御訓迎，不遑枚舉。諸家讀御爲禦，訓止，或申義曰抵制，意者皆不免繞曲，不如僞孔說直截明當。書纂言（卷四頁三）謂「弗迓克奔」指紂眾「弗來迎戰（周人），而能來降者，（周人）則受之，……」案：此篇呼西土之人而告之，「弗迓」，謂西土之人不可迎擊能來歸者；「西土之人」當前省略。吳氏失之。平議（卷五頁一）謂兩句乃勉將士殺敵致果，進擊弗止（禦訓止），克奮發（奔訓奮）以從我西土之役也。案：自「今日之事」至「于商郊」，已勉士卒奮勇殺敵，此不當復出。且武王所告者，皆西土之人，故首呼「逖矣西土之人」，則西土者師眾之西土。如俞氏言，則友邦冢君等非西土之人，乃從西土之人征役者，是本篇所誓者非全體師眾。絕無是理。矧「奔」義如荀子議兵篇「犇命者不獲」之犇，謂來降者，而俞氏據詩傳讀如奮，以解此句，殊牽強。

二三一 所，猶若也（釋詞）。所弗勖，蔡傳：「謂不勉於前三者。」○「爾所弗勖」，內野本作「所爾弗勖」，爾、所誤倒。所以然者，蓋「所」作「若」義，經傳常弁「所」於句首（如詩牆有茨「所可道也」、左僖二十四年傳「所不與舅氏同心者」，……），錄此經者因牽涉而誤抄。尚書五誓，除秦誓非征伐戒眾之辭，不及賞功罰過外，甘、湯、費三誓皆賞、罰兼告，獨此篇舉罰而遺賞，王安石曰：「『功多厚賞』，前誓已言（敏案：僞古文泰誓下：「功多有厚賞。」）。此不再言，而獨言『有戮』（僞古文泰誓下：「不迪有顯戮。」此篇末句「其于爾躬有戮。」）者，軍事以嚴終，亦『威克厥愛』（僞古文胤征文）之意。」（輯纂卷四頁十引）介甫引僞泰誓，固不足據。然余疑眞泰誓中，應有告賞賚之文，本篇不必復言；良以軍事以嚴終（泰誓亦此戰之戒辭，在先。），故末獨著罰罪之辭也。

尚書周書牧誓篇義證　引用書要目（略以采用先後爲序）

書名	簡稱	著者	板本
史記		漢司馬遷	藝文印書館影印本
洙泗考信錄		清崔述	河洛圖書出版社影印本
觀堂學書記		王國維 劉盼遂筆記	載國學論叢一卷三號
尚書覈詁	覈詁	楊筠如	北強學社鉛印本
尚書今古文注疏	孫疏	清孫星衍	廣文書局影印本
經典釋文	釋文	唐陸德明	通志堂經解本
尚書大傳輯校	輯校	清陳壽祺	皇清經解續編本
尚書注疏	書疏	僞孔安國傳 唐孔穎達疏	藝文印書館影印本
羣經平議	平議	清俞樾	世界書局影印春在堂全書本
東坡書傳		宋蘇軾	學津討原本
尚書全解	全解	宋林之奇	通志堂經解本
古文尚書撰異	撰異	清段玉裁	皇清經解本

書名	簡稱	著者	板本
書古文訓		宋薛季宣	通志堂經解本
尚書大義	大義	清吳闓生	民國刊本
書集傳	蔡傳	宋蔡　沈	世界書局影印本
春秋大事表譔異		陳　槃	中央研究院歷史語言研究所鉛排本（專刊之五十二）
書經稗疏	稗疏	清王夫之	船山學會影印本
尚書精義	精義	宋黃　倫	道志堂經解本
經義述聞	述聞	清王引之	皇清經解本
書纂言		元吳　澄	通志堂經解本
書經注		元金履祥	十萬卷樓叢書本
尚書說		宋黃　度	通志堂經解本
書蔡傳纂疏	纂疏	元陳　櫟	通志堂經解本
尚書今古文考證	今古文考證	清莊述祖	珍藝宧遺書本
尚書今古文集解	今古文集解	清劉逢祿	皇清經解續編本
尚書集注述疏	述疏	清簡朝亮	鼎文書局影印本

書名	簡稱	著者	板本
今文尚書攷證	今文攷證	清皮錫瑞	藝文印書館影印本
尚書纂傳	纂傳	元王天與	通志堂經解本
觀堂尚書講授記		王國維 吳其昌筆記	載國學論叢一卷三號
東萊書說		宋呂祖謙	通志堂經解本
尚書後案	後案	清王鳴盛	皇清經解本
尚書古注便讀	便讀	清朱駿聲	廣文書局影印本

尚書周書洪範篇義證

尚書周書洪範篇義證

題解

洪範，大法也。法有九類，故經文兩言「洪範九疇」，且取句之二字名篇。伏生、歐陽、大小夏侯本皆入周書類（以其皆第篇於坶誓後知之），馬、鄭本同（意王肅本亦同），僞孔傳承之。惟左傳三引（詳下）本篇文皆稱「商書曰」，說文（林部、丂部、女部）亦稱商書（參許錟輝先秦典籍引尚書考），漢書儒林傳稱及本篇時，次第在微子篇之前，皮錫瑞今文尚書攷證（卷十一頁二）曰：「班氏以洪範列微子上，則今文尚書次序或以此篇列微子之前，則此爲商書。」是也。愚案：史記宋微子世家全載本篇之文，固承左傳之下，先以本篇爲殷商文獻矣。考本篇範疇雖箕子所陳，然周室史官所錄（以呼武王爲王知之），當爲周代文獻，且時在殷滅二年之後，入商書殊無理。

書序曰：「武王勝殷殺受，立武庚，以箕子歸，作洪範。」箕子歸，尚書大傳曰：「武王釋箕子之囚，箕子不忍周之釋，走之朝鮮。武王聞之，因以朝鮮封之。箕子既受周之封，不得無臣禮，故於十三祀來朝武王；因其朝而問洪範。」（尚書洪範序疏引）是大傳以爲武王十三年武王問範於箕子，與本篇「惟十有三祀，王訪于箕子」云云合，史記周本紀曰：「武王已克殷後二年，問箕子殷所以亡，箕子不忍言殷惡，以存亡國宜告。」克殷爲武王十一年（見牧誓篇），後二年，即十三年，與舊說亦合。惟史記宋微子世家記箕子既陳範，「於是武王乃封箕子於朝鮮」，稍有不同，然固無害其爲十三年之事也。

書序以下諸家，皆以洪範爲箕子所陳，是當時文獻，既如上所述。然有可疑：詩經小雅小旻篇曰：「國雖靡止，或聖或否，民雖靡膴，或哲或謀，或肅或艾。」鄭箋引本篇爲說曰：「睿作聖，明作哲，聰作謀，恭作肅，從作乂，詩人之意，欲王敬用五事，以明天道，故云然。」鄭玄以本篇爲周初文獻，而小旻詩作於幽王時，是謂詩人用洪範五事戒王。王應麟遂謂此五句「皆洪範之學」（困學紀聞卷二）。惟朱子精詣卓識，雖亦承認「國雖靡止」五句，「合洪範五事」，然嘗致其疑曰：「聖、哲、謀、肅、乂，即洪範五事之德，豈作此詩者亦傳箕子之學也與？」（詩集傳）近人劉節撰「洪範疏證」（古史辨冊五頁三八八至四〇三，下凡用劉氏之說，皆出於此文。）及屈師翼鵬尚書釋義（頁五九—六十）皆謂洪範襲詩，而非詩祖洪範。惟何以知詩著成在前而範在後？二家皆未明言。愚謂人類於某事之致思，初則粗略，愈後愈精，堯典言「直而溫」等四德，皋陶謨衍爲「寬而栗」等九德，謨固後作於典也。詩小旻此章「或肅或艾」下更有「如彼泉流，無淪胥以敗」，與上五句構結不甚緊密。至洪範著者，乃以「恭、從、明、聰、睿」發明詩「肅、艾、哲、謀、聖」，更以條配「貌、言、視、聽、思」，體系嚴整，結構綿密。範襲詩文而推衍之，灼然有證。小旻西周末年至東周初年詩，範既得襲其說，是本篇不致早至西周著成，此其一。本篇庶徵言「王省惟歲，卿士（省）惟月，師、尹（省）惟日」，末又言「庶民（省）惟星」，顯然以師、尹地位次於卿士。王國維據西周書篇、詩大雅、金文，劉節據詩小雅（節南山）、國語申王氏之說，謂師、尹西周時位在三公，不應置於卿士之下，故知本篇非西周作成。尚書釋義釋師尹爲眾治事官員，非如西周之師氏、尹氏，甚確。此其二。本篇「五皇極」、「皇建其有極」，舊訓「皇」曰「大」、「極」爲「中」；大中不成義。朱子作皇極辨（見朱子大全集卷七二）釋「皇」爲「王」、「極」爲「準則」，得之。劉節據金文、詩雅頌及其它典籍，證「在春秋戰國以前，皇決無訓王訓君之說」。本篇既已用皇作君義，當如莊子天運篇「是謂上皇」、離騷「詔西皇使涉予」之皇，出於戰國時期。此其三。本篇文辭不若周誥、詩大雅周頌古奧，固非西周作品，然左傳文公五年、成公六年、襄公三年皆引本篇之文，是戰國初期左傳成書之時本篇已流傳。惟今本尚書似尚未編定，故左傳作者雖見本篇文字，未舉篇名，且視爲商書，至呂氏春秋貴公、君守兩篇引本篇文，始直稱「鴻（洪）範曰」，是當秦統一天下之前，本篇已編入今本尚書，題曰「洪範」。（註）

班固漢書五行志載劉歆之言，曰：「禹治洪水，賜雒書，法而陳之，洪範是也。」謂禹則雒書而作洪範，其說謬誤，余於「王魯齊之洪範說」文已略辨其失（見孔孟學報二十三期）。劉節謂洪範八政蓋檃栝王制之義，王制篇非漢人之作，其傳世在先秦。今考禮記王制篇成書不得早於漢文帝初年。故洪範因襲王制之說不確。

結論：本篇原爲周武王十三年箕子陳洪範九疇於王前，戰國初年儒者據故書或傳記著成。

註

墨子兼愛下篇曰：「周詩即亦猶是也。周詩曰：『王道蕩蕩，不偏不黨；王道平平，不黨不偏。』」疑此非出於本篇。蓋「王道蕩蕩」四句，與本篇「無偏無陂（頗）」以下十四句七韻語，皆自古相傳之格言，周人誦之於口，筆之於書，墨子作者（非盡墨翟，亦有弟子。）采之，著於墨書，故曰「周詩」；洪範作者采入第五疇，宋傅崧卿以爲此七韻語乃帝王相傳之訓，而金履祥（書經注卷七）載其說。又劉節以爲左傳文公、襄公引洪範二條，亦見引於國語，而不稱書，因疑左傳所引皆非出於洪範。案：左傳、國語非出於一手，因行文之便，隨各人喜厭，或稱「書」或不稱。呂氏貴公篇引本篇「無偏無黨」八句，稱「鴻範」；其士容篇亦引「不偏不黨」，但連上「士」爲文，作「士不偏不黨」，而不著「鴻範曰」。其它類例甚多，參看先秦典籍引尚書考可知。故劉說難以成立。

惟十有三祀，王訪于箕子（註一）。王乃言曰（註二）：「嗚呼！箕子。惟天陰騭下民，相協厥居（註三），我不知其彝倫攸敘（註四）。」箕子乃言曰：「我聞在昔（註五），鯀陻洪水，汩陳其五行（註六）；帝乃震怒，不畀洪範九疇，彝倫攸斁（註七）。鯀則殛死，禹乃嗣興（註八）；天乃錫禹洪範九疇，彝倫攸敘（註九）。

釋文

一　惟，語詞；紀年之首常著，洛誥「惟七年」同，金文亦習見此例。有，又也。祀，年也；殷、周皆用。王，周武王發也；洪範乃周人託武王時史臣名義撰述，故省略「武」字不著。訪，謀也（爾雅釋詁）；就而諮謀之也。箕，古地名，蓋在今山西省榆社縣。子，爵位。箕子，殷同姓，名胥餘；封於箕，子爵，故稱箕子。○祀，爾雅釋天：「載，歲也。夏曰歲，商曰祀，周曰年，唐虞曰載。」偽孔傳據此，謂「商曰祀；箕子稱祀不忘本。」疏申之，曰：「此篇箕子所作。箕子商人，故記傳引此篇者皆云『商書曰』。」宋人（如蘇軾）因之，謂「在周而稱祀，亦箕子不事周之意。」（東坡書傳卷十頁二）說皆未的。案：清嚴元照娛親雅言（載彙解卷七五頁一）謂：三統歷引眞古文尚書伊訓篇「惟太甲元年」——在商稱年；而逸周書大匡、文政兩篇皆云「惟十有三祀」——於周稱祀。又案：不獨書本文獻，器物文獻亦可證——師遽毀「惟王三祀，……王在周、客（格）新宮。」盂鼎「王在宗周，……惟王廿又三祀。」皆周器而稱祀。近人胡厚宣「殷代年歲稱謂考」（甲骨學商史論叢初集上頁三三九—三六七），據甲骨文、金文，結論：「殷代自盤庚遷都以後，早期稱年爲年，……至晚期始稱爲祀，亦以事紀年。」訪義爲謀，乃又曰就而謀之者，孟子公孫丑下：「故將大有爲之君，必有所不召之臣，欲有謀焉則就之。其尊德樂道不如是，不足與有爲也。」武王誠大有爲之君也。箕，殆即左僖卅三年春秋經「晉人敗狄于箕」之箕，地近朝歌，杜注：「太原陽邑縣南有箕城。」蔣廷錫尚書地理今釋（經解卷二〇七頁三四）：「在今（清代）山西遼州榆社縣東南三十里。」在王畿內，爲胥餘采邑（鄭志答張逸問，禮記王制疏引），馬融曰：「箕，國名也；子，爵也。」（史記宋微子世家集解引）箕子名胥餘，見司馬彪莊子注；馬融、王肅謂是紂之諸父，服虔、杜預以爲紂之庶兄（均見宋世家索隱），司馬遷謂是紂之親戚：未詳孰是；要之，與紂同姓，即微子篇父師也。

二　乃，「有繼之辭，非倉促而問也」（尚書說卷四頁九）。下「箕子乃言」之乃，義倣此。〇此問答皆言「乃」者，書疏：「以天道之大，沈吟乃問，思慮乃荅。宣八年公羊傳曰：『乃，緩辭也。』」書古文訓、蔡傳皆申爲不輕問答之義。案：說皆可商。武王、箕子此番晤談，先略及殷國亡事，後乃言彝倫所敘（參史記周本紀），兩「乃言」，謂繼上言於是又問又答也。

三　陰，覆也（釋文引馬融說），言庇護；字今通作蔭。騭（或訛作隲），定也（僞孔傳），言安定；史記宋世家作定。相，助也（僞孔傳）。協，和也；宋世家作和。相協厥居，謂天助百姓，使其生活安和，猶盤庚「謀人之保居」也。○呂氏春秋君守引鴻範「惟天陰騭下民」，高注：「……言天覆生下民，……」陰似亦訓覆。僞孔傳訓默，失經意。騭，說文：「牡馬也。从馬，陟聲。」訓定爲借義，書疏：「騭即質也，質訓爲成；成亦定義。」謂借騭爲質。案：騭、質同音（見廣韻質韻），質，廣雅訓定，是騭得借而爲定義。羣經平議（卷五頁一）：「臯陶謨篇『敕天之命』，枚傳曰：『敕，正也。』夏本紀作『陟天之命』。騭之爲敕，猶敕之爲陟也。敕訓正，正與定古字通。故史公作定。」案：騭、敕古音極近（見尚書假借字集證），且有經史異文爲證。視舊說爲勝。馬融據騭所從陟音訓升，與呂覽注合，而未洽經義。

四　彝，常也（僞孔傳）；宋世家作常。倫，理也。攸，所也（僞孔傳）；宋世家作所。敘，次序也；猶定也。其彝倫攸敘，謂天之常道（經國治民之常道）之所規定也。○君王爲天之子，承天意以治民，故凡國家政教，順乎天理者，即天之常道也。

五　○在昔，另酒誥一見、君奭二見，無逸有「昔在」，王安石詩經新義（黃朝英緗素雜記卷五頁三引）：「昔在者，主其人而言之；在昔者，主其時而言之。以人言之者，謂其昔在而今亡也；以時言之者，謂其在昔而今非也。」王氏之學喜分辨，至於穿鑿，類多如此。劉錄觀堂學書記謂「在昔」連文，古之成語。詩商頌那「自古在昔」、長發「昔在中葉」，詩書參稽，在昔、昔在殆皆古成語。

六　鯀，禹父名（詳堯典註）。陻，塞也（僞孔傳）。汩，亂也（華嚴經音義引大傳，見今文攷證卷十一頁三）。陳，列也。五行，在此篇義當爲五氣，詳註一九。○書古文訓（卷八頁二）論鯀治水曰：「水潤下者也，由地中行，則得其性。爲隄防以捍其患，其水之性也哉！鯀之陻之，隄防之謂也。今鯀隄在大名平原安陽界，以捍孟門兗州之水。」汨，漢石經作曰，石經考異（經解卷一四〇二頁十二）：「說文：汨作[篆文]，治水也，从水曰聲。曰即汨之省。」汨訓治水，此取其反訓，故爲亂也。陳，尙書故（經說卷二之二頁四七）謂陳與甸通，亦訓治，反訓爲亂，與汨連文成義。案：依吳說，是「亂五行」，不如「亂列五行」，以言鯀逆水性爲尤確切。鯀亂水之性而五行俱亂者，書古文訓（卷八頁二）：「五行非一也，堙洪水之汨五行也？水滔天而金木土火之用皆廢。鯀一人之汨亂，五行之所陳者因胥失其性矣。」不雜漢人五行相生及宋儒太極陰陽之說，祇以五材之用爲言。述疏（卷十二頁五）承之，更以五氣爲說：「蓋五行一氣，其用相資。鯀治水無功，若掌火之焚山澤，若木、若金、若土，凡列在禹貢而彝倫賴之敘者，亦皆亂矣。」近本篇作者之意。屈先生尚書集釋：「陳，施也，義見漢書劉向傳集注引應劭說。」

七　帝，天也（宋世家集解引鄭玄說）。震，動也（僞孔傳）。畀，與也。疇，類也。（竝宋世家集解引鄭玄說）。疇，類也。洪範九疇，即後「初一曰五行」至「次九曰嚮用五福、威用六極」九類大法也。不畀洪範九疇，謂鯀之秉賦，不知制定範疇之理。攸，通由，用也；以也（經傳釋詞）。下「攸敘」之攸同。斁，敗也（宋世家集解引鄭玄說）。○此云「帝……不畀洪範九疇」，下云「天乃錫禹洪範九疇」者，帝、天互文，畀、錫互文：可見帝乃上帝，非人君；畀即錫，皆訓與。宋世家畀作從，失之。疇：甲骨文作[篆文]、金文作[篆文]，象甽塍詰詘之形，因有類分之義。小篆孳乳爲[篆文]，衍變爲疇，而「類」義漸隱。三句之義別詳註九。

八　則，乃也；與下「禹乃嗣興」之乃互文。殛，誅罰。鯀則殛死，謂放鯀於羽山，鯀後厄於羽山而死也。此句承上「帝乃震怒」，是殛鯀者亦天，而人君秉天意行放誅之事耳。禹乃嗣興，謂禹繼鯀起而治水也。此句亦承上「帝乃震怒」，是禹雖受人君之命嗣鯀治水，猶承天意也。○堯典記舜代堯行政，殛鯀於羽山，殛義，補疏（經解卷一一五○頁五）：「（尚書）釋文：『殛，本（或）作極。』儀禮大射儀『朱極三』注云：『極猶放也。』士喪禮『纊極二』注云：『極，放弦也。』極有放義。孟子『又極之於其所往』，趙岐注云：『極者，惡而困之也。』……極鯀于羽山，放之使居東海，既永不復用，又收管之不許他往，所以困之窮之，使之終死於是。」案：堯典「流共工，放驩兜、竄三苗、殛鯀」，習謂之「放四凶」。鯀非被殺，乃阨於羽山而死，史記夏本紀「乃殛鯀於羽山以死」，文意甚顯。楚辭天問「永遏（鯀）在羽山，夫何三年不施」，王逸注：「……言堯長放鮌於羽山，……三年不舍其罪也。」禮記祭法疏引鄭玄答趙商問：「鯀非誅死，鯀放居東裔，至死不得反於朝。」皆與僞孔傳「放鯀至死不赦」合。覈詁（卷三頁五三）則訓既，是謂鯀長放已死，禹乃繼之治水，與事實情理皆不合。

九

天錫洪範九疇，謂天賜禹智慧，禹乃知制定範疇之理也。○周易繫辭上：「河出圖，雒出書，聖人則之。」劉歆據此，以爲「虙羲氏繼天而王，受河圖則而畫之，八卦是也。禹治洪水，賜雒書法而陳之，洪範是也。」（漢書五行志引）後人從歆說，多謂此經範疇即洛書本文，乃神龜所負，出自洛水，以與禹者。案：此「天錫禹洪範九疇」，全解（卷二四頁十）：「古人之語，於其最重者，必推於天：典曰天敘，禮曰天秩，命曰天命，誅曰天討，凡出於理之自然，非人之私智所能增損，莫非天也。……『天乃錫禹洪範九疇』，猶言『天乃錫王勇智』耳。」

（明王禕洛書辨，說與林氏同，見王忠文公集卷一）趙汝楳曰：「此如『天錫王勇智，天錫公純嘏』之類。」（洪範約義卷一頁五引）許氏札記（經解卷一四一〇頁十五—十六）則力申林說。案：召誥「若生子，罔不在厥初生；自貽哲命。」哲，智也。智慧天所賦，古人早有成說。「禹乃嗣興」，曰嗣曰興，見有順天理而作之意，故句下省略「禹疏洪水」云云，明凡順天者必能因物之性；因物之性則物性得其正。五行，物也。不順物性，汩亂五行，五行亂則九疇敗，彝倫斁矣。經謂之「不畀」，其實曰鯀固無立疇敘彝之智，故敗斁之也。禹則不然，知順物之性，五行以正，九疇以立，彝倫以敘。天固未嘗錫之疇範，而禹知疇範之理者，其實受之於天也。洪範約義（卷一頁二）：「畀錫云者，猶言天所賦爲命，非有授之者也。拂性倍理，謂之不畀。理順物從，則曰天錫。」是也。

此段問答，敘事之緣起，猶一篇之總序。或自「箕子乃言曰」起另爲一段，於文氣失宜。

初一、曰五行（註一〇），次二、曰敬用五事（註一一），次三、曰農用八政（註一二），次四、曰協用五紀（註一三），次五、曰建用皇極（註一四），次六、曰乂用三德（註一五），次七、曰明用稽疑（註一六），次八、曰念用庶徵（註一七），次九、曰嚮用五福、威用六極（註一八）。

釋文

一〇　初，始也（僞孔傳）。曰，爲也、是也；下「次二曰、次三曰……」之曰，及各疇「一曰水、一曰貌、曰雨」等之曰，義皆同此。五行，詳註一九。〇「次二曰敬用五事」至「威用六極」皆言「用」，五行獨不言者，書纂言（卷四頁五）：「五行，五氣之運行也。不言用者，無所待於人而自然也。」五行，統萬物而無所不攝，萬物各盡其性，止於其所，則自然得正；言「用」，則待於人而疑於汨矣。（略參洪範約義說）書疏：「五行不言用者，五行萬物之本，天地百物莫不用之，不嫌非用也。」說理未精。

一一　次，第也。下八「次」字義皆同。用，行也。「農用」、「協用」之用同義。敬，謹也。事，職司也；謂人身之職司也。五事之目詳後；下「八政」至「六極」之目同詳後。〇宋世家引「次二曰敬用五事」至「次九曰嚮用五福」，概無「次」字，文省。又少「敬用」至「念用」十四字，亦省文；觀其下引「嚮用五福，畏用六極」，未省則與今本尚書同，足證。敬，漢書五行志兩引、藝文志一引皆作羞，孔光傳光對日蝕引同。藝文志既引「羞用五事」，班固且釋之曰：「言進用五事」，顏注據此，於五行志及孔光傳竝釋羞爲進。案：「敬用、農用、協用」，「用」皆動詞，「用」上一字皆限制詞。敬若作羞、訓進，與它二詞例不一律，且文意不通，義理乖失。羞當爲茍之誤，說文九上茍部：「茍，自急敕也，从羊省。……𦍌，古文；不省。」洪範經文蓋原爲𦍌，乃「敬」之偏傍；「自急敕」，正有敬謹之義（參音疏，經解卷三九四頁二一）。敬借爲苟。鄭玄箋詩小雅小旻：「詩人之意，欲王敬用五事」，是所見本固爲敬也。覈詁（卷三頁五二）直以爲「羞」乃「敬」之訛，云：金文敬作𢼊、羞作𢽾，二字形近；甲骨文羞或从芀（案：从芀之羞，甲骨文未見。），與敬之偏傍苟形尤肖。案：楊說可商。事，洪範約義（卷三總頁十七）：「訓職，猶言官司，爾雅釋詁：『職，主也。』孟子曰：『心之官則思。』周禮六官皆言職。……古之所謂事者，皆就己言；自一身而推之天下，皆己事也。」

一二　農，鄭玄讀爲醲（書疏引），厚也；厚，勉也，漢官解詁引「農用八政」易爲「勉用八政」。○農，馬融（釋文引）：「食爲八政之首，故以農名之。」張晏（書疏及漢書五行志顏注引）、王肅（書疏引）說同。而書疏曰：「然則農用止爲一食，不兼八事，非上下之例。」據本經非之，深中肯綮。經義雜記（經解卷一九八頁十二—十三）申之：「說文：衣部襛，衣厚貌。水部濃，露多。酉部醲，厚酒也。則農字本有厚義。……鄭康成恐其與農桑字涉嫌，故讀農爲醲。孔傳直云：農，厚也，皆與本經上下文『敬用、協用、……』一例。」案：左傳襄十三年：「小人農力以事其上」，農力即努力、勉力，故廣雅釋詁：農，勉也。洛誥周公曰：「茲予其明農哉」，明，黽、農，勉也。皆可證。

一三　協，和也（僞孔傳）；調和也。紀，識也；記五種（歲月日星辰歷數）天象時令，故云。

一四　建，立也。用，行也；行用，使用也。皇，（君）王也。大傳洪範五行傳（輯校卷二頁六、八）兩引皆作王。極，法則（標準）也。全句謂使用法則以建立君權也。○漢唐人多訓皇爲大、極爲中，漢書孔光傳光對日蝕引尚書「建用皇極」釋曰：「大中之道不立，則……」、谷永傳永待詔公車對曰：「明王即位，正五事，建大中」，及二傳顏注、五行志顏注引應劭說同。僞孔傳釋後「皇建其有極」曰：「大立其有中。」不辭之甚！漢儒知以大中釋皇極難通，故亦頗有釋皇爲王者：史記宋微子世家後文引「王極之傳言」，明以詁訓字「王」代「皇」。漢書五行志傳曰：「皇之不極，是謂不建。……皇，君也。極，中、建，立也。」鄭玄注大傳：「王，君也。」鄭不易其字讀王爲皇；且曰：「王極或皆爲皇極。」是亦不以大傳字誤。至宋，朱子作皇極辨（朱子大全集卷七二頁十一—十四），釋皇極爲君王之準則，其義乃正，而蔡傳因之。平議（卷五頁一）欲補蔡說，曰：「下文曰『皇極之敷言』，又曰『凡厥庶民極之敷言』，蓋以皇極、庶民極相對爲文：說本馬注，見史記集解。」案：馬融訓極爲盡，俞氏誤會；當從「庶民」絕句，民下「極」字謂上述之「皇極」，俞說失之。

一五　乂，治也；謂教人也（由三德內容可見，說詳彼疇）。德，德行也。

一六　明，辨別（疑惑）也（參蔡傳）。稽，𠧩之借字；𠧩，卜問疑難也。」○稽，說文：「留止也。」稽訓考，乃後起之義。本篇「稽疑」，謂以龜卜以筮占，若衹依稽後起義訓考，云稽考疑難，則義泛而未精。郭氏甲骨文字研究（十四）釋繇：「日本未改字尚書古寫本（自注：東洋文庫藏，石田氏見示。）盤庚篇兩稽字皆作㕣。」案：㕣乃卟之變，內野本等兩稽字皆作乩，乩亦𠧩之變。盤庚「卜稽曰其如台」、「不其或稽」，兩稽若訓考，義皆未臻確當，若循本字卟以求本義，則辭正理明。說文卜部：「卟，卜以問疑也，从口卜，讀與稽同。」稽、卟古同音（廣韻齊韻，古奚切），稽借爲卟。本篇兩稽字，內野本、書古文訓

（卷八頁三、九）皆作乩；汗簡（卷下之一）有[illegible]，謂出尚書。乩皆卟之變。「王應麟引漢人異字（稽）作卟，蓋即說文引書云『卟疑』；乃古文字。」（今文攷證卷十一頁五）

一七　念，義如皐陶謨「帝其念哉」之念；說文：「念，常思也。」庶，眾也。徵，驗也。全句謂人應經常以天所顯現之眾徵候為念也。○念訓思，未見異議，獨尚書故（卷二頁四九）不然，曰：「念為諗之省文，杜預左傳（閔二年）注：『諗，告也。』魯語：『使吾無忘諗。』」其子闓生從之（大義卷一頁三四）。吳氏以為天以休徵（時雨、時暘等）、咎徵（恆雨、恆暘等）告人。案：念，謂人當常思慮天之徵候，故後文曰「王省、卿士（省）、師尹（省）」，省者省此天象也。吳說於詞理可通，於洪範義理恐不合。屈師釋義用吳說，及撰尚書今註今譯改釋為顧慮。是也。尚書集釋：「念，猶識錄也；義見論語公冶長「不念舊惡」皇疏）亦通。

一八　嚮，鄉字之衍生字；鄉，像兩人相嚮就食之形，引申義為養。嚮用五福，謂天養人以五種福祉也。威，謂懲罰也。極，義同孟子離婁下「又極之於其所往」之極，困也。威用六極，言天罰人以六種困阨也。○鄉，甲骨文作[illegible]、金文作[illegible]，象兩人相嚮就食，中皀為食物，原義為食物飲酒。後加向為嚮，存其偏義為朝向；加食為饗，取其偏義泛言飲食。嚮原為鄉字，經籍多異文互見（如易隨卦大象傳「君子以嚮晦入宴息」，王肅本嚮作鄉、書盤庚「不可嚮邇」，左隱六年及莊十四年傳引嚮皆作鄉）。初字鄉既本有飲食之義，則衍生字嚮亦可有斯義。飲食為生活首要之事，故引申為畜養之義。盤庚篇曰：「予迓續乃命于天；予其汝威？用奉畜汝眾。」帝盤庚謂承天意畜（畜，廣雅釋詁：養也。）民眾。其「威」、「畜」

反義對舉，與本篇「嚮」、「威」亦反義對舉一致。是彼「畜」義猶此「嚮（即鄉）」何疑？嚮、饗同出一源，字亦得通用，古文尚書拾遺定本（載制言第二五期頁二七）：「隸續錄黃初三年大饗記，古文額，饗字作嚮，則嚮本古文饗字。」（竝參撰異，經解卷五八〇頁五）漢書谷永傳永引本經作「饗用五福」，谷氏蓋誤會此嚮義爲朝向，不合洪範義，因改經爲从食之饗（饗，說文：「鄉人飲酒也。」），引申爲養義。各本尚書無作「饗用五福」者。僞孔傳嚮訓勸，疏謂勸勉爲善，便讀（卷四上頁八）謂天獎勸人，谷永傳顏注訓當，皆失之。五行志應劭注（顏注引）：「天所以嚮樂人用五福。」是讀嚮爲饗，未尋字之初義，誤與谷永略同。威，宋世家、五行志、谷永傳皆引作畏，馬融注（宋世家集解引）此句曰：「言天所以畏懼人用六極。」畏、威古音近通用，尚書異文多互見；馬釋畏懼亦威罰之義。極，上引孟子文趙注：「惡而困之也。」孫奭疏：「又困極而惡之。」是皆訓極爲困。

自「初一曰五行」至「威用六極」六十五字，書疏以爲「皆是禹所次第而敘之」，王柏（書疑卷五）謂是洪範經。自「一五行」至篇末文字，書疏謂「更將此九類而演說之」，而書疑以爲皆洪範經之傳（皇極疇例外），分別爲五行傳、五事傳、……。孔、王說略合。案：初一曰五行等六十五字爲一篇總綱，猶經；下文皆推闡此總綱，猶傳。王氏用朱子分大學經一章傳十章之法劃分洪範，雖洪範未著某經、某傳，然度其文理，實以後文條釋前文，枝枝葉葉相對，猶後世經師之注爲傳，六藝爲經。儀禮喪服先揭數語，猶經；後文貼以釋之，且明著「傳曰」。是一文之中自分經傳，其法甚古，非王氏創發也。

一、五行：一曰水，二曰火，三曰木，四曰金，五曰土（註一九）。水曰潤下（註二〇），火曰炎上（註二一），木曰曲直（註二二），金曰從革（註二三），土爰稼穡（註二四）。潤下作鹹（註二五），炎上作苦（註二六），曲直作酸（註二七），從革作辛（註二八），稼穡作甘（註二九）。

釋文

一九　行，謂流行也。五行，謂水火木金土五氣順天理以流行也。五者之發生，以體之輕重爲次序。◯「一五行、二五事、三八政、四五紀、五皇極、六三德、七稽疑、八庶徵、九五福」，其一、二、三、四、五、六、七、八、九共九字，漢世傳本或無：宋世家全載本經皆無此九字，說苑修文篇引無「二五事」之「二」字，漢書食貨志及郊祀志引「三八政」竝無「三」字，五行志引無「一五行」之「一」字及「二五事」之「二」字，谷永傳永對策引無「五皇極」之「五」字，說文卟下引「七卟（稽）疑」無「七」字，漢石經（見隸釋卷十四）「六三德」無「六」字（漢石經殘字集證卷二頁十一據碑版字數考證「一」至「七」諸字石經皆無有，書經注（卷七頁二四）：「一五行，漢石經無『一』字，餘傳首句並不言疇數。」金氏亦據石經殘字推斷各疇首句皆不著疇數，蓋亦未嘗見石經全文。），漢紀惠帝紀引亦無「一五行」之「一」字。音疏、今文經說攷及大義皆據以刪此九字，音疏

（經解卷三九四頁二三）論曰：「（宋世家載、谷永傳及說文引無數目字，）猶可曰引書者不必盡如本文也，若蔡邕石經則是寫尙書矣，……『三德』上無『六』字，則可知尙書本無此等數目字也。且古文簡質，上既有初一次二等第，此以下必不重出『一、二』等字，明是僞孔氏謬增。」案：各疇首句皆著數目字，條理清晰；與上『初一、次二』照應而並不重複。且多此九字，無傷簡質；去此九字，則碎斷經義。撰異（經解卷五八〇頁六）：「（無數目字者，）皆今文尙書也，古文尙書則有之。釋文、正義皆不言馬鄭本異於孔本，不得謂僞孔增之也。」段說是，漢石經據小夏侯本，自是今文；史遷蓋先習今文，後從古文家孔安國問故，此其所憑蓋亦今文本也。水火木金土五目，見於左文七年傳：「六府、三事，謂之九功。水、火、金、木、土、穀，謂之六府。……」府爲藏物之所，以藏水火等六種生資。是以水火金木土爲五種元素，即左襄二七年傳「天生五材，民並用之」之「五材」。左昭二五年傳：「（民）則天之明，因地之性。生其六氣，用其五行。」伏生大傳（書疏引）：「水、火者，百姓之所飲食也；金、木者，百姓之所興作也；土者，萬物之所資生也：是爲人用。」皆以五行爲五材而人用之，然非本篇「五行」之正解。春秋繁露五行相生篇：「天地之氣，合而爲一，分爲陰陽，判爲四時，列爲五行。東方者木，南方者火，中央者土，西方者金，北方者水。」白虎通五行篇：「五行者何謂也？謂金木水火土也。言『行』者，欲言爲天行氣之義也。」以水火等是五氣（釋名釋天：「五行者，五氣也。」朱子語類（卷七九頁十六）：「在天則是五行，在人則是五事。」朱子以五行爲天之五氣，左傳謂天生六氣，可參證。），爲天而流行，鄭玄書注曰：「行者，言順天行氣也。」（永樂大典鑒字部載，見陳立白虎通疏證卷四頁二四引）蓋本篇作者以爲：盈天地間莫非氣也，以水火木金土五者統之。五氣依乎天理流行不息（即白虎通）「爲天行氣」、鄭玄「順天行氣」之謂），人與萬物成焉。人本天理，因天之氣以生，故己之氣即天之氣，身之理即天理，非有二也。此天人合一（洪範天人合一思想，詳庶徵疇末附論）。水火木金土發生次序，書疏：「（萬物成形，）以微著爲漸。五行先後，亦以微著爲次：五行之體水最微爲一，火漸著爲二，木形實爲三，金體固爲四，土質大爲五。」此說近理。春秋繁露「五行對」：「天有五行，木火土金水是也。木生火、火生土，土生金，金生水。」言五行自相生（克），乃後起之義，非所以言洪範。

二〇　潤，濕也（廣雅釋詁）。下，降也；謂水流向下也。○潤下與後文炎上、曲直、從革、（宜）稼穡，皆言水火木金土自然之性。下，作動詞，廣韻上聲馬韻，胡雅切。知「下」爲流向下者，易睽象：「澤動而下。」澤動爲水流。此疇潤下、炎上各爲二義，王肅曰（書疏引）：「水之性潤萬物而退下，火之性炎盛而升上。」曲直、從革、稼穡亦皆各爲二義，朱子語類（卷七九頁十六）：「自『水曰潤下』至『稼穡作甘』，皆是二意。水能潤能下，火能炎能上，金曰從曰革——從而又能革也。」

二一　炎，焚也。上（上聲），升也；謂火燃而上也。○炎訓熱，常義；訓焚，三國志：「火炎崑岡，玉石俱焚」，炎、焚互文。上，作動詞，廣韻上聲養韻，時掌切。知「上」爲燃向上者，易睽象：「火動而上。」火動爲火燃。

二二　曲直，謂木既生長，枝幹自然曲直也（參註二七）。○此疇言五者自然之性，句解（卷七頁二）：「木之生，或曲或直，木之常性也。」僞孔傳、疏：揉之使曲直以爲器，東坡書傳（卷十頁四）：木能從繩墨，故曰曲直：皆謂因人工而後致曲直。疑竝失本義。

一三　從，因也；仍舊不變也：謂金屬堅剛之性常存。革，更改也；謂金屬鍛冶鑄器則改易其形狀也。○從，舊解爲順從，或曰「金之性從人而更」（宋世家集解引馬融說）、「金可以從人更改」（書疏）。案：從與革應各具一義（參註二○證），「從人而更」，有主從之分，非各自獨具一誼。平議（卷五頁二）：「從、革，猶言因、革也。漢書外戚傳注曰：『從，因也。……』金之性可從可革，是爲從革。」從革亦金之常性，言「從人意」則失其性。

一四　爰，於也；土爰，於土也。稼穡，王肅曰：「種之曰稼，斂之曰穡。」（宋世家集解引）土爰稼穡，於土中種植也。○爰，宋世家、論衡（據集校）竝引作「曰」，書疏：「『爰』亦『曰』也。變『曰』言『爰』，以見此異也。」案：本篇上下文多用「曰」，變「曰」爲「爰」之例未嘗一見，今獨判此爲改字示異，恐非情實。此爰當訓于，爾雅釋詁：爰，于也。又曰：爰，於也。盤庚「綏爰有眾」，綏于有眾也。水火木金皆言「曰」，至於土，獨言『爰』者，曾鞏曰：「潤下者水也，故『水曰潤下』；炎上者火也，故『火曰炎上』；木、金皆然。惟稼穡則非土也，故言其『於之稼穡』而已者，辭不得不然也。」（元豐類藳卷十頁三洪範傳）蔡傳：「不曰『曰』而曰『爰』，……於是（此）稼穡而已。」能生長作物，亦土之常性也。史遷改經字，論衡因之。五行志、白虎通五行篇、漢紀惠帝紀引皆從本經作「爰」。

一五　作，借爲則；此有「然後」之義。潤下作鹹，言水下流爲海，海水味鹹也。○作，甲骨文爲乍（乍）、金文爲乍（乍）。卜辭彝銘有借「作」爲「則」者；書本文字亦然，如皋陶謨「萬邦作乂」、詩大雅文王「萬邦作孚」等，甚多。此「作」訓「則」，則辭暢而理明，夏僎曰：「五味必言『作』者，水之發源未始鹹，流而至海，凝結既久，而鹹之味成，則鹹者潤下之所作。火之始炎未始苦，炎炎不已，焦灼既久，而苦之味成，則苦者炎上之所作。餘放此。」（纂疏卷四頁十八引）夏氏未敢輕變古注疏，明謂作借爲則，但揆其文意，謂水潤下然後鹹、火炎上然後苦，是意作爲則也。

二六　炎上作苦，言焚久物焦而味苦也（參註二五）。

二七　曲直作酸，言木既有幹枝曲直，乃有果實，實味酸也（參註二五）。○木曲直而酸者，僞孔傳「木實之性」，疏申之：「木生子實，其味多酸。五果之味雖殊，其爲酸一也。是木實之性然也。」「則」字未解，致理未明。「則」有「然後」義，句解（卷七頁二）：「木之初生，未嘗酸也。根而幹，幹而枝，枝而葉，葉而花，花而實，既實然後酸之味成。」

二八　從革作辛，疑謂金屬鎔鍊然後其味辣也（參註二五）。

二九　稼穡則甘，言土既生百穀，百穀之味甘甜也（參註二五）。

此疇演「初一曰五行」之義，主旨在闡五行自然之性。順其性，即所謂盡物之性，則合天理；合天理，則九疇立，彝倫敘矣。經文可分爲三重——一「五曰土」以上，二「水曰潤下」至「土爰稼穡」，其下爲三。書疏及洪範約義每重皆賦以名稱。頗不齊一。今爲便於論說，稱首重曰「名目」、次重曰「解說」、三重曰「申義」。度與經義尚合。餘疇倣此。

二、五事：一曰貌，二曰言，三曰視，四曰聽，五曰思（註三〇）。貌曰恭，言曰從，視曰明，聽曰聰，思曰睿（註三一）。恭作肅，從作乂，明作晢，聰作謀，睿作聖（註三二）。

釋文

三〇　貌，容儀也（僞孔傳）；此非言相貌美惡。言，談吐也；謂議論。視，謂透觀事理力；非今醫典所稱「視力」。聽，謂審辨物情力；非聽聲強弱之謂。思，思考也。〇言，經義是「議論」，議論可包「辭章」（傳、疏訓言爲「辭章」），辭章不得涵括議論。視，「觀正」；聽，「察是非」，皆僞孔之傳，皆不以爲醫典所稱之視力與聽力。與鄙註合。「五日思」，今文尚書作「五日思心」，「思」下多一「心」字，說詳註（註三一）。

三一　五「曰」字，爲也；是也。恭，（容）莊謹也。從，順也；謂順於理也（大義卷一頁三四）。明，謂所見昭徹也（同上）。聰，謂能聞事而審其意也（春秋繁露五行五事篇）。睿，通也（宋世家集解引馬融說）；謂思通幽微也。〇「曰」訓「爲」或「是」，謂貌本（爲、是）恭、言本從……也。東萊書說（卷十七頁六）：「此（敏案：謂恭從明聰睿）形色天性之美也。謂之『曰』者，本然之體，非有所待。……有貌則有恭，貌本恭；不恭則非所謂貌矣。餘亦然。」斯論甚諦。書纂言（卷四頁九）引陳氏曰：「『天生烝民，有物有則』，貌言視聽思、物也；恭從明聰睿，則也。」物是氣，則是理，洪範約義（卷三頁十九）：「見於五事者，皆本然之理，人人具足者也。五事是氣，五德是理。理行乎氣中，其在貌則曰恭，在言則曰從，在視則曰明，在聽則曰聰，在思則曰睿。如是則全氣是理，謂之踐形。」貌言……之德爲恭從……，皆天理流行，非矯飾致功也。據此，言從者言本順也，乃漢唐儒絕多謂可令人從：春秋繁露五行五事篇「從者可從」，馬融（宋世家集解引）「發言當使可從」，鄭玄（書疏引）「其從，則是彼人從我」，書疏申傳曰「言非理則人違之，故言『是』則可從也」，皆大害義理！全解（卷二四頁二五）：「言……從也者，順理而無所悖也。孔氏曰『是則可從』，案：……五事所謂恭從明聰睿者，方是修己、未及於人應之也。其曰從者，於理而不悖耳，非指人之從之也。」本經「五曰思」，今文尚書作「五曰思心」；「思曰睿」、「睿作聖」，今文作「思心曰容」、「容作聖」：兩「思」下竝多一「心」字，而睿皆作容。洪範五行傳（輯校卷二頁七）引此經曰「次五事曰思心，思心之不容，是謂不聖」、春秋繁露五行五事篇引此經且釋曰「『思曰容』，容者言無不容。『容作聖』，……王者心寬大無不容」、說苑君道篇引此經曰「容作聖」、五行志傳引經且釋曰「『思心之不容（敏案：容之誤。）』，是謂不聖……思心者，心思慮也。容（亦容之誤。），寬也」、藝文志說五事曰：「貌言視聽思心失，而五行之序亂。」四家六書所據皆今文尚書。鄭玄洪範五行傳注：「容，當作睿。睿，通也。」鄭以古文睿字改今文容，且據古文經字釋義（詩小雅小旻篇箋引此經「睿乍聖」，亦曰古文本）。應劭注五行志：「容（當作容，或應氏作「容」解。），通也。古文作睿。」言古文本作睿，則今文本不如此作何疑？（參錢大昕、王念孫說，均見清儒書經彙解卷三五頁五，撰異述此尤詳。）錢大昕又以爲「恭曰從五句皆協韻，是古本洪範皆當作「思（心）曰容」。案：洪範非詩，偶有韻句；若據以正經字，須參以它證，否則難爲確說。錢氏又以容字義長，撰異（經解卷五八〇頁十一—十二）曰：「（錢）詹事言容字義長，竊有未安。古文睿字畢竟勝於今文，是以鄭用古文正大傳也。」段說是。睿，馬鄭王皆訓通，義與下聖字相近（餘恭與肅、從與乂……義各皆相近，詳註二二一），若作寬容，於洪範義何當？尚書故（經說卷二之二頁五一）謂：漢書作「容」爲「睿」之誤。睿，說文：「深通川也」，有寬義；與五行志傳之解合。尚書斠證是之。案：「深通川」可引申爲深或通義，寬義未覩，則漢人引經爲「容」（訓寬），原本如此。北堂書鈔卷一五三引經作睿，亦據今文本也。至「思」下多「心」字，但觀此疇它句皆作三字，甚爲嚴整，便知今文本衍一字。

二二一 作，則也（詳註二二五）。肅，嚴整也（蔡傳）。乂者，蔡傳：「條理也。」哲，昭明也。謀，讀爲敏；敏，爾雅釋樂釋文曰：「審也。」聖，通也。○書疏於第一疇諸「作」字，不知當訓「則」；於本疇諸「作」字，雖亦未明言訓「則」，然嘗體會經義，參董、馬、鄭說，知「作」在句中功能爲「則」，故云：「貌能恭則心肅敬也，言可從則政必治也，……。」乂，舊絕多訓治，謂治事；此常訓。第考本疇恭與肅、從與乂、明與哲、……上下二字義各皆相屬，乂如解爲「治事」，則與「順從」義不屬（詳下述聞說），故新證（卷一頁三十）以爲乂（或作艾）本字應作辪，辪在金文中均係輔相之義（辪，金文作辥，解作「輔相」。而考釋諸家多引經典與器銘互證，詳金文詁林卷十四下總頁八一二五—八一三八）。于氏蓋謂「從」是「順從人」，而「乂」爲「輔相人」，義近相屬。不知此所謂從，言言本順理也，非從人也（詳註三一）；乂，言言當於理也，非從人之後、爲之輔也。案：乂訓治，治猶理（治、理常連用，詩小雅小旻篇「或肅或艾」傳：「……有治理者。」），史記平津侯主父列傳「海內乂安」索隱、後漢書禰衡傳「帝思俾乂」注，皆曰：「乂，理也。」古名動不甚分，故理即條理；蔡傳所本者在此。語有條理，即於理爲順，苟如是，「出辭氣，斯遠鄙倍矣！」（論語泰伯篇曾子曰）內野本「明作哲、哲時燠若」、隸古定本「明作晣（＝晢）」、唐石經本「明作晢、晢時燠若」、鄭玄本「明作晢」（書疏及詩小雅小旻疏引鄭釋晢爲昭晢，從可知），此數本皆作晢。說文日部晢：「昭晣、明也，从日折聲。」晢，鄭玄訓昭、注大傳訓瞭（未破大傳悊字）、五行志應劭注訓明、僞孔傳訓照了、書纂言訓昭徹，皆與說文合；詩小雅「庭燎晣晣」、陳風東門之楊「明星晢晢」，晢皆作明義。竝與上「明」字辭連義屬。惟洪範五行傳（輯校卷二頁七）「視之不明，是謂不悊」、五行志「明作悊、悊時奧若」、王肅本「明作悊」（書疏引），晢皆作悊，五行志傳及王肅且皆訓悊爲知（智）；坊本皆作哲，劉三吾書傳會選及顧炎武九經誤字已正之，而學者多據哲（或悊）訓智：此因宋世家載本經「明作智、知時奧若」而誤釋。其實此經當作晢，而悊、哲皆各另有其本義，說文心部：「悊，敬也，从心折聲。」口部：「哲，知也，从口折聲。」如作悊、哲訓智，則與一「睿作聖」之義相混。謀，春秋繁露、五行志傳、馬融、鄭玄皆訓謀劃事情，述聞（經解卷一一八二頁三二—三三）：「恭與肅、從與乂、明與晢、睿與聖義竝相近。若以謀爲謀事，則與聰字義不相近，斯爲不類矣。今案：謀與敏同。敏古讀若每，謀古讀若媒；媒、敏聲相近，故字相通。中庸：『人道敏政，地道敏樹』，鄭注曰：

『敏或爲謀。』……晉語：『知羊舌職之聰敏肅給也。』聰與敏義相近（廣韻：敏，聰也；達也。）……聰則敏，不聰則不敏，故五行傳曰：『聽之不聽，是謂不謀。』不謀即不敏。若以爲不能謀事，則謀上須加能字，而其義始明。……何晏景福殿賦曰：『克明克哲，克聰克敏。』義即本於洪範。然則洪範舊說固有以謀爲敏者矣。」案：聽有「審辨」義（見註三一引繁露說），與敏義近，左僖二三年傳「辟不敏也」注：「敏猶審也。」「聖」在本篇，不過通曉事理之謂，思輒可以至。多方「惟聖罔念作狂，惟狂克念作聖」，念猶思；思則通明，不思則蒙昧，故下庶徵以「蒙」與「聖」對。論、孟所揭聖義，至高無尙，此則未及。貌言視聽思，伏生以爲皆君王之事，故其洪範五行傳（輯校卷二頁六—七）曰：「長（鄭玄注：「猶君也。」）事：一曰貌，……次二事曰言，……次三事曰視，……次四事曰聽，……次五事曰思心，……。」春秋繁露五行五事篇發此意，云：「夫五事者，人之所受命於天也，而王者所修而治民也。……王者貌曰恭，……言曰從，……。恭作肅，言王誠能內有恭敬之姿而天下莫不肅矣；從作乂，言王者言可從——明正從行，而天下治矣；……王者聰則聞事，與臣下謀之，故事無失謀矣；……。」謂恭從……爲君上，肅乂……爲臣下；以君臣二方分承五事之名目與功用。馬融承其說：「上聽則下進其謀。」（宋世家集解引）鄭玄更加推衍：「皆謂其政所致也。君貌恭則臣禮肅，君言從則臣職治，君視明則臣照哲，君聽聰則臣進謀，君思睿則臣賢智。」（書疏引）（應劭五行志注：「上聽則下謀」，意同董馬鄭。）鄭此說支離，書疏非之曰：「鄭意謂此所致皆是君致臣也。案：庶徵之意，休徵、咎徵皆肅乂所致，若肅乂明聰皆是臣事，則休咎之所致，悉皆不由君矣。又聖大而睿小，若君睿而致臣聖，則臣皆上於君矣。何不然之甚乎？」案：五事、庶徵發明天人相與思想，人統君、臣、庶民而言。人敬五事，則貌恭、言從……，則天徵休；否則貌狂、言僭、……，則天徵咎。其休、其咎，君、臣、庶民皆當省察，故庶徵疇經曰：「王省惟歲，卿士（省）惟月，師尹（省）惟日，庶民（省）惟星」。鄭玄洪範五行傳注（輯校卷二頁六）既曰「肅，敬也。君貌不恭則是不能敬其事也。艾，治也。君言不從則是不能治其事也。（餘事倣此）」固亦以肅乂等屬君。第又曰：「君臣不敬則倨慢如狂矣，君臣不治則僭差矣。（餘事亦倣此）」此又以狂僭等合屬君臣。其見理未透，依違兩可其說，書疏論之雖是而未盡；後案、今文經說攷祖鄭，意則多失其正。

此疇演「次二曰敬用五事」，發盡己之性之義。孟子盡心上：「形色天性也，惟聖人然後可以踐形。」形色，事也，莫不有自然之理；性即理也，凡事皆不外乎性。故盡己之性，即所以盡事之理，孟子謂曰踐形。事皆盡其理，然後萬事皆無失職。於是天以休徵應，是中庸所謂「天地位焉，萬物育焉。」經文亦爲三重——一「五曰思」以上，名目也；二「貌曰恭」至「思曰睿」，解說也；其下爲三，申義也。漢儒以五行、五事條配，推言政教得失，謂某事得則某徵必休，某事失則某徵必咎，辨解（卷四頁七）論之曰：「五行在天地閒，無之非是；不可分析論也。經以五行配五事合庶徵，亦就人身五官驗五氣以明天人合一彝倫攸敘之理；非斷然以某事司某行應某徵也。若然，則箕子于八政、稽疑、三德、六極，奚不皆言五而爲是參差不齊者邪？貌言視聽思、水火木金土，其次序既不相合，而八政、稽疑、福極多寡不等，按疇索徵，往往不驗。儒者恐人君忽天，遂彊爲說，不知一不驗而五皆妄，反以褻天，而甚世主之疑耳。」允為通人之論。

三、八政：一曰食（註三三），二曰貨（註三四），三曰祀（註三五），四曰司空（註三六），五曰司徒（註三七），六曰司寇（註三八），七曰賓（註三九），八曰師（註四〇）。

釋文

三三　食，「謂掌民食之官，若后稷者也。」（書疏引鄭玄說）〇食、貨、祀、賓、師，各皆一官名，若準司空、司徒、司寇例，上各加「司」字，作司食、司貨、……可免後世經師無謂之爭。（參註四〇）司，掌也。后稷播時百穀，主農事，見堯典。「政」有「官」義，盤庚「亂政同位」政，官也。

三四　貨，掌財物之官。〇鄭玄（書疏引）曰：「貨，掌金帛之官，若周禮司貨賄是也。」皐陶謨「懋遷有無，化居」，是司貨之所掌。

三五　祀，「掌祭祀之官，若宗伯者也。」（書疏引鄭玄說）〇堯典帝舜命伯夷作秩宗，典三禮。秩宗猶此祀官。

三六　司空，「掌居民之官。」（書疏引鄭玄說）○司空，金文常作𤔲（司）工，與𤔲土（徒）官、司馬官連稱，舜命禹爲司空，曰：「禹，汝平水土，惟時懋哉！」禹昔平水土致功，今因其所長任爲司空，可見平水土亦此官所主也。馬融曰：「司空掌營城郭，主空土，以居民。」（宋世家集解引）

三七　司徒，「掌教民之官。」（書疏引鄭玄說）○徒，眾民也。唐虞時契爲司徒，堯典：「帝（舜）曰：『契，百姓不親，五品不遜，汝作司徒，敬敷五教，在寬。』」

三八　司寇，「掌詰盜賊之官。」（書疏引鄭玄說）○司寇與堯典「士」官職司髣髴，古皋陶爲之，「帝（舜）曰：皋陶，蠻夷猾夏，寇賊姦宄，汝作士。五刑有服。」

三九　賓，「掌諸侯朝覲之官，周禮大行人是也。」（書疏引鄭玄說）○堯試舜，使「賓于四門」，僞孔彼傳曰：「四方諸侯來朝者，舜賓迎之。」是舜嘗歷此職。

四〇　師，「掌軍旅之官，若司馬也。」（書疏引鄭玄說）○自食至師八者，馬融（已詳註三六）、王肅曰：「賓，掌賓客之官。」（書疏引）亦皆以爲官名，與鄭合，書疏取僞孔意難之曰：「食貨祀賓師指事爲之名，三卿（謂司空司徒司寇）舉官爲名者，三官所主事多，若以一字爲名則所掌不盡，故舉官名以見義。……即如鄭、王之說，自可皆舉官名，何獨三事舉官也？八政主以教民，非謂公家之事——司貨賄掌公家貨賄、大行人掌王之賓客，若其事如周禮皆掌王家之事，非復施民之政，何以謂之政乎？」案：司空司徒司寇，皆古官名，習稱已久，職掌明確，舉官名而知有此三政；且「空」、「寇」上如不加「司」則害義，而「徒」與「師」皆訓眾，上若不加「司」以別，則兩職稱相亂：此三政之必稱官名、必弁以「司」字也。食貨祀賓師但稱其職事，一則以直顯王政之要目，再則以與官號錯舉，以見八政賴官長以行。經文尚簡質，若五職稱之各弁「司」字，則傷繁蕪。書疏所論不足據也。

此疇演「次三曰農用八政」之義，經文僅名目一重，律以前兩疇例，當有二、三兩重。宋儒疑「八曰師」下文缺：龔鼎臣東原錄（頁三）：「洪範九疇宜皆有所說，獨八政衍載其八事。」趙彥衛雲麓漫鈔（卷十四總頁一九二—一九三）謂八政原有釋文而今亡。王柏書疑（卷五頁三）：「恐有缺文。」至清孫承澤竟空撰「食曰生，貨曰節，祀曰敬，司空曰時，司徒曰德，司寇曰慎，賓曰禮，師曰律。生乃蕃，節乃裕，敬乃格（補一字），時乃悅，德乃化，慎乃仁，禮乃嘉，律乃有功」（載經義考卷二六〇頁十五；孫氏有洪範經傳集義，未見。）五十二字詭稱朝鮮古本尚書有之。參郭嵩燾養知書屋文集卷一錄有此孫氏僞文五十二字全文。

四、五紀：一曰歲，二曰月，三曰日，四曰星辰（註四一），五曰歷數（註四二）。

四一　星，二十八宿也。辰，十二辰也。二十八宿迭見，以敘氣節；十二辰以紀日月所會（竝僞孔傳）。（參註四二）

釋文

四二　歷，歷法也。數，算術也。歷法必資於算術，故二字連言（竝參釋義）。○阮氏重刊宋本「厤數」之「厤」，撰異（經解卷五八○頁十五）：「唐石經本作从厤从止之字，又改止爲日。」茲用唐石經原本，作歷。歷數，王肅（書疏引）曰：「日月星辰所行布，而數之所以紀度數。」歷爲日月星辰之所歷，此學爲歷法；數用以記日月星辰躔度，而此學謂之算術。綜言之，「曆數者，占步之法。」（蔡傳）是也。「歲」至「歷數」各有所紀，戴震原象（卷一頁六）：「分至啓閉，紀於歲者也；朔望朏霸，紀於月者也；永短昏昕，紀於日者也；列星見伏、昏旦中、日躔月逡，紀於星辰者也，贏縮經緯、終始相差，紀於歷數者也。」

此疇演「次四曰協用五紀」之義，經文亦祇名目一重，宋儒指庶徵疇「曰王省惟歲」至「則以風雨」八十七字爲本疇演申文字，當繫「五曰歷數」之下，今本錯簡在後。案：其說失正，辨見庶徵疇下。

五、皇極：皇建其有極（註四三），斂時五福，用敷錫厥庶民（註四四）。惟時厥庶民于汝極，錫汝保極（註四五）。凡厥庶民，無有淫朋，人無有比德；惟皇作極（註四六）。凡厥庶民，有猷有為有守，汝則念之（註四七）。不協于極，不罹于咎，皇則受之（註四八）。而康而色，曰：『予攸好德。』汝則錫之福（註四九）。時人斯其惟皇之極（註五〇）。無虐煢獨，而畏高明（註五一）。人之有能有為，使羞其行，而邦其昌（註五二）。凡厥正人，既富方穀；汝弗能使有好于而家，時人斯其辜（註五三）。于其無好德，汝雖錫之福，其作汝用咎（註五四）

釋文

四三 皇，（君）王也。極，法則也。（詳註一四）其，猶今言「應該、要」，乃將然之詞。皇建其有極，言君權之建立，宜有其法則。〇本疇據人君而言，皇當訓王，下文「遵王之義、遵王之道、遵王之路、王道平平、王道正直」，「王道（路、義）」即「皇極」。此「極」以理言，彼「道」以事言（事即各聯上句「無偏無陂」等）；理因事見，事理不二。後又戒庶民遵行極則，「以近天子之光」，則皇爲人王，尤顯而易見。有，覈詁（卷三頁五四）：「有極，與『有邦』、『有居』同例，『有』字無意義也。」案：「有」如爲語詞，則「皇建其極」辭理不順，故今釋爲有無義。惟若以「于」易「有無」義，理尚可通，盤庚「民不適有居」，有居者于居也。下文「會其有極，歸其有極」，有亦可訓于。

四四 斂，聚也；謂集聚也。時，是也；此也。本疇下三「時」字義皆同。五福，五種福澤；五福之目不詳。用，以也。敷，布也（僞孔傳）；施也。錫，賜與也。敷、錫同義複詞。厥，其也；宋世家作其。下五「厥」字義皆同。兩句，謂君王聚集此五種福澤，以之（五福）施與其眾民也。○五福，馬融（宋世家集解引）曰「五福之道」，僞孔傳同，疏則曰：「五福生於五事，五事得中則福報之。斂是五福之道，指其敬用五事也。」所以增字解經，支離其說，皆緣此既與下「九五福」分疇論述，不應取彼疇五福之目（壽富康寧攸好德考終命）。便讀（卷四上頁十）、正讀（卷三總頁一三〇）竝謂壽富等即此五福之目，未舉確證。龔鼎臣（東原錄頁三）主「斂時五福」至「其作汝用咎」一百五十四字原在福極疇「五福六極」之後，「乃是說福極之意爾」。其後洪邁（容齋續筆卷十五總頁一四四）、王柏（書疑卷五頁二）、金履祥（書經注卷七頁二八—二九、頁三五—三七）皆略從其說，而洪範約義卷六頁四六、卷十頁九一—九三）承之。案：福極疇據天而說，福、極皆天錫，其壽與康寧、凶短折與疾憂爲天錫尤顯，而此百五十四字皆表人君行政及任人之道。極謂法則，非彼疇所言困厄；福或謂爵祿，宜非彼疇所言五目。龔氏說失之。正讀（卷三總頁一三〇）：「錫福于民者，猶周官太宰以八柄詔王馭羣臣：爵以馭其貴，祿以馭其富，予以馭其幸，置以馭其行，生以馭其福也。」曾氏說大致可從，下文兩言「錫之福」，皆謂「錫爵」，即周官「爵以馭其貴」。敷，宋世家作傅，廣雅釋言：「傅，敷也。」

四五 惟，語詞。惟時，於是也。于，於也。極，取法也；作動詞用。于汝極，文倒，極于汝也。錫，相與也。保，守也；謂維護也。兩句，謂於是眾民取法汝，與汝君王維護此法則也。○上句應有動詞，馬融（宋世家集解引）曰：「眾民於汝取中正以歸心」，僞孔傳同，皆以「極」爲動詞。案：「惟時厥庶民于汝極」，義與下「時人斯其惟皇之極」幾全同，「極」皆爲動詞。正讀（卷三總頁一三〇—一三一）：「『時厥庶民』之時，猶承也。……『惟時厥庶民于汝極』語倒，猶云『惟厥庶民承于汝極』，亦猶云『惟厥庶民承極于汝』也。」覈詁（卷三頁五四）于訓以，云：「于汝極，謂以汝作極。」涵泳經上下文，研析古注，曾、楊二家難免嗜異求深之譏也。錫，古無分上下，義皆爲給與（尚書習見），引申爲相與，合僞孔傳。

四六 無，毋也；宋世家作毋，尚書習以毋作無。淫，邪也。朋，類也。庶民無有淫朋，謂庶民勿結邪黨也。人，官吏也。比，阿黨猶私也（纂言卷四頁十二）。德，謂行爲。作，爲也。惟皇作極，言但以君王爲準則也。○朋，尚書故（經說卷二之二頁五三）：「史記甘茂傳『公仲侈』，韓策（侈）作朋，是朋、侈通借也。古『多』字與『朋』相混，史記五帝紀『與爲多焉』，集解（多）作朋；莊子徐无鬼『謵𠩄』，釋文（𠩄）作朋；漢書衛霍傳『校尉僕多』，功臣表（多）作朋。」吳氏力證朋、侈古通者，在釋「淫朋」爲「淫侈」耳。顧淫侈合義，爲形況詞，繫「有」下，不合文法，且與下「比德」——上字形況、下字名詞不稱。不如從舊說爲安。人，與上「庶民」對舉有別，詩大雅假樂「假樂君子，顯顯令德，宜民宜人，受祿于天」之人，與此人皆謂官吏，蔡傳「有位之人」，是也。下文「正人」，人亦指在官之人。比，義同論語爲政「君子周而不比」之比，孔注：「阿黨爲比。」

四七　猷，謀也。爲，作爲。守，操守。念，常思也（說文）；謂思之而錄用之也。〇有猷、有爲、有守，書纂言（卷四頁十三）：「有猷，謂工於謀事。有爲，謂敢於作事。有守，謂操持不變。」吳氏解經痛快！多類此。汝則念之，僞孔傳：「汝則念錄敘之。」疏「念錄敘之」曰：「宜用之爲官也。」尚書故（經說卷二之二頁五三）亦申傳意曰：「此傳以『錄敘』訓『念』是也。皇侃論語疏：『念猶識錄也。』念、錄一聲之轉。」

四八　協，合也（僞孔傳）。罹，遭也。咎，過惡也。兩句承上省略主語「庶民」，謂眾民之行雖不合準則，但並未陷入過咎也。皇，與上「汝則念之」之汝互文，君王也。受之，謂寬容勿斥拒之也。〇罹，大傳（輯校卷二頁四）作麗，宋世家作離，三字通用。三句，蔡傳：「未合于善，不陷於惡，所謂中人也。進之則可與爲善，棄之則流于惡；君之所當受也。」皇極言治人任人之道，蔡氏度得其意。乃覈詁（卷三頁五四）謂：「不協，當讀爲丕協。」以爲不協，協也。謂凡庶民協于極，不罹于咎者，皇則受之。案：兩相連之句，如立意相反，則下句之首用「而」字以連接上句，如堯典「惇德允元，而難任人」，上句謂用善人，下句謂拒用佞人；盤庚「汝曷弗告朕，而胥動以浮言？」上句責其不告，下句責其反以浮言動眾。準此類例，此二句果如楊氏說，則「不罹」上當有「而」字；今既不然，知楊說非也。

四九　上而字，介系詞。康，和也；宋世家作安，安義近和。下而字，其也。色，面色也。曰，庶民稱於王曰也。攸，語詞。好德，喜好美德也。福，謂爵祿（僞孔傳）。〇兩而字，僞孔傳皆訓汝、指君王，云：「汝當安汝顏色以謙下人，人曰『我所好者德』，汝則與之爵祿。」憑臆增字，曲解經意，而難通。蔡傳：「此言庶民也，……見於外而有安和之色，發於中而有好德之言，汝於是則錫之以福。」以見康色及言好德者皆同一人——庶民，知矯古注之失，然義有未盡。案：自「凡厥庶民有猷」至此（「汝則錫之福」），可截爲三小段：「汝則念之」以上第一小段、「不協于極」以下三句第二小段、「而康而色」以下第三小段。第二小段首句之前承上省略主語「凡厥庶民」，第三小段首以「而」字使文氣與第二小段連接，次再用一「而」，爲第三身代名詞所有格，以代上「庶民」，言其面色。下「曰」爲庶民之言，主語承上省略。末句「汝」指君王。三小段之後，總以「時人斯其惟皇之極」作結。平議（卷五頁二一）：「下而字訓女；上而字不訓女，乃語詞也。此句承上文『皇則受之』而言。『皇則受之，而康而色』，言不但受之，而又當和女顏色以受之也。」俞氏析文理不清，「而康而色」啓下意非承上之文。而康而色、曰予攸好德，朱子皇極辨：「言夫人之有能革面從君，而以好德自名，……。」視上「而」義爲「能」，案：而猷能，經傳釋詞（卷六）、古書虛字集釋（卷六）有說，而尚書假借字集證據之，說此「而」借爲「能」，稍失本經之意。「而」訓「其」，見古書虛字集釋（卷七）。色，說文：「顏氣也。」段注：「顏者，兩眉之閒也。」是顏氣爲面色。福謂爵祿，參註四四「五福」及註五四「汝雖錫之福」。

五〇　時人，此人；謂上述之庶民。斯，此也；其，猶今語「這就」。之，猶「是」也。極，取法也；作動詞用（參註四五）。○「時人斯其惟皇之極」，或本作「時人德斯其惟皇之極」，多一「德」字，書疏：「此經或言『時人德』，鄭、王諸本皆無『德』字，此傳不以德爲義（敏案：是僞孔本無『德』字），定本無『德』。疑衍字也。」今古文攷證（卷三頁二）：「……宜有『德』字，諸本脫。『時人德』，句。」尚書故（經說卷二之二頁五四）從之，曰：「疑『德』字當有，與下『時人斯其辜』相對爲文，言念之、受之、錫之福，『於是人進于德』，是乃爲皇極也。其猶乃也，見王氏釋詞。惟，玉篇云：爲也。」大義（卷一頁三五）竟從其父增「德」字，且從絕句。案：下「時人斯其辜」非與此「時人」云云對舉成義，故『德』不當有；吳氏釋「斯其惟皇之極」義謬甚！或本多『德』，涉上衍文。此句總上三小段，結言：（若君王能念之或受之或錫之福，）則此三種人將惟王極是法也。民之有猷有爲，念用之可也，乃不協于極與夫自言好德，亦受而錫之者，東坡書傳（卷十頁九）論曰：「大哉皇極之道！非大人其孰能行之？嗚呼！此固硜硜者之所大失也歟！不協于極而受之，自言好德而信之，必有欺我而敗事者矣，然得者必多，失者必少。唐武氏之無道也，獨于進人無所留難，……後開元賢臣致刑措者，皆武氏所收也。德宗好察而多忌，士無賢愚皆不得進，國空無人，以致奉天之禍，故陸贄有言：『武后以易得人，而陛下以精失士。』至哉斯言也！」

五一

虐，殘害也。煢獨，謂孤單無靠之人。高明，謂才高識明之人。煢獨、高明皆就才行言。二句，謂君王不可殘害才單力薄之人，而當敬畏才識高明之士也。○此兩句皆以「皇」（君王）爲其主語，當前省略。蓋此疇據人君而言（書疏：「此經皆是據天子，……顧氏（彪）

亦以此經據人君，小劉（炫）以爲據人臣，謬也。」），故凡以人君爲主語者，視文便或予省略。煢，書疏申傳義曰：「詩云『獨行煢煢』，是爲單；謂無兄弟也。無子曰獨，王制文。」諸家見「高明」與「煢獨」對文，而今文尚書本又頗引「煢獨」作「鰥寡」（見尚書大傳、宋世家、列女傳楚野辯女），遂說「高明」爲「勢位崇顯」，又引揚雄解嘲「高明之家，鬼瞰其室」爲佐證。不思此高明言才行，後文「高明柔克」，高明非謂勢位貴顯；左文五年傳「高明柔克」疏亦就人性說之。此二句實關乎任人，故下續以「人之有能有爲」云云。諸家說「煢獨、高明」，所見既如彼，而生「單獨者不侵虐之，寵貴者不枉法畏之」（僞孔傳）之解固宜。如其說，則全句是「而無畏高明」承上省略「無」。第考尚書否定句中限制詞「不（或「無」）」字下句承上省略例，下句之首概不用介詞「而」字，如盤庚「乃咸大不宣乃心，（不）欽念以忱」（下句省「不」字）、「爾無共怒，（無）協比讒言予一人」（下句省「無」字），類證甚多。且兩相連句，如立意相反，下句之首用「而」字以連接上句（說詳註四八評覈詁段），今考此上句戒王「無虐」，下句告王應「敬畏」，立意正相反。諸家因古注爲說，未加深考，甚害經義，不敢不辨。

五一

人，亦承上謂庶民。羞，進也。而，介係詞。昌，盛也。使羞其行，謂（任之以官職，）使之得有所獻替也。〇人，書疏曰：「此謂已在朝廷任用者也。」所疏恐非傳意。王肅（宋世家集解引）曰：「使進其行，任之以政，則國爲之昌。」謂此人爲布衣，在野待舉。揆上文，所陳皆用人之道，而下文稱正人方爲在官者，則此爲告王得人則國興，曰「人之有能有爲」，即上「凡厥庶民有猷有爲有守」之意；上云當「念之」，此言當「進用之」；下更言考核獎懲。文理固然。羞，宋世家引同。潛夫論思賢篇引作循、後漢李尤靈臺銘作脩。案：經文當作羞，訓進（爾雅釋詁），聲誤爲脩；脩又形誤爲循（古書循、脩多互誤）。循、脩皆不訓進，不當經意，訛字無疑。

五三

正，長也。正人，主管官員也。富、豐多也；作動詞用。方，常、穀，祿也（音疏，經解卷三九四頁三十）。上兩句，謂君王既厚班主管官員以常祿也。好，善也。而家，汝國家也。辜，罪也。末句，謂此正人乃有罪也。○正人，僞孔傳說正直之人，經絕無此義。自蔡沈變古注背師說解爲「在官之人」，引康誥「惟厥正人」以證（蔡傳），諸家多申之——纂疏（卷四頁二二）論爲官之長、孫疏（卷十二頁三）、覈詁（卷三頁五五）同，述聞（經解卷一一八二頁三三—三五）會聚尚書中稱「正人」及相關官稱多條，論正人爲官之長。最爲詳備。既富方穀，音疏：「方猶常也者，禮記檀弓云：『左右就養無方』，鄭注云：『方，猶常也。』穀，祿：釋言文。周禮太宰職云：『以八柄詔王馭羣臣，二曰祿以馭其富』，鄭君注云：『班祿所以富臣下。』」僞孔傳異鄭，謂「既當以爵祿富之，又當以善道接之。」蓋訓方爲竝，據微子「小民方興」；訓穀爲善，據詩小雅黃鳥「不肯我穀」毛傳。顧與此經意不合。下兩句，書疏申傳意曰：「若雖用爲官，心不委任，禮義疎薄，更無恩紀，言不聽，計不用，必將奮衣而去，不肯久留。故言『……是人斯其詐取罪而去』也。」如其說，是罪在君上，非也。考「既富方穀」矣，焉得謂君待之「無恩紀」？矧下言君如錫福失當，方罪之曰「其作汝用咎」。此是罪正人「不能有好于而家」，乃就臣於國獻替言之，非罪君上明矣。

五四

于，猶「如」也。兩「其」字，謂上述「正人」。好，義同上「有好于而家」之好，善也。德字是衍文，當刪。雖，當讀爲惟（釋義引龍宇純說）。福，爵祿也。作，名詞；謂正人所爲之過惡。汝，君王。用，行也（動詞）。其作〔頓〕汝用咎，謂彼正人（高位而無功於國家）之過惡，皆由汝君王造成。○于（一作於）訓如，見經傳釋詞（卷一）及古書虛字集釋（卷一）例證。舊說爲介係詞，呂祖謙體味經文，始知有「儻」意，東萊書說（卷十七頁九）：「儻無好德之人，君彊賜以福，……。」「儻」義近「如」。于其無好德，宋世家引作「于其無好」、馬融及王肅本同（由釋文不言二家與僞孔本異可知）、鄭玄本亦同（知者，宋世家集解引鄭注此句曰：「無好于汝家之人，……。」），僞孔傳：「於其無好德之人，汝雖與之爵祿，……。」僞孔本經文本無「德」字（釋文亦不言鄭本與僞孔傳本異，鄭本無『德』，僞孔本宜同。），傳因欲解「好」爲「好（去聲）德之人」（傳說上「有好于而家」之好爲善，故解彼文不曰「好（去聲）德」），乃於「好」下增「德」，書疏：「傳記言『好德』者多矣，故傳以『好德』言之。」經文正不言「好德」，故疏云「傳以『好德』言之」，是唐正義所據本亦無『德』字。疏又述上及此經文曰：「『無好』對『有好』，有好謂有善也。」亦不言「無好德」。經文之有「德」字，蓋唐永徽以後，俗儒用傳文增入。唐石經已增，書古文訓同；內野本無「德」，尚存古舊。此「無好」承上「有好」，皆言正人；「有好」，諸本概不作「有好德」，是「無好德」之「德」乃後增。王念孫（見述聞引，經解卷一一八二頁三六）、莊述祖（今古文攷證卷三頁三）皆據「好」叶下「咎」成韻爲說，可作旁證；撰異（經解卷五八○頁十八）所論，則未盡可取。惟、雖通用，皐陶謨

「咸若時，惟帝其難之」，雖帝其難之也。此惟……，有務爲某事之意，猶今語「一味地……」、「還是……」。作，補疏（經解卷一一五〇頁六）訓使，云「其使汝用咎」；覈詁（卷三頁五五）訓報（讀作爲酢，酢訓報），用訓以，「報汝以咎」：皆難照應上「時人斯其辜」，不能貫通經義。故竝不取。

無偏無陂，遵王之義（註五五）；無有作好，遵王之道；無有作惡，遵王之路（註五六）。無偏無黨，王道蕩蕩；無黨無偏，王道平平（註五七）；無反無側，王道正直（註五八）。會其有極，歸其有極（註五九）。曰，皇極之敷言，是彝是訓，于帝其訓（註六〇）。凡厥庶民，極之敷言，是訓是行，以近天子之光（註六一）。曰天子作民父母，以為天下王（註六二）。

釋文

五五　無，勿也；下三「無」字義竝同。陂，字當作頗；頗說文：「頭偏也。」引申義爲「偏」。「頗」與上「偏」爲互文。遵，循也。義，法則也。此兩句一韻，謂臣民之辭；下四句兩韻，亦謂臣民而言。○陂，宋世家、呂氏春秋貴公、潛夫論釋難、玉篇「偏」字下、北堂書鈔（卷三七）引、釋文言舊本、足利古本（見阮元尚書校勘記）、內野本（書古文訓同）皆作頗，匡謬正俗（卷六）、文選（卷二三）劉楨「贈徐幹」詩李善注引及釋文所據本竝作陂。新唐書藝文志（撰異作唐書經籍志，誤。）：經部書類「今文尚書十三卷」下原注：「開元十四年，玄宗以洪範『無偏無頗』聲不協，詔改爲『無偏無陂』。天寶三載，又詔集賢學士衛包改古文從今文。」事又見冊府元龜（卷四十）天寶四載下詔曰：「……朕……每讀洪範，至『無偏無頗，遵王之誼』，三復斯文，竝皆協韻，唯『頗』一字，實則不偏（倫）。……陂之與頗，訓詁無別。……朕雖先覺，兼訪諸儒，僉以爲然。……其尚書洪範『無偏無頗』字，宜改爲『陂』，……仍宣于國學。」（南部新書亦謂改頗爲陂事在天寶四載）案：天寶之前洪範有兩本：一本作「無偏無頗」，如宋世家等書引及足利古本等；另本作「無偏無陂」，如匡謬正俗等引。唐五經正義所據僞孔本屬前者，作「無偏無頗」，經文原當如此；而作「陂」爲後起誤本。當時儒者多知之，玄宗不知「頗」、「義（或作「誼」）」古協韻，因見別本有作「陂」者，諸學士又承旨唯諾，遂詔改官本頗爲陂，即今所見。陂，說文：「阪也。」釋名釋山：「山旁曰陂，言陂陁也。」玄宗謂與頗「訓詁無別」，用陂後起之義（玉篇：「陂，邪也。」）。義，匡謬正俗、佩觿、冊府元龜、文苑英華引皆作誼。誼、義字通作，唯古本（宋世家、呂覽、潛夫論）作義，當從古。「無偏無頗」以下六句，皆戒臣民勿偏私，當遵君王法則，僞孔傳、疏皆謂戒君王當循先王之道以治民，失之。

五六 兩「有」，或也；無有，謂絕不容許有……。兩「作」，為也。作好、作惡，喜愛、厭惡出於偏私也。路，道也。道、路互文取韻，皆引申為道理。○有，若作尋常有無義，不足妙達經旨。有，或也，見撰異（經解卷五八○頁二一二）。盤庚「無或敢伏小人之攸箴」、無逸「民無或譸張為幻」，無或連用，皆謂一毫不得有……。而康誥「非汝封刑人殺人，無或刑人殺人」，上句戒康叔不得以私意刑殺人；下句更嚴戒曰「絕不可刑一無罪、殺一無辜」！呂氏春秋貴公兩引「有」皆作「或」。好，馬融（宋世家集解引）曰：「私好也。」高誘呂覽貴公注：「好，私好；鬻公平於曲惠也。」無有作好、作惡，朱子語類（卷七九頁二十）：「謂好所當好，惡所當惡，不可作為耳。」洪範約義（卷六總頁四八）：「聖人……但好仁惡不仁、好善惡惡，因物付物，純然天理而無一毫私意糅乎其間。作者，計較之私也；作好作惡，則純是私意，而好惡失其正。」皆謂勿以私心害公理，唯後論視前說轉精加密。河先海後，茲竝收之。

五七 無，不也；下五「無」字義同。黨，借為攩，說文：「攩，朋羣也。」此作動詞用，言阿私黨類。蕩蕩，平易也。平，釆之誤；釆，辨別也（說文）。釆釆，意謂坦夷。四句兩韻一意，言王道平正坦直，不偏不邪也：皆以諭臣民。○咀味文意，此「無」字皆當訓「不」，墨子兼愛下引周詩曰「王道蕩蕩，不偏不黨；王道平平，不黨不偏」，與此文同，而「無」皆作「不」，可證。蕩蕩，呂氏春秋貴公高誘注：「平易也。」據詩齊風「魯道有蕩」毛傳為說。平，說文古文作[illegible]，為釆之古文[illegible]形似之訛，說詳九經古義（經解卷三六一頁二）。平（說文：「語平舒也。」）平，義雖與蕩蕩近，但韻不協「偏」，故史記張釋之馮唐傳太史公曰引作便便，史公改僻字「釆釆」爲「便便」（集解引徐廣曰：「便，一作辨。」是便義近釆）。

五八　反，倍常也（蔡傳）。側，傾欹也。正直，不邪曲也。兩句一韻，意謂王道正直，不傾欹反常也：亦似諭臣民。◯自「無偏無頗」至此十二句，「王」字六見，皆指皇極之「皇」（君），而其「義、道、路」，皆謂皇極之「極」（法則），且以申「凡厥庶民，無有淫朋」至「惟皇作極」之義，開諭臣民取則於君，歸於至正，故下即繼以「會其有極，歸其有極」。

五九　會，合也（說文）。兩「其」字，將然之辭，猶言「應……」。歸，就也（廣雅釋詁）。有，於也（類例見古書虛字集釋卷二）。兩句結上六韻語，謂臣民勿狥己之私心以從乎上之化，而會歸乎至極之標準也。（參皇極辨）◯會、歸，朱子皆以理一言之，洪範約義（卷六總頁四八）申之曰：「會者會通，歸者歸趣。一致而百慮，故曰會其有極；殊塗而同歸，故曰歸其有極。」極，皇極也，即上述「無偏無頗」至「王道正直」六韻語（參註五八）。鄭玄（宋世家集解引）則曰：「（會其有極，）謂君也，當會聚有中之人以爲臣也；（歸其有極，）謂臣也，當就有中之君而事之。」考本疇自「其作汝用咎」以上皆謂王，數稱爾汝，顯然可見。「無偏」以下至此，諭臣民取法皇極。至鄭以君王、臣民分任二句主語，朱子語類（卷七九頁二十）不然，曰：「會其有極、歸其有極，會、歸字無異義，只是重疊言之；與既言『無偏無黨』，又言『無黨無偏』，無別說也。」案：「無偏無頗」至「歸其有極」十四句，蓋皆相傳格言大訓（宋傅崧卿以爲乃古書韻語，爲帝王相傳之訓，非箕子之言：參書經注卷七頁二八—二九），乃詩歌體（墨子兼愛下有其中四句，謂之「周詩曰」，已見註五七）。詩體：意多複沓，句尚整齊。複沓則意不嫌重出，尚齊則句力避散行。據此，會其有極二句，誠祇一義，朱子之說是也。

六〇 曰，更端之詞。蔡元定（纂疏卷四頁二三引）曰：「敷，衍也；皇極之敷言，即上文『無偏無陂』以下之言也。」彝，常法也。訓，說教也。帝，同「帝乃震怒」之帝，謂天帝也。其，既也。訓，順也；宋世家作順。三句，謂皇極敷衍之言，乃常法教訓，既順乎天理，（故「凡厥庶民」……）。〇曰，僞孔傳：「曰者，大其義。」蓋謂箕子重視「皇極之敷言」至「于帝其訓」三句，故以「曰」字弁其上，俾語勢略頓，更發下文，示不輕出也。黃度尚書說（卷四頁十三）：「曰，斷文表見之也。」（黃氏又於下「曰天子」之「曰」云：「又表見之也。」）二家皆就藝事立論，誠是。全解（卷二四頁四四）又求諸文意，云：「自『無偏無陂』至於『歸其有極』，其所以循循然善誘以訓致其民於太平至和之域者，可謂曲盡其道。……其所施設，皆本於天理之自然，故於此又推本而言之。語既更端，故加『曰』字以別之，蓋所以總結乎上文也。」自後，治書者多以此『曰』爲更端之詞矣。此篇八「皇」字，宋世家皆載之，七仍作「皇」，獨此作「王」，今文攷證（卷十一頁十五）：「史記作『王極』與大傳合，他處皆作『皇極』，疑後人改之，此則改之不盡者，非此『王極』與上『皇極』不同義也。」馬融訓皇爲大、極爲中，而於此「皇」則訓「王」（似據宋世家），謂與下「（凡厥）庶民」對，皆不連「極」爲解，其言曰：「王者當盡極行之，使臣下布陳其言。……（庶民）亦盡極敷陳其言於上也。」（宋世家集解引）案：馬氏「極之」說爲「極盡行之」，又另添「使臣下」於「布陳其言」上以解「敷言」，經絕無此義也。史公多以詁訓字易經本字，此作「王極」者，亦易字也（皮氏說「後人改字未盡」，疑失正），不足據以定上下異同。三句，蔡沈背師說用父說，云：「敷言，上文敷衍之言也。言人君以極之理而反復推衍爲言者，是天下之常理，是天下之大訓，非君之訓也；天之訓也。」（蔡傳）案：此疇述皇極至「其作汝用咎」止（三德疇「惟辟作福」至「民用僭忒」四十八字，疑爲本疇錯簡，當還置此下，說詳後。），皆主於君爲言。「無偏無陂」下推衍皇極義，語雖答王，顧所陳皆臣民法極保極之事，前已言及之。敷，便讀（卷四上頁十一）從蔡氏父子說爲「敷衍」，得之。尚書故（經說卷二之二頁五六）則曰：「敷……與賦通，藝文志『不歌而頌謂之賦』。……皇極文皆有韻，故曰賦言。」商誼（卷一頁十）因宋世家作「傳」，復據詩毛傳訓傳爲至。單文孑辭，其義勉強可通，揆以篇章，則有所窒礙矣。其，便讀（卷四上頁十一）訓「是」，於句則說爲「是於天理爲順」，說可從。今可從而別訓「既」者，欲與下文密相接應，而字亦不失古義故也。古書虛字集釋（卷五）：「其猶既也」，舉例頗多。茲不復煩言。

六一

此「庶民」，兼臣（官吏）民而言（參尚書故）。極，承上「皇極之敷言」，省略「皇」字。極之敷言，謂上「無偏無陂」至「歸其有極」十四句敷衍之言（竝參註六〇）。訓，順也；宋世家作順。行，謂踐行也。近，親也。天子，即建極之君王。光，光明也。四句，承上（極之敷言，既合天理）言臣民皆應順天意而實行（皇極所敷衍之言），以親近天子之光明。〇夫皇極，天下之人皆當遵而行之，今既以之戒眾，知此「凡厥庶民」者，總臣與民言之也。詩云「率土之濱，莫非王臣」，是民亦臣也。尚書故（經說卷二之二頁五六）以「庶民極」連文，云：「史記變『皇』言『王』者（參註六〇今文攷證引述），對『庶民極』爲文也。……自『女用咎』以上，王極之賦言；『無偏無頗』以下，庶民極之賦言也。」案：此疇所稱「極」，皆指皇極，非別有庶民極。且「凡」字最括之義，庶民果有「極」，亦唯一極，則但曰「厥庶民極」可矣，必無作「凡厥庶民極」之理。極既無二，則「無偏無頗」以下固是皇極之敷言；而自「女用咎」以上乃告王之辭，非「敷言」也（參註六〇評尚書故及商誼文）。近，王肅（宋世家集解引）云：「猶益也。」音疏（經解卷三九四頁三二）：「附也。」覈詁（卷三頁五五）謂近借爲昕；昕，明也。明也、附益也，竝謂增天子之光，則所順帝之則者，不過榮顯天子，非所以語極義也。皇極辨近訓親，得之。蓋天子代天立極，順行天子法教，即服從天子；服從天子，是能不自絕遠，而親被其光明也。

六一

曰，承上語辭。兩句，（庶民所以須親天子之光明者，）天子爲民父母，爲天下君王也。〇曰，蔡傳：「曰者，民之辭也。」謂下兩句皆民眾之言。案：九疇陳政教至理，自「初一曰五行」以至篇末，皆其作者託諸箕子之口，承覆首一問，表以出之，固不必雜介民辭；矧上文方教庶民近天子之光，語意未終，忽又引受教者（即庶民）之言，非辭理也。夏氏詳解（卷十七頁四六）謂亦更端之辭，吳氏尚書故（經說卷二之二頁五七）亦謂更端之辭，專言王者，商誼（卷一頁十——十一）指吳氏而非之曰：「摯甫以『曰』字爲更端之辭，非也。『曰』字承上而言，言民之所以近天子之光者，蓋謂天子作民父母，以爲天下王也。……行、光、王韻，若釋爲更端，專言王者，則『王』字不得其韻矣。」所見甚塙，茲從之。建極之皇，是謂聖君，爲民父母，天下所歸往，大傳（輯校卷二頁四）曰：「聖人者，民之父母也。母能生之、能食之，父能教之、能誨之，聖王曲備之者也。能生之、能食之、能教之、能誨之也，爲之城郭以居之，爲之宮室以處之，爲之庠序學校以教誨之，爲之列地制畝以飲食之，故書曰『作民父母，以爲天下王』，此之謂也。」九章涵括雖繁，大別不過教、養二事，大傳此文所舉節目能備其要。

此疇演「次五曰建用皇極」，以明人君體天建極之義。經文據人君立言，分爲上下兩幅——自「其作汝用咎」以上爲上幅，「無偏無陂」以下爲下幅。上幅數著「爾汝」字，直稱武王也，亦所以謂後來君王也；蓋皇極者，非一家一世之書，先哲垂範明教，將以傳久遠也。意猶未盡，更取相傳格言大訓，衍爲下幅，曰「遵王」、曰「近天子」，是謂臣民言。蓋洪範文爲問答體，辭皆答者對王；然問祇發首數語，餘皆答者自述九章之義，用成典教。故此臣民亦非以周臣周民自限，而敷陳典則，因君上而及臣民，固亦無害於文體正格也。諸疇皆言數，皇極獨不言者，其所包者廣，非可以數明其目也。

六、三德：一曰正直，二曰剛克，三曰柔克（註六三）。平康正直，彊弗友剛克，燮友柔克（註六四）。沈潛剛克，高明柔克（註六五）。惟辟作福，惟辟作威，惟辟玉食（註六六）。臣無有作福作威玉食，臣之有作福作威玉食，其害于而家，凶于而國（註六七）。人用側頗僻，民用僭忒（註六八）。

釋文

六三　正，平也；直，不曲也。剛、柔，剛強、柔弱也。克，勝也；「偏過」之意。正直，得性情之中，德性無過不及之人。剛克，性情偏剛者；柔克，性情偏柔者：德性皆不合中道。正直、剛克、柔克三者，皆作名詞用，謂天下臣民之德性。○正直，鄭玄注曰：「正直，中平之人。」（詩鄭風羔裘疏引）東坡書傳（卷十頁十）：「不剛不柔曰正直。」書古文訓（卷八頁八）：「正直，中行也。」蔡傳：「正者，無邪；直者，無曲。」漢、宋諸儒，多不外此說，得洪範旨要。惟僞孔傳不然，曰：「能正人之曲直。」（疏：「正直，言能正人之曲使直。」）其以「正」作動詞者，因見兩「克」字舊常解爲動詞（說詳後），遂承其說焉；兩克既爲動詞，傳者復比附其義，釋「正」字亦爲動詞，而不知其誤也。剛克、柔克，鄭玄注曰：「克，能也。剛能、柔能，謂寬猛相濟以成治立功。剛則彊，柔則弱，此陷於滅亡之道；非能也。」（詩鄭風羔裘疏引）王肅（見書疏約述）、僞孔傳同用鄭說，而蔡傳訓治，亦是鄭意：皆說爲動詞。書經注釋（頁五〇二）謂克果如鄭解，則經當乙轉作「克剛」。鄭說之失，此其一端（克不得作動詞，說續見後）。克，馬融曰：「勝也。」（釋文引）觀馬說下「沈潛剛克，高明柔克」主於治人，彼所謂「勝也」，殆亦動詞，於經義亦不適。宋儒克訓勝而不作動詞用者，張九成（精義卷三十頁一引）曰：「剛克者，其剛過人也；克，勝也。……柔克者，其柔過人也。……正直者，……非剛柔之偏勝也。」朱子曰：「剛克主於剛勝，柔克主於柔勝。」（纂傳卷二二頁十引）胡氏詳解（卷七頁九）：「（剛克，）勝於剛；（柔克，）勝於柔。」皆得經義。龍宇純尚書札記（大陸雜誌十一卷五期）：「今以爲克當訓勝。勝者，非戰勝制劾之謂也，過多偏勝之謂也。」且頗引記傳注疏爲證，其義愈明。正直、剛克、柔克，三者皆德，經有明文，古今無異議。惟鄭玄以爲「三德，人各有一德，謂人臣也（敏案：鄭人臣謂官吏。）」，僞孔傳以爲「此三德是王者一人之德」（疏申），皆從治人立義。宋儒多視三德爲成己成人之學，故正直、剛、柔屬諸天下之人。案：皇極主於治，是作之君，此疇主於教，是作之師。宋儒說是也。

六四

康，和也。彊，強梗也（彊同強）。弗，借爲拂；拂，戾也（淮南子主術注）。彊、拂同義複詞。友，涉下衍文，宜刪。燮，和也（僞孔傳）。友，順也。以平康解說德正直之特質，謂正直者平正康和也。以彊弗解說德剛克之特質，謂剛克者強梗違戾也。以燮友解說德柔克之特質，謂柔克者和順溫馴也。◯漢魏人既多誤從治人度此疇之義，故釋此三句義多枘鑿——鄭玄以爲人臣各有一德，天子擇使之，注此經曰：「安平之國，使中平守一之人治之；使不失舊職而已。國有不順孝敬之行者，則使剛能之人誅治之。其有中和之行者，則使柔能之人治之；差正之。」（竝書疏引）僞孔傳幾全襲其意，云：「世平安用正直治之。……強禦不順以剛能治之。……世和順以柔能治之。」所謂「張弛隨時而用」（書疏），悉由治道著意，以平康、彊弗友、燮友各皆爲名詞，而平康、剛克、柔克各皆治之之方，大乖經義！宋儒竟絕多從之誤——東坡書傳（卷十頁十）：「平安無事、用正直而已，……過彊不順者、則以剛勝之，人治之和順者、則以柔順之人養之。」（范祖禹幾全抄僞傳，文見全解卷二五頁二）張九成（精義卷三十頁一—二引）曰：「平康之人，用正直待之。……（彊弗友之人，）當以剛待之。如舜流共工于幽洲，放驩兜于崇山，竄三苗于三危，殛鯀于羽山，此待彊弗友以剛也。（燮友之人，）當以柔待之，如……。」朱子語類（卷七九頁二二）曰：「彊弗友，以剛克之。燮友，以柔克之。」蔡傳：「平康正直，無所事乎矯拂，無爲而治是也。彊弗友剛克，以剛克剛也。燮友柔克，以柔克柔也。」胡氏詳解（卷七頁十）謂平康之時用正直，彊弗友、治以刑法，燮友、勸以爵賞曰：「此時而措之也。周禮：刑乎平國用中典，刑亂國用重典，刑新國用輕典。」案：據此，蘇軾、范祖禹、張九成、胡士行皆取漢魏人說，從治道立論，書經傳說彙纂（卷十一頁二二）博引宋、元諸家類似之說，評之曰：「三德者，所以宜民善俗，協之于中，當重教化上。……宋、元諸儒，大槩從世道上說，如呂刑所謂『刑罰世輕世重』，周禮所謂『……』，似說向一邊去！」所評誼正。至朱子師弟子，似從「教化上」著意，但「以剛克剛，以柔克柔」等議論，顯然變化鄭孔之說而成。曾不深考以剛克柔、以柔克剛乃事理之常經，晦庵、九峰固未嘗昧於此理（二家說下「沈潛剛克、高明柔克」爲以剛克柔，以柔克剛，可證）；且張九成、朱子、胡士行皆嘗解上兩克字爲名詞「勝」，得經義矣。此忽棄前意，變爲動詞，一章之內，數句之間，竟因拘虛舊說，一任其自相牴牾者何耶？豈朱、張諸大師，析理有所未精耶？請進而論之：自「六三德」至「高明柔克」九句，句句協韻，德（廣韻：多則切）、克（廣韻德韻：苦得切）、直（廣韻職韻：除力切），上古音皆在之部（據董同龢中國語音史，段玉裁六書音韻表爲第一部）。此九句爲詩歌體，蓋亦當時流傳之韻語，洪範作者采爲章句（新證卷一頁三十一—三一以爲「彊弗友」以下四句「語頗古質，當係雜采舊籍而成。」）。如爲無韻散文，則此三句型式，當乙爲「正直主語，平康形況詞作謂語。」、「剛克主語，彊弗（「友」是衍文）形況詞作謂語。」、「柔克主語，燮友形況詞作謂語。」正直、剛克、柔克爲名目——三德之目，自是名詞；平康、彊弗、燮友皆形況詞。形況詞繫主語下作謂語，古散文不須有「是」。此爲求趁韻，故將謂語易置主語下；爲求整齊，故悉爲四字句，且詞性皆相稱（高本漢以上「友」字爲衍文即據此理判斷，原文見後引）。五行「水曰潤下」五句，爲散文型式——「水主語，曰潤下三字合爲謂語。曰訓是。」，言「潤下」爲「水」之特質，猶此言「彊弗」爲「剛克」之特質。以彼例此，若合符節。宋儒精研義理，章句音韻則頗疎略，致害大道。有清江、段諸家，深於章句小學，而暖姝賈馬服鄭之學，深爲所蔽，致說經而經義愈晦，良可嘆也！上友字高本漢謂衍文，書經注釋（頁五〇三）：「另一說：『彊弗友』在句例上非常不協調。從上文的『平康』跟下的『燮友』來看，那麼此處也應該同樣地用一個兩個字組成的複詞才對。所以這句話必定有衍誤的地方。案：這句話應當作『彊弗剛克』，作『彊弗』正是一個複詞。『友』字是因爲涉下文『燮友柔克』而衍。『弗』字是『咈』的假借字。」咈、拂、弗皆有逆不順之義。

六五

沈，伏也。潛，藏也。沈潛，皆外動詞，謂抑之使下也。沈潛剛克，言資質偏剛者，則制抑之使下，俾合於中也。高，亢也。明，顯也。高明，皆外動詞，謂揚之使顯也。高明柔克，言資質偏柔者，則振揚之使進，俾合乎中也。○此兩句，馬融（宋世家集解引）曰：「沈，陰也；潛伏也。陰伏之謀，謂賊臣亂子非一朝一夕之漸。君親無將，將而誅。高明君子，亦以懷德也。」以「沈潛」、「高明」作名詞——陰伏之謀、高明君子，以「剛克」、「柔克」爲動詞——將而誅、以懷德。馬氏說主馭下治人，與鄭玄說平康三句無異。僞孔傳則曰：「沈潛謂地，雖柔亦有剛，能出金石。高明謂天，言天爲剛德；亦有柔克，不干四時。喻臣當執剛以正君，君亦當執柔以納臣。」增益文五年左傳甯嬴之言，以成其說。主馭下治人及以「沈潛」、「高明」爲名詞與以「剛克」、「柔克」爲動詞，全同馬說。後漢書鄭興傳載興上疏曰：「今陛下高明而羣臣惶促，宜留思柔剋之政，垂意洪範之法。」以「高明」對「惶促」，是以「高明」爲形況詞，而引經以「剋」易「克」，顯然解「克」爲動詞。杜預注文五年左傳曰：「沈漸猶滯溺也，高明猶亢爽也，言各當以剛柔勝己本性，乃能成全也。」亦以「剛克」、「柔克」爲動詞，而「滯溺」、「亢爽」爲形況詞。是鄭、杜二家說與馬、孔幾全同。宋、元儒絕多本舊說——如東坡書傳（卷十頁十——十一）、東萊書說（卷十七頁十一）、朱子語類（卷七九頁二二）、書經注（卷七頁三十）。如上述諸家說，沈潛、高明竟爲「二德」，而剛克、柔克所以矯治德之偏過。其所以誤解經義，已詳註六三辨析。「剛克作名詞，主語。，（則）沈潛作動詞，謂語。（之）」、「柔克作名詞，主語。，（則）高明作動詞，謂語。（之）」。宋儒說有近乎此者，林之奇全解（卷二五頁三）是也：「沈潛剛克、高明柔克者，蓋所以抑其過而引其不及。剛克以禦彊弗友，然患其過而爲亢也，於是從而沈潛之，蓋抑其過而歸之於中也。柔克以御燮友，然患不及而爲懦也，於是從而高明之，蓋引其不及而歸之於中也。」確以沈潛、高明爲動詞，於剛克柔克，似尙以爲動詞。胡士行詳解（卷七頁十）則盡合經義：「沈，伏也；潛，藏。高，亢；明，顯。剛勝矣，而沈潛之，使不流於暴。柔勝矣，而高明之，使不流於委靡。此抑揚之妙，剛柔所以不離於正直也。」元朱祖義句解（卷七頁四）說同：「剛勝則暴，故必沉伏潛藏其威，以抑其剛德之偏勝而使合於中。」有清經學大家，多是漢非宋，未見義從林、胡、朱者。近人持論與胡、朱同，而義尤詳明者，余所知惟龍氏尙書札記爲最先。

洪範總綱曰「乂用三德」，言教人之道以三德，三德之教，中道之教也，如下圖所示：

三德示意圖

性情	資質	矯拂
柔克（不及）	燮友	高明
㊥正直（合乎中道）	平康	（無事乎矯拂）
剛克（過）	彊弗友	沈潛

六八 惟，有「但祇」之義；下二「惟」字同。辟，君上也；下二「辟」字同。作，爲也，謂專行某事也；下六「作」字同。福，謂慶賞；下二「福」字同。威，謂刑罰；下二「威」字同。作福、作威，謂專行慶賞刑罰也。玉食，珍美之食也。○辟，爾雅釋詁：「皇、王、后、

辟、公、侯，君也。」辟與皇、王、后、公、侯同訓君，是得以「辟」稱天子、諸侯也。故詩大雅文王有聲「皇王維辟」箋：「辟，君也。」詩大雅假樂「百辟卿士」箋：「百辟，畿內諸侯也。」漢書五行志「辟遏有德」注引應劭曰：「辟，天子也。」辟作福作威玉食，馬融（宋世家集解引）曰：「辟，君也。玉食，美食。不言『王』者，關諸侯也。」王肅（書疏引）同馬，曰：「辟，君也；不言『王』者，關諸侯也。諸侯於國，得專賞罰。」馬、王以爲：此專賞罰擅玉食之「辟」，謂王（天子）及諸侯。若經字作「王」，則「王」祇以稱「天子」，今作「辟」，則得包天子、諸侯而言；諸侯於其國內全乎爲君，辟之言君也。鄭玄（公羊成元年傳疏引）曰：「（惟辟三句，）凡君抑臣之言也。作福，專慶賞。作威，專刑罰。玉食，備珍美。」鄭未明言君關諸侯，後案（經解卷四一五頁五十）曰：「鄭玄『凡君抑臣之言』者，『凡』是最括之詞；鄭以『辟』兼天子、諸侯，與馬、王同也。」（音疏同，見經解卷三九四頁三四）是鄭亦以此「君」兼天子、諸侯而稱之。案：此至「民用僭忒」，皆明君臣之分，上下不可亂也，全解（卷二五頁五）：「諸侯有一國，則亦有一國之權勢也。爲人臣而竊其君之權勢，則君臣上下之分皆失其正。」諸侯專爵賞，禮記王制：「次國三卿：二卿命於天子，一卿命於其君。」專刑罰，康誥武王誥康國君長康叔封曰：「敬明乃罰。」食珍美，禮記玉藻：「諸侯……朝服以食，特牲三俎祭肺。夕深衣，祭牢肉；朔月少牢，五俎四簋。」故音疏、後案、孫疏皆從謂此「辟」兼天子、諸侯而言。惟述疏（卷十二頁三五）非之：「論語云：『天下有道，則禮樂征伐自天子出；天下無道，則禮樂征伐自諸侯出。』諸侯者，自君其國爾，皆天子之臣也，可以作福作威玉食乎？」案：諸侯僭奪天子之職，不俟王命而用兵四國；又竊擬帝儀，用天子禮樂，仲尼懼君臣之分亂，故口以誅之。其用意與本節經文合。諸侯於天子爲臣，而於其封國之臣民，則爲君長，其得於封域內專福威享美食，理固宜也。簡氏說失之。福謂慶賞、威謂刑罰，鄭、王、僞孔說皆同，經師亦皆無異義。唯玉食則頗有異解：馬、鄭、韋昭（釋文轉引）、僞孔皆謂美食。第周禮天官玉府：「玉府：掌王之金玉玩好兵器。……王齊（齋）則共（供）食玉。」稗疏（卷四頁十五）據以說此經，云：「諸家……但云『美食』，則孔子之食精膾細，豈亦僭惟辟之食乎？食無恆味，適口爲美。古重八珍，然亦士大夫之所公食也。天子之食特多：太牢酒醴醯醬脯脩稻粱，則亦與下等。按：周禮玉府『王齊則供食玉』，鄭司農眾云：『王齊當食玉屑。』鄭康成云：『玉是陽精之純者，食之以禦水氣。』唯天子之齊則有之，然則玉食者，碾玉爲屑以供王之齊食；取其貴而非取其美。或疑玉剛堅刺齒，則亦如服藥然；非必飽餐之也。唯王爲有，公侯而下，不得與焉。」古文尚書拾遺定本略同，亦據周禮爲說。案：此「玉食」與彼「食玉」，不同，云者：其一、彼玉屑乃君王當祭祀前齋戒時由玉府供食（參賈公彥疏），此玉食則爲君主經常所享用（列子周穆王：「日日獻玉衣，旦旦薦玉食。」謂日日享美食。）；其二、此玉食君主所專享，故曰「惟辟玉食」，而彼玉並非君王所專用（周禮玉府下文云：「大喪共含玉。」臣民喪亦得含玉，可證。）；其三、彼云「食玉」，玉乃名詞，是礦物；此謂「玉食」，玉乃形況詞，訓美。孫疏（卷十二頁六）：「玉食，猶言好食，史記封禪書索隱引三輔決錄云：『杜陵有玉氏，音肅。說文以爲從玉，音畜牧之畜。』案：玉讀爲畜，……孟子梁惠王篇云『畜君者，好君也。』高誘注呂覽云『畜，好。』凡經言『玉汝』、『玉色』，義皆爲好。」文獻明言王食玉，未有早於周禮者，周禮戰國晚期著成，所言非盡古制；而鄭君注食玉禦水氣（與其書注不同，足證鄭君不以食玉爲玉食），蓋漢代道家方術，丹砂服食之類，取以證洪範非是。

六七 兩「臣」字，兼指官吏與庶民。無有，義同皇極「庶民無有淫朋」之無有，勿有也（參註四六）。之，義同牧誓「牝雞之晨」之「之」，猶若也。其，將然之詞，覈詁（卷三頁五六）：「猶則也。」兩「而」字，汝也。家、國互文，皆謂國家也。○臣，兼指吏民，證見註六八。兩漢、三國人用本節經文，多先言「威」後言「福」：ⓐ漢書王嘉傳嘉復奏封事曰：「箕子戒武王曰：臣亡有作威作福，亡有玉食。臣之有作威作福玉食，害于而家，凶于而國。」ⓑ楚元王傳附劉向傳向上封事極諫曰：「書曰：臣之有作威作福，害于而家，凶于而國。」ⓒ後漢書第五倫傳倫上疏曰：「臣無作威作福，其害于而家，凶于而國。」ⓓ楊震傳震上疏曰：「書曰：僭恆陽。若臣無作威作福玉食，……。」ⓔ張衡傳衡上疏曰：「洪範曰：臣有作威作福玉食，害于而家，凶于而國。」ⓕ荀爽傳爽引洪範曰：「惟辟作威，惟辟作福。」ⓖ蔡邕「對詔問災異八事」（載全漢文卷七十頁一）：「書曰：唯辟作威，唯辟作福。」ⓗ三國志魏書蔣濟對帝曰：「夫『作威作福』，書之明誡。」ⓘ戰國策齊策高誘注引書曰：「无有作威作福。」ⓙ後漢書襄楷傳楷上疏曰：「自春夏以來，連有霜雹及大雨雷，而臣『作威作福』，刑罰急刻之所感也。」ⓚ李固傳人飛章虛誣固罪曰：「『作威作福』，莫固之甚！」以上十一條，ⓐ至ⓘ所引，皆明言出處，考皆謂本篇；ⓙ、ⓚ未明言出處，揆其意，固亦用本篇經文。隋書梁毗傳毗論楊素曰：「臣無有作威福，臣之作威福，其害乎而家，凶乎而國。」亦出本篇；先威後福，與上述十一家同。疑西漢晚年以前，嘗有傳本作先威後福，王嘉以下諸家欲張大臣下專威勢之禍，故引經據之。或轉據前人議論，福後威先。是本蓋戰國晚葉已流傳，韓非子有度曰：「先王之法曰：臣毋或作威，毋或作利，從王之指。」法家以刑齊天下，故進「威」於「福（利）」前；是變移儒家經文次序，或竟申商之徒所爲也。其實當先福後威，盤庚：「作福作災，予亦不敢動用非德。」（作災，謂懲罰，猶作威。）皐陶謨：「天命有德，五服五章哉；天討有罪，五刑五用哉。……天明畏，自我民明威。」（明，謂爵賞；威（畏），謂刑懲。）皆福先威後可證。釋文未著馬鄭王三本有異，是三家亦福先威後，皆與史記、僞孔本同。漢書武五子傳廣陵厲王胥賜策引書云：「臣不作福不作威。」與西漢晚年諸家所引不同；先福後威，所據尚爲正本。而顏注引周書洪範云：「臣無有作威作福也。」蓋習見王嘉、劉向等疏奏先威後福，故不覺從之。不然，豈有正文「作福作威」注引先威後福之古本爲解，而正文但僅「作威」，而反據先福後威之今本以釋？師古注翟方進傳「宣欲專權作威」引周書洪範云：「臣之有作福作威，」意者，此直據經引文，得其正。撰異（經解卷五八〇頁二五）據師古前一注，云「似唐初所據古文尚書亦有先威後福者」，不可信也。其字，上述ⓐ、ⓑ、ⓔ三條引無。案：有「其」，於義爲完足，古人引經常刪節，不可盡依以正經字。「凶」上漢石經多「而」字（見隸釋卷十四），石經考異（經解卷一四〇二頁十二—十三）：「公羊傳成元年疏引鄭注曰：『害於女家，福去室；凶於女國，亂下民。』是鄭本古文無『而』字，史記宋世家引亦無『而』字；今文有之。」案：有「而」字於義無加，矧經文尚簡質，此節句又多整齊，故疑爲衍文，涉上下而誤衍也。唯鄭注非全錄經句，不足爲憑。家、國，鄭（已見石經考異引）、王皆分別其義。王肅（書疏引）曰：「大夫稱家，言秉權之臣必滅家，復害其國也。」案：凶害二句，僅止一義，全解（卷二五頁五）又舉魯季氏盜弄威福，既害于魯國，亦凶于己家，用申鄭王。考周行封建，親戚屏藩王室，皆王室所分封，故王家即王國；此義尚書習見，不煩分析。又此節言治世，乃天下通義，君人者所當共守，故「而家、而國」兼言王與諸侯之國，不可泥於問答體，致失經義。

六八

人，謂官吏。兩「用」字，爲也。側，傾欹也（參註五八）。頗，偏也（參註五五）。僻，邪曲也。民，黎庶也。僭，踰越（本分）也。忒，惡也（釋文引馬融說。）○「人」，見於經籍，常有二義——吏與民是也（參註四六）；此與「民」對舉，爲「官吏」無疑。吏、民皆君主之臣下（參註六一），故以一「臣」承上「辟」，總言若吏、民專福威玉食，則害國家。下更析言吏如專作則頗僻，民如專作則僭忒；僭忒、頗僻，皆所以凶家害國。王肅謂臣爲秉權之臣（書疏引），僞孔傳謂人爲在位者，疏於是謂人爲「在位小臣」，纂疏（卷四頁二四）因以「臣」爲大臣，「人」爲小臣。東萊書說（卷十七頁十二）竟以「人」爲在野之人，以與「庶民」對。皆失之。兩「用」字，書疏：「在位小臣見彼大臣威福由己，由此之故，小臣皆附下罔上，爲此側頗僻也。下民見此在位小臣秉心僻側，用此之故，下民皆不信、恆爲此僭差也。」用誤訓由，致經義（此二句義已詳上）大失。當訓爲（見釋詞）；爲者，承上言吏民行威福玉食之事也。自「惟辟作福」至「民用僭忒」四十八字，書疑（卷五頁一）以爲原當在皇極疇「天子作民父母，以爲天下王」之下，錯簡在此，曰：「上曰『敷言』，告其君也；下曰『敷言』，告其民也；再曰『天子作民父母』，此指皇極之位而言。合接『惟辟作福至僭忒』，言此分之不可干也。舊綴於『三德』之下，其義紊戾！」明陳第尚書疏衍（卷四頁十一）沿其意，未遑詳其說。稗疏（卷四頁十五）與書疑同，而說加詳，曰：「皇極言作君之治，而此（敏案：謂「六三德」至「高明柔克」。）言作師之教也。……此疇既專言教，則『威福玉食』之言不相爲倫。反覆求之，蓋錯簡也。『惟辟作福』當在『以爲天下王』之下。……曰『天子作民父母，（以）爲天下王，惟辟作福，惟辟作威』云云者，言君履道，居尊乘權而無所可假，故直當以王天下之任自重而作民父母；非以偏私於臣，則『威福玉食』弗有疑畏而讓於臣也。……『威福玉食』既非『正直剛克柔克』之事，文義不屬，而上章言曰『天子作民父母（以）爲天下王』，亦歇後語，而不以終皇極一章之文也。」近人曾運乾（正讀卷三頁一三四）、龍宇純（釋義引）二先生竝亦謂此四十八字與三德說不類，疑本皇極錯簡。金履祥書經注（卷七頁三七—三八）移諸福極疇之末「六曰弱」之下，云：「此『五福六極』之總傳也。五福、六極，人君體之以威福其民，『作福作威』，所謂『嚮用五福，威用六極』也；『玉食』者，下之所以奉上，此又人主萬乘之福也。臣而僭之，則大夫必害于而家，諸侯必凶于而國；有位者用則頗僻而不安其分，小民者亦僭忒而踰越其常，則轉而趨於六極矣。其言威福之不可下移，而人臣之不可上僭，以發明一義。」（金氏尚書表注卷下頁七同）書纂言（卷四頁二一）、洪範約義（卷十總頁九四—九五）亦移之福極疇末，唯節目少異耳。謹案：「惟辟福威」一節，驗之文義，與三德無關，原非本疇文字，兩王氏之論備矣。求之文章架構，亦應從「高明柔克」下移去此節。此疇文分三重——一「三曰柔克」以上，名目也；二「平康正直」至「燮友柔克」，解說也；其下爲三，申義也。名目、解說各皆三句，申義獨二句，而於「正直」一目義無所申者，正直不偏不倚，無事乎矯拂，故經不言「如何如何正直」也。經家解「沈潛、高明」二句既譌，辨析文理，明了句構，更亡論得其正矣。文理、句構竝昧，因不免將就舊本，誤認「惟辟作福」以下皆三德演文，從而爲之穿鑿其說矣。雖然，疇第九五福六極，天所以澤厄人者，非人君「威福其民」；而臣民僭忒，又何至於疾、憂、弱？金氏強合此「福威」云云於彼「福極」疇，謂即彼疇總傳，甚謬！此四十八字論治道，合屬皇極，惟不當如兩王氏所論，接「以爲天下王」下。「惟辟」云云九句，言君權不可下移，名分不許僭竊，乃謂君主之辭，宜繼「其作汝用咎」下，居「無偏無陂」上。上則因慶賞行懲，推論惟辟得以專擅；下則啓「無偏無陂」諸韻語，敷衍王極之義，謂臣民當儀型君上。韓非子有度：「先王之法曰：『臣毋或作威，毋或作利，從王之指。毋或作惡，從王之路。』」殆即檃栝「惟辟作福」及「無有作惡」等句成章。蓋兩節文本連屬，韓非因審度上下，合謂先王之法。此先秦舊本尚未磨滅之痕跡也。惟本疇句末字作德、直、克、福、食、國、忒者，上古音皆在之部，協韻，劉節洪範疏證（古史辨册五頁三九七）以爲：「自『剛克』至『僭忒』，皆協韻，不可分析也。」案：洪範非詩，用韻靡常，亦無定格。今考徵錯簡訛文，當以義之屬聯與否爲斷，不當祇因兩段韻諧，遂謂「不可分析」。此四十八字約兩簡，合移皇極疇，劉氏說蓋失之。

此疇演「次六曰乂用三德」之義，闡釋教道，要在矯偏歸中。經文爲三重（已詳註六八），「惟辟作福」以下四十八字，蓋皇極疇「其作汝用咎」下錯簡。舊謂此節與上剛克柔克，皆言皇極之用，所論多失經旨。

七、稽疑：擇建立卜、筮人，乃命卜筮（註六九）。曰雨、曰霽、曰蒙、曰驛、曰克、曰貞、曰悔（註七〇），凡七：卜五，占用二，衍忒（註七一）。立時人作卜、筮，三人占，則從二人之言（註七二）。汝則有大疑（註七三），謀及乃心，謀及卿士，謀及庶人，謀及卜、筮（註七四）。汝則從，龜從，筮從，卿士從，庶民從，是之謂大同（註七五）——身其康彊，子孫其逢：吉（註七六）。汝則從，龜從，筮從，卿士逆，庶民逆：吉（註七七）。卿士從，龜從，筮從，汝則逆，庶民逆：吉。庶民從，龜從，筮從，汝則逆，卿士逆：吉。汝則從，龜從，筮逆，卿士逆，庶民逆：作內，吉；作外，凶（註七八）。龜、筮共違于人：用靜，吉；用作，凶（註七九）。

釋文

六九　擇，揀選也。建，立也。建、立同義複詞，謂任官。卜，以龜甲考問疑難也。筮，以蓍（草）考問疑難也（即易占）。人，謂官員。擇建立卜、筮人，謂君王揀選其人任命爲卜官、筮官也。乃命卜、筮，言令爲卜事、筮事也。◯命官權在君王，書疏：「王者……選擇知卜筮者而建立之以爲卜、筮人。」建、立，書疏：「鄭（玄）、王（肅）皆以建、立爲二言。將考疑事，選擇可立者、立爲卜人筮人。」王、鄭皆訓建爲立（周禮天官序官「惟王建國」鄭注：「建，立也。」），惟以建爲名詞「可立之人」，立爲動詞「立爲卜人、筮人」。案：尚書多複語，如「艱難」（無逸三見，顧命一見）之類，兩字同義一用若此建立者甚多。故書疏曰：「建亦立也，復言之耳。」全解（卷二五頁八）：「既謂之擇，則固是擇其可立者矣。蓋經文固多義同而重複言之者。」皇極疇「建用皇極」，建、立也，可證；此疇下文「立時人作卜、筮」，立、義同此建立，用單詞，尤爲塙證。顧正讀（卷三總頁一三四）：「建，當爲覡之古同音叚借字。……覡字從巫，見聲。本應讀如建，秦時語變，以雙聲讀爲繫，許君遂以從巫從見說之，非其實也。」曾氏意古建、覡同音，於語無徵；意此句乃「擇於覡中之賢者而立之」，增文釋經。不可信也。禮記曲禮「龜曰卜，蓍曰筮」者，謂鑽龜甲而灼之，視其兆紋，以考疑難，曰卜；揲蓍以求卦爻，觀象玩辭，用占吉凶，曰筮。故周禮春官序官鄭注：「問龜曰卜，……問蓍曰筮。」此「人」，謂官員（參註七一）；卜、筮人，卜官、筮官也。周禮某官常作某人，而春官有卜人、筮人，皆人爲官之證。書疏：「……謂立爲卜人、筮人之官也。」語欠精密。乃命卜、筮，鄭玄（宋世家集解引）曰：「將立卜筮人，乃先命名兆卦而分別之。兆卦之名凡七——龜用五，易用二；審此道者，乃立之也。」鄭意君王先將龜兆（即下雨、霽等）與易卦（即下貞、悔）加以命名，然後以此名試其人，定可立不。案：上既言「擇建立卜、筮人」，是已任爲卜官、筮官，此不應又云試其專才乃立。兆、卦之名七，屬下爲文。鄭說失之。述聞（經解卷一一八二頁三八）則曰：「命卜、筮，謂如士喪禮『命龜、命筮』也。『曰雨』以下五事，即承『乃命卜、筮』言之，五者皆所以命龜之事也。圛與雺其義雖不可考，而『曰雨，曰霽，曰克』，則經傳具有明徵。春官大卜『以邦事作龜之八命，七曰雨』，鄭司農曰：『雨謂雨不也。』正與『乃命卜筮，曰雨』之文相合。褚少孫續史記龜策傳曰：『卜天雨不雨，……。卜天雨霽不霽，……。』是『曰雨，曰霽』爲命龜之事也。襄二十八年左傳：『盧蒲葵、王何卜攻慶氏，示子之兆，子之曰：「克見血。」』……是『曰克』爲命龜之事也。說者或以命爲命卦兆之名，又或以爲命以其職，則已誤解命卜、筮之義，……。」覈詁（卷三頁五六）從之。引之謂「命卜、筮」，以疑難就龜、蓍而考問之，如文十八年左傳「惠伯令龜」，杜注：「以卜事告龜。」疏：「周禮大卜大祭祀則視高命龜，鄭玄云：『命龜者，告龜以所卜之事。』……令者，告令使知其意，與『命』同也。」又如金縢「今我即命于元龜」：皆謂當事人或卜者筮者就龜蓍而問難也。案：上古人文未開，尊尚鬼神，事多取決於占卜，因設專官掌其事，其學亦必有專書，今存惟周易一書而已。據易，知內卦爲貞、爲靜，外卦爲悔、爲動。宇宙間百事云爲，大類之不過動、靜兩端而已，故以貞、悔總示易占。推之龜卜，其理易知。雨、霽、蒙、驛、克蓋龜兆之體，大分爲五類，以總示骨卜。卜用五、占用二，由七類以推演其變化（「衍忒」），則天地間之理無有不盡者矣。若如引之說，是洪範以卜考者，僅雨、霽等五，其不能盡一國大事而有窮，不待辨而知。則鄭玄說雨霽等兆之體，而此句書疏曰「既立其官，乃命以卜筮之職」，宜皆得之。

七〇

雨，龜兆作雨形也。霽，龜兆作雨止雲氣在上之形也（鄭玄說）；亦作濟。蒙，當作雺；雺，龜兆作蒙霧之形也。驛，當作圛；圛，龜兆作升雲半有半無之形也（說文）。克，龜兆作祲氣之色相犯之形也（宋世家集解引鄭玄說）。貞，周易內卦（即六畫卦下三畫）也。悔，周易外卦（即六畫卦上三畫）也。〇霽，宋世家引作濟、鄭玄本同（宋世家集解：「鄭玄曰：「卜五占之用，謂雨濟圛霧克也。……濟者，如雨止之雲氣在上者也。圛者，色澤而光明也。霧者，氣不釋、鬱冥冥也。」周禮大卜正義引鄭注：「曰濟者，兆之光明如雨止。曰蟊者，氣不澤、鬱冥也。曰圛者，色澤者。」惟書疏引鄭玄曰「霽如雨止」云云，此康成順據另本改濟爲霽者。）、隸古定本作⿰氵亝（書古文訓同）、集韻及羣經音辯引亦皆作濟。霽，說文：「雨止也。」爾雅釋天：「濟謂之霽。」是濟、霽義通。蒙，當作雺，鄭玄曰：「雺者，氣澤、鬱鬱冥冥也。」王肅曰：「雺，天氣下地不應、闇冥也。」（竝書疏引）文選袁宏三國名臣序贊「孰掃雰雺」李善注：「孔安國傳曰：雺，陰氣也。」書疏：「雺，兆氣蒙暗也。」爾雅釋天邢昺疏引洪範云「曰雺」，或引經文、或表經字以釋之，皆作雺。是漢、魏本作雺，作蒙爲後改。宋世家引作霧，撰異（經解卷五八〇頁三一）：「霧即霿之俗字，霚與霿一字。」周禮大卜鄭注引作圛，圛借爲霿，皆从矛聲。鄭玄云「氣不釋、鬱冥冥」，正以形容蒙霧。驛，說文口部圛下曰：「商書曰圛。圛，……讀若驛。」宋世家集解引尚書經文及引鄭玄所述經文皆作圛，詩齊風載驅疏引洪範及鄭注，周禮大卜注引洪範，玉篇引商書曰，宋世家索隱引尚書，書疏引鄭、王所述經文，皆作圛。內野本、書古文訓竝作圛。是舊本當作圛，訓色澤而光明如鄭注；後改爲驛。惟宋世家引作涕；今文尚書作弟，詩載驅箋：「豈讀當爲闓弟，古文尚書以弟爲圛；圛，明也。」撰異（經解卷五八〇頁二八）：「今文尚書之涕（弟），古文尚書作圛，則尚書涕可讀爲圛。以是證之，則毛詩弟與涕同聲，弟亦可讀爲圛，而豈弟可訓闓明也。」是圛、涕（弟）古音近義通。詩載驅疏又謂古文尚書圛作悌，而宋世家集解引徐廣曰：「（涕，）一曰洟。」悌是涕之訛；而洟旁夷、涕旁弟古多相亂，此洟亦涕之訛。此經字當作圛，僞孔傳謂「氣落驛不連屬」，與說文「圛，升雲半有半無」之解合。鄭玄說「色澤而光明」（史遷字作「涕」，亦取「明」義），欲與「霿」相反成義；蓋雲氣落驛，八區疏朗，物莫不澤而光明也。「曰驛（圛）」，古本或在「曰蒙（霿）」之上：宋世家「曰涕（圛）、曰霧（霿）」、周禮大卜鄭注「曰圛，曰圛（霿）」（賈疏引鄭玄書注先「曰圛」後「曰圛」者，順僞孔本改鄭注次第也。當以注爲正。）、宋世家集解引鄭玄尚書注及書疏引鄭玄、王肅尚書注述經文，皆先「曰圛」，後「曰霿」，可證。大義（卷一頁三七）、覈詁（卷三頁五六）皆以清儒說直改經字，乙經次，余不敢從。克，王肅（書疏引）云「兆相侵入」，僞孔傳「兆相交錯」，與鄭玄「……相犯」皆從「交侵」取義，得之。第平議（卷五頁二一—三）曰：「說文克部：克，肩也；象屋下刻木之形。重文□（□），曰古文。……疑古文作□者，乃尚書洪範『曰克』之本字，壁中古文也。其上從占，以其爲占之用也；其下作朩，象其形也。雨霽圛雺有可取象，而□則無可取象，故特製此字。……□字之義，或解爲『侵克』，或解爲『交錯』，皆各就其下之朩爲說。……因□讀如克，後人遂以克字爲之。」案：克，甲骨文作□，金文作□、□。說文重文□，蓋其形變，上□蓋□、□之變，非占字。或云□乃彔之古文，說文譌竄在克下，則其下□，象水滴（據甲骨文字集釋卷七），非取象「侵克」。俞說失之。雨霽等五者皆以天候名龜兆之形象，書經注釋（頁五一二）謂驛爲淚（據宋世家涕字爲說）、即災難之兆，克爲得勝之兆（彼據述聞），失之。諸家解內卦貞外卦悔，據僖十五年左傳：「秦伯伐晉，卜徒父筮之，吉。……對曰：……其卦遇蠱䷑，……蠱之貞風也，其悔山也。」說卦：巽爲風，艮爲山。今其占以風爲貞，在下；以山爲悔，在上：知以內卦爲貞、外卦爲悔也。王安石曰：「貞者靜而正，故內卦曰貞。悔者動而過，故外卦曰悔。動乎外豈皆有悔哉，而以外卦爲悔者，悔生乎動故也。」（全解卷二五頁九引）其說近是。稽疑卜合筮，其目爲七，何不如五行、五事等例，作「一曰雨，二曰霽……」，全解（卷二五頁八）：「五行、五事、八政、五紀、三德、五福六極，此則皆其每疇之名各有定數，故於每疇之下必以『一曰，二曰』言之者，明其數之如此也。……稽疑、庶證（徵，下同。）所列卜筮、休證、咎證之目，則非其疇之本數，故但以『曰』言之，而不加『一、二、三、四、五』於其上，此其立言之體也。」此說得之。述疏（卷十二頁三七）：「不言『一曰，二曰』者，卜兆、筮卦所遇無常也。」據書疏爲說，然其義未能通貫諸疇，失之。

七一　凡七，總上言卜兆與卦象共七類也。卜五，探下省略「用」；卜用五，謂以雨霽蒙驛克五類龜兆卜也。占用二，謂以貞悔兩類卦象占也。衍，演也；忒，變也。衍忒，總指卜筮、言據卜兆五類及卦象兩類以推演其變化，用斷吉凶也。○此節，宋世家作「凡七：卜五，占之用；二衍忒」，多「之」字，從「用」絕句。鄭玄（宋世家集解引）曰：「卜五，占之用」敏案：書疏引「占」下無「之」字，「之」字爲注家順史記本文臆增。，謂雨濟圛霧克也；二衍貳（忒），謂貞悔也。……卦象多變，故言衍貳也。」宋劉昌詩蘆浦筆記（卷一頁一）：「……兆卜之名七：龜用五，易用二。然則卜五，占者用之；衍貳則非占也。尚書省去『之』字，合以『占用』爲一句，『二衍貳』爲一句，則義理明矣。」音疏（經解卷三九四頁三六）、後案（經解卷四一五頁五三—五四）、便讀（卷四上頁十二）皆從史記、鄭玄爲說。占用二，馬融（釋文引）則曰：「占，筮也。」其於此數句當作「卜五，占用二，衍忒」，王肅（書疏引）云：「卜五者，筮短龜長，故卜多而筮少。占用二者，以貞、悔占六爻。衍忒者，當推衍其爻義以極其意。」與史遷、鄭玄說不同。案：「占用二」，各本皆不作「占之用二」，宋世家引經多「之」字，乃史遷引經潤色之辭；經文簡質，「建用皇極、乂用三德」，「用」上竝無「之」字。彼謂雨霽等卜者五，爲占之用，曾不思以「二衍忒」連讀，則貞悔二者在易卦僅有推演變化之功能，甚違易理；且衍忒既獨屬筮占，以龜卜問事求理，則不得不執著上述雨霽五類，其將不能盡天下之事，窮天下之理，而稽疑一疇何貴乎元龜？九疇又何必立此疇？書疏絕句用王肅說，解衍忒則不從，云：「宜揔謂卜筮皆當衍其義、極其變，非獨筮衍而卜否也。」乃通人之論。卜、筮皆得稱占（說詳註七二），然「卜五，占用二」順承上文「雨霽……」、「貞、悔」而言，則卜指龜卜、占指蓍占，「卜」下「五」上探下文省略動詞「用」，語構清晰，文理易知，諸家刻意求深，治絲而棼之，令後學迷惑已甚！而尚書故（經說卷二之二頁六十）竟謂：「衍忒屬下爲義，以卜筮變多，故三人占從二人也。」覈詁（卷三頁五六）句作「凡七卜，五占用，二衍忒。」看辭理不明，經義更無論其解矣！論衡辨崇篇：「……故書列七卜，易載八卦」，卜兆卦象七類，彼總稱之「七卜」，乃今文攷證（卷十一頁十七）據此謂王充以「凡七卜，五占之用，二衍貣」絕句，乃用今文歐陽說，甚矣！皮氏持論之偏也。

七二　時人，此人也；謂上述卜官、筮官。作，爲也；宋世家作「爲」。占，謂以龜卜、蓍占也（卜、筮得通稱占）。三人占，謂卜者、占者各三人也。三人占，從二人者，聽從其眾也。○以龜卜、以蓍占皆得稱占者，周易繫辭上傳：「以卜、筮者尚其占。」音疏（經解卷三九四頁三六）：「說文卜部云：『占，視兆問也，从卜口。』然則占本爲占卜兆，故周禮占人『掌占龜』；又云『君占體，大夫占色，史占墨，卜人占坼』。但兆、卦皆有籀詞，皆須推究，故卜、筮皆得言占，故占人云『以八筮占八頌，以八卦占筮之八故』。又儀禮士冠篇云『筮人還，東面旅占』，是筮卦亦云占也。」此經「三人占」乃總上句「立時人作卜筮」言之，其爲兼卜、筮稱之明甚。龜卜、筮占各設三官掌之，鄭玄注（儀禮士喪禮疏引）云：「卜、筮各三人。（周禮）大卜掌三兆、三易，以其龜有三兆：玉兆、瓦兆、原兆；筮有三易……。」鄭意卜者三人，各掌一兆；筮者三人，各掌一易也。儀禮士喪禮：「卜人先奠龜于西塾上，……族長涖卜及宗人吉服，立于門西，東面南上，占者三人在其南。」鄭注：「占者三人，掌玉兆、瓦兆、原兆者也。」亦言卜者三人。鄭注有據。書疏謂金縢三龜亦三人所卜，待證。「三人占，則從二人之言」，公羊桓二年傳解詁引尚書曰「三人議，則從二人之言」，今文攷證（卷十一頁十八）：「王應麟藝文志攷引漢人文字異者——『三人議，則從二人之言』，或即引解詁，或別有所據，皆未可知。」占作議。占，度也（漢書敘傳上「皆占數于長安」顏注）。度，謀也（左哀十一年傳「圉豈敢度其私」注）。議，說文：「一曰謀也。」是占、議皆得訓謀，義同。各本尚書皆作占，且承上爲言；何休所引乃以詁訓字改易之經，非其溯也。三人占，從二人之言，左成六年傳：「或謂欒武子曰：『……子之佐十一人，其不欲戰者三人而已，欲戰者可謂眾矣。商書曰：「三人占，從二人。」眾故也。』武子曰：『善鈞從眾。夫善眾之主也，三卿爲主，可謂眾矣，從之不亦可乎？』」「或者」釋此二句爲服從多數，眾者眾人；武子則謂謀者賢智相等則從其眾，眾者智者之多數。案：古者三人賢智固相等，則當從二人之議（僞孔傳、疏用武子之意釋此經）。漢書郊祀志下引洪範「三人占，則從二人言」，說曰：「言少從多之義也。」鄭玄（宋世家集解引）曰：「從其多者，著龜之道，幽微難明，慎之深。」竝謂從眾，與左傳略合。

七三 汝，謂武王；亦謂天下君主，此義前已言之。則，猶若也（釋詞卷八）。◯此句，白虎通著龜篇：「尚書曰：『汝則有疑』，謂武王也。」就箕子答問言，「汝」謂武王。自洪範爲王者治天下大法觀之，則此「汝」亦得泛謂君主，故書疏曰：「稽疑者，言王者考正疑事，……。」又曰：「人君先盡己心以謀慮之，……。」則，今古文集解（卷十二頁十一）：「法也；於常法有變動，必有大疑。」其說非也，下「汝則從、逆」之則凡五見，與此義同，各皆不可訓法。又「有」下白虎通引少「大」字，是白虎通引經省文。各本皆有「大」，疑大乃稽。盤庚將遷殷，有大疑，乃稽之於龜，故戒臣民曰：「各非敢違卜！」成王將伐武庚管蔡，即命于元龜，曰「寧王遺我大寶龜，紹天明」。曰「予曷其亟卜」？曰「卜陳惟若茲」。

七四

謀及乃心，謂先斷以己意。人，當作民；漢石經作民。謀及卜、筮，謂以龜、蓍決之。○書疏論謀或先或後，曰：「人君先盡己心以謀慮之，次及卿士、眾民。人謀猶不能定，然後問卜、筮以決之。」斯論與「占法」同，左哀十八傳「官占，唯能蔽志，昆命于元龜」，杜注：「官占，卜筮之官。蔽，斷也，昆後也。言當先斷意，後用龜也。朱子（書纂言卷四頁十六引）曰：「卜、筮處末者，占法：先斷人志，後命蓍龜。」人，漢石經作民（載隸釋卷十四），周禮地官鄉大夫「大詢于眾庶」鄭玄注引鄭眾云：「『大詢于眾庶』，洪範所謂『謀及庶民』。」撰異（經解卷五八〇頁三三）：「下文四言『庶民』（敏案：下五言『庶民』，段偶誤。），此作『庶人』，誤也。」石經考異（經解卷一四〇二頁十三）：「周禮鄉大夫鄭注引此作『謀及庶民』，與（漢）石經合。且下連言『庶民』，而獨改此一字何耶？或曰：民作人是衛包避太宗諱而改，其有不改者，後人校而易之耳。」案：以本段下文皆言「庶民」例之，則此「人」誠「民」之誤字，惟書疏於本段第二「庶民」下云：「上言『庶人』，又言『庶民』者，嫌『庶人』惟指在官者，變『人』言『民』，見其同也。」述疏（卷十二頁四六）非之，曰：「……今攷孟子云『庶人在官者』，此非徒言『庶人』也；徒言『庶人』，則必非在官者矣，何嫌之有乎？」更考尚書全經，稱「庶民」十五次（其中皐陶謨「庶明」，明借爲甿（氓），猶民。），除此「庶人」外，絕不見「庶人」，則此「人」爲衛包所改，後儒校而易之，有所不盡。周禮秋官小司寇鄭玄注引鄭眾云「書曰謀及庶人」，「人」乃後人據誤本尚書妄改。書疏曲護訛本，不足信也。國有大事，與臣民謀，王安石（輯纂卷四頁三十引）曰：「周官：有大事，眾庶得至外朝與羣臣以序進，而天子親問焉。」（王鳴盛暗用安石語以說此經，見經解卷四一五頁五八）蓋本小司寇：「小司寇之職：掌外朝之政，以致萬民而詢焉。一曰詢國危，二曰詢國遷，三曰詢立君。其位：王南鄉，三公及州長、百姓北面，羣臣西面，羣吏東面。小司寇擯以敘進而問焉，以眾輔志而弊謀。」大義（卷一頁三七）擬之今日代議政制：「此見古人詢謀之法。謀及卿士，今之上議院也。謀及庶人，今之下議院也。但古人先斷於心，而又決之以卜、筮，不盲從法定之多數耳。」君不專斷，故謀及卿士眾民之心，謀及天地鬼神之心，方之今世議會制度，其精神固無異也。

七五　則，猶若也（參註七三）。從，順也；謂贊同也。下十五「從」字義皆同。同，合也。大，猶皆也。大同，謂人（己、卿士、庶民）、神（龜、筮）一致贊成。○此疇言從逆各小節，規則當如書疏所言：「問卜、筮而進龜、筮於上者，尊神物故先言之；不在『汝則』之上者，卜當有主，故以『人』爲先，下三事（敏案：當作四事。）亦然。改『卜』言『龜』者，『卜』是請問之意，吉凶龜占，兆告以人，故改言『龜』也；『筮』則本是『蓍』名，故不須改也。」同猶皆，荀子議兵「夫是之謂大化至一」注：「大化者，皆化也。」大同，僞孔傳：「人心和順，龜筮從之，是謂大同於吉。」不釋「大同」二字，但增「於吉」於其下，失之。

七六 身，本身也。其，將然之辭。子孫，謂後世也。逢，大也（釋文引馬融說）；謂隆盛也。「逢」與上「康彊」互文，義相近。○宋世家引此經作「而身其康彊，而子孫其逢」，多兩「而」字。案：「身其康彊」四字一句，若減爲三字句，作「身其康」或「身其彊」，義無患不足，乃必增一字者，求與下句整齊，蓋亦古成語，藉韻流傳。今無端於其上各增一「而」字，既傷簡質，又戾詩歌常格。且它本皆無，獨宋世家有之，馬遷增潤無疑。逢，禮記儒行「衣逢掖之衣」，鄭注：「逢，猶大也。大掖之衣，大袂襌衣也。」僞孔傳訓遇，且「子孫其逢吉」連讀，云：「後世遇吉。」說有所本，漢書王莽傳：「所謂康彊之占，逢吉之符也。」班固典引：「逢吉丁辰，景命也。」潛夫論夢列篇：「乃其逢吉，天祿永終。」皆失之。清李惇羣經識小（經解卷七二〇頁十三）：「此簡通體用韻，當讀至『逢』字句絕，與上文五『從』字、一『同』字音韻正叶，『吉』字另作一句，與下文五『吉』字、二『凶』字體例更合。」述聞（經解卷一一八二頁三七—三八）引王念孫申李氏之說云：「據傳以此爲大吉，下文三從二逆爲中吉，二從三逆爲小吉。中吉、小吉且言吉，況大吉乎？」述疏（卷十二頁四七）論此尤覈：「當讀曰『子孫其逢』，以韻於『大同』之同。其『吉』之爲言，則總占焉；與下文言『吉』者，皆以一字爲句也。易言吉而一字爲句者多矣。」從、同、逢三字協韻，書經注釋（頁五一六）以古音證實。逢訓大，亦見荀子非十二子「其衣逢」注，亦訓豐，豐亦大也，例釋詳述聞。龜筮與人皆同，隆盛延及後世，書疏用宣三年左傳證其理，左傳云：「成王定鼎于郟鄏，卜世三十，卜年七百，天所命也。」精義（卷三十頁八）引高氏曰：「成王之欲宅洛邑也，召公來相之，周公往營之。……卜澗水西，曰『惟洛食』；卜瀍沒水東，而曰『亦惟洛食』，此大同也。是以卜年八百，卜世三十。」左傳謂世三十、年七百，非當時卜兆所見；書洛誥記卜營新邑，龜體亦未顯示周家享國久暫，而皆後人據姬周已歷年世，指爲卜得，非實情也。雖然，彼卜宅洛邑，上合天心，下孚人意。爲身謀當理，爲後世謀理亦無悖，自然流慶於無窮，豈非「身其康彊，子孫其逢」乎？

七七

逆，「從」之反，不順也；謂不贊同也。下八「逆」字義皆同。○此節臣、民與上異心而仍吉者，鄭玄（宋世家集解引）曰：「此三者皆從，多故爲吉。」僞孔傳：「三從二逆，中吉，亦可舉事。」與鄭同。案：稽疑以龜筮爲主，此龜筮皆無違，人雖不盡同，無害其爲吉。東萊書說（卷十七頁十三—十四）：「五者之中，三從二逆。從之理多，吉之所在也。然於三從之中，必龜筮皆從乃可。蓋龜筮無心之物（敏案：呂氏曰：「蓍、龜者至公無私之物。」則此「無心」謂無私心也。），既已皆從，它雖有逆，卿士、庶民或者別有私心，未可知也。如盤庚遷都，心已無疑，卜稽如台（敏案：呂氏「台」訓「我」。）。卿士、庶民懷居而不肯遷，何妨於吉？」下兩節亦皆三從二逆，而龜筮亦皆無違，爲吉之理倣此。

七八

作，爲也。內，謂國境內事，如祭祀冠婚等。外，謂國境外事，如出師征伐等。○此占或吉或凶者，鄭玄（宋世家集解引）曰：「此逆者多，以故舉事於境內則吉，境外則凶。」此說未盡。蓋稽疑以卜筮爲主，有一不從，則理必甚有未當，矧從二逆三乎？幸「筮短龜長」（詳下），尚得爲小吉。書疏申傳曰：「此二從三逆爲小吉，故猶可舉事。內謂國內，故可以祭祀冠婚；外謂境外，故不可以出師征伐。征伐事大，此非大吉故也。」僖四年左傳：「初晉獻公欲以驪姬爲夫人，卜之不吉，筮之吉。公曰：『從筮。』卜人曰：『筮短龜長，不如從長。』」商人用骨卜，周國既建，初年以降，骨卜、易筮竝用。惟國有大事，恆聽命于靈龜：金縢武王遘厲虐疾，即命于元龜，乃三卜三吉；大誥成王將伐三監，用寶龜卲天命，亟卜并吉。此疇語及龜、筮，一皆先龜後筮；君奭「故一人有事于四方，若卜、筮，罔不是孚」，亦先龜後筮；且筮不從尚小吉，龜與俱違則大凶：重龜之意甚著。書疏謂僖四年左傳事是「卜人欲令公舍筮從卜，故曰『筮短龜長』，非是龜實長也。」此說甚悖常情。時獻公方寵驪姬，卜人敢以僞學逆君意乎？書疏又據易繫辭蓍卦知來藏往以證「雖龜之長，無以加此」。夫繫辭者，翼易之書也，極言蓍卦神明，其分內事，若據其論較量龜、筮短長，失其正矣。雖然，卜筮之道隱奧，姑志陋見於此，以俟智者。

七九

動，動作也。靜，「動」之反，無動作也。◯龜、筮共違于人，洪範五行傳（今文攷證卷十一頁十九引）：「神靈不佑也。」僞孔氏傳曰「皆逆」。案：人謀未定，終取決於卜、筮。卜、筮均逆，是天地鬼神皆違。卜、筮爲稽疑主，人當從其意，與之「皆逆」，不可有爲。書經注（卷七頁三二）：「人謀能料其事之可否耳，若氣數推移之變，有出於意料之表者，此則非人謀所能逆知，惟龜、筮知之耳。故龜、筮共違，雖人謀皆從，而未可爲也。」此疇演「次七曰明用稽疑」之義，言人謀既盡，猶有所疑，於是卟之於龜筮。既盡人之性，又通幽明之情，則靡理不該，動靜無有失中者矣。經文爲三重——「乃命卜筮」以上，擇人命占一也；「曰雨」至「二人之言」，標目釋占法二也；「汝則有大疑」以下，辨從違吉凶三也。

八、庶徵：曰雨，曰暘，曰燠，曰寒，曰風（註八〇）。曰，時五者來備，各以其敘，庶草蕃廡（註八一）。一極備，凶；一極無，凶（註八二）。曰休徵：曰肅，時雨若；曰乂，時暘若；曰晢，時燠若；曰謀，時寒若；曰聖，時風若（註八三）。曰咎徵：曰狂，恆雨若；曰僭，恆暘若；曰豫，恆燠若；曰急，恆寒若；曰蒙，恆風若（註八四）。曰，王省惟歲，卿士惟月，師尹惟日（註八五）。歲、月、日時無易，百穀用成，乂用明，俊民用章，家用平康（註八六）。日、月、歲時既易，百穀用不成，乂用昏不明，俊民用微，家用不寧（註八七）。庶民惟星：星有好風，星有好雨（註八八）。日月之行，則有冬有夏；月之從星，則以風雨（註八九）。

釋文

八〇 暘，說文日部：「日出也。」燠，煖也（爾雅釋言）。雨、暘、燠、寒、風五者，皆天候之徵驗；不止一徵，故曰「庶（眾）徵」。〇暘，五行志傳曰：「艾，時陽若。……厥罰恆陽。」漢書王莽傳：「西嶽國師，典致時陽。」皆作陽。宋世家：「庶徵：……曰陽。……曰治，時暘若。」司馬遷以「陽」代本篇經文「暘」，詁訓字也；上下應一律，是知史記下「暘」字，蓋後人據尚書本篇改易。陽，說文𨸏部：「高明也，从𨸏，昜聲。」本無天候義，然與「从日昜聲」之「暘」同音，而借為「暘」。禮記祭義：「殷人祭其陽」，鄭注：「陽讀為『曰雨，曰暘』之暘。」陽為暘之借字，此又一證也。不言「一曰雨，二曰暘，……」者，書疏：「不言『一曰，二曰』者，為其來無先後也；依五事所致為次。下云休徵、咎徵、雨若、風若，是其致之次也。」述疏（卷十二頁五十）謂庶徵所遇無常，故不作「一曰，二曰」。說略同。案：五事「一曰貌，貌曰恭，恭則肅」等，皆有定次，此既依其所致為次，是可定其先後。書疏非也。不如用全解（卷二五頁八）說，已詳註七〇。

八一 曰，語辭；承上「雨、暘」等五徵之目。時，是也；此也。五者，謂上「雨、暘、燠、寒、風」五目。備，具也。來備，語倒，即備來；具至也。五者來備，謂雨暘燠寒風具至而無一或缺也。敘，謂時序（即節候）也。各以其敘，謂雨暘燠寒風應節候而至也。庶草，草、木之總稱；此謂一切植物。蕃，茂（盛）也。廡，說文引作「無」；無，豐也（無，今从艸作蕪）。○困學紀聞（卷二總頁一八六）：「洪範『五者來備』，史記宋世家云『五是來備』。」（案：今本史記「是」作「者」，乃後人據尚書妄改。）監本後漢書律曆志中安帝元光二年尚書令陳忠奏云：「三階以平，黃龍以至，刑犴以錯，五是以備。」李賢注後漢書荀爽傳：「五是咸備，各以其敘矣。」後漢書李雲傳雲上書云：「臣聞皇后天下母，德配坤靈，得其人則五氏來備，不得其人則地動搖宮。」後漢書荀爽傳爽對策陳便宜云：「人事如此，則嘉瑞降天，吉符出地，五韙咸備，各以其敘矣。」（韙，李賢注：「是也。」「氏」古通「是」，詳九經古義，經解卷三六二頁四；又詳後案，經解卷四一五頁六二。）上述五條用本篇「五者來備」，「者」皆作「是」。意者，各本尚書洪範原作「曰時五者來備」，司馬遷約括為「五是來備」四字（參惠棟說），載入宋世家，而後漢書、困學紀聞本之。李賢注後漢書李雲傳云：「史記曰：『庶徵：曰雨，曰暘，曰燠，曰風，曰寒（敏案：風、寒誤倒，當乙轉。）。五者（敏案：「者」「是」之誤。）來備，各以其序，庶草繁廡。』」（李賢後漢書律曆志注引洪範當是據宋世家所載洪範，非據原書。）庶徵「曰雨」至「各以其敘」，亦無「曰時」。皆無「曰時」二字。「五是來備」之「五」，承上言「雨暘燠寒風」五徵之目。其「是」，猶「者」也（詳古書虛字集釋卷九例釋）。尚書故（經說卷二之二頁六一）訓「是」為「善」，考「雨暘」等五徵無所謂善惡，吳說大誤！五是來備之義，後人研經讀史習其義，故雖祇截引此四字（如後漢書律曆志），學者亦知「五此（是）」之所指，吳氏亦何憂乎？足利本（見撰異引錢大昕考）、內野本句作「曰時五者是來備」，錢大昕云：「此蓋或據史漢，箋『是』字於『者』字之旁，而轉寫者因增諸『者』字之下，致不可通。」是也。僞孔傳以「曰時」屬上讀，云：「五者各以其時，所以為眾驗。」疏：「五者各以其時而至，所以爲眾事之驗也。所以言『時』者，謂當至則來，當止則去，無常時也。」「時」皆訓時（節氣）宜，音疏（經解卷三九四頁三八）非之，云：「若如僞孔言，五者各以時，則『曰時』即是各以其敘矣，何又言『各以其敘』乎？」（後案同，經解卷四一五頁六二一）江氏說甚是。惟宋儒早發此意，全解（卷二五頁十七）：「『曰時』者，先儒以謂『五者各以其時』，諸儒多從此說。然有可疑者，箕子之陳庶徵，列雨暘燠寒風於上，而言『五者來備，各以其序。一極備，凶；一極無，凶』於下，又爲之申言休咎之證，不當於其中閒又贅以『曰時』二字與五者並列而爲六也。」案：庶徵疇首列五徵目，準立言之體，不加「一、二、三、四、五」於「曰」上（詳註七〇、八〇），然述目既畢，遂著「五者」二字於目下（稽疑疇亦述目既畢，乃著「凡七」二字貼於目下，例同。），以明徵目爲「五」，則「曰時」誠當連下讀。時訓是，書經注（卷七頁三三）早有確說：「曰，傳文也（敏案：謂箕子傳注之文，稍失。）。時，是也。是五者來備，無缺也。各以其敘，無舛也。」清儒讀此句，解此句義，多同金氏此說（惠棟、江聲外，如莊述祖今古文攷證卷三頁六，武億經讀考異，經解卷七二八頁十）。覈詁（卷三總頁五六）「曰」訓若，未爲精當。草，漢書谷永傳引作「屮」，班固靈臺詩引作「卉」（此條據今文經說攷）。案：說文屮部：「屮，艸木初生也，象丨出形。有枝莖也。古文或以爲艸字。」艸部：「艸，百芔也。」又：「芔，艸之總名也。」是草木始生爲屮，蕃衍爲艸，茂盛爲芔。此經「草」字後起，謂一切植物（含百穀百蔬），故作「庶草」。而書疏云：「下言『百穀用成』，此言『眾草蕃廡』者，舉草茂盛，則穀成必矣；舉輕以明重也。」曾不稽屮兼穀物言之。王安石（全解卷二五頁十八引）云：「庶草者，物之尤微而莫養，又不知自養也；而猶蕃廡，則萬物得其養，皆可知也。」求義過深，反遠經旨。說文林部有「橆」，隸變爲「無」，豐也。此「廡」乃「橆」之借字，班固靈臺詩、隋書經籍志引尚書考靈耀（此條據今文攷證）竝引作「蕪」者，後人累增字也。

八一　一，雨暘燠寒風五徵中之一也；下「一」字義同。極備，過多也。極無，過少也（竝東坡書傳卷十頁十三）。○極備、極無，王安石曰：「雨極備則爲常（恆）雨，暘極備則爲常暘，風極備則爲常風，燠極無則爲常寒，寒極無則爲常燠。」（全解卷二五頁十八引）此說爲音疏（經解卷三九四頁三九）承用，云：「備是具足之誼，言『極』則過多矣。下文『恆雨、恆暘』之等，皆謂常久如是。常久則亦過多，故云『極備』，即所謂『恆』也。」

八二　休，美善也。休徵，謂美善之徵候。肅、乂、哲、謀、聖，義見註三二。時雨，合時宜之雨。若，句末語助詞。下九「若」字義皆同。肅，時雨若：謂人之貌恭，則及時降雨；餘四事與四徵倣此。○時，合乎時宜，即禮記學記「當其可之謂時」之意。休徵五「若」字，僞孔傳皆訓「順」，如於「肅，時寒若」，云：「君行敬，則時雨順之。」不惟休徵，咎徵五「若」字，亦莫不訓「順」，如於「狂，恆雨若」，云：「君行狂妄，則常雨順之。」鄭玄（詩小雅正月疏引）尚書注曰：「急，促也。若，順也。五事不得則咎氣而順之。」此鄭釋咎徵五「若」字爲「順」，意其釋休徵諸「若」字亦然。論衡寒溫篇引本篇「急，恆寒若；舒，恆燠若」釋云：「若，順也。」與鄭同。書疏及全解（卷二五頁二一）均從五事與五氣相感申鄭、孔等意：一則曰：「此休、咎皆言『若』者，其所致者皆順其所行，故言『若』也。……天氣順人所行，以示其驗也。」一則曰：「『若』字則當從先儒訓『順』。蓋事之得失，動於此則氣順於彼。樂記曰：『凡姦聲感人而逆氣應之，正聲感人而順氣應之。』」述疏（卷十二頁五三）以爲「若」訓「順」，於休咎二徵義不能兼適，云：「釋言云：若，順也。以言此經，休徵則順，咎徵則不順矣。……如鄭之言，將天順其非乎？非立言之善也。」案：貌言視聽思而肅乂哲謀聖，是爲盡天理，於是天氣（雨暘燠寒風）自然時，強謂之天順人，語仍未融，然未至大害；貌言視聽思至於狂僭豫急蒙，是爲逆天理之本然，乃謂天亦順其狂僭……，而作五咎徵，斯大害義理。鄭、孔錯釋「若」義，所失非止立言不善；而林氏以樂聲感應喻說，言血氣則可，於理則無所當也。此疇十「若」字，義如周易豐卦六二「有孚發若」、節卦六三「不節若」（參釋詞卷七），皆句末語詞，視行文之便可以省略，故漢書王莽傳作「時雨、時暘、時燠、時寒」而省句末「若」字。王安石（全解卷二五頁二十引）云：「……謀者，陰也，故若時寒然。……」正讀（卷三總頁一三六）從之，云：「若，譬況之詞，位於句末，如……詩氓『桑之未落，其葉沃若』，言其葉沃若也。本文曰『肅，時雨若』，猶孟子言若雨時降也。」「若」皆訓「似」，謂人之貌肅聽謀，如天之時雨時寒然。辭與理兩失，善而從之可乎？此疇曰「庶徵」，行文以「徵」爲主，故休咎二徵謂天候美惡。孟康注漢書五行志（五行志顏注引）則曰：「（休徵，）善行之驗也。」僞孔氏傳休徵、咎徵曰：「敘美行之驗，敘惡行之驗。」竝以「（五）事」爲主，謂休咎爲人行事之美惡，失之。

八四　咎，惡也。咎徵，謂惡徵候。狂，悖妄也。僭，差忒也。豫，逸樂也；古本或作舒。急，嚴促也。蒙，昏亂也。恆雨，降雨過多也（參註八二）。狂，恆雨若，謂人之貌狂，則霪雨不止；餘四事與四徵倣此。○狂，鄭玄（書疏引）訓倨慢，以爲與「肅」（鄭訓「禮肅」）義反，理固然也。第不一一考其詁訓，遽謂狂僭豫急蒙取義皆反肅乂哲謀聖，於是循肅乂等反義以解狂僭等文，則自貽拘墟之譏，如全解（卷二五頁二十）等書是也。若，句末語詞，說詳註八三。豫，大傳洪範五行傳作荼（見書經注卷七頁三四、輯校卷二頁七）；宋世家引、五行志引、公羊成元年解詁引、鄭玄本與王肅本（書疏引）、論衡寒溫篇兩引、漢紀高后紀孝惠紀各一引、三國志魏書毛玠傳引（晉以後文獻所引從略）皆作舒。荼，借爲舒：禮記玉藻「諸侯荼前詘後」，鄭注：「荼，讀爲舒遲之舒。」周禮考工記弓人「斲木必舒」，鄭玄注：「鄭司農云：荼，讀爲舒；舒，徐也。」襄二三年左傳「魏舒」，世本（史記索隱引）舒作荼（其餘例釋參後案，經解卷四一五頁六五；及說文通訓定聲）。故鄭注洪範五行傳曰：「荼，舒也；君視不瞭則荼緩矣。」舒徐、遲緩，以言治事，當如鄭玄（書疏引）所云：「舒，舉遲也」、王肅（書疏引）所云：「舒，惰也」；而今本作「豫」，訓逸樂，即怠惰之謂。二字古義通韻近，證又見史記五帝本紀「貴而不舒」，大戴禮五帝德篇舒作豫；釋文：「豫，……徐音舒。」急，鄭玄（書疏引）云：「急促自用也。」注洪範五行傳（輯校卷二頁七）又曰：「君臣不謀則急矣。」案：休徵曰「謀」，此曰「自用」，則不欲共人謀；而「急促」、亦不遑謀，詩齊風東方未明：「折柳樊圃，狂夫瞿瞿。不能辰夜，不夙則莫。」其斯之謂歟！漢儒以爲休、咎各五徵，咸五事之所致，合以福極，五行志傳曰：「貌之不恭，是謂不肅；厥咎狂，厥罰恆雨，厥極惡。……言之不從，是謂不艾；厥咎僭，厥罰恆陽，厥極憂。……視之不明，是謂不悊；厥咎舒，厥罰恆奧，厥極疾。……聽之不聰，是謂不謀；厥咎急，厥罰恆寒，厥極貧。……思心之不容，是謂不聖；厥咎霿，厥罰恆風，厥極凶短折。……皇之不極，是謂不建；厥咎眊，厥罰恆陰，厥極弱。」（洪範五行傳略同，見輯校卷二頁五—十七）五行志且錄董仲舒及二劉（向、歆）等說，「推災異，剋指事實，定配五行」，上文已論其失（詳五事疇「總論」），今更申前意於下。案：盈天地間一氣也，充於人身，塞乎萬物。人氣流行於外爲五事，而主於一心；庶徵爲天氣，曰休曰咎，皆一念之用（因人心即天心，人氣即天氣）。故一念正則五事皆正——貌肅言乂視哲聽謀思聖，而雨暘燠寒風皆時；一念失則五事皆失——貌狂言僭視豫聽急思蒙，而雨暘燠寒風皆恆。猶鯀治水失厥性，而五行皆汨；禹治水順厥性，而彝倫畫敘。漢志既分析五事，類應五徵，又廣錄諸家說，推論陰陽災異，屬配五行，指事驗徵，用警策當政，其意至善；第以言範疇義理，則未盡宜。

五行配五事及五事休咎之徵綜合圖表

（配）—合理／悖理（致）（庶徵）	政事得失
水：貌—肅→時雨（休）／狂→恆雨（咎） 火：言—乂→時暘（休）／僭→恆暘（咎） 木：視—哲→時燠（休）／豫→恆燠（咎） 金：聽—謀→時寒（休）／急→恆寒（咎） 土：思—聖→時風（休）／蒙→恆風（咎）	一切休徵，得：庶草蕃廡、百穀成、乂明、俊民章、家平康。 一切咎徵，失：百穀不成、乂昏不明、俊民微、家不寧。

八五 曰，更端之辭。省，察視也；義猶「念用庶徵」之念。「卿士」、「師尹」及「庶民」下各承此消略一「省」字。惟，語詞。歲，謂全年十二月。師，眾也。尹，治也；謂治事之臣也。師尹，眾治事之臣（即一般官員，位低於卿士）。王省惟歲三句，曾鞏（全解卷二五頁二五引）曰：「王計一歲之徵而省之，卿士計一月之徵而省之，師尹計一日之徵而省之。所省多者其任責重，所省少者其任責輕；其所處之分然也。」○曰，纂疏（卷四頁二八）：

「曰字更端而言。」即尚書說（卷四頁十五）「曰，斷章更有義也」之意。師尹，西周爲師氏（或稱大師）、尹氏二官，如詩小雅節南山：「赫赫師、尹，民具爾瞻。」詩又曰：「尹氏、大師，維周之氐；秉國之均，四方是維。」又如大雅常武：「王命尹氏，命程伯休父。」「師氏」亦稱「師」，師遽毀：「王延（誕）正師氏：王乎（呼）師朕錫師遽貝十朋。」尚書大誥：「肆予告我友邦君越尹氏、庶士、御事。」或據節南山毛傳，謂「尹氏」爲姓氏，而「大師」是其官，失之。又或據大誥「義爾邦君、多士（即庶士）、尹氏、御事」，謂「尹氏」又在「多士」之次，不足證尹氏乃「侯國之正卿」，亦未盡是，蓋周誥竝述諸侯及朝臣，有時偶未依其尊卑之序；一篇之中，前後述官亦常詳略互見。本篇「師尹」，次「卿士」之後，省少任輕，位下於卿士，略如尚書他篇之「御事」——常次於諸官名之末，最後呼之，爲治事之臣之統稱（有關師尹，近人論者甚多，容另著專文詳之，茲不備言。）。「卿士」、「師尹」下各渻略一「省」字，書疏：「於王言『省』，則卿士、師尹亦爲省也。」纂疏（卷四頁二八）：「此師士不言『省』，蒙上文也。」（其意師尹亦蒙上渻略『省』字）書纂言（卷四頁十）：「卿士，師尹不言『省』者，省文。」王計歲以省，而卿士以月、師尹以日者，馬融（宋世家集解引）曰：「（王省惟歲，）言王者所省（眚）職，如歲兼四時也。」推馬氏意，歲、月、日皆以喻職事，王所省職（歲），實包卿士、師尹所省職（月、日）。則王獨省可矣，毋煩臣下。其說難通。僞孔傳欲掩其窮象，乃曰：「……卿士各有所掌，如月之有別。眾正官之吏（謂師尹）分治其職，如日之有歲月。」似謂卿士分省十二月中之某月，而師尹分省一歲各月中之日。說益支離難通，而音疏（經解卷三九四頁四二）略承其意，亦失之。書古文訓（卷八頁十二）：「王省惟歲，大綱也；歲會也。卿士惟月，紀綱也；月要也。師尹惟日，庶事也；日計也。」謂王省一歲之計會周禮大宰，卿士省一月之要計即小計，見周禮小宰。，而師尹省則爲日成周禮宰夫。皆簿書會計之事，掌於天官，非國政之全體，而王所省者甚廣，非止此也。惟曾鞏說是，朱子語類從之：「問『王省惟歲，卿士惟月，師君（尹）惟日』，（朱子）曰：『此但言職任之大小如此。』」

八六 時，謂節氣。易，變也；謂反常也。歲、月、日時無易，謂歲、月、日之節氣皆正常也。用，以也；因而……。下七「用」字義皆同。乂，治也；政治也。俊民，才智過人之士。章，昭顯也；謂（俊民）得重用也。家用平康，國家和平安泰也。○時，舊說四時（春夏秋冬），案：言歲、月、日，是已包四時，不應復出。便讀（卷四上頁十三）：「當其可之謂時語出禮記學記見註八三。，……言歲月日不失其時，則……。」案：經言「無易」，義即「不失其時」，朱氏語欠精密。易，孫疏（卷十二下頁十二）：「賈子道術篇云：『緣法循理謂之軌，反軌爲易。』」俊，說文：「材過千人也。」參皐陶謨「俊乂在官」注。俊民用章，僞孔傳：「賢臣顯用」，疏：「在官位也。」歲月日時無易，猶中庸「天地位焉」。「百穀用成」至「家用平康」，猶中庸「萬物育焉」。

八七 既，猶「若」也（古書虛字集釋卷五）。昏，不明也（經下文「不明」釋上文「昏」）。微，不昭顯也；謂不見重用也。○節氣無易，經文作「歲—月—日時無易」，先歲、次月、後日，爲天道常經（五紀亦然），由本篇作者用語次序可見。節氣若易，經文則作「日—月—歲時既易」，失天道常經，由作者語序亦可顯見其意。洪範思理周密，布辭嚴謹，乃六經罕有之篇什。經書簡質，常省略虛字，此「既」字可省而不省者。求與上「歲月日時無易」字數相敵；「昏」非「不明」乎？而重辭疊義者，就韻（成、明、寧三字協韻）故也。微，說文彳部：「隱行也。」故書疏釋此句曰：「俊民用此而卑微皆隱遁也。」是亦不見重用之意。

八八　「庶民」下省略「省」字。庶民省惟星者，庶民計眾星之微而省之也（並參註八五）。星有好風、好雨者，箕星好風、畢星好雨也（宋世家集解引馬融說）。○庶民惟星，僞孔傳：「星，民象；故眾民惟若星。」疏：「星之在天，猶民之在地。星爲民象，以其象民，故因以星喻，故眾民惟若星也。」蔡傳：「民之麗乎土，猶星之麗乎天也。」地上之民，眾而微，以喻天上之星繁而小，上三說皆得之。下又曰：「箕星好風，畢星好雨，亦民所好。」（僞孔傳）曰：「言庶民之性惟若星，然星有好風、星有好雨，以喻民有好善，亦有好惡。」以民性猶星性，星之所好喻民之好惡，至於誤解經「月之從星，則以風雨」、以爲喻「政教失常，以從民欲，亦所以亂」（僞孔傳，說有所本，參註八九。），竟謂「民各有心，須齊正之」。不知「庶民」之下「惟星」之上省略「省」字，且句本與「王省惟歲」三句相連。本篇作者爲便於行文論事，述王、卿士、師尹「三省」既終，遂著「歲月日時」至「家用不寧」一小節，以明君臣各省其行事之得失，得則天地位、萬物育，否則不位、不育之理。漢、唐人或未加研析章句之工，不知「四省」氣脈遙接，致錯會經義。朱子（纂疏卷四頁二九引）察知而明言之，云：「『庶民惟星』，本當『師尹惟日』之下，但其取徵不同，故又發此義而續見。」其所省，纂言（卷四頁十二）：「庶民之所省者，惟觀星而已。」全解（卷二五頁二七—二八）論之尤詳，曰：「庶民惟星者，謂王及卿士、師尹皆休咎之所出，故各有所省，以知己之得失。至於庶民，則其所省者不在於歲月日時之躔度。惟以日月所麗之星者，以星有好風、星有好雨，日月之行則有冬有夏，月之從星則以風雨故也。」鄭玄（書疏引）、僞孔傳亦皆謂箕星好風、畢星好雨。周禮春官大宗伯「以槱燎祀司中、司命、飌師、雨師」，鄭玄注引鄭眾云：「風（飌）師，箕也。雨師，畢也。」詩小雅大東：「維南有箕，不可以簸揚。」朱子語類（卷七九頁二一三三）釋其取義曰：「箕只是簸箕，以其簸揚而鼓風。」畢星義，朱子又曰：「畢是叉網漉魚底叉子，又鼎中漉肉叉子亦謂之畢。凡以畢漉魚肉，其汁水淋漓而下若雨然，畢星名義蓋取此。今畢星上有一柄，下開兩叉，形狀亦類畢。」書疏亦謂箕是簸揚之器，畢是捕魚之物，故取以名好風好雨之星。皆以形似溯其命名之義，蓋得之。好，尙書故（經說卷二之二頁六三）：「柯紹忞云：『好，畜之假字，祭統「順於道不過於倫謂之畜」，是畜有從順義。好風好雨，言從風從雨，非耆好之好。』」存以備考。星有好風、好雨，其關乎節氣者比歲月日爲小，故由細民省之。

八九

行，運行也。日、月之行，則有冬有夏者，謂由於日月運行，而形成四季（舉冬夏以包春秋）；以喻君臣施行政教，關乎國家興衰，其事重大。從，經（歷）也（輯纂卷四頁三四引朱子說）。以，有也；論衡感虛篇引作「有」。月之從星，則以風雨者，謂月失中道，經箕星則多風，經畢星則多雨；以言細政雖與世運盛衰無重大關係，亦不可不加省念，否則將致國家咎災。○漢紀高后紀：「洪範曰：『日月之行，則有冬有夏，有寒有暑。』」撰異（經解卷五八○頁三九）：「詳上下文，則『有寒有暑』四字非苟語，蓋今文尙書多此四字也。」今文經說攷（卷十四下頁六一）：「攷開元占經五引洪範五行傳亦作『日月之行，則有冬有夏，而有寒有暑』，與荀所引洪範正合。段氏謂是今文尚書多此四字，非無徵之言也。」案：此經「星有好雨」、「則有冬有夏」、「有寒有暑」、「則以風雨」，雨（廣韻舒呂切，語韻。）、星（廣韻王矩切，語韻。）、夏（廣韻胡雅切，馬韻。）、雨上古音皆在魚部（段氏六書音均表第五部）爲韻，今文尚書本或有「有寒有暑」一句，與上下文韻協義屬。段、陳說蓋是。日月之行，則有冬有夏，鄭玄（禮記月令疏引）：「四時之間，合于黃道。」黃道即中道，喻政教有常度，王肅（書疏引）曰：「日月行有常度，君臣禮有常法。」是也。月之從星，則以風雨，詩小雅漸漸之石：「月離于畢，俾滂沱矣。」春秋緯：「月離于箕，則風沙揚。」（書疏載鄭玄所引）漢書天文志：「日有中道，月有九行。……月去中道，移而東北入箕，若東南入軫則多風。……月失中道，移而西入畢則多雨。……書曰：『星有好風，星有好雨，月之從星，則以風雨。』言失中道而東西也。」二句言雖細政（以星喻之）亦當敬謹，否則將致災愆（如離箕畢多風雨之類）。書古文訓（卷八頁十三）則曰：「此言庶民之情，不可不察。」誤以庶民察星爲察庶民情（參註八八），而僞孔傳謂「月之從星」爲「從民之欲」，蔡傳等是之。皆失之。有疑「曰王省惟歲」以下八十七字爲它疇之簡，錯在此，自宋人始，東原錄（頁三）：「洪範九疇宜皆有所說，……。疑『王省惟歲』以下所說『歲月日星』及『星日月之行』當在『歷數』之下；況『有冬有夏』乃似歷法。」余燾（見中吳紀聞卷二頁十六）上書請改「王省惟歲」至「則以風雨」於「五曰歷數」下，謂「九疇皆有衍文，惟『四五紀』無之。至於『八庶徵』之後，既言『肅，時雨若』止『蒙，常風若』，意已斷矣，而又加『王省惟歲』已下之文，則近於贅！」東坡書傳（卷十頁十四）亦主八十七字當在「五日歷數」之下，云：「莊子曰：『除日無歲，王省百官。』□□（敏案：當補「王者」二字。）兼有司之事，如歲之總日月也。」書經注（卷七頁二六）徑移經文於「五日歷數」之後，云：「蓋歲月日星辰之度具于曆數，箕子於此，特以其切於君臣政事者言之，以明調贊之本。」書纂言（卷四頁十—十一）亦移經文如書經注，云：「五紀雖有專官掌之，然王與羣臣亦自加省察，恐其測候推筭之或差，所以欽天也。……」洪範約義（卷五總頁三八）亦移經文於五紀，云：「此爲箕子因敘五紀而申說其義以示戒之辭，故加『曰』字以別之。舊因錯簡在庶徵下，故先儒多以休徵、咎徵之應爲說，未得其義。」又有謂「曰王省惟歲」至「家用不寧」當接「五曰歷數」之下，而「庶民惟星」以下文則當在皇極疇，容齋續筆（卷十五總頁一四四）是也。今試言其失：其一、諸家意謂此疇論五事與五氣相應，至「恆風若」而義已備。余謂此疇三重，「曰王省惟歲」以下其第三重，敘庶徵而申說其義，以示人當省察天徵，經云「念用庶徵」是也；「易、不易」、「成、不成」等語，正庶徵，而王、卿士、師尹及庶民各率其職而盡其性，則歲月日時無易、百穀成，否則易、不成。若移繫五紀疇則義無所施。其二、諸家又謂五紀亦有歲月日星，與此疇同，故當承其下，尚書說（卷四頁十六）非之：「五紀會歲月日星以起歷數而立天道，庶徵序歲月日時以成歲功而驗休祥，事辭雖相涉而其用不同。」清胡渭洪範正論（卷五頁四六）：「五紀主推步，所以定八政之時令；庶徵主占候，所以驗五事之得失。雖同有歲月日星之文，而其用迥乎不同，安得混而爲一耶？」指其誤甚確。其三、蘇軾言王兼百官之事，如歲之總日月，承馬融意（上已辨其失，詳註八五），亦不足以證明簡錯。其四、吳澄臆王與羣臣或虞推步有差，助羲和氏察天，是下權上侵，奪職妨事，害政斁倫，安在其爲彝法？其五、容齋謂「庶民惟星」云云當入皇極；正讀（卷三總頁一三八）則據「王省惟歲」以下用韻，謂當在「歸其有極」之下，「曰皇極之敷言」之上，因「皇極一疇皆韻語」：皆非所以言經義也。

此疇演「次八曰念用庶徵」之義，文亦可分三重——「一極無凶」以上，標五徵之目、明多寡有無一也；「曰休徵」至「恆風若」，判休咎二也；餘八十七字驗人事成歲功三也。夫五行爲五氣，順天理而行。人秉五氣生，因天理而立。所現於外者，爲五事；猶五氣之流行，爲五徵。五事正，爲肅乂哲謀聖；猶五氣順，雨暘燠寒風皆時。否則，爲狂僭豫急蒙矣，爲雨暘燠寒風恆矣。是天人本相與。故君、臣、庶民皆當敬五事，以盡己之性。己性盡，即能盡天地之性（因人之氣即天地之氣，而人之性亦即天地之性故也。）。洪範肅乂哲謀聖五事正，是己性克盡，中庸所謂「致中和」；於是天以五休徵應，是「天地位焉」。天地位，萬物自然育；物育，於洪範則云「庶草蕃廡」，云「百穀用成，乂用明，俊民用章，家用平康」。人不盡性，則天地不位，不位則不成、不明、微與不寧竝至矣（略參酌洪範約義卷五頁七六—七七，宋儒多類似之說）。

九、五福：一曰壽，二曰富，三曰康寧，四曰攸好德，五曰考終命（註九

○）。六極：一曰凶短折，二曰疾，三曰憂，四曰貧，五曰惡，六曰弱（註九一）。

釋文

九○　壽，年得長也（書疏）。富，養生之資財豐足也。康，安也；謂形體安也。寧，安也；謂心神安也。攸，修也（便讀卷四上頁十四）。好德，美德也。攸好德，謂修致美德也。考，成也（詩大雅既醉疏引鄭玄說、爾雅釋詁下）。考終命，終盡其應享之壽；謂得善終也。五者皆天所作以與人，人但修己以俟之，則福自來會。○福五目、極六目之所以次其先後，鄭玄（書疏引）曰：「此數本諸其尤者，福是人之所欲，以尤欲者爲先。極是人之所惡，以尤所不欲者爲先。以下緣人意輕重爲次。」有壽而後能享諸福，鄭君以壽爲人之所尤欲者故居福先（凶短折爲人所尤不欲者居極先，倣此。）。後絕多從其說。惟說苑建本篇曰：「河間獻王曰：『管子稱「倉廩實知禮節，衣食足知榮辱」，夫穀者，國家所以昌熾，士女所以姣好，禮義所以行，而人心所以安也。尚書「五福」以「富」爲始。子貢問爲政，孔子曰：「富之，既富乃教之也。」此治國之本也。』」孫疏（卷十二頁十四）據此，謂「今文尚書爲『一曰富』也；『一曰富』，則當云『二曰壽』矣。江（聲）王（鳴盛）段（玉裁）三君均未及指出。」案：說苑所引，蓋劉德對武帝策問（據漢書本傳）之辭，先謂倉廩之穀實則「國家所以昌熾」，「富」也；則「士女所以姣好」，「壽」及「考終命」詩大雅既醉疏引鄭玄書注云：「考終命，……終性命，謂皆生佼好以至老也。」鄭說蓋據荀子，成相篇：「治之道，美不老，君子由之，佼以好。」鄭氏併「考終命」與「壽」爲一義。也；則「禮義所以行」，「攸好德」也；則「人心所以安」，「康寧」也。末引洪範及論語（子路篇）以證「富」爲五福之首，當冠它四福之上。漢書本傳稱河間獻王得古文先秦舊書有尚書，疑彼所見本洪範作「一曰富」，「二曰壽」，……，故取以對問。孫疏謂獻王用今文本，今文攷證（卷十一頁二四）：「獻王與史公同時，其時尚書惟有歐陽，史記所載之文與獻王說異，豈後人改之歟？」皆考之未精。大義（卷一頁三八）依說苑校改經文，使「富」上「壽」下，余未敢從。康寧，說「無疾病」（僞孔傳）、「人平安」（詩大雅既醉疏引鄭玄說），義皆未盡，全解（卷二五頁三十）：「孫元忠（宋孫朴、孫諤皆字元忠）以謂『形康而心寧』，是也。」案：「康」與「疾」、「寧」與「憂」義皆反，孫說爲勝。攸好德，鄭玄（書疏引）曰：「人皆好有德也。」釋好爲喜好。今古文集解（卷十二頁十五）引詩大雅烝民「民之秉彝，好是懿德」以證喜好義。王肅（書疏引）曰：「言人君所好者道也。」好義同鄭玄，攸則訓所。後人多從其說。案：攸，東坡書傳（卷十頁十五）始釋爲動詞，云：「作德心逸日休。」近是。當借爲修，說文：「修，……从彡攸聲。」音近假借。婁壽碑「不攸廉隅」，即「不修廉隅」；漢張彪碑「令德攸兮」，義即「修好德」。皆可證。羣經平議（卷五頁三）：「五行志……以『好德』與『惡』對，則好字讀如美好之好，其說似較古文爲長；蓋以好人之德爲福，不如自有美好之德更爲福也。古字『攸』與『修』通，史記秦始皇紀『德惠修長』，索隱曰：『王劭按張徽所錄會稽南山秦始皇碑文「修」作「攸」。』是其證也。攸好德即修好德。人能修飾其美德，如孟子所謂『飽乎仁義，不願人之膏粱令聞廣譽施於身，不願人之文繡』，是亦福也。」其說得之。攸動詞好德二字爲名詞爲詞結，作名詞用。釋詞（卷一）攸訓語詞，固可通，惟依其釋則「好」易誤會爲「喜好」，不如作動詞義確。考終命，人壽天賦，順受天命之正，而終盡其所受之年之謂，即得善終；「若夫立乎巖牆之下，動而徵病，行而招死，非所謂考終命也」（精義卷三十頁十五引張氏曰），而謂之橫死。橫死與下凶折義相反。漢書李尋傳載漢成帝詔曰：「尚書『五曰考終命』，言大運壹終，更紀天元人元，考文正理，推歷定數如甲子也。」此詔蓋賀良、李尋之學，釋考爲推考，命爲氣運；「假經設誼」，以附會其陰陽災異之說，不可從也。五福六極，天之所與，而君、民共之。人順天理，則福自會（嚮用五福）；拂天理，則極自會（威用六極）。然人君能體天心以尹天下，則致民於福；悖天意以亂庶邦，則致民於極。是福、極亦猶人君所造設，諸儒多主此義。董仲舒（詳解卷七頁十三引）曰：「堯舜行德而民仁壽，桀紂行暴而民鄙夭。」中論夭壽篇：「壽有三：有王澤之壽，……書曰『五福：一曰壽』，此王澤之壽也。」謂民壽因人君德澤而致。全解（卷二五頁二九—三十）：「民命雖稟於天，而君實制之。……天命出於自然而信萬物之耳目，至於君之造命則有嚮勸於其間。是以自五行至於庶徵各得其序則斯民歸於五福矣；天之所畀而實自於造命者嚮而與之也。自五行至於庶徵各失其序，則斯民陷於六極矣。」言天人相與，斯論甚精。曾鞏（元豐類藁卷十總頁八五—八六）曰：「福極者，人君所以考己之得失於民。福之在于民，則人君之所當嚮敏案：曾氏訓朝向。；極之在于民，則人君之所當畏敏案：曾氏訓避。。」勉王施仁政，用意至善。

凶，不吉也。短，不長也。折，死也。凶、短折，凶折、短折也。凶折，橫死也。短折，夭死也。疾，謂形體不安也。憂，心神不寧也。貧，養生之資財乏缺也。惡，德行敗壞也。弱，怯懦也。○蔡傳：「禍莫大於凶短折，故先言之。」此本鄭玄說，詳註九○。凶，馬融（釋文引）曰：「終也。」是馬以「凶短折」爲「終短折」，其義未詳，而孫疏（卷十二頁十六）云：「（馬融）云凶，終者，謂凶短折，不以天年終也。」馬義果如此？待考。鄭玄（書疏引）曰：「凶短折皆是夭枉之名，未齔曰凶，未冠曰短，未婚曰折。」解此三字皆不甚依傍字義（「凶」字尤然），隨己便爲說。僞孔傳於「凶」，解云：「動不遇吉」，知矯鄭失；於「短、折」則曰：「短未六十，折未三十」。正義一則姑疏傳意，云：「傳以『壽』爲百二十，短者半之爲未六十，折又半爲未三十。」一則破傳，云：「凶短折，遇凶而橫夭性命也。」後一說，蘇、林二家從之，東坡書傳（卷十頁十五）：「不得其死曰凶。」全解（卷二五頁三一）：「凶短折者，非正命而死也。」大旨皆得之。朱子明分凶短折爲兩事（語類卷七九頁二三），王柏明以「凶折」爲「考終命」之反、「短折」爲「壽」之反（書疑卷五頁七、研幾圖頁四二），其徒金履祥（書經注卷七頁三七）進而論曰：「凶折者，橫死；短折者，夭死。」其義乃正。折，禮記祭法：「大凡生於天地之間者皆曰命，其萬物死皆曰折。」言萬物則人在其中，故人死得曰折。五行志傳曰：「傷人曰凶，禽獸曰短，屮木曰折。一曰：凶，夭也，兄喪弟曰短，父喪子曰折。」其失，後案（經解卷四一五頁七六）論之甚切：「福極皆就人言，若兼禽獸草木，則何有貧富？何有好德？又兄喪弟、父喪子，自是屬憂，不得以爲短折。皆非也。」憂亦天命，東坡書傳（卷十頁十六）：「人有常戚戚者，亦命也。」爲寧之反義。惡，五行志傳曰：「水傷百穀，衣食不足，則姦軌竝作，故其極惡也。一曰民多被刑，或形貌醜惡，亦是也。」是一以惡爲貌醜，一以惡爲德惡。鄭玄（書疏引）取前一說，云：「貌恭則容儼形美而成性以終其命，容毀故致惡也。」僞孔傳、疏說同。張晦之持論與後一說同（詳下全解引）。得之。弱，僞孔傳訓尫劣（尫，羸也；劣，說文：「弱也，从力少。」），以爲體弱。鄭玄（書疏引）曰：「愚懦不毅曰弱，言其志氣弱也。」案：鄭說是，弱亦惡德之謂，全解（卷二五頁三一）：「惡，先儒以謂醜陋。弱，先儒以謂尫劣。（張）晦之曰：『人有醜陋而好德，尫劣而立事，豈可以爲極乎？惡者，凶惡之謂。弱者，懦弱之謂。人情惡則凶無所不至，弱則懦而無立，故此二者皆滅德之道也。』此說亦當。蓋苟非好德則爲惡與弱矣。」比舊說爲勝，惡、弱共爲攸好德之反義。乃五行志傳曰：「君有南面之尊，而亡一人之助，故其極弱也。」案：彼以弱爲極不建之應（詳下），故謂弱爲君主勢弱，皆失之。漢人以五事、庶徵、福極相配，五行志傳祇言致極，不言致福（引文詳註八四），鄭玄（書疏引）反極以推福，云：「王者思睿則致壽，聽聰則致富，視明則致康寧，言從則致攸好德，貌恭則致考終命。」是其總配爲：貌—肅（狂）—時（恆）雨—考終命（惡），言—乂（僭）—時（恆）陽—攸好德（憂），視—晢（豫）—時（恆）燠—康寧（疾），聽—謀（急）—時（恆）寒—富（貧），思—聖（蒙）—時（恆）風—壽（凶短折），皇極—建（不建）—明（眊）—彊（弱）。漢儒復配以五行，定指事實，推言陰陽災異，前既數言其失。今姑置而弗復深論，即據其正反配合以索福極諸目之義，亦多未的。又洪範作者多用五數，意或在事目相配，然疇目非皆相對，漢儒所配止四疇（五行、五事、庶徵、福極），於福極餘「弱」，配以皇極不建，則皇極建無所配，已難圓其說。後人又欲九疇事目皆相配，直以數學解洪範，去古義日遠。皇極疇「斂時五福」至「其作汝用咎」，龔鼎臣（東原錄頁三）謂乃說此疇福極之文，云：「『五皇極，皇建其有極』，當續以『無偏無黨』以下，則大中之法備。如『斂時五福』（至「其作汝用咎」）當在『五福六極』之後，乃是說『福極』之意爾。」皇極疇諸「極」字，皆訓「準則」，與此疇「六極」之「極」訓「困阨」異義，彼極非說此「極」之意。洪邁（容齋續筆卷十五總頁一四四）知龔說難通，乃變易其所改，不以彼疇有「極」字句移入本疇，而謂：「『五皇極』中，蓋亦有雜『九五福』之文者，如『斂時五福，用敷錫厥庶民』、『凡厥正人，既富方穀，汝弗能使有好于而家，時人斯其辜。于其無好德，汝雖錫之福，其作汝用咎』及上文『而康而色，曰：予攸好德，汝則錫之福』是也。」如洪氏說移經，則文意中斷；矧所移六十一字，即勉彊湊接成章，亦僅止斂五福以錫民及攸好德則受錫二事，而另四福——壽、富、康寧、考終命義皆未之及，無是理也。王柏（書疑卷五頁二）病洪氏截取湊合，傷殘經義，於是反從龔氏，確認自「斂時五福」至「其作汝用咎」，宜爲「福極」之末章，云：「其曰『斂時五福』，蓋指第九疇而言。斂者，皇也。時者，是也；此也。非指皇極也，指五福也。且其叮嚀反覆，諄諄告戒，又歸宿於『攸好德』之一語，此所以爲福、極之判。」兩疇所言五福，其目恐非同。且皇極疇陳治道，君王爲主，故首發斂福錫民要義，以爲立國澤民之根本。而此疇五福，天賦與人，非王皇皆可斂以敷錫於下者。矧彼「攸好德」與「好德」（「德」）是衍文），非爲告戒之總旨（歸宿），且義與此「攸好德」殊異，王氏比辭屬事，難辭強合之譏也。其後金履祥（書經注卷七頁三五—三八）、吳澄（書纂言卷四頁十九—二一）皆從龔氏、王氏移經，且亦移「惟辟作福」至「民用僭忒」四十八字於此疇，更次「其作汝用咎」之後。而洪範約義（卷十總頁八七—九五）善而從之。皆失之（參詳六八）。

此疇演「次九曰嚮用五福，威用六極」之義，示福、極皆天所與。凡人所行，順理則五福以嚮之，否則六極以威之。文止一重，標福目五、極目六而已。或主皇極疇有雜福極「傳文」，或主三德疇「惟辟作福」云云乃此章錯簡，皆不可信。

五福六極相反圖

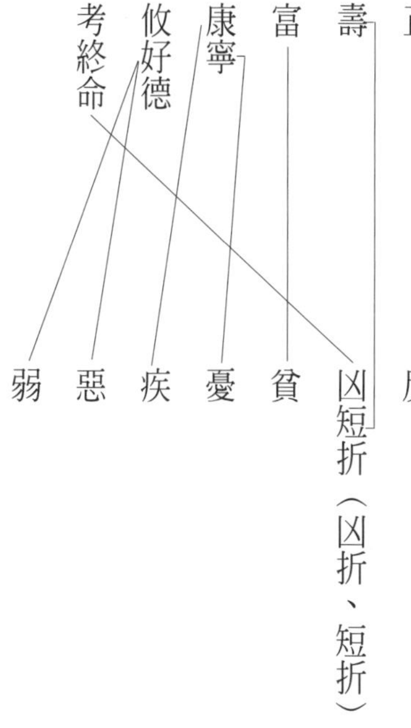

尚書周書洪範篇義證　引用書要目

書名	簡稱	著者	板本
經典釋文	釋文	唐陸德明	通志堂經解本
尚書注疏	書疏	僞孔安國傳 唐孔穎達疏	藝文印書館影印清嘉慶二十年江西南昌府學重刊宋本
內野本尚書			日本昭和十四年東方文化研究所影東京內野氏舊藏鈔本
東坡書傳		宋蘇　軾	學津討原本
尚書全解	全解	宋林之奇	通志堂經解本
書古文訓		宋薛季宣	通志堂經解本
東萊書說	書說	宋呂祖謙等	通志堂經解本
朱子尚書解		宋朱　熹	四部備要本（在朱子大全集卷六十五）
朱子語類	語類	宋朱　熹（後人編集）	臺北正中書局影印明刊本
尚書說		宋黃　度	通志堂經解本
尚書精義	精義	宋黃　倫	經苑本
尚書詳解	詳解	宋夏　僎	武英殿聚珍版叢書本

書名	簡稱	著者	板本
書經集傳	蔡傳	宋蔡　沈	世界書局影印本
書疑		宋王　柏	通志堂經解本
尚書詳解		宋胡士行	通志堂經解本
書經注		元金履祥	十萬卷樓叢書本
尚書表注	表注	元金履祥	金仁山遺書本
書蔡傳纂疏	纂疏	元陳　櫟	通志堂經解本
書蔡傳輯錄纂註	纂註	元董　鼎	通志堂經解本
書纂言	纂言	元吳　澄	通志堂經解本
尚書句解	句解	元朱祖義	通志堂經解本
尚書纂傳	纂傳	元王天與	通志堂經解本
書經稗疏	稗疏	清王夫之	船山學會影印本
書經傳說彙纂	彙纂	清王頊齡等	清同治七年馬新貽摹刊本
九經古義		清惠　棟	皇清經解本
尚書今古文攷證	今古文攷證	清莊述祖	珍藝宧遺書本
尚書集注音疏	音疏	清江　聲	皇清經解本
尚書後案	後案	清王鳴盛	皇清經解本

書名	簡稱	著者	板本
古文尚書撰異	撰異	清段玉裁	皇清經解本
尚書今古文注疏	孫疏	清孫星衍	臺北廣文書局影印本
經義述聞	述聞	清王引之	皇清經解本
尚書古注便讀	便讀	清朱駿聲	成都華西協合大學活字印本
尚書補疏	補疏	清焦　循	皇清經解本
尚書今古文集解	今古文集解	清劉逢祿	皇清經解續編本
尚書大傳輯校	輯校	清陳壽祺	皇清經解續編本
尚書札記		清許鴻磐	皇清經解本
尚書集注述疏	述疏	清簡朝亮	臺北鼎文書局影印本
今文尚書攷證	今文攷證	清皮錫瑞	藝文印書館影印本
羣經平議	平議	清俞　樾	世界書局影印春在堂全書本
清儒書經彙解	彙解	清抉經心室主人	臺北鼎文書局影印本
尚書商誼	商誼	清王樹枏	陶廬叢刻本
尚書故		清吳汝綸	藝文印書館影印桐城吳先生全書本
尚書大義	大義	吳闓生	民國刊本

書名	簡稱	著者	板本
古文尚書拾遺		章炳麟	章氏叢書本
雙劍誃尚書新證	新證	于省吾	藝文印書館影印本
尚書覈詁	覈詁	楊筠如	北強學社鉛印本
尚書正讀	正讀	曾運乾	臺北宏業書局影印本
書經注釋		瑞典高本漢 陳舜政譯	中華叢書編審委員會鉛印本
尚書釋義	釋義	屈萬里	民國四十九年中華文化出版事業委員會鉛印本
漢石經尚書殘字集證		屈萬里	民國五十二年七月中研院史語所影印本
尚書斠證		王叔岷	中研院史語所集刊第三十六本
尚書假借字集證	假借字集證	周富美	載大陸雜誌三十六卷六、七期合刊
先秦典籍引尚書考		許錟輝	打字油印本
洪範疏證		劉　節	古史辨冊五載
洪範約義	約義	馬　浮	臺北廣文書局影印本

尚書周書金縢篇義證

尚書周書金縢篇義證

題解

金，金屬也；縢，緘也（或曰：縢，繩索也。）。金縢，以金屬緘封也。（「金縢」字義，詳註二九。）本篇記周武王克商後二年有疾，周公旦禱于先祖，乞代王死，及周公東征前後事。篇內兩見「金縢」字，故取以命篇。

此篇之所以作及其作者，書序曰：「武王有疾敏案：釋文引馬融本書序「有疾」下多「不豫」二字。，周公作金縢。」書疏：「凡序言『作』者，謂作此篇也。」是書序以本篇爲周公所作。

後世以爲非周公自作，乃史官敍其事。書疏：「案經，周公策命之書，自納金縢之匱。及爲流言所謗，成王悟而開之。史敍其事，乃作此篇，非周公作也。」全解（卷二六頁十三—十四）：「周公……作册書以告于太王、王季、文王，請以其身代武王之死，而藏其書于金縢之中，史敍其事而作此篇也。……此篇主於記事而作，出於史官之手。」蔡傳：「周公……請命三王，欲以身代武王之死，史錄其册祝之文，并敍其事之始末，合爲一篇。」辨解（卷五頁一）：「周公卜請代，史藏其冊于匱。其後，……王啓匱卜，得公前冊，感悟迎公歸，史記其事，命曰『金縢』。序謂周公自作，非也；如公自作，則請代與藏冊皆私意矣。」

上引書疏至辨解四家，謂敘其事之始末雖爲史官；然策書自「惟爾元孫某」至「我乃屛璧與珪」。乃周公舊作，唯未有明確之論。下述八家則質言策書乃周公所作。鄭玄曰（史記魯周公世家集解引）：「策，周公所作；謂簡書也。」東坡書傳（卷十一頁三）：「金縢之書，緣周公而作，非周公作也。周公作金縢策書爾。」書古文訓（卷八頁十八）：「敘謂金縢周公之作，以冊言也。」陳氏詳解（卷二六頁二）：「此書非周公所作，而謂之『周公作金縢』者，其冊文乃周公所作故也。」表注（卷下頁九）：「此篇除祝詞外，皆非周公作。序文誤。」音疏（卷三九五頁二）：「此祝詞凡百二十有八字（敏案：當是一百二十有九字。），……紓誠之至，非它人所能代爲，自是周公自作。」便讀（卷四上頁十五）：「此篇蓋史臣所記，非周公作也。……祝詞蓋周公所作，非史爲之。」述疏（卷十三頁一、四）：「金縢篇惟冊祝則周公作之爾，其餘皆史文也。……周公自以爲己事，則周公作冊，而史祝之也。」

上兩節十二家所論，可約爲二端：一、本篇乃史官敘事之作；二、策文「紓誠之至」，非他人能代爲，且史氏敘事明言「周公自以爲己事」，則作冊者周公也。案：金縢誠史氏敘事之作，則所謂周公舊作冊文亦必在其敘引之中，是全篇皆應題史官作；猶史遷作魯世家采金縢、不得謂魯世家半爲周史作也。「公自以爲功」，謂設壇祝卜，非謂周公執筆作冊；而冊文雖

「紓誠之至」，亦得由他人度公之腹心擬作。據此，本篇全文皆非周公自作，矧本篇六及「周公」，又或稱周公爲「公」（十二次），明非周公自著；如係公自著，當自稱「旦」，而必不自稱「周公」或「公」（此義釋義、近人尚達齋尚書金縢之謎「建設」十卷三期及衛聚賢「金縢辯僞」皆有說；唯衛氏謂「周公」乃姬旦之謚號，考謚法起於西東周之際，周公乃生稱，由洛誥、無逸等西周檔案稱「周公」可以確知，是衛說失之。）。又本篇「惟爾元孫某」、「以旦代某之身」，此周公稱武王發於三王之前，諱其「發」名而稱「某」，必非當時實錄；如爲當時實錄，周公不應於冊文用諱字（此義東萊書說詳下、金縢辯僞引文詳下附錄、楊筠如「周公事跡的傳疑」等詳下皆有說、又詳註一三論證。）

金縢非周公作，亦非當時文獻是矣，然則爲何人何時著作？下先引諸說，並加析評：

一、大傳輯校（卷二頁十七）：「葉夢得云：『伏生大傳……以金縢作於周公歿後。』」案：伏生誤以天變啓書、出郊親迎事在周公卒後，故有此說（詳註三七、四八），且次金縢篇於大誥篇後（大傳輯校卷二頁十七）。其論證不足取。

二、朱文公文集（卷六五頁二十）金縢說：「此篇之作在周公東征而歸之後。以其記武王時事且備東征本末，故敘之於此。」案：朱子以經文「居東」爲東征，故謂篇作於周公歸後。其說信而有徵。

三、東萊書說（卷十八頁七）：「周公對神當稱其武王名，此書作於成王之時，周人以諱事神，故避其名也。」案：此論謂成王史官爲時君諱武王之名，其論證未盡可取，蓋周諸朝史臣皆得諱武王名而稱「某」也（參註一三）。

四、衛聚賢謂：經文「既克商二年」，依金文及周誥文例，當書「惟王二年」。又「商」當作「殷」，始合周初稱謂常例（衛說詳下附錄引文）。楊氏「周公事跡的傳疑」用其說焉。案：經作「克商二年」，以見克商甫二年，天下未寧，而王遽嬰疾，此誠危急存亡之秋，則此一句已括全篇大旨（詳註二）。不可以常格律之也。至周初周人亦稱「殷國」爲「商邑」，康侯簋：「王來伐商邑。」稱「殷」爲「商」，矢簋：「成王伐商圖。」書康誥：「商耇成人。」多士：「告商王士。……求爾于天邑商。」君奭：「則商實百姓王人罔不秉德明恤。」多方：「乃惟爾商後王逸厥逸。」立政：「式商受命。」詩大雅文王、大明、蕩篇稱「商」四次、稱「殷商」亦九次。上引詩、書及器物皆周初作，而數稱「商」。是衛氏論證不足據。

五、本篇「爲壇於南方」、「流言於國」、「不利於孺子」，三「於」字，衛聚賢曰（「金縢辯僞」）：「我前在『春秋的研究』中，證明春秋以前沒有用『於』字作介詞的，今金縢中作介詞用，恐有疑問。」案：詩大雅假樂「受祿於天」、板「不實於亶」，兩篇皆西周著成，而皆用「於」爲介詞。衛氏失考。尚書介詞「于」，概不作「於」。本篇介詞三「於」字，書古文訓皆作「于」，說詳註八。是衛氏論證又不足爲據。

六、何定生先生以爲（中山大學語史所週刊第四九、五十、五一期合刊「尚書的文法及其年代」）：代詞「之」西周不在賓位，「其」西周不在領位，「與」在西周不作連詞。而金縢「名之曰鴟鴞」等，「之」作賓語；「管叔及其羣弟」，「其」在領位。故金縢乃東周以後著作。楊氏「周公事跡的傳疑」引其說焉。案：詩大雅皇矣「攘之剔之」、靈臺「經之營之」、周頌天作「昊天有成命，二后受之」、書酒誥「勿庸殺之」、無逸「厥或告之」、多方「大罰殛之」，雅頌及周誥皆西周文獻，皆常以「之」作賓語。又大雅文王「其命維新」、周頌有客「亦白其馬」、書大誥「誕敢紀其敘」、康誥「用其義刑義殺」，諸西周文獻皆用「其」於領位。是何先生論證尚不足爲據。

據上七家所論，至多可證金縢乃周公東征歸後（成王三年）著成。第復考下列諸說，則知本篇成書時代甚晚：

⑴全篇文辭平易，非西周作品。

傅孟眞先生集中國古代文學史講義（頁七十—七一）：「第二類是魯書。這一類中有兩篇，一金縢、二費誓。……此（金縢）篇文體全與周誥不類，……全是一篇故事。篇中周公祝詞尚近於周誥，其『武王既喪』以下，竟像東周的文辭。這一篇當是後人根據相傳的故事及話言拼湊成的。」其說爲孫次舟承用，其「周公事蹟之清理」（說文月刊第四卷合刊本）曰：「金縢一篇，其前幅（敏案：謂「王翼日乃瘳」以上。）記周公欲以身代武王事，係周書舊文，……文辭古樸，與周誥略近，故敢信以爲眞。」又曰：「至敘武王既喪、羣弟流言之事，則出後人之傳說與附會矣。」案：金縢全篇一體，去周誥之古奧遠甚，謂部分文字「近周誥」，待議，而謂皆似東周以後文辭，可也。尚書今註今譯云：「本篇文辭平易，不類西周時作品」，是也。（尚氏尚書金縢之謎、吳氏尚書讀本頁八七皆取「釋義」之說，謂此篇「文辭平易，不類西周初葉作品」。）

⑵篇中有「下地」之語，不類西周之言，而與東周文獻用語略契，是作於東周以後。郭氏金文叢考「金文所無考」（頁三一—三二）曰：「金文中『天』，若『皇天』等字樣多見。均爲至上神。與天爲配之『地』，若『后土』等字樣，則絕未有見。……金文既無『地』字，亦無『后土』之稱，所見『土』字義均質實，……用爲神祇之例，絕未有見。是則『地』字當是後起之字。地與天爲配，視爲萬彙之父與母然者，當是後起之事。尚書金縢與呂刑二篇有『地』字。金縢云『乃命于帝庭，敷佑四方，用能定爾子孫于下地』、呂刑云『乃命重黎，絕地天通，罔有降格』。案此二篇同屬可疑；即有『地』字出現，已足知其非實錄矣。」案：金文無「地」字，其表示「天」與「地」配對，用「上」與「下」，如蔡侯盤「上下陟裕」、者（諸）減鐘「登于上下」是。詩經「天地」之「地」字僅兩見（小雅斯干「載寢之地」、正月「謂天蓋高，……謂地蓋厚」。），皆東周初年詩篇（正月有「赫赫宗周，褒姒威之」，義尤顯也。）。西周成篇之詩，但以「下土」與「上天」配，如大雅下武「成王之孚，下土之式」、雲漢「上帝不臨，耗斁下土」。尚書三「地」字郭氏脫舉其一。，盤庚篇西周著成「用永地于新邑」，

「地」訓「居住」；呂刑、金縢皆以「地」配「天」。尤其金縢以「下地」配「上天」（或「上帝」），與金文、詩大雅、亦與尚書周誥（尚書以「上下」爲「天地」，如召誥「毖祀于上下」、洛誥「惟公德明，光于上下」、君奭「大弗克恭上下」。）不合（釋義：「篇中有『下地』之語，尤不類西周前期之言；西周前期謂之『下土』。」），而與東周以後文獻用語略契。據此，本篇當作於東周以後。

(3)以「與」字作連詞，與西周著成之文獻不合，而與東周以後著成之文獻用字常例合。據此，本篇當作於東周以後。何定生先生「尚書的文法及其年代」謂金縢兩以「與」字作連詞（「我其以璧與珪」、「王與大夫盡弁」……四次），與周誥以「越」爲之不同，因考本篇乃東周以後著成。楊氏「周公事跡的傳疑」用其說。案：金文祇齊鎛一「與」字，訓如論語「與之粟」之「與」。詩大雅、周頌竝無連詞「與」，詩風篇多連詞「與」，小雅亦頗用「與」爲連詞（如小弁「維桑與梓」、頍弁「蔦與女蘿」），風及部分小雅殆皆東周著成，故與金縢用字情形同。是亦可證本篇作於東周之後。

(4)自稱「予一人」，殷、周列王之所專，自春秋以後，諸侯（秦穆公、齊靈公、魯哀公）亦自稱「予一人」。本篇作者作周公自稱「予一人」，是春秋時風氣，是作於春秋以後（詳註二八）。

(5)以「某」代人名，約起於春秋中葉，盛行於戰國，本篇兩以「某」代生王之名，合春秋中葉風尚，當在孔子略前著成。

清趙翼陔餘叢考（卷三一頁二三—二四）：「避諱本周制。……今以意揣之，蓋起於東周之初。晉以僖侯廢司徒，宋以武公廢司空，魯以獻武廢具敖。考數公之生，皆在西周，若其時已有避諱之例，豈肯故犯之，而使他日改官及山川之名乎？想其命名時尚未有禁，及後避諱法行，乃不得不廢官及山川名耳。」楊氏「周公事跡的傳疑」云：「作金縢的人用『某』，証是晚出的証據。……桓六年左傳申繻說：『周人以諱事神名，終將諱之。……晉以僖侯廢「司徒」，宋以武公廢「司空」，先君獻、武廢「二山」。』又晉語（第九）說：『范獻子聘於魯，問具山、敖山，魯人以其鄉對。獻子曰：「不爲具、敖乎？」對曰：「先君獻、武之諱也。」』（敏案：引文今據國語正數字。）則諱先王之名，大概起至（自）周末。金縢作于春秋之後，所以也用諱，正是爲環境的原故。」案：晉僖侯，當周宣王世卒；宋武公，當平王世卒；魯獻公、武公，屬王宣王時人：後國人諱其名。此楊氏「諱先王之名，大概起自周末」之所本。復考范獻子（鞅）聘魯，在魯昭公二十一年（周景王二十四年）夏（據春秋經左傳及國語晉語第九韋注），如左傳申繻說可信，則臣諱君名最早不致早出周宣王（八二七B.C.—七八二B.C.）之前，或已遲至景王末年（五二一B.C.），趙氏揣測諱法起於東周者蓋據此。諱人名改字以代之，大約起於東周，而演變爲用「某」代人名乃至於時、地之名則或起於春秋中期，宣六年公羊傳：「（晉）靈公……使勇士某者往殺之。……（甲士）曰子某時所食，活我于暴桑下者也。」何休注：「『某』者，本有姓字，記傳者失之。……某時者，記傳者失之。」

弟子記師冕見孔子，子曰：「某在斯，某在斯。」（論語衛靈公篇）至戰國，蔚爲風氣，故禮書（大抵爲戰國時著成）著之，以爲規範焉：禮記曲禮下：「諸侯見天子，曰：臣某侯某。……臨祭祀，內事曰：孝子某侯某，外事曰：曾孫某侯某。」曾子問：「告曰：某之子生，敢告。」內則：「某年某月某日某生而藏之。」玉藻：「凡自稱，……諸侯之於天子，曰：某土之守臣某。」少儀：「聞始見君子者辭曰：某固願聞名於將命者。」雜記上：「相者受命曰：孤某使某請事。客曰：寡君使某如何不淑。相者入告，出曰：孤某須矣。」儀禮士冠禮：「戒賓曰：某有子某，將加布於其首，願吾子之教之也。賓對曰：某不敏、恐不能共事。」士相見禮：「奉之曰：某也願見，無由達，某子以命命某見。主人對曰：某子命某見吾子。」（以上用「某」代生者及時、地之例）禮記禮運：「及其死也，升屋而號，告曰：皋，某復！」雜記上：「凡訃於其君，曰：君之臣某死。」儀禮士喪禮：「書銘于末曰：某氏某之柩。」（以上用「某」代死者之名）案：金縢作者承東周諱君上之名之風，進而以「某」代昔時生君之名，唯用之猶未至泛濫如戰國時焉；蓋春秋中期如此，與上引公羊宣六年所記尚合。則本篇當孔子略前已著成傳世矣。清周廣業「經史避名彙考」（卷四頁三）：「案此金縢以『某』代名之始，周王之諱見經典者，祇金縢之兩『某』字而已。……汪克寬春秋胡傳纂疏云：『周人諱名，昉見於此。』許衡詩集傳名物攷引解頤新語云：『周之前無諱者，稱「元孫某」，諱之始也。』」謂經典記周天子之諱名僅兩見於金縢，甚是；唯謂此即周人書諱之所昉，是以金縢爲當時實錄，則考之猶未周也。

(6)強調「仁」字，使成爲品德修養之最高準則，自孔子始。本篇僅一「仁」字「予仁若考」，訓「敦厚」，涵義尚狹。其著成當在孔子之前。（參見註一五）

(7)孔子據本篇「公乃爲詩以貽王，名之曰『鴟鴞』」，故知鴟鴞詩爲周公所作，是孔子之前金縢已流傳。

本篇言周公作鴟鴞詩貽王，詩見詩經豳風，近人劉澤民於「鴟鴞的作者問題」民國十四年三月八日覆顧頡剛曰：「先生以爲孟子引這詩沒說明這是周公所作。」（古史辨冊三頁三七一）衛氏民國十六年十二月卅一日「金縢辯僞」：「鴟鴞係周公所作，金縢已有明文，孟子不容不見過金縢，而於公孫丑篇引鴟鴞二章『……』說是『孔子曰：爲此詩者，豈（敏案：其之誤。）知道乎』？對於鴟鴞的作者，何不說是周公，而用一個『乎』字疑問詞呢？是鴟鴞非周公所作可知。毛序……將鴟鴞說是周公所作。司馬遷作史記，採其說入魯世家。作僞者又採世家，而竄入金縢。」楊氏民國十八年七月廿四日「周公事跡的傳疑」據衛氏說，且云：「……可見孟子還沒有見過金縢，金縢是孟子以後的作品。」謹案：孟子公孫丑上篇引詩云：「迨天之未陰雨，徹彼桑土，綢繆牖户，今此下民，或敢侮予！」詩文見於詩經豳風鴟鴞篇第二章。孟子引此章詩畢，又曰：「孔子曰：『爲此詩者，其知道乎！能治其國家，誰敢侮之？』」顧氏等三家據此，以爲孔、孟未知鴟鴞詩爲周公作，否則當明舉此詩作者，不應尚言「爲此詩者，其知道乎」？由不知鴟鴞作者，可知孔、孟亦未見書金縢。是本篇春秋、戰國時尚未流傳衛氏一則曰作僞者採史記魯世家竄入金縢，再則曰金縢至少也可說是秦漢間的僞物。楊氏謂金縢爲戰國末年之說。其主要根據即此孟子引詩。。考孔子曰「其知道乎」之「其」，語譯爲「該（是）……」；「乎」，乃感歎詞語尾，說文：「乎，語之餘也。」義猶「與」，在此句並非疑詞。且孟子告子上篇：「詩曰：『天生蒸民，有物有則；民之秉彜，好是懿德。』孔子曰：『爲此詩者，其知道乎？』」詩見詩經大雅蒸民篇首章。若據此即謂孔子亦不知蒸民篇作者爲誰何，如不知金縢然，故亦云「爲此詩者，其知道乎」，則不能無爭。因大雅蒸民篇本詩末章明著作詩者之名及其所以作，云：「吉甫作誦，穆如清風。仲山甫永懷，以慰其心。」周宣王賢大臣尹吉甫作詩贈時人仲山甫，仲尼不容不知。既知其詩作者，猶曰「爲此詩者，其知道乎」者，蓋蒸民詩早已傳世，經文又著尹吉甫作，而此「萬邦爲憲，文武吉甫」小雅六月又爲家喻戶曉人物，故孔子不需舉其名，而人莫不知其有蒸民之作。以推論金縢篇、鴟鴞詩理亦無不通者。在孔子之前，金縢、鴟鴞已傳世，人得據書而知詩爲周公所作。夫周公誰不知之，何勞提舉其名？故仲尼曰「爲此詩者，其知道乎」，斯斷言作此詩者——周公知道孟子趙岐注：「孔子善之，故謂此詩知道也。」；且引申詩意曰「能治其國家」云云，事與周公相幼君秉國鈞平治天下亦合。是孔子及見金縢篇。

結論：據上七事，茲論定本篇非周公作，乃春秋中葉（即孔子之前）人（或爲魯人）據傳說撰作。

既克商二年（註一），王有疾，弗豫（註二）。二公曰（註三）：「我其為王穆卜（註四）。」周公曰：「未可以戚我先王（註五）。」

釋文

一　武王十一年克商（詳牧誓義證題解），後二年，謂武王十三年也。○鄭玄以爲武王伐討後二年有疾（詩經豳風譜疏引），辨解（卷五頁一）：「克商後二年，即訪箕子洪範之年。」即武王十三年，今古文集解（卷十三頁一）、劉錄觀堂學書記、覈詁（卷三頁五七）同。王肅（書疏引）僞孔傳皆以爲克殷之明年武王有疾，書疏：「武王以文王受命十三年伐紂，既殺紂即當稱元年；克紂稱元年，知此二年是伐紂之明年也。」案：文王歿，武王改元，至十一年伐紂，書疏誤；至肅說，集注音疏（經解卷三九五頁一）：「如肅說，則當云『維克商二年矣』，經言『既克商二年』，是不數克商之年而云二年。鄭誼誠是。」後案（經解卷四一六頁一）、述疏（卷十三頁一）同。

二　王，周武王發也。豫，悅也（僞孔傳）；說文心部悆下引作悆（訓喜）、內野本、書古文訓同。釋文：「本又作忬」忬同悆。○豫，白虎通「雜錄」（陳立疏證本卷十二頁二六）：「天子疾稱不豫，……不豫者，不復豫政也。」又曰：「諸侯稱負子，負子者，諸侯子民，今不復子之也。」案：北京清華大學藏戰國楚竹書尚書保訓篇「惟王五十年，不⿸疒余」，⿸疒余當釋同悆，訓喜悅，與豫義同。顧命「王不懌」與此「王弗豫」同，懌亦訓悅。字蓋本作悆，後改作豫，白虎通據改字引申作「豫政」，述疏（卷十三頁一）評曰：「以政爲言，於經病添文矣。」是也。不曰「惟十有三年，王有疾，弗豫」者，大義（頁四四）：「章首一句，已括全篇大旨。蓋克商甫二年，而王遽嬰疾，天下尚未安集，此危急存亡之秋也。」

三 二公，太師太公望、太保召公奭也。○下言「周公曰」，明二公不數周也。史記魯世家二公作太公、召公。書疏：「武王時三公，惟周、召與太公耳；知二公是召公、太公也。」太公望爲太師，見史記齊世家；逸周書謚法篇：「維三月既生魄，周公旦、大師望相嗣王發，既賦憲受臚于牧之野，將葬，乃制作謚。」亦可證也。召公奭爲太保，見召誥、君奭、顧命，皆成王時事，意者：武王末年召奭已與太公、周公竝爲三公。書古文訓（卷八頁十八）云「太師太公、太保召公」，蓋是也。

四 穆，敬也（僞孔傳）。穆卜，敬卜也；凡卜莫不敬，故「穆卜」，卜也。二公蓋欲卜於三王之廟。○全句，鄭玄曰：「二公欲就文王廟卜。」（魯世家集解引）鄭說，後案（經解卷四一六頁二）是而申之：「僖二十四年傳富辰言，管、蔡等國爲文之昭，邘、晉等國爲武之穆，疏云：『自后稷以後，一昭一穆，文王于次爲穆，故文子爲昭，武子爲穆。』故鄭以穆卜爲于文王廟卜也。逸周書卷一文酌解云：『三穆：一絕靈破城，二筮奇昌爲，三龜從兆（敏案：盧抱經本作惟。）凶。』似穆卜爲古人問卜之名。蓋周家有大事，輒詣文王廟卜，其後遂名此卜曰穆卜。」案：曰絕靈、曰筮奇、曰龜從云云，果與祭祀占卜有關（逸周書盧文弨校注引惠半農云：「三穆即所謂穆卜。」），第玩其文義，但謂敬謹於此三事，詣文王廟卜之意則未見。述疏（卷十三頁二）援逸周書難鄭則曰：「（穆，）蓋鄭以爲穆考文王也。然經言穆不言考，先王之爲穆者不一也。……周書文酌篇云『三穆』，其三曰『龜從惟凶』，蓋『惟』、思也，龜從猶思其凶，言既卜而穆敬也，非此所謂穆卜也。」駁鄭甚是。且果卜於文王廟，則當曰「卜穆」，今既不然，知鄭說果非也。又觀本篇下文云「王執書以泣曰：其勿穆卜！」謂我其敬卜可也，謂其勿敬卜，則文理不可通，吾固曰「穆卜」，卜也。姚舜牧曰（書傳彙纂卷十二頁十一引）：「穆卜當是朝廷成禮，凡卜者言穆。」說與鄙意略同。纂疏（卷四頁三三）：「（穆，）證以昭穆，有幽陰深遠之意。」便讀（卷四頁十五）略同：「穆，㣎也，猶幽隱也。」經無「幽深」之意。尙書故（經說二之二頁六六）據魯世家穆作繆，讀繆爲求，云：「穆卜，求卜也。高誘呂覽注：求，猶問也。求卜，猶周禮之言貞卜也。」案：二公其（將）爲王卜，意已足，若于卜上添「求」或「問」，語反冗贅。二公之所以卜，張九成曰：「卜而吉，固可慶也；卜而不吉，則將爲立子計爾。」（精義卷三一頁十三引）

五

戚，感動也（史浩尙書講義卷十三頁六，四珍二集本。下同。）。先王，據下文，知爲太王、王季及文王。○戚訓感動，戴鈞衡（書傳補商卷五頁一）亦說：「戚，讀若孟子（梁惠王上）『於我心有戚戚焉』之戚，趙岐注：『戚戚然心有動也。』僅卜未可以戚先王，故下文特爲壇墠先册告而後用卜耳。」大義（頁四四）：「僅卜未足以感動先王，語意已攝起下文，蓋非有周公之至誠忠悃，固未足以感格神明也。」二說深符經旨。乃鄭玄曰（書疏引）：「戚，憂也。周公既內知武王有九齡之命，又有文王曰『吾與爾三』之期，今必瘳、不以此終，故止二公之卜，云『未可以憂怖我先王』。」案：武王夢天與年九十，文王復與三歲，出禮記文王世子篇，荒誕不實，昔賢論多及此，且周公果知武王「必瘳、不以此終」，而乞代死，是公詭詐人神也。僞孔傳則曰：「戚，近也。召公、太公言王疾當敬卜吉凶，周公言未可以死近我先王：相順之辭。」疏：「周公言武王既定天下，當成就周道，未可以死近我先王；死則神與先王相近，故言『近先王』，若生則人神道隔，是爲遠也。」案：傳疏此說有二失：一、增字說經，經云「未可以戚我先王」，不言「未可以（武王）死近我先王」；二、周公順二公「其爲王穆卜」之意爲言，謂二公之卜未可以戚其先王，於是自以爲功，經意甚確。讀書叢錄（卷一頁十七）：「周公嫌穆卜禮略，故云未可以近我先王。」從傳釋戚爲近固誤，即「禮略」云云，亦不如大義「蓋非有周公之至誠忠悃，固不足以感格神明」爲適也。

公乃自以為功（註六）**：為三壇同墠**（註七）**；為壇於南方**（註八）**，北面，周公立焉**（註九）**，植璧秉珪**（註十）**，乃告大王、王季、文王**（註一一）**。**

釋文

六　公，周公也，魯世家作周公；下凡稱公概指周公。功，事也（僞孔傳）。全句，謂周公獨自承任卜禱之事也。○今本尚書周書，除費誓、秦誓兩諸侯國之書外，凡單稱公皆謂周公旦。功訓事，便讀（卷四上頁十五）：「功，工也，猶事也。」小爾雅廣詁：「功，事也。」詩豳風七月「載纘武功」傳：「功，事也。」皆可證。惟史記周本紀、魯世家功皆作質，音疏（經解卷三九五頁二）：「（史記）質當讀如『周鄭交質』之質，謂公以己爲質，質于三王，以代武王。此誼當是。」孫疏（卷十三頁十九）：「史公功爲質者，晉語云：『沈璧以質』，注云：『質，信也。』沈璧以自誓爲信。自以爲質者，以身爲質也。」案：功、質音遠，不相假借，覈詁（卷三頁五七）：「質如『周鄭交質』之質，言以己爲質也。疑功亦與質同，當讀爲貢；易繫辭釋文貢，荀本作功，是其證。」案：下文設壇、卜祝、乞代死，皆周公止二公而自爲之事，如江、孫說，周公自以身爲質（押）用取信於三王、如楊說周公自獻於三王，竝僅與乞代死一義勉合，而蔑以涵括設壇、卜祝之事。矧史記質，當訓功績，爾雅釋詁：「功、績、質、登、平、明、考、就，成也。」功、績、登、平、明、考、就，皆訓「成濟」（猶云成績），而質與諸文同訓，是亦釋成濟，則是史記「自以爲質」，一如本篇「自以爲功」（魯世家後文「王乃得周公所自以爲功代武王之說」，彼「功」錄金縢本文，前「質」爲訓詁字，音疏曰：「據後文，……史記亦作『自以爲功』，據文當前後相應，故于經仍作『功』，而存『質』于注。」），非謂周公以己爲典質也。又讀書叢錄（卷一頁十七）：「功，通作攻字，周禮大祝『掌六祈以同鬼神示，五曰攻，六曰說』，鄭注：『攻、說則以辭責之。』攻即下文冊祝之辭，下『乃得周公所自以爲功代武王之說』，即得此冊祝之辭。史記魯周公世家作『乃自以爲質』，質亦辭也。」案：如洪說，下文當接以「惟爾元孫某至屛璧與珪」，皆周公冊祝之辭，不當下接「爲三壇同墠」云云；且後文「乃得周公所自以爲功代武王之說」，「自以爲功代武王」修飾下「說」字，若將「功」訓「祝辭」，則「自以爲功」與「代武王」文意不屬，且併爲「說」字修飾語，義亦難安。周公卻二公之卜，而自任其事者，不外三說：公親而二公疎一也、公位冢宰重而二公輕二也、恐二公卜廟動駭人心三也——陳氏詳解（卷二六頁三一四）：「周公……以爲二公之卜乃朝廷之常禮；既有常禮，則在朝必預聞焉。卜而吉可也，不吉則人情危疑。大位，奸之窺也；危病，邪之伺也。不若周公私自爲之，勿使預之。」蔡傳：「蓋二公不過卜武王之安否爾，而周公愛兄之切，危國之至，忠誠懇懇於祖父之前，……此其所以自以爲功也。又二公穆卜，則必禱於宗廟，用朝廷卜筮之禮，如此則上下喧騰而人心搖動，故周公不於宗廟而特爲壇墠以自禱也。」書纂言（卷四頁二一）：「二公爲王穆卜，不過欲占其病之安否何如，非能轉凶爲吉也。周公以介弟之親，任冢宰之重，愛兄憂國，其情切至，爲宗社計，其慮深遠，有非二公所得與者，故却二公之卜，而自任其事也。」後案（經解卷四一六頁二）：「止二公卜而自以爲功者，公親、二公疎也。」

七

壇，築土爲臺也。三壇，太王、王季、文王各一壇。由下「爲壇於南方，北面，周公立焉」，知三壇位北嚮南。鄭玄曰：「時爲壇墠於豐，壇墠之處猶存焉。」（書疏引）墠，埽除也。同墠，謂三壇一皆設於所墠之地之內也。◯壇，馬融曰：「土堂。」（釋文引）音疏（經解卷三九五頁二）：「壇，土堂者，築土爲壇必四面起堵，將如堂基然，故曰土堂。」壇制：參公羊傳莊公十三年注：「土基三尺，土階三等曰壇。」鄭玄曰：「封土曰壇。」（禮記祭法注）同馬說。鄭注又曰：「除地曰墠。」同墠，僞孔傳：「墠除地，大除地，於中爲三壇。」疏：「墠是除地，大除其地，於中爲三壇。」竝釋同爲大，謂築三壇於所墠之地之中。此說多爲諸說所取，張九成曰（精義卷三一頁十三引）：「先除地以祛穢濁，後立壇以尊神明。爲三壇於墠中，故曰『爲三壇同墠也』。」書古文訓（卷八頁十八）：「墠，壇域也。」夏氏詳解（卷十八頁十三）：「……而三壇則同墠一地而爲之，蓋所除一地共築三壇也。」音疏（經解卷三九五頁二）：「封土曰壇，餘地曰墠。……餘地者，謂去草萊，辟餘空地爲廣平之場，墠即場也，即于其中聚土而築之爲壇。」述疏（卷十三頁十三）：「三壇在墠中，故同墠也。」唯論衡先有此解，死僞篇曰：「周武王有疾不豫，周公請命，設三壇同一墠。」周公不于廟，而設壇以禱者，全解（卷二六頁十五—十六）：「禮（祭法）：天子立七廟、一壇、一墠：曰考廟、曰王考廟、曰皇考廟、曰顯考廟、曰祖考廟，皆月祭之。遠廟爲祧，有二祧，享嘗乃止。去祧爲壇，去壇爲墠。墠、壇，有禱焉祭之；無禱乃止。周公禱武王之疾於壇墠，禮也。然不於『去祧之壇墠』，而設爲三壇同墠以禱太王、王季、文王者，此蓋禮之變也。」東萊書說（卷十八頁七）則曰：「大王、王季、文王，去武王未遠，當在昭穆之數，則禱在宗廟，何必爲壇墠——去祧爲壇，去壇爲墠？周公所以特爲壇墠者，則知不敢禱於宗廟而自禱也。如二公之請，則動朝廷之禮，禱之宗廟，驚動上下，而武王之病革矣。」周公所以別爲壇墠，一時權宜，林氏師弟子之說大旨同。既不欲驚動朝野，壇墠「意必在無人之境，如子路之禱孔子疾」。（尚書講義卷十三頁六略以）書纂言（卷四頁二二）則曰：「古禮：凡於遠祖之無廟者及宗子去其宗廟而在他國者及支子雖在本國而於禮不得入廟者，或有禱告，必須墠地爲壇以棲祖考之神，周公之爲（後案引「之爲」作「支」）子爲臣，故不敢告於廟而爲壇以告也。」存以備考。

八

於，書古文訓作亍，是。全句，謂別築一壇於上述三壇之南、亦在上述所墠之地之內也。○

於，內野本、唐石經竝作，述疏（卷十三頁三）：「於，唐石經不作于；其古本，今無繇稽也。」覈詁（卷三頁五七）改經文作「于」，且曰：「于，唐石經作於，古通用字。」案：尚書作介詞之「于」字，今本作「於」者，僅酒誥「人無於水監，當於民監」二「於」字（內野本竝作「于」）及本篇三「於」字；當如下文「于天」、「于帝庭」、「于下地」、「于元龜」、「于三王」、「于金縢之匱中」、「于後」之例，概作「于」，書古文訓是也。壇在同一墠內，位三壇之南者，書疏：「周公爲壇於南方，亦當在此墠內，但其處小別，故下別言之。『周公北面』，則三壇南面可知。」

九

周公立焉，周公立壇上對三王（僞孔傳）。◯書疏：「禮（曲禮上）：『授坐不立，授立不坐（跪）』，欲其高下均也。神位在壇，故周公立壇上對三王也。」

一〇

植，借爲置，放置也。秉，持也。珪（同圭）、璧皆玉器，用以禮神。全句，謂周公先置璧於三王神位之前；又手持珪以禱神，禱畢且亦以珪作禮神之器置諸神位之前也。◯植，鄭玄曰（書疏引）：「植，古置字。」案：鄭說是也，音疏（經解卷三九五頁二）：「置爲今文，植乃古字，……說文（六上）木部植字重文作𣝗从置（汗簡卷中之一亦有𣝗字），是古字植與置同也。」撰異（經解卷五八一頁二）：「古假借植字爲置字，二字皆直聲故爾，如論語微子篇『植其杖而芸』，隸釋（卷十四）石經論語殘碑（敏案：東觀餘論卷上載漢石經同）作『置其杖而芸』，……又有假置爲植者，如商頌（那）『置我鼗鼓』，鄭箋云：『置讀曰植。』明堂位『殷楹鼓』，注引『植我鼗鼓』，廣雅引詩亦作植。」植借爲置，以音近，尚書假借字集證亦有說。植璧秉珪，鄭玄（書疏引）曰：「言置璧於三王之坐也，周禮

（典瑞）云：『公執桓圭。』知周公秉桓圭又置以爲贄也。」案：鄭釋「秉」爲「執」，以爲周公先置璧於三王神座，於是執珪祝告，祝畢，復置方所執之珪於三王神座，與前所置之璧竝爲禮三神之器也。案：鄭說當理，惜僞孔傳於『秉珪』，云：『周公秉桓圭以爲贄』，全解（卷二六頁十六—十七）非之，實兼申鄭義，云：「案：下文曰『爾之許我，我其以璧與珪，歸俟爾命；爾不許我，我乃屛璧與珪』，則圭、璧似皆以祈神，非周公執桓圭以爲贄也。……雲漢之詩曰『圭、璧既卒，寧莫我聽』、周禮典瑞曰『四圭有邸，以祀天旅上帝；兩圭有邸，以祀地旅四望；祼圭有瓚，以肆先王、以祼賓客；圭、璧以祀日月星辰』。則古者禱祠，兼用圭、璧。」圭、璧皆以禮神，諸說皆然，唯段氏以爲「秉璧」之「秉」古假爲「柄」字訓立，撰異（經解卷五八一頁二）：「周禮（春官）大宗伯：『以玉作六器，以禮天地四方』，注曰：『「禮」謂始告神時，薦於神坐。』……玉裁按：……秉，古以爲『柄』字，如『國子實執齊秉』是也。柄圭者爲之格，如柄立諸神前也，非手執之謂。」案：左哀十七年傳「國子實執齊柄」，史記蔡澤傳索隱引或本「柄」作「秉」，段說據此本，其注說文亦一再申「秉，假爲『柄』字」之誼，「秉」下云：「左傳（昭二十七年）『或取一柄秆焉』，按：經傳假秉爲『柄』字。」說文通訓定聲云：「秉，假借爲棅（敏案：說文「柄」或从秉作「棅」。）……管子小匡『治國不失秉』，注：『柄也。』周禮鼓人注：『無舌有秉』。」是秉、柄古音近（段氏六書音韻表皆入十部）通假。唯柄及秉訓立，古無此訓，段氏但見上「植」訓「立」，便意下「柄」當爲互文同義，故倡爲此說，非經義也。至珪、璧皆禮神玉器，後文云「爾之許我，我其以璧與珪」，否則曰「我乃屛璧與珪」，則二物者以禮神明甚。

一一　大（太）王，公叔祖類之子，季歷之父，名古公亶父（或云名公亶父，「古」謂往古。），其後人追尊爲太王。王季，古公亶父之少子，文王昌之父，名季歷，又稱公季，亦其後人追尊爲王季。（以上竝據史記周本紀）文王，姬昌也，武王姬發之父，及身稱王。告，謂祝禱之辭，即下文「惟爾元孫某至我乃屏璧與珪」一百廿九字，由王朝史官宣讀。◯尚書斠證：「史記（魯世家）……『告』下有『于』字，論衡（死僞篇）『告』下有『焉』（敏案：或本論衡『告』下作『於』）字。……『焉』猶『于』也。竊疑此文『告』下本有『焉』字，史記說『焉』爲『于』，正得其義。今本蓋淺人所刪耳。」案：尚書及物動詞「告（某人）」之下，除西伯戡黎「奔告于王曰」一例外，均不繫介詞「于」，且本篇「乃告大王王季文王」、「我無以告我先王」，「告」下竝亦不繫「于」字，尤可證此句本不作「告于」或「告焉」，史記、論衡加字詁經，師疑淺人刪經字，蓋失之。

史乃冊祝曰（註一二）：「惟爾元孫某，遘厲虐疾（註一三）；若爾三王是有丕子之責于天，以旦代某之身（註一四）。予仁若考，能多材多藝，能事鬼神（註一五）。乃元孫不若旦多材多藝（註一六），不能事鬼神，乃命于帝庭，敷佑四方（註一七），用能定爾子孫于下地（註一八）；四方之民，罔不祗畏（註一九）。嗚呼！無墜天之降寶命，我先王亦永有依歸（註二〇）。今我即命于元龜（註二一），爾之許我，我其以璧與珪，歸俟爾命（註二二）；爾不許我，我乃屏璧與珪（註二三）。」

釋文

二一　史，王朝史官。册，竹簡書也。祝，書疏：「史讀此策（册）書以祝告神也。」全句，謂史官承周公命爲公作祝辭並執此册書以宣禱於三王之神前也。〇史，覈詁（卷三頁五七）：「史謂內史，主作册之事，故一名『作册』；彝器多稱作册某，或稱作册內史某，或但云內史某，雒誥『命作册逸祝册』，即他書所謂史佚也。」（此說略本觀堂集林卷六頁六「釋史」）此篇史官司作册祝辭之事，唯未必即爲內史，尚書通論（頁一四六—一四九）「王若曰考」）據彝銘及詩、書，考成、康時期有太史、中史、內史、乍（作）册、史五種史官，皆任作册之事，而「西周初期的史官，以乍册史爲主，中期以內史爲主，而尹氏至晚期始盛。」本篇記武王末期事，則此史當爲乍册史。稗疏（卷四頁十九）、孫疏（卷十三頁十九）、正讀（卷三總頁一四一）皆謂此史即史逸，據洛誥爲說，疑不能定。僞孔傳：「史爲册書、祝辭也。」謂史作册文、又於神前代宣也。唯鄭玄曰：（魯世家集解引）「策，周公所作，謂簡書也。」音疏（經解卷三九五頁二一—三）、後案（經解卷四一六頁四）、便讀（卷四頁十五）從之。案：冊文「以旦代某之身」、「乃元孫不若旦多材多藝」、「予仁若考」，語氣皆周公自稱，謂「周公所（自）作」何礙？第乃史氏承旨秉筆，非周公搦管親爲，觀前後文或著「周公曰」、或著「公曰」，可決言也。音疏（經解卷三九五頁一）、孫疏（卷十三頁十九）皆據儀禮謂書辭字數適百者記於「冊」，否則於「板」，後案（經解卷四一六頁四）亦云：「冊、策同。儀禮聘禮記云：『百名以上書于策，不及百名書于方』，注云：『名，書文，今謂之「字」；策，簡也；方，板也。』疏云：『簡者，未編之稱，策是（其）衆簡相連之名。鄭作論語序云：「易、詩、書、禮、樂、春秋策，皆尺二寸，孝經（策）謙，半之；論語四寸三分居一（敏案：此句嗚盛所引與禮經文異。）」，又謙焉：是（其）策之長短。鄭注尚書三十字一簡，服虔注左氏云古文一簡八字：是簡容字多少。百名以下不假連編之策，一板書盡，故言方板也。』此祝詞百二十八字（敏案：各本經字皆百二十九，王及江、孫皆短計一字。），故書于冊也。」案：冊，編竹簡爲之，豎札象一長一短形，橫爲綸韋或絲繩，此祝辭寫於冊，誠然。唯「方」字，卜辭、彝銘多見，絕多作「方國」釋，概不訓簡策，而訓著書之「板」（甲、金文皆無板、版字）乃後起義，禮記中庸亦云「文、武之政，布在方策」是也。江等三家百字以下書於方，西周初年無是說也。金文有作冊（某）」，即百字以下詔命，亦未見記「作方（某）」也。

一三

惟，語詞。元孫，長孫；元孫某，謂武王姬發也。遘，遇也（釋文），猶言罹患。厲，危（僞孔傳）、虐，惡也。◯元訓長，常義。武王者，太王之長曾孫、王季之長孫，而文王之長子（長子原爲伯邑考，先卒，不數，說詳後。），此攏統謂「惟爾元『孫』」，意謂發乃汝三王之嫡嗣也（書古文訓卷八頁十八：「元孫，蓋嫡孫也。」義亦通。）。史記管蔡世家記武王同母兄弟凡十人——長子伯邑考、次武王發、次管叔鮮、次周公旦、次蔡叔度、次曹叔振鐸、次成叔武、次霍叔處、次康叔封、次冄季載。禮記檀弓上載「昔者文王舍伯邑考而立武王」、淮南子氾論訓：「立子以長，文王舍伯邑考而用武王，非制也。」伯邑考先武王卒，鮮有勳業可述，而武王則殪戎衣而有天下，故此不計伯邑考而以武王爲元孫也。某，原當作「發」，下「以旦代某之身」之「某」同，避諱故竝代以「某」字。鄭玄曰：「諱之者，由成王讀之也。」（書疏引）僞孔傳：「元孫，武王；某，名：臣諱君故曰『某』。」書疏：「本告神云『元孫發』，臣諱君，故曰『某』也。……泰誓、牧誓皆不諱『發』，而此獨諱之，……鄭玄……當謂成王開匱得書，王自讀之，至此字口改爲『某』，史官錄爲此篇，因遂成王所讀，故諱之。上篇泰誓、牧誓，王自稱者，令入史制爲此典，故不須諱之。」後案（經解卷四一六頁四—五）申鄭云：「父前子名敏案：曲禮上：「君前臣名，父前子名。」，斷無諱『發』而稱『某』者，厥後，成王得此册讀其文敏案：據本篇後文，讀此册文，當武王崩後。，必不敢稱名、必言『某』矣，史官記成王感悟迎公之事，追敘其始，詳錄册文，因成王之讀而改『發』爲『某』。鄭說確不可易。傳惟言『臣諱君』，……若謂初時作册即諱，則武王尚在而諱其名，是預死其君也，……今武王未沒，又當三王前，安得諱其名乎？若謂錄此篇書時乃諱之，則成王得此册時已當『舍故諱新』之後，猶直斥武王名乎？」（音疏說略同，見經解卷三九五頁三）全解（卷二六頁十七）取左傳及參其疏，確認史官諱武王名而代以「某」字，云：「周公之禱也，蓋用武王名，及史官記載敏案：林以史官記載非當時原始文獻。，則諱其名而代以『某』字，左傳（桓六年）申繻曰：『周人以諱事神名，終將諱之。』敏案：孔疏：「金縢云『元孫某』，獨諱者，成王啓金縢之書，親自讀之，諱其父名曰改爲某。既讀之後，史官始錄依王所讀，遂即云某。」名之諱也，蓋始於周，自周以前不諱名也。故武丁、太甲、盤庚皆以名其篇，若其號謚然。至周始以號謚易其名而諱之，然惟斥其名則有所諱，若此篇不曰『元孫發』而曰『元孫某』，不曰『以旦代發之身』而曰『以旦代某之身』也。至於其他文字用『發』字，則無所諱，若噫嘻……之詩而曰『駿發爾私』，蓋不諱『發』字也。」案：禮記曲禮上：「詩、書不諱，臨文不諱，廟中不諱鄭注：「爲有事於高祖，則不諱曾祖以下；尊無二也。於下則諱上。」又玉藻有「凡祭不諱，廟中不諱」句，鄭注：「凡祭祭羣神，廟中上不諱下。」孔疏：「廟中上不諱下，若有事於祖，則不諱父也；有事於父，則諱祖。」。」據此，周公若於父祖之靈前呼其兄而諱之，則大乖「父前子名」、「廟中不諱」之禮度，周公所不爲。故述疏（卷十三頁四）云：「廟中不諱，是册稱『元孫發』矣。」劉錄觀堂學書記：「當時册上必作元孫發，迨編纂時，爲成王諱而改作『某』也。」魯世家正作「發」，用册原文。遘訓遇，亦見說文。虐，僞孔傳訓暴，未安；疏增「重」字訓「疾暴重」，尤失；音疏（經解卷三九五頁三）訓惡，云據詩瞻仰傳；孫疏（卷十三頁十九）據廣雅釋詁，訓同音疏：竝得之。

一四　若，而也（參經傳釋詞卷七總頁八三）。是，借爲寔（寔通作實），的確也。丕，語詞。子，指武王姬發。于天，在天也；謂三王在天之靈。全句，謂三王在天之靈有保護武王之責任也。某，原作發，諱字（已詳註一三）。○若，全解（卷二六頁十七）訓苟，經無此意。周公三王之子孫也，乃祝辭數以「爾汝」呼先人者，述疏（卷十三頁七）：「謂稱『爾』者册祝之辭，是矣，然册祝者何必若斯乎？至親無文，從其膝下之質也。」案：詩頌祝亦多用「爾」，至孟子時，謂用「爾汝」稱人爲不敬（盡心下曰：「人能充無受『爾汝』之實，無所往而不爲義也。」），此後來之義。是，僞孔傳不釋，蓋以爲常義，訓爲，平議（卷五頁三）：「是，通作寔，故秦誓篇『是』能容之，禮記大學篇作『寔能容之』也。」尚書故（經說二之二頁六七）：「高誘國策（西周策）注：『是，實（＝寔）也。』」新證（卷二頁一）及覈詁（卷三頁五八）則全襲平議之說。說文通訓定聲（是、寔、實下）言三字相叚借，舉證尤詳（未舉本篇）。是有丕子之責于天，鄭玄曰（書疏引）：「丕，讀曰不（敏案：釋文：「鄭音不。」）；愛子孫曰子。元孫遇疾，若汝不救，是將有不愛子孫之過、爲天所責；欲使爲之請命也。」鄭此說，是之者：便讀（卷四頁十五）：「丕，不也；子，慈也；責，謫也、罰也。言若不救，是將有不慈之過，爲天所責。蓋欲迫三王爲之請命也。」後案（經解卷四一六頁五）：「中庸『子庶民』鄭注：『子猶愛也。』皐陶謨曰：『予弗子。』故不子爲不愛。丕，……說文云：『……从一不聲。』丕既以不爲聲，自可借爲不字，尚書以丕爲不、以不爲丕者甚多。」新證（卷二頁一）：「……以鄭康成訓『不愛子孫』爲近是，㝬叔多父盤：『多父其孝子』，即『多父其孝慈』也。」非之者，平議（卷五頁三）：「（鄭）此說視枚（僞孔傳）爲長，而以上下文勢求之，則亦未安。（敏案：詳下。）」述疏（卷十三頁四）：「鄭以『子』爲『予弗子』之子，緜鄭言之，則方曰『是有不子之責于天』，何遽曰『以旦代某之身』？亦義不貫也。」案：鄭讀丕曰不、訓子爲慈，皆合字義，唯方求以身代死，未必不蒙許可，先責三后不慈，殊失經義！鄭玄又讀丕爲負（魯世家索隱引），一如史記，經學卮言（卷二頁十一）謂康成兩說，一用古文，一用今文。後案（經解卷四一六頁六）謂索隱妄改鄭讀，九經古義（經解卷三六二頁五）謂索隱引鄭讀誤，撰異（經解卷五八一頁二）謂索隱鄭讀丕曰負爲傳寫譌字（史記會注考證卷三三頁五載查德基襲段說）。疑索隱字誤。又或謂史記「負子」意謂「諸侯疾病」，字或作「負茲」、「不茲」，亦即「不子」，九經古義（經解卷三六二頁六）：「金縢『是有丕子之責于天』，鄭注尚書曰：『丕，讀曰不；愛子孫曰子。』棟案：白虎通（敏案：見陳氏疏證卷十二頁二六）曰：『天子（病）曰「不豫」，言不復豫政也。諸侯曰「負子」，子，民也，言憂民不復子之也。』（桓十六年）公羊傳『屬負茲』敏案：何休注：「屬，託也。天子有疾稱『不豫』，諸侯稱『負茲』。」。禮記音義隱曰（禮記曲禮下疏引）：『天子曰「不豫」，諸侯曰「不茲」，……士曰「負薪」。』然則『負子』即『不茲』也；『負』與『不』音近原注：負讀爲陪，禹貢『陪尾』，史記作『負尾』。，『子』又與『茲』同。諸說不一，鄭氏爲長。」後案（經解卷四一六頁五—六）略同惠說。撰異（經解卷五八一頁三—四）參惠氏所引，別據後漢書隗囂移檄「無負子之責」文，言此篇「謂武王有背弃子民之咎而將死也」。而今文經說攷（卷十六頁五）從之，云：「段說近是。……子、茲聲相近，『負茲』即『負子』之假借，禮記樂記『易直子諒』之心，韓詩外傳作『慈良』，是其驗已。」經學卮言（卷二頁十一）用史記、鄭玄書說、隗囂傳、白虎通、公羊解詁、禮記音義隱（皆已見上述），云：「負子之責者，言武王見責于天而有疾也，告神謙，故從諸侯病辭。若爾三王者，呼三王而告以下所云也，不當與此句牽連生解。」經傳攷證（經解卷一三六二頁八—九）曰：「鄭注丕讀曰負，是也……白虎通曰『諸侯曰「負子」，子，民也。……蓋負，抱也，有鞠育之義。責，任也。言王有子民之任于天，知天心仁愛斯民，必不忍王疾弗瘳，乃呼籲以禱，冀三王之於憐而或恕之也，方與周公請代意合。不以天子之辭而以諸侯之辭言者，謙也。」平議（卷五頁三）：「丕字，史記作負，負子者，諸侯疾病之名。……是負子之義本為不子，故此經作丕子，丕與不古通用也。……凡人有病則須子孫扶持之，周公事死如生，故仍以人事言，謂爾三王在天，若有疾病，扶持之事必須子孫任其責，則請以旦代某也。下文曰『乃元孫某不若旦多材多藝，不能事鬼神』，可知此文所言是事鬼神之事矣。三王生前皆未為天子，故仍從諸侯之稱也。」覈詁（卷三頁五八）特取禮記音義隱「諸侯病曰不茲」義，訓負（丕）子為不慈，不慈即不和，不和，有疾也，云：「負子，本當作不茲。丕與負，皆『不』之假字；子與茲，皆『慈』之假字。古子、慈通用，晏子『非儒不可使慈民』，墨子外篇慈作子，是其証。茲、慈亦同聲通假，僖五年左傳『公孫茲如牟』，公羊作慈；又僖八年『宋襄公茲父』，公羊亦作『慈父』；襄十年左傳『生秦丕茲』，釋文一作『秦不茲』，家語作『秦不慈』，史記作『秦丕子』……皆其証也。慈，猶和也。不和則即有疾，非『不復子民』之義也。」（此多用王國維說）案：不、負音近相借，證以古音亦甚確（尚書假借字集證），更斠以莊子固亦合轍，尚書斠證曰：「丕、負古通，莊子大宗師篇：『堪坏得之，以襲崑崙。』釋文：『堪坏，崔（譔）（坏）作邳；淮南作欽負。』坏、邳之通負，猶丕之通負矣。」子、茲、慈相假，亦經惠、段、楊諸氏證實，唯由惠至楊凡八家訓此莫不失正，茲分別數其失於下：(a)丕子（或負茲、負子、不茲），曲禮、公羊說，皆後起之義，不合本篇經旨，述疏（卷十三頁五—六）：「今攷於經，如以『負子』爲病稱，則經當曰『若爾元孫，是有負子之責于天矣』，今曰『若爾三王』，義不貫也。」案：「若爾三王」以下三句，「一氣連屬」（平議語。），而以三王爲主語。「丕子」之爲義，果是「諸侯疾病之名」，是三王已病，則周公於此欲代三王死，非欲升天服侍三王也。(b)文王及身稱王，太王、王季受追尊爲王，周家後世子孫已視爲天子，若有疾病，不應仍從諸侯之稱（不茲）也。(c)新證（卷二頁一）：「……以『負茲』訓『疾病』，不知周初文字非如後世駢文家，以一、二字代一故事，有使用暗典之例也。且上句明言『遘厲虐疾』，下即言疾，亦絕無「負茲」代訓之理。」據于說，駁詁釋「丕子」爲「不和」，失之。(d)孔、朱謂稱天子（武王）疾病，依理當作「不豫」，以告神，故謙下一等，從諸侯疾病辭稱——負茲，此說最牽強！(e)負子，段氏用隗檄，言武王有背棄子民之咎而將死。案：天子而背棄庶民，理宜遄死；獲罪於天，無所禱矣。經下文且謂武王「四方之民，罔不祗畏」之，其背棄子民之咎，段氏從何說起？(f)負，義猶孟子梁惠王上「頒白者不負戴於道路」之負，謂「任物在背」。朱氏「負」訓「抱」，於字義失之。正讀（卷三總頁一四一）：「丕子當讀爲布茲，布與丕、子與茲，竝聲之轉。史周本紀：『武王立于社南，毛叔（鄭）奉明水，衛康叔封布茲，……。』集解云：茲，藉席之名。據此，則布茲爲弟子助祭以事鬼神者之一役。本文意言三王在帝左右，如需執賤役、奉事鬼神，旦尤能舉其職，故請以旦代某之身也。」案：經下文周公自陳「仁若考，能多材多藝」，若「布茲」（逸周書克殷篇作「傅禮」。），乃祭祀贊禮之事，公旦所陳其能——「仁若考，能多材多藝」，非「布席」可包明甚，全解（卷二八頁十七）若訓苟，揣度之辭，於此三句，云：「苟爾三王有丕子之責于天，必欲償其責而使武王之不可以復生，則不如以旦代其身也。」朱子（輯纂卷四頁四十引）：「……只有晁以道說得好，他解『丕子之責』，如史傳中『責其侍子』之責；侍子，指武王也。上帝責其來服侍左右，故周公乞代其死云。」書纂言（卷四頁二三）云：三王若責武王來服侍左右，則……、述疏（卷十三頁四）如三王有元子事天之責于上天，則……。敏案：是有丕子之責句，以若爾三王爲主語，則「有」爲動詞，「責」爲名詞（之責，三王……的責任），訓動詞「責……來服侍」、「欲武王償責」皆失，述疏云云，甚乖文理。蔡傳：「……三王當任其保護之責于天，不可令其死也；如欲其死，則請以旦代武王之身。『于天』之下，疑有缺文。」蔡疑「于天」之下缺「如欲其死」類字，文氣乃貫，其實疑其所不當疑也，尚書札記（經解卷一四一〇頁二十）：「按：（周公）恐其（武王）死而始禱之，且上明言『遘厲虐疾』，則其意已在言中；人臣諱言君死，義固如是，不用『如欲其死』句於下文，即可直接、無闕文也。」案：尚書經文常因上下文省略假設小句，如費誓「誘臣妾」之下、「汝則有常刑」之上及「無敢不逮」之下、「汝則有大刑」之上等，並省略「乃敢……」云云。類此不遑枚舉矣。今古文攷證（卷三頁七）：「『若爾三王是有』絕句，禮記哀公問注：有，猶保也，言順爾三王欲保武王之意。丕，……史記作負，侍也；責，……訓求：言爲天之子其責甚大。」案：順爾句與爲天之子句不相連屬，且保武王既順三王之意，則奚爲請禱？至其字訓失誤更無論矣。丕子，傳、疏訓大（太）子宋人多從之。；責，疏謂負人之物。「若爾」三句，僞孔傳：「太子之責，謂疾不可救於天，則當以旦代之。」疏：「責讀如左傳（成公十八年）『施舍已責』之責，責謂負人物也。太子之責於天，言負天一太子，謂必須死，疾不可救於天；必須一子死，則當以旦代之。」東坡書傳（卷十一頁四）、張九成（精義卷三一頁十五引）竝據以爲說。案：據經下文「武王乃命于帝庭，敷佑四方」，謂天必須太子死，是誣天。公旦獻身代發者，不過曰「仁若考（考、孝同字。），多材多藝，能事鬼神」，凡皆事長孝親之事，而發多不能，故欲以自代，是欲武王升天侍服者三王也，而公旦所乞禱者亦莫非三王也審矣。

丕，語詞，釋文：「普悲反，馬同。徐甫眉反。」尚書習見，史遷因下文有「之責（任）」，乃統籌全局，說句爲「是有負子之責於天」，並非訓丕爲負，紛紛眾說者，或不免禍災梨棗，嗟夫！死生有命，周公請代兄死，不知天命不可易乎？鄭玄答其弟子趙商問曰（書疏引）：「君父疾病方困，忠臣孝子不忍默爾，視其歔欷，歸其命於天；中心惻然，欲爲之請命。……然則命有定分，非可代死，周公爲此者，自申臣子之心，非謂死實可代。」（便讀卷四上頁十六略本鄭說，述疏卷十三頁七：「鄭志之言，蓋禮所謂『疾病行禱五祀』之義也」。）蔡傳言周公請代，義尤平正：「蓋方是時，天下未安，王業未固，使武王死，則宗社傾危，生民塗炭，變故有不可勝言者。周公忠誠切至，欲代其死，以輸危急；其精神感動，故卒得命於三王。」至誠可以感格天地，東坡書傳（卷十一頁四—五）云宋世多有事例：「死生有可相代之理，世多疑之。予觀近世匹夫匹婦爲其父母發一至誠之心以動天地鬼神者多矣，況周公乎？」（蔡傳取此義，亦頗用其文字。）新唐書（卷一九五）孝友傳：「鄭潛曜者，……母代國長公主。開元中，主寢疾，潛曜侍左右，造次不去，累三月不靧面。主疾侵，刺血爲書請諸神，丐以身代，火書而『神許』二字獨不化，翌日主愈，戒左右無敢言。」孝親精誠，神明爲動，此別一例。漢書（卷九九上）王莽傳：「平帝疾，莽作策，請命於泰畤，戴璧秉圭，願以身代。藏策金縢、置于前殿，敕諸公勿敢言。」詐依本篇，欺僞天下，鬼神豈許？而僞孔傳竟謂周公請代，爲「敘臣子之心以垂世教」，夫公念國家，本愛兄至忱，秘請代死，不欲示人，垂教云者，直以聖人擬姦雄，甚哉謬！

一五　仁，敦厚也、厚道也。若，而也、且也。考，通孝。全句，全厚道而孝順也。○仁若考，僞孔傳：「仁能順文。」若訓順，考訓父，仁則未解，疏：「考是父也，……此言順父，從親爲始；祖爲王考、曾祖爲皇考，考父可以通之，傳舉親而言父耳。」傳加「能」字，補疏（經解卷一一五○頁六）：「傳……以『能』字加『順父』之上，然則孔傳經文作『予仁能若考』，否則以『予仁若考能』爲句。正義亦云『既能順父』，『能』字在『順父』上，仁故能若考，多材多藝故能事鬼神。以『多材多藝』與『仁』字對，以『若考』與『事鬼神』對，兩『能』字相應。」便讀（卷四上頁十六）亦「予仁若考能」爲句，第訓「能」爲「態也，姿也」。孫疏（卷十三頁二十）云據魯世家（原文：「旦巧能多材多藝。」）亦以「能」字屬上讀。音疏（經解卷三九五頁四）以「考（江考作巧，且以「仁若」二字衍文。）能」二字連讀，亦云據史記。案：僞孔若考訓順父不當，述聞（經解卷一一八二頁三八）：「傳曰『周公仁能順父』，則武王豈不順父者邪！且對三王言之，亦不當獨稱考也。」平議（卷五頁三）：「既告三王，亦不應稱考，傳義非也。」案：二家評傳義固正，唯於疏義則無駁，疏據爾雅釋親（「父之考曰王父」）、禮記王制：「曾祖之廟曰皇考廟」），所謂「王」、「皇」初皆形容詞，禮書等所釋乃後起之義，故「考父」實不能通「祖曾」。又案：至各家說「能多材多藝」之「能」皆失之，此「能」字不當有，覈詁（卷三頁五八）：「第一『能』字，因下能字而衍，下文（敏案：謂「乃元孫不若旦多材多藝」）無『能』字可証。」，平議（見下）訓此「能」字爲「而」，失之。誠涉下文而衍，論衡死僞篇正無「能」字。且以文義求之，亦誠不必有也。說仁若考者，義甚紛歧，音疏：「……魯世家云『旦巧能，多材多埶』，无『仁若』字，……『仁若』衍字也。……說文丂部云：『氣欲舒出，勹上礙于一也。丂，古文……又以爲「巧」字。』則以丂爲巧乃古文叚借也。俗讀丂爲考，或且改作考字，非也。……書古文訓……凡『考』字无不作『丂』（此篇經文，書古文訓卷八頁十七、確亦作丂。），而于皐陶謨『巧言令色』則仍作『巧』，是不以『丂』爲『巧』，而以爲『考』也。于此文則『考耐』二字不可聯屬，因而增『仁若』字與『丂』字爲句。……薛尚功鐘鼎欵識（卷十一總頁二一四）載召仲考父壺銘，其文有云：『召中丂父自乍壺。』則古者『考』字亦有省作『丂』者。而此經『丂、耐』聯文，……多材多埶所以爲巧能，意寔一貫，故云『耐』字屬『巧』讀。」便讀（卷四上頁十六）：「考，巧也，技也。」經義述聞：「家大人王念孫曰……考、巧古字通，若、而語之轉，『予仁若考』者，『予仁而巧也原注：顧懽老子義疏曰：「若，而也。」夬九三「遇雨若濡」，言「遇雨而濡」也。莊二十二年左傳「幸若獲宥」，言「幸而獲宥」也。』。惟巧故能多材多蓺、能事鬼神，意重巧不重仁，故下文但言『乃元孫不若旦多材多蓺』也。」經傳攷證（經解卷一三六二頁九）「（禮記）表記『辭欲考』，鄭注：『考，巧。』敏案：表記經文作「辭欲巧」，鄭注：「巧謂順而悅也。」朱氏之說，不詳所據。仁若考，猶孟子（公孫丑上）之言『仁且（敏案：且猶而也。）知』。」平議（卷五頁三）於

「而考」，說同朱、孫、朱三家；至於「仁」，二朱未加特釋；王謂此經取義「重巧不重仁」，平議（卷五頁三）則訓「佞」：「仁當讀爲佞，說文女部：『佞，巧讇高材也。』大徐本作從女信省，小徐本作從女仁聲。段氏玉裁曰：『晉語「佞之見佞，果喪其田」，古音佞與田韻，則仁聲是也。』佞從仁聲，故得叚仁爲之（敏案：仁、佞古音近相假，見尚書假借字集證。）。予仁若考者，予佞而巧也；佞與巧義相近，仁與巧則不類矣。史記周本紀『爲人佞巧』，亦以『佞巧』連文，是其證也。古人謂才爲佞，故自謙曰『不佞』。佞而巧，故多才多藝、能事鬼神也。至多材多藝上以文義論之，似不必有『能』字。……古能、而二字通用，履六三『眇能視，跛能履』，李氏集解本『能』皆作『而』，虞注曰：『眇而視、跛而履』、鹽鐵論『忠焉能勿誨乎？愛之而勿勞乎』？崔駰大理箴『或有忠能被害，或有孝而見殘』：皆能、而通用之證。予仁若考，能多材多藝者：若，而也；能，亦而也。……此『能』字與『能事鬼神』之能不同，故下文曰『乃元孫不若旦多材多藝，不能事鬼神』，『多材多藝』上不更箸『能』字，可知兩『能』字不同也。」觀堂尚書講授記（總頁二四〇六）亦謂仁通佞、考通巧，仁若考，猶言佞且巧。案：若，而古音近相假，「予仁而考」爲句，猶予又仁又考，仁與考乃公所自陳兩事，合下多材多藝一事，皆其美德，故「仁若」斷非衍文；史公詁作「旦巧」，非本經原文原義，且多材多藝，即智技靈巧，苟「考」亦訓巧，則周公語犯複。仁讀爲佞，借仁爲之，於古音有據，「佞與巧義相近」、「連稱」，是「予仁若考」爲「予巧而巧」，平議失解！仁、考，以「若」字相連，價値相等，王念孫誤考爲巧，又意巧乃能多材多藝、乃能事鬼神，故謂祝辭「意重巧不重仁」亦失經義。此仁應訓「敦厚」或「厚道」，與孔子所極力倡行之仁——一切美德之總名不盡同，屈師翼鵬「仁字涵義之史的觀察」云：「我們試打開幾部眞正可信的古書看一看：周易卦爻辭（西周初年作品）裡，連一個仁字都沒見到。二十八篇尙書中，只有一個仁字（原註：金縢：「予仁若考。」），而這一仁字，偏又不見於早期的周誥，而見於晚出之書的金縢。……詩三百篇中有兩個仁字：其一是鄭風叔于田篇的『洵美且仁』；又一是齊風盧令篇的『其人美且仁』。鄭詩都是鄭國遷到溱洧之間以後的作品，其爲東周以來的產物，自不待言。齊風盧令篇的作成時代，雖然不易斷定；但試把它的文辭和周頌、大雅、小雅比較來看，也就可以看出它的產生時代，不會早到西周。此外，在論語堯曰篇裏，有『周有大賚，善人是富。雖有周親，不如仁人』幾句話。這幾句話，墨子兼愛篇裏也引述過，並且冠以『傳曰』二字。孫星衍以爲是尙書逸文。……從文辭來看，它不是西周時代的作品，當無疑義。……甲骨文中沒有仁字，早期的金文中沒有仁字，詩書易三書中屬於西周時代的作品裏沒有仁字。……仁字不見於現存的、眞正可信的西周時代文獻中，則是鐵的事實。東周以來，雖已有了仁字，……但強調仁字，使它成爲做人的最高準則，使它成爲一個學說，則實從孔子開始。」（載書傭論學集頁二五五—二五八）補疏（經解卷一一五○頁六）仁訓愛（據昭二十年左傳）、今古文攷證（卷三頁七）同，殆皆後起之義。而此考字，書古文訓（卷八頁十八）訓壽，今古文攷證、今古文集解同，皆誤，當如新證之說（卷二頁一—二）：「……金文尙未發見巧字，嗣土嗣彝同毁及綸鎛，考不从老省、並作丂，史公誤以爲巧也。金文考、孝通用（敏案：原註舉彝器銘文及史、漢封爵，文繁不錄。）。……予仁若考者，予仁而孝也。」唯東坡書傳（卷十一頁六）似已知此字訓孝，云「我仁孝能順父祖」。

一六「元孫」下或許有「某」字。○今古文攷證（卷三頁七）：「不讀丕，下同。丕若、丕能，亦見召誥。」孫疏（卷十三頁二十）：「不若、不能，兩『不』字，當讀爲『丕』，語詞。中庸引詩曰『不顯惟德』，鄭注云：『不顯，言顯也。』」兩家曲意說「不」爲詞者，良以周公聖人，不自彰德露才、揚己抑君，故莊氏又於經下文「乃命于帝庭至罔不祗畏」下云：「此能事鬼神之大者，非直多材多藝而已！」孫氏則於「不若」、「不能」二句下續曰：「則此言我多材藝，能事鬼神；乃元孫武王豈不多材藝能事鬼神乎？」案：夫侍奉鬼神，唯富才藝者乃能；周公才藝賢過武王，故三王「取發不如取旦也」（書疏）。才藝者，臣僕之事耳，「聖人之德，不計材藝之多寡」（融堂書解卷十一頁六），武王「乃命于帝庭，敷佑四方，用能定爾子孫于下地；四方之民，罔不祗畏」，是聖人也。若取發而舍旦，則「墜天之降寶命，我先王亦永失依歸」；國祚民命所繫，王不可即死，周公舉才藝過王請代固宜。其爲人也，徒多才藝，苟非心存仁考（孝），則雖在鬼神左右，必不肯事之；徒存仁孝，苟才藝不足，雖欲事鬼神而力有所未逮。周公仁孝、才藝兼擅，故宜任新職；武王具仁孝而乏才藝，豈宜奉召升侍？武王仁孝不若周公，經文斷無此意東萊書說（卷十八頁八）：「周公自思，……惟才之與藝恐猶多於武王，可以代其死而事鬼神。『予仁若考』者，與聖人同也；求其實多者，惟材藝耳：此公之實言。」敏案：論語泰伯：「子曰：如有周公之才之美，……。」周公材藝實多也。。新證（卷二頁二）：「觀下文『乃元孫不若旦多材多藝，不能事鬼神』，而無『不若旦仁若考』之語，尤可徵非言武王之不仁不孝，特不如旦之多材多藝、能事鬼神耳。古今文法不同，而理自一貫也。博通如王引之敏案：當作王念孫。，而謂『意重巧不重仁』（敏案：說已詳見上註引。），寧非曲爲之解乎？」說與呂祖謙說旨同。「元孫」下，尚書斠證：「論衡（死僞篇）『元孫下有『某』字，史記作

『乃王發不如旦多材多埶。』上文兩避諱『某』字，史記皆作『發』，以此例之，則『元孫』下蓋本有『某』字矣。」案：史記錄此祝辭，初稱「爾元孫王發」、次作「以旦代王發之身」、三作「乃王發不如旦」云云，誠詳確矣，微爲繁複，末一「發」字可省，蓋時王止一王，武王發也。論衡則節錄此辭，自「予仁若考」以下，故其上「惟爾元孫某」及「以旦代某之身」二句竝闕，故此句——「乃元孫某不若旦多材多藝」必須著「某」（某等於發）字，否則元孫不知誰何。而尚書經文簡質，此「元孫」下「某」字，或原本略去不著，非脫文也。

一七

帝，天也。乃命于帝庭，謂發乃受天命爲天子也。敷，普（徧）也。佑，內野本、書古文訓皆作右；讀爲「有無」之有。敷佑四方，普有天下也。○武王受天命君天下，禮記中庸「武王末受命」、洛誥「誕保文、武（王）受民」、「誕保文、武（王）受命」、顧命「昔君文王、武王，……用克達殷集大命」：受命，即受天命；受民，謂受於天之民；集大命，謂成就天交付之命。敷佑四方，馬融曰：「武王……布其道以佑助四方。」（魯世家集解引）傳、疏同：皆敷訓布、佑訓助，且添字以解句。述聞（經解卷一一八二頁三八—三九）：「敷者徧也（原註：「周頌賚篇：『敷時繹思』，箋曰：『敷，徧也。』般篇曰：『敷天之下』、堯典『敷奏以言』，史記五帝本紀敷作徧。」），言武王受命于帝庭，以佑助四方之民也。康誥『往敷求于殷先哲王』，敷亦徧也。……大雅抑篇『罔敷求先王』，鄭箋以敷求爲廣索，是其義也。」引之佑訓助，尚沿古注疏之誤。平議（卷五頁四）：「敷之言徧也，字通作普，亦通作溥，詩般篇曰『敷天之下』、北山篇曰『溥天之下』，孟子萬章篇曰『普天之下』，是敷、溥、普文異義同。佑乃俗字，當作有（敏案：右之誤，撰異（經解卷五八一頁四）：「佑，俗右字。」），而讀爲有，儀禮有司徹篇『右几』，鄭注曰：『古文右作侑。』右、侑通用，故右、有亦得通用。宣十五年公羊傳曰：『潞子離於狄而未能合於中國，晉師伐之，中國不救，狄人不有。』不有即不右。……彼叚有爲右，此叚右爲有，聲同者義亦同；古書多叚借，以聲爲主，不泥其形也。敷佑四方者，普有四方也，言武王……爲天下主也。」觀堂授書記（總頁二四○六）引彝銘證成敷佑同敷有：「敷佑，其義實同敷有（敏案：二字，劉錄作撫有。積微居金文說卷二總頁六二亦讀匍爲撫，而謂撫、有連文義同，則未安。），盂鼎『匍有四方』，與此正同。」覈詁（卷三頁五八）則悉取清儒及其師之說。右、有古音同，見尚書假借字集證，彼且云：「从右之字與从有之字古亦多通假，易繫辭『可與祐神』，釋文曰：『荀本作侑。』即其例。」案：古音敷讀爲普，彝銘作匍；大盂鼎銘文前有「匍有四方」、後有「□有四方」，佑、右、有皆从又古音同，秦公鐘作「匍又四方」（據兩周金文辭大系釋文頁二五○。）。玩銘辭上下文，義皆如此經敷佑四方，亦猶詩周頌執競「奄有四方」；若以言天下爲上帝所命，則曰「付畀四方」（康王之誥）。受命、有天下、安周王子孫，文脈通貫、義理洽正，馬融等「佑助四方之民」云云，違非經旨矣。

一八　下地，相對於「上天」言，謂「地上」、「人間」也。

一九　祗畏，敬而畏之也。

二○　無，勿也。墜，失也。之，所也。寶命即重命，國運也。「有」下、「依」上當增「所」字。「無墜」兩句，意謂勿使武王死，致周國覆亡也；國存，則宗廟無傷，我周先王之神靈將永有寄託。○墜，書疏連言隕墜，全解（卷二六頁十八）廢墜連讀；竝不如孫疏（卷十三頁二一）據國語注訓「失」爲確當。之，諸家多含渾帶過，書疏於「天之降寶命」云：「天之所下寶命」，似已訓所、案：論語憲問：「果哉！末之難矣」，之訓所無疑。寶，魯世家作葆，孫疏（卷十三頁二十一—二二）：「易繫辭『聖人之大寶曰位』，釋文引孟喜本作保，留侯世家集解引徐廣曰：『史記：「珍寶」字皆作「葆」』，是也。」是寶亦作葆或保，經傳攷證（經解卷一三六二頁九）：「古鐘鼎文作『永保』或作『永寶』，是保、寶古字通。」案：朱說是，如虢弔簠「其萬年永寶」、伯芃毁「其萬年子子孫孫永寶用」，而司寇良父簋「子子孫孫永保用」、寏鼎「永保用之」（另覈詁亦各舉一例，此不煩著。），類例甚多。保且有从貝作賲（鄀弔鐘）與从宀作㝐（齊縈姬盤）者。寶、保皆珍護、寶愛之意，故此經寶命猶重命（述疏卷十三頁五），貴重之也（書纂言卷四頁二三）。「永有」下，魯世家多「所」字，內野本、阮元校勘記所據古本、日本山井鼎考文、足利本（尚書故，經說二之二頁六九）同，音疏（經解卷三九五頁四—五）據鄭玄尚書注（魯世家集解引）「有所依歸，爲宗廟之主也」，斷云：「據此注，則鄭本亦作有所依歸，與史記同；僞孔本删去『所』字，非也。」唯音疏（經解卷三九五頁四）用誤本史記集解文，釋「寶命」爲使元孫武王爲宗廟祭祀主之命（經解卷四一六頁七後案誤略同），有云：「鄭康成曰：『降，下也；葆，猶主也敏案：後案：「『猶主也』，俗刻誤作『猶神也』，今從震澤王氏刻改。』」敏又案：「撰異（經解卷五八一頁四）：『震澤王氏史記栞本「神」字譌「主」字，因下文而誤也。惠氏定字集尚書鄭注亦作「神」。近說尚書者轉云「神」誤矣；「神祕之義近於寶，故云寶猶神也。』」。』聲謂主命，使元孫爲祭祀主之命也，……使元孫長爲宗廟之主，則我先王亦長有所依歸矣。……葆猶主也者，史記留侯世家云『果見穀城山下黃石，取而葆祠之』，謂立是石爲主而祀之也，是葆之誼猶主也。」案：葆祠，謂珍護而奉祠之，參上轉引徐廣說；且康成「神有所依歸」云云，神謂先王之靈，供爲周廟之神主也。

江、王說誤甚！

二一　即，就也。元龜，大龜也。即命，「猶所謂聽命也。」（全解卷二六頁十九）全句，周公言今往而就大龜卜，以從彼（卜之結果）聽受三王之命令也。○覈詁（卷三頁五八）解此句，大亂經義，竟云：「即當作既，古即與既通用；謂既命于元龜也。『即』上，史記多『其』字，則以『即命』爲就受其命。」案：魯世家句作「今我其即命於元龜」，其即命，將就而聽命也。「今……」云云，已有「現將……」之意，不煩史遷增「其」字說經，而楊氏失察，竟讀將然之辭「即」爲已然之辭「既然」、「其」爲稱代詞所有格——（龜之）。「今我即命」句，便讀（卷四上頁十六）謂「以下皆命龜之詞」，尚書讀本（頁八九）申之：「即，即時也。命，告也。凡占卜，必告龜以卜之事，故曰『命龜』。」案：辭若爲命龜，則語氣主動，經文當作「今我即命爾元龜」，今既不然，而語式被動，是就而聽命（告）於龜也（龜兆所現，即三王之命。）。本篇凡言「命于」者三，意皆受命於某某，正讀（卷三總頁一四一）：「本經言『命于』者，皆爲受命：如乃命于帝庭，即武王受命于帝也；即命于元龜，即就受命於元龜也；小子新命于三王，即親受命于三王也。或謂『即命』爲『命龜詞』，失之。」禮記曲禮上：「凡卜、筮日，曰爲日，假爾泰龜有常，假爾泰筮有常。」孫疏（卷十三頁二一）據禮疏說彼經、誤會本經「今我即命」已下至「屛璧與珪」悉命龜之辭云：「命謂命龜，已下至『屛璧與珪』，皆命龜詞也。……曲禮正義……又云：『假爾泰龜有常，假爾泰誓（筮之譌）有常』，爾謂指蓍龜也。是『爾之許我』已下，爲命龜之詞。」案：此段經文，祝告三王「爾」、「乃」皆呼三王，無與於枯龜，孫疏失之，正訛更詳下註。

二二　第一「爾」，謂三王（二身代複數）；下兩「爾」字同。之，猶若也（覈詁卷三頁五八）。許我，允且代發死也。其，將然之詞。以，用也。以璧與珪，謂奉獻珪璧與三后之神也。歸俟爾命，自壇墠返居所聽候三神藉卜兆而傳達之命令也。○爾，上註考孫疏等說爲「元龜」，便讀（卷四上頁十六）說同：「爾，所謂『假爾泰龜』也。」案：下經「予小子新命于三王」，是周公聽候三神藉卜兆而傳之命令；而下文「茲攸俟」，正歸俟爾三王所承諾之實現。比勘前後文，則「爾」非指枯龜確甚!之訓若，例見經傳釋詞卷九。其，覈詁：猶則也。亦通。其，魯世家誤倒在「以」下，當乙轉；又「歸」下多「以」字，是史遷詁訓字，非此經原有。古祭天以燎（積柴，布牲其上以焚。），祭地埋圭璧於土中（詩大雅雲漢「上下奠瘞，靡神不宗」，瘞類屬之。），祭河則沉圭璧於河。

二三　屏（同摒），藏也。屏璧與珪，義與上文「以璧與珪」相反，謂藏玉不用不獻三神也。○爾不許我，依古代文法常例，「許我」當作「我許」，周法高中國古代語法稱代篇（頁三五）：「馬氏文通卷四頁十八云：『止詞後乎動字者，常也；惟外動字加弗辭，或起辭爲莫、無諸泛指代字，其止詞爲代字者皆先動字。』案：此例自甲骨文至秦漢皆然。否定詞如『不』，……賓詞爲代詞者，如『我』……等。」「許」，外動字；「不」，否定詞；「我」，賓語。當如詩褰裳「子不我思」等句序，作「爾不我許」。唯「有時，否定詞後做賓語的代詞不提前，反而放在述語後面，其例如下：（一）否定詞後爲單純之述語（即否定詞與代詞賓語間僅有一單字爲述語）。……（下句例二十有五，略不錄。）」（頁三七—三八）本經合乎變例，且各本尚書本篇無作「爾不我許」者，是今本語序無譌也。屏字相關於本經之義者，大致不外：蔽也（說文尸部）、除也（論語「除四惡」）、棄也（荀子彊國篇注），然義必與上「以」反，是謂不許所請，則玉不奉獻，確切不可易矣。經師蓋意姬聖不以圭璧要神，故百計爲說，欲加掩飾反晦經義——僞孔傳：「不許，謂不愈也。屏，藏也；言不得事神。」疏：「……言不得事神，當藏珪璧也。」張九成曰（精義卷三一頁十六引）：「璧珪所以事鬼神，既不許周公代武王之死，是周公可以事鬼神也，故屏璧與珪而無所事焉。」全解（卷二六頁十九）：「（爾）……許我代武王之死也，我則當以此璧與珪……而事神也。……（若）武王不免於死，我將屏藏其珪璧，不得以此而事神矣。」案：璧圭乃生者祭神鬼之禮器，僞孔等四家蓋謂公今既不死，是無得用斯二物以事鬼神。失之。林氏弟子呂祖謙，察其師說之絕不合禮，於是別爲調停之說，云：「……屏璧與珪，謂不復事神也。蓋武王喪，則周之基業必墜，雖欲事神，不可得也。」（東萊書說卷十八頁八）而蔡傳全用其說焉。書經注（卷八頁二）、便讀（卷四上頁十六）亦竝因其說。案：本經言用言藏，但限此次事神，非關周家覆亡後禮儀存廢。呂氏說又失之。唯史浩尚書講義（卷十三頁七）或得經旨：「父子家人，迫切之辭，如家人父子，有激怒祖考之意。」夏解（卷十八頁十六）略因之：「……則屏去其璧珪，自後不復事三王矣。此蓋周公激切之辭，非謂武王苟死，則周公果不事三王也。」自後，胡解（卷七頁十六）亦謂「屏璧」云云乃「激切之辭」。清儒考據，於經義無補，音疏（經解卷三九五頁五）：「屏有隱蔽之意，故得爲臧也。禮記曾子問篇『孔子曰：天子、諸侯將出，必以幣帛皮圭告于祖禰，遂奉以出。反必告，設奠卒，斂幣玉，藏諸兩階之間。』然則以玉禮神，事畢必藏其玉。」（經解卷四一六頁八後案、孫疏卷十三頁二一說竝略同）案：此仲尼因曾子問出王侯師出禮，遂及師返設奠告廟畢，收藏幣帛皮圭。江氏「姑用其說」以疏僞傳「屏，藏也」大義，已大乖疏書體制；若取以解所謂周公「以物要神」之疑，則益滋疑惑！龜卜占祝文句，常協韻，周易固無庸論，左傳閒亦有之（如閔二年傳：「成季之將生也，桓公使卜楚丘之父卜之，曰：『男也，其名曰友，在公之右；閒于兩社，爲公室輔。季氏亡，則魯不昌。』又筮之，遇大有之乾，曰：『同復于父，敬如君所。』」右與友、社與輔、亡與昌、父與所叶韻。又僖十五年傳：「初晉獻公筮嫁伯姬於秦，遇歸妹之睽，史蘇占之曰不吉，其繇曰：『士刲羊，亦無衁也。女承筐，亦無貺也。西鄰責言，不可償也。歸妹之睽，猶無相也。』」羊、衁、筐、貺、償、相叶韻。），「本文祝詞，句皆用韻：天、身、神、神韻；地、畏、歸韻，地旁轉；珪、珪韻。」（正讀卷三總頁一四二）

乃卜三龜，一習吉（註二四）。啓籥見書，乃并是吉（註二五）。

釋文

二四　乃，於是（即）……。三龜，三王靈前各置一龜也。一，「猶齊也。」（書纂言卷四頁二四）習，重也。兩句，辭祝甫畢，即於壇所就三王神前各卜一龜；三龜龜兆所示，莫不吉利。◯三龜，傳疏皆曰「三王之龜」，屬辭未密；蓋語謂於三王前各置一龜，龜非三王所有，故魯世家云「周公……於是乃即三王而卜」也（覈詁卷三頁五八云：「鄭（玄）謂即三王而卜。」不知所出。）。史記既作「於是乃即……」，是祝畢史官即行卜，疑非「歸而卜之」（釋義頁六八註一六）。司卜史官，一人總理乎？三人分行乎？經「一習吉」，魯世家作「卜人皆曰吉」，是史遷謂卜者不止一人。覈詁（卷三頁五八）：「按：洪範『三人占，則從二人之言』，則古者卜必三人。」（書纂言卷四頁二四說同）立說略因書疏，唯皆未盡是，書疏曰：「周禮太卜掌三兆之法：一曰玉兆、二曰瓦兆、三曰原兆；三兆各別，必三代法也。洪範卜筮之法：三人占，則從二人之言。是必三代之法並用之矣。……龜形無異代之別，但卜法既別，各用一龜，謂之三王之龜耳。每龜一人占之。」案：周禮三兆云者，鄭注：「兆者，……其象似玉，瓦、原之璺罅，是用名之焉。（敏案：引杜子春說，以玉兆、瓦兆、原兆分別屬顓頊、帝堯、有周之兆，未嘗以爲然，參彼經賈疏。）。」是謂卜者一龜兼用三兆，非三兆必卜三龜也，音疏（經解卷三九五頁五）：「僞孔傳……似謂用三代之兆，兆各一龜，故卜三龜。案：周禮太卜掌三兆之法，是一龜而用三兆占之，非三兆必占三龜也。士喪禮『卜筮日（敏案：原文作「卜日」。），占者三人』，鄭注謂『三人掌玉兆、瓦兆、原兆者』，是三兆占一龜之明證。則此三龜不爲三兆而別異。」周禮太卜所掌必非三代法，後案（卷四一五頁五六—五八）於洪範「三人占」云云下已予辨明。至洪範「立時人作卜筮，三人占，則從二人之言」，謂卜筮之法，從眾判斷其結果（詳上洪範義證註七二），非必卜占必出三人爲之，果如是則左傳每卜一事，何以不必皆命三人（參毛奇齡春秋占筮書三卷）。周公密設壇墠場，請神問卜，不欲擾駭民心，贊禮者必力求簡少，故太卜一人歷卜三龜足矣，史籍謂三人各卜一龜，度非經義也。「一」義，關涉本經者，齊、同（僞孔傳：「三兆既同吉。」）、皆也，竝常義，毋煩揭證。習字作重疊義，本篇外經書，周易坎卦（上下各一三畫坎卦，相重疊。），象傳：「習坎，重險也。」陸績曰：「習，重也。」（李鼎祚周易集解卷六總頁一五〇引）孔疏卦辭曰：「習，重也，謂上下俱坎，是重疊有險。」孔疏象傳曰：「兩坎相重謂之重險。」左襄十三年傳：「先王卜征五年，而歲習其祥；祥習則行。」孔疏：「釋詁云：祥，善也。歲因其善，謂去年吉今年又吉也。……五年五吉，善善相因襲。……」是訓習爲襲，襲有重累義（淮南子氾論訓注）。先援易「習坎」釋此經者全解（卷二六頁十九）：「一習吉，『習』與『習坎』之習同。」茲後清儒多據易坎訓此習爲重，音疏（經解卷三九五頁五）、孫疏（卷十三頁二一）、撰異（經解卷五八一頁五）、說文通訓定聲則兼引易、左傳以證習重之義。原習字本義，殷虛文字記頁十六：「習字當从日彐聲，彐今彗字也。……習聲與『疊習』相近，故有『重』義，……本無『飛』義也。……卜辭云『習一卜』、『習龜卜』者，習重也，金縢云『一習吉』，……」一、習二字義近，爲複詞，猶言「悉皆」。書疏雖亦正詁經字，惜拘宥於傳「一習相因」之說，不免失句義，云：「習則襲也；襲是重衣之名，因前而重之，故以習爲因也。三龜……卜有先後，後者因前，故云『因』也。」致後人承其謬，竟謂「三龜之兆，齊相繼而吉」（書纂言卷四頁二四）。覈詁（卷三頁五八—五九）：「習與皆形近，疑本『皆』之譌字。」所疑未當。

一五

啓，本或作開。籥，簡册，所以載卜辭者也。并，同也。二句，謂開册見卜辭，與龜兆證對，亦爲吉利也。○啓，魯世家作開，云「發書視之，信吉。周公喜，開籥乃見書，遇吉。」是諱字或訓故字（今文攷證卷十三頁三謂今文作開）。周禮春官卜師撰異偶卜師誤作大卜，覈詁、集校皆襲其謬，皆不檢原書之過。注「金縢曰『開籥見書』」，覈詁（卷三頁五九）云是訓故字。敏案：鄭玄注書，注文中好改經字，至引述羣經經文，例不改動。此引蓋原所據本作「開」，覈詁說失之。籥，馬融曰（釋文引）：「藏卜兆書管也。」鄭玄曰（書疏引）：「籥，開藏（去聲）之管也；開兆書藏之室以管，乃復見三龜占書亦合，於是吉。」王肅曰（書疏引）：「籥，開藏兆書管也。」書疏：「占書在於藏內，啓藏以籥（鑰），見其占書。」史記與馬鄭王孔皆訓籥爲開藏書之室之管（今謂鑰匙），後案（經解卷四一六頁八）：「藏兆書之室有鍵（今謂鎖）閉之，今用籥（說文門部闟，與此同，通作鑰。）開此鍵。論文當言以籥啓室見書，嫌文緐省之。不可言『籥啓』，故又倒言『啓鑰』也。」案：開存放（兆）書（Book）之室，睹者唯書（Book），不得立見「并是吉」；斷言「并吉」，必憑占辭，則籥、書二字非關管、册明甚。說文竹部：「籥，書僮竹笘也。」說文繫傳：「籥，……謂編竹以習書（寫）。」段注：「……笘下曰：『潁川人名小兒所書寫者爲笘。』按：笘，謂之籥，亦謂之觚，蓋以白墡染之，可拭去再書者。」徐箋：「急救篇『急就奇觚』，顏師古注：『觚者學書之牘，或以記事，削木爲之，蓋簡屬也。』……簡之爲物，用則展布，不用則卷而藏之。」說文義證等家轉引纂文「關西以書篇爲書籥」。是此籥當訓簡册，「不用則卷而藏之」，「用則展布」，故云「啓籥」後案謂爲倒言，則反順爲倒矣。。孫疏（卷十三頁二三）解此二經字先得其正：「籥者，說文云：『……。』又云：『……。』廣雅釋器云：『籥，觚也。』

一切經音義引纂文云：『……。』然則籥者竹觚，非管籥也。說文所用古文書義也。」此後，觀堂授書記（總頁二四四六）、覈詁（卷三頁五九）皆從孫氏說，而述聞（卷一一八二頁三九）並下文「書」字，亦解得正誼：「啓籥見書，……書者，占兆之辭，籥者簡屬，所以載『書』，故必啓籥，然後見『書』也。啓，謂展視之，下文『以啓金縢之書』與此同。少儀曰：執策、籥，爲左手（敏案：原文作「筴、籥，其執之皆尚左手。」）。策，蓍也；籥，占兆之書所載也，故并言之。」案：書，金文作[金文字形]（寰盤），以手執筆而箸於竹帛，是謂之書，說文序云：「箸於竹帛謂之書」（參圖書板本學要略頁一「釋書」），占卜繇辭亦著於竹帛，固得謂之「書」也。占兆之辭，全解（卷二六頁十九）：「周官太卜曰：掌三兆之法，……其經兆之體，百有二十，其頌皆千有二百，頌即春秋所謂『繇』，而此所謂『書』也。」便讀（卷四上頁十六）因之：「周禮太卜掌三兆之法，其經兆之體，皆百有二十，其頌皆千有二百。是兆各有籀詞，略如漢焦氏易林之筮詞也。」方卜三龜時，尚未見占書（書即繇辭，猶周易卦辭與爻辭。）已知吉者，「卜有大體，見兆（龜版上坼紋）之吉凶，麤觀可識，故知吉也。」（書疏）及「開籥以對證占辭，乃亦皆吉也。」（釋義頁七十）書既證爲占兆之辭，則史記「發書視之，信吉」六字，方苞判爲衍文，張文虎曰：「六字與下文義複，疑是傍注誤混。」所見殆是。論衡卜筮篇：「鑽龜揲蓍，有吉凶之兆者，逢吉遭凶之類也。何以明之？周武王不豫，周公卜三龜，公曰：『乃逢是吉。』……」蓋史遷與王充所據尚書并皆作逢，竝詁爲遇。「乃遇是吉」，不辭，又不與上文意義通貫。蓋上言得兆吉，此言徵以占辭亦吉，是并當訓同（廣雅釋詁）。唯班固漢書王莽傳亦解（洪範）「逢吉」爲「遇吉」，不獨馬、王也。孫疏、撰異、覈詁皆謂逢、并（＝併）聲之轉，高本漢擬二字音值逢爲*b'ĭung，并爲*piĕng，謂未必可相假（書經注釋頁五四三—五四四）。余謂并、逢古又皆可讀若「旁」音，平議（卷五頁四）：「逢即併也。逢聲之轉與『旁』相近，史記龜策傳曰：『桀有諛臣，名曰趙梁，教爲無道，勸爲貪狼，……殺關龍逢。』逢與梁、狼爲韻，後世因誤有從夆從夅之別。廣韻三鍾收逢字，四江收逄字，其實則一聲之轉也。是故併之爲逢，猶竝之爲傍也（敏案：下舉列子、史記竝音傍二例，省不錄。）……。」

公曰：「體，王其罔害（註二一六）**；予小子新命于三王，惟永終是圖**（註二一七）**。茲攸俟，能念予一人**（註二一八）**。」**

釋文

二一六　體，兆象也（鄭玄周禮注），謂上述所卜三龜之兆紋及繇辭也。王，周武王發也。其，將然之辭。罔，無也。王其罔害，謂武王疾病將（會）痊愈也。○體，平議（卷五頁四）：「體字以一字爲句，乃發語之辭、慶幸之意也。詩（衛風）氓篇曰『爾卜爾筮，體無咎言』，釋文曰：『體，韓詩作履，幸也。』然則體亦猶幸也。禮記玉藻篇『君定體』，鄭注曰：

『體，視占所得也。』引此文『周公曰體』爲證。然則鄭已不得其解，枚襲其說，更無譏矣。」（覈詁卷三頁五九）承其說。）今文攷證（卷十三頁三—四：「史記無『體』字，史公疑訓體爲幸，……體與履通義，得訓幸（敏案：亦據韓詩異文陸釋。），蓋公見卜吉而喜曰『幸也！王其無害。』史公云『入賀』，故不云『幸也』。」皮氏增取史文爲證，餘同俞說。尚書故（經說卷二之二頁七十）：「史以『入賀武王』釋『體』者，詩『體無咎言』，韓詩作履，云：履，幸也。據下『新命三王』之言，（體）非初視兆時語；訓體爲兆象，非也。」又增下「新命三王」云云爲證，訓體曰幸，則一如俞、皮兩家也。然而皆非也。考尚書固多以一字發語（如「嗟、都、於、俞、惟」等），然亦多以二字發語（如「嗚呼、俞咨、曰若、洪惟」等），矧「贊、歸（堯典，在句首。）、收（顧命）」等，皆非語辭，而莫非以一言爲句，平議因「體」是一字句，又在句首，遂斷「乃發語之辭」，非的論也。其次，取釋文訓韓詩「履」爲「幸」，亦失詩義，三家詩異文疏證（經解卷一四〇七頁十三）：「履與體、禮字古每通，禮記（坊記）亦引作『履無咎言』。……然履之訓幸，於古無徵。」馮說甚略，詩經異文釋（卷三頁十七—十八）：「……釋言曰：履，禮也。禮又訓爲體——禮器曰：禮也者，猶體也（敏案：詩鄘風相鼠：「相鼠有體，……人而無禮。」體、禮義近對文。）；釋名云：禮，體也。履、體轉相訓義通。……釋詁曰：履，福也。說文云：禮，履也，所以事神致福也。韓訓『幸』者，亦致福之意。」案：體，詩毛傳「兆卦之體」、箋：「兆卦之繇」，謂即繇辭，詩疏且引左傳、周易文爲證，謂爲卜筮結果，承上「爾卜爾筮」又甚密，毛鄭說得之。履（廣韻旨韻，力几切）、體（薺韻，他禮切），叶韻（詩大雅行葦「牛羊勿踐履，方苞方體」）古音皆在脂部，段氏韻表悉入十五部，故二字「相訓義通」，是韓義「履」訓體，義亦爲兆象；訓幸，雖於古亦有徵，然非詩旨，恐亦失韓義。又次，此際周公方俟（下文「茲攸俟」）兆辭能否應驗，不當便號於眾曰「幸！」一若武王此時已瘳然。至下文「予小子新命于三王」，新借爲親（說詳後），周公先前已見兆象，「親命」云者，謂三王業經透過兆辭，示我以「王其罔害」等意，吳氏失察，無怪乎其子闓生咈其意而從鄭注（大義頁四四）也。史記「周公入賀武王曰」，則是以敘事旨要（入賀武王）代經字（體），皮說未盡。今文經說攷（卷十六頁十）：「史記無『體』字，蓋太史公以訓詁兼敘事說此經，故約舉其文耳，觀周禮（卜人）及禮記（玉藻）兩經（敏案：兩禮篇未引本篇，引者乃鄭注耳，喬樅偶誤。）皆有『體』字，則知今文尚書本有此『體』字也。」周禮云十筮，因占者位高下而所占者殊異，春官占人：「占人掌占龜，……凡卜簭：君占體，大夫占色，史占墨，卜人占坼。」鄭注：「體，兆象也。色，兆氣也。墨，兆廣也。坼，兆璺也。體有吉凶，色有善惡，墨有大小，坼有微明。尊者視兆象而已，卑者以次詳其餘也。周公卜武王，占之曰：『體，王其無害。』凡卜、象吉、色善、墨大、坼明則逢吉。」據此，周公令占人卜王吉凶，武王，君也，故云「占體」，周公視兆象而知「其無害」，義與禮記玉藻「君定體」似合。書疏、書經注（卷八頁二）、音疏、便讀、孫疏、今文經說考竝從之，而後案（經解卷四一六頁九—十一）申之尤力，一則曰：「蓋君尊，大夫卑，史又卑，所占宜有大小詳略，故其差如此。」再則曰：「詩衛風『』爾卜爾筮，體無咎言，非君而占體，此失禮事，不可例論。」唯宋薛肇明頗取氓詩，云：「體，與詩『爾卜爾筮，體無咎言』之體同。周禮占人

『……』，然證以詩之語，則卜看兆體，亦可通上下言之。」（輯纂卷四頁四一引）余謂二禮經皆晚作，詩氓則春秋初期（或略早）著成，與本篇成書年代相近，兩篇用「體」字同，而二禮經竝晚作，「君占體」，乃後起義，不足證詩書也。罔，史記、鄭注周禮卜人（已見上引）及禮記玉藻篇引竝作「無」。案：今本尚書「無」習作「罔」，而作「無」者，習訓勿毋義。

二七

予：第一人稱代詞單數，在主位，可作「余」，義同今語「我」。小子：名詞單數，與上「予」字爲同位語，或作「沖子」，自稱示謙，義猶今語「小孩子」或「年輕（無知之）人」。予小子：代詞（予）加名詞（小子）合爲同位語，周公謙抑自稱，非必關涉年齒也；在此句用作主語。永、終，皆長也；二字爲同義複詞。圖，謀也。永終是圖，謂三王許武王不死，能爲周室作久遠計也。○予小子，僞孔傳：「周公言：我小子……」、書纂言（卷四頁二四則明言「周公自謂」（辨解卷五頁二同吳說），諸說亦無異辭，唯今文攷證（卷二一頁八）於釋君奭篇「今在予小子旦、小子同未在位」云：「今文家以爲周公踐阼時作，則『小子』當是自稱，曲禮（下篇）云『天子未除喪曰「予小子」』。周公攝天子位，在武王新喪時，故得自稱『予小子』。」而皮於本篇「予小子」則無解。案：曲禮此說絕非古義，洛誥成王除喪以後四年作，成王自稱「予小子」者二、文侯之命平王十一年作，去幽王崩已逾十年，平王自稱「予小子」，且並稱「予一人」、君奭建洛後作，非武王新喪時；尤有進者，本篇武王未喪時，周公自稱「予小子」，則持「踐阼、攝位」乃得作是稱謂者，失考殊甚！新，諸家絕多訓「新近」，即便讀（卷四上頁十六）「新，鱻（同鮮）也，猶初也」之意，不如求與下文「惟朕小子其新逆」之「新」解說一致，作借親爲安（案：彼新字非釋爲親，則經義不通。），故覈詁（卷三頁五九）：「新當爲親，下文予（敏案：朕之誤。）小子其新逆，馬本作親，即其例也。」釋義（頁六九）：「又：新，假爲親；謂新自受命，亦通。」假借字集證據古音值，定二字假借，讀本（頁八九）因之，云：「新，親也，即躬親。」（竝參看下「新逆」義證）予小子新命于三王，書疏：「我小子新受命於三王，謂卜得吉也。」東坡書傳（卷十一頁五）：「許不許皆聽命于龜而已，視龜之體，知王之罔害，己亦莫之代也，故曰予受命于三王。」張九成曰（精義卷三一頁十七—十八引）：「……新命于三王，謂新得卜吉之命于三王也……。」夏解（卷十八頁十七）：「我小子新受命于三王，謂即龜受三王之命，已許武王不死。……」周公設壇祝卜，乞代兄死，欲三王藉龜兆所示以傳達其命令，故上文公曰「今我即命于元龜」、又曰「歸俟爾三王命」，而三王之命令，即「惟永終是圖」、「三王能眷顧公誠心而允其所請」，於是「王翼日乃瘳」。乞武王不死，俾「天之降寶命不墜」，而爲神所允，至己「亦莫之代」，就此次卜乞事言，實無關緊要（註一四引鄭濬曜乞代公主死，公主愈而已「亦莫之代」，此別一例。）。平議（卷五頁四）：「三卜皆吉，一言可蔽，既曰『一習吉』、又曰『乃并是吉』何也？……言王與周公竝吉也。……周公本意，請以身代，三龜皆吉，則武王當愈，不待言矣。武王愈，周公宜死，及啓籥見書，更詳審之，乃知王與周公竝吉也。不然則上文『以旦代某之身』，更無歸宿，一似聖人苟爲美詞以冀動聽；自言而自食之，斯不然矣。……」述疏（卷十三頁八）：「蓋三龜而一習重吉，所謂『王其罔害』也。開管見卜兆書，乃并周公是吉，所謂

『予小子新命于三王』也。……請代而并不死，故曰『新命』。」兩家錯解開篇、并吉（參註二四、二五），簡氏似解「新命」命爲生命，尤乖經旨。又音疏（經解卷三九五頁六）解「新命于三王」：「絜新以請命于三王，……絜清自新，將告三王，必先齋宿，故言『絜新』也。」孫疏（卷十三頁二二）從之：「新命者，絜新以受三王之命，即周本紀所云『祓齋自爲質』也。」案：潔新（祓齋）是初祝請身代事，此在祝卜後，已「受命三王」（魯世家），經史文義至明，不可誣也。惟永終是圖：永，說文：「水長也。」段注：「引申之，凡長皆曰永。」終，說文：「絿絲也，从糸夂聲。」引申「終盡」義，說文通訓定聲：「按：絲最長，終與永同義。」便讀（卷四上頁十六）：「永、終皆長也。」本句下文「圖」（謀也）爲動詞，則此「永、終」皆爲形容詞合義複語作名詞用（井仁安鐘：「永終于吉。」疑與此永終同義。——雙劍誃吉金文選卷上之一頁三）。諸家解此句——魯世家：「（三王）維長終是圖。」張九成曰：「……（若此，則武王不死，）而可創立規模，爲子孫長久之計矣。」夏解：「……（已許武王不死，）使之爲永遠終久是謀，蓋謂不死而能爲周家長遠之計也。」據此，武王命延，則周人受天命所立國家不亡，誠如正讀（卷三總頁一四二）所言：「惟永終是圖者，亦不墜天之降寶命也（敏案：謂不使周室覆亡。）。……三王惟謀國家久安之道，王必無害。」唯覈詁（卷三頁五九）既訓永、終爲長。又見上祝辭有「我先王亦永有依歸」，遂謂「永終是即上文永有依歸也」，是直以三王所特重者在私己廟享，國脈民命則非切要。陋哉！楊氏此說。而或者釋「終」爲「完成」（動詞），謂三王新近命周公完成周文王、武王所受的天命，又牽引周誥文字曲說，強而不可通，嗚呼！此經書之又一厄！新命、永終二句，今古文攷證（卷三頁八）：「言『新』者，若再受天命然；受先王之命，告以天祿永終。是圖，謂占書龜所告之謀也。……（周公）見書所示之謀，知三王所以命周公者日艱大日益（敏案：莊氏訓「茲攸俟」之「茲」爲益。），若『誕保文武受命七年』之事。」尚書譜（頁十八）：「（周）公但欲代武王死，而『新命于三王』則『永終是圖』之命，『啓籥見書』之言也。永終是圖，謂當終文武之事；公則曰三王之命也。」是莊氏以爲三王經由龜兆占書命周公輔政，宋氏則謂此時三王命周公「攝政，代成王施令行政」（尚書譜頁八）。而或者則衍申其說，因下文周公自稱予一人，謂周公此時已攝政稱王，竝皆誤會經義。

二八

茲，此也；謂「于此（地）」也。攸，以也（釋義）。茲攸俟，應上「歸俟爾命」，周公謂今在此地以待三王愈武王之疾而已死之命也。予，代詞；一人，名詞；「予」與「一人」同位語。此「予一人」，周公自謂；非天子專稱也。○攸，僞孔傳訓「所以」，「所以」有「以」意。覈詁（卷三頁五九）：「攸，史記作道；蓋今文作迪，多方『不克終日勸于帝之迪』，馬本迪作攸，是其証也。迪、道訓故字，攸、迪，皆謂用也，以也。」撰異（經解卷五八一頁五）：「魯世家『茲道能念予一人』，玉裁按：『古訓猷爲道，蓋今文尚書作茲猷，故司馬作茲道也。如「大誥猷爾多邦」，翟義傳作「大誥道諸侯」。』」案：攸與迪（从由聲）、猷音近通假，迪、由訓用，攸亦訓用，用、以也。讀本（頁八九）引魯實先說：攸訓夷，夷義爲平爲說。不如舊說，因人方焦慮以待三王命，云「平安喜悅地等待」，非經義。辨解（卷五頁二）云：「茲攸俟，安以待命」，與魯氏說相近。尚書故（經說二之二頁七十）：「攸，語助也。史記以道爲俟，不以道爲攸。……俟、道同訓大。」案：茲攸俟，承上「歸俟」云云，下「翼日乃瘳」，即其所俟之結果，傳疏及宋清人多持此說，吳說失之。纂疏（卷四頁三五）疑「茲攸俟上下有缺誤」，其說無確證。能念予一人，僞孔傳：「能念我天子事，成周道。」疏：「言天與三王一一須待武王，能念我天子事，成周道。……禮：天子自稱曰予一人。故以一人言天子也。」馬融曰（魯世家集解引）：「一人，天子也。」舊從其說，多以此「一人」或「予一人」指天子武王（如魯世家正義、東坡書傳卷十一頁五、全解卷二六頁十九、尚書說卷四頁十九、蔡傳、書經注卷八頁三、書纂言卷四頁二四、辨解卷五頁二、音疏，經解卷三九五頁六、撰異，經解卷五八一、孫疏卷十三頁二二、便讀卷四上頁十六、覈詁卷三頁五九、讀本頁八九）。大義（頁四五）始異其說，云：「予一人是周公自謂，言三王之神靈能垂念我所言也。說者皆以予一人爲武王，於義未合，蓋拘于天子稱予一人之說，謂周公不當有此稱耳。不知天子稱一人者，周禮則然，此時蓋尚未制定。且即以周禮言之，予一人亦天子自稱之詞，周公固不得以此稱武王也。」此後，正讀（卷三總頁一四二）、書經注釋（總頁五四六）、釋義（頁六九）皆以之爲周公自稱。案：吳氏說雖未盡是，然謂此予一人是周公自稱則甚確：其一，此「予一人」出周公之口，如指武王則「予」非釋「我的」不可，考尚書今文二十九篇，用「予」字凡一四六次，用於領位（即釋作「我的」）僅得五次（堯典三次、多士一次（唯據周法高金文零釋頁一六三明保予沖子辨多士「非予罪」，「罪」字可作謂語，「予」在主位。），康王之誥一次），而作天子或諸侯自稱之「予一人」（予，代詞；一人，名詞。「予」與「一人」爲同位語。「我一人」倣此。）十二次、「我一人」三次、「一人」四次，其「予、我」皆不用於領位，至「一人」，除君奭「故一人有事于四方」之「一人」爲周公稱他人（天子）外，餘皆爲天子或諸侯之自稱；其二，甲骨文、金文及其他書本文獻「予（余、我）一人」，皆爲天子或諸侯自稱，其「予（余、我）」亦概不用於領位（統計用字據顧氏尚書通檢；語法參何定生先生尚書的文法及其年代，載國立中山大學語言歷史學研究所第四十九至五十一合刊、周法高中國古代語法造句編第三章第二節「同位語」；甲、金文等資料參金文零釋「明保予沖子辨」及胡厚宣釋「予一人」，載歷史研究一九五七年第一期。）。據此，此「予一人」乃周公自謂，說稱武王之辭皆失正。「予一人」本天子專稱，禮記曲禮下：「君天下曰天子，朝諸侯分職授政任功曰予一人。」玉藻：「凡自稱，天子曰予一人。」胡厚宣據卜辭、金文及書本文獻，證「予一人」爲商、周列王之專稱（亦詳釋「予一人」）固是。唯春秋以後，諸侯亦得稱，秦穆公自稱「一人」二次（秦誓）、齊靈公十六年（魯襄公七年）五月戊寅自稱「予一人」（見叔夷鐘，據兩周金文辭大系釋文頁二〇三，亦見歷代鐘鼎彝器款識法帖卷七總頁一二一、雙劍誃吉金文選卷上一頁五、吉金文錄卷二頁三），金縢乃春秋時人述古之作，作者以春秋時諸侯得稱「予一人」，誤以周公嘗有是自稱也。有關「予一人」文獻，余當別撰一文加以檢討，此不暇詳說。

公歸，乃納册于金縢之匱中（註二九）。王翼日乃瘳（註三〇）。

釋文

二九 歸，謂自壇歸朝。册，即上文「册祝」之册。金縢之匱，以金屬緘封於外之櫃也。○金縢之匱，書疏：「詩（小戎）述韔弓之事云『竹閉緄縢』，毛傳云『緄，繩、縢、約也』。此傳言『緘之以金』，則訓縢爲緘，王、鄭皆云『縢，束也』。……縢是束縛之義，藏之於匱，緘之以金，若今釘鍱之不欲人開也。」案：說文：「縢，緘也。」說字與毛鄭王同。縢从糸亦有繩索義，引申爲以繩約之，詩閟宮「朱英綠縢」毛傳：「縢，繩也。」疏：「此云縢繩者，縢亦爲約之以繩。」必緘而藏其書者，全解（卷二六頁二十）：「非是周公欲藏其書以爲他日之觀也，蓋古者卜龜既畢，必納其册書於匱、從而緘之，異日將有大卜，則復啓焉，不然則否。」

三○ 翼，古本作翌；翌日，明日也。瘳，疾愈也（說文）。○翼，爾雅郭注、一切經音義、漢書五行志顏注（參撰異，經解卷五八一頁六）、說文繫傳引皆作翌；今本作翼，衛包改。翌，爾雅釋言：「明也。」翌日，魯世家作「明日」，是也。

武王既喪（註三一），管叔及其羣弟乃流言於國，曰：「公將不利於孺子（註三二）。」周公乃告二公曰：「我之弗辟，我無以告我先王（註三二）。」

釋文

三一　喪，亡也。◯僞孔傳云「武王死」，白虎通崩薨篇：「喪者，何謂也？喪者，亡也。人死謂之喪何？言其喪亡不可復得見也。不直言死、稱喪者何？爲孝子之心不忍言也。尚書曰：『武王既喪。』喪禮經曰：『死於適室。』知據死者稱喪也。」唯鄭玄書注曰：「武王崩，周公免喪，欲居攝，小人不知天命而非之，故流『公將不利於孺子』之言於京師。」（詩邶鄘衛譜疏引，書疏引鄭玄以爲：「武王崩，周公爲冢宰三年，服終將欲攝政，管、蔡流言。」）是鄭以「既喪」爲三年喪服既除，乃欲攝行政事。非也，音疏（經解卷三九五頁七）：「論語憲問篇曰：『君薨，百官總己以聽于冢宰三年。』禮記檀弓云：『古者，天子崩，王世子聽于冢宰三年。』定四年左傳云：『周公爲太宰。』然則周公攝政當在武王崩時，不應待免喪後。若謂免喪而始攝政，則三年之內誰攝政乎？豈曠年無攝政乎？必不然矣。」案：大傳謂「周公攝政：一年救亂，二年克殷，三年踐奄。」是攝政果不俟三年服闋之後也。武王崩年及享壽，見注三一。

三二　管叔，周公旦之兄，名鮮，封於管（故城在今河南省鄭縣），故稱。羣弟，謂蔡叔度等。流言，蔡傳：「無根之言，如水之流，自彼而至此也。」孺子，稚子也，謂周成王誦，時年十三。◯史記管蔡世家述周公兄弟曰：「武王同母兄弟十人，母曰太姒，文王正妃也。其長子曰伯邑考、次曰武王發、次曰管叔鮮、次曰周公旦、次曰蔡叔度、次曰曹叔振鐸、次曰成叔武、次曰霍叔處、次曰康叔封、次曰冄季載。……武王已克殷紂平天下，……於是封叔鮮於管，封叔度於蔡，……封叔處於霍。」以叔鮮爲周公之兄，與孟子公孫丑下說同。或以管叔爲周公之弟，白虎通姓名篇：「文王十子，詩傳曰：『伯邑考、武王發、周公旦、管叔鮮、蔡叔度……。』」清陳立疏證（卷九頁十二）：「此與列女傳母儀篇引同，蓋魯詩思齊詩『則百斯男』傳文也。……（白虎通）誅伐篇云：『尚書曰「肆朕誕以爾東征」，誅弟也。』……是則白虎通自以管叔爲周公弟也。……孟子公孫丑……注：『周公惟管蔡（敏案：叔之誤。）弟也，故愛之；管叔念周公兄也，故望之。』然則趙氏亦以爲叔爲周公弟。……（敏案：下引列女傳母儀篇、後漢書樊儵傳及注、張衡傳思玄賦及注、毌丘儉傳討司馬師表，皆以管叔爲弟。）毛氏奇齡四書賸言（卷三頁五，陳氏引文頗有錯誤，茲據原書訂正。）云：『予嘗以此質之仲兄及張南士，亦云此事有可疑者三：周公稱公而管叔以下稱叔一，周公先封周、既又封魯而管叔竝無圻內之封二，周制立宗法，以嫡弟之長者爲大宗，周公管蔡皆嫡弟而周公爲大宗稱魯宗國三。……趙氏所注，非無據也。』周氏柄中辨正云：『鄧析子無厚篇「周公誅管蔡，此于弟無厚也」。傅子通志篇「管叔蔡叔弟也爲惡，周公誅之」、又舉賢云「周公誅弟而典型立」，古人固有以管叔爲弟者，不待攽卿作注也。』案：當時蓋有二說，以管叔爲周公兄，左傳序十六國如此，史公從之：此古文說也。兩漢諸儒徒習今文，竝以管叔爲周公弟，則此今文說也。故高誘注淮南氾論訓則與史記同，注呂氏春秋開春篇、察微篇則與白虎通同。」從孟子、史記者，以理度之爲當也，音疏（經解卷三九五頁七）：「管叔生當武王、周公之間，習聞商王舊法——兄弟相及，謂武王崩，嗣王幼，次當及己。今己爲監于殷，而公居攝，疑公蓄異志而踊遺己，故有是流言爾。」左定四年傳杜注：「蔡叔，周公兄。」疏：「今以蔡叔爲周公兄者，以僖二十四年傳富辰言文之昭十六國蔡在魯上，明以長幼爲次，賈逵等皆言蔡叔周公兄，故杜從之。」賈、杜說不可信，富辰蓋非以長幼爲次。後管、蔡同叛。是前日流言者羣弟必有蔡叔；霍叔後未必同叛，故曾否與二兄流言於國，未可知也。鄭玄謂羣弟有蔡、霍（詩邶鄘衛譜疏引），待考。武王崩年：管子小問篇：「（桓）公曰：『……武王伐殷克之，七年而崩。』」孔子家語（逸周書明堂篇朱右曾注引）、司馬光稽古錄（卷八總頁二一）、通鑑外紀（卷三總頁四十）、通志（卷三下）及董作賓西周年曆譜（董作賓學術論著下總頁九一八）竝同；逸周書明堂篇：「既克紂六年而武王崩。」（述疏卷十三頁九—十謂據周書明堂篇「武王之崩，在既克商五年。……蓋幷克商之年數之，故曰六年。」簡氏此說失之。）王肅（詩豳譜疏引）、帝王世紀、唐大衍曆議（朱右曾逸周書明堂篇注引）同，朱右曾謂管子等以爲七年者，通克殷之歲計之（亦見明堂注，邵雍皇極經世（卷二）謂武王己卯歲克商，七年乙酉崩，亦併伐商當年計之。），因別參逸周書作雒篇，定武王十七年（即克殷後六年）十二月崩。其說可取。是上述諸家竝以克商後之六年武王崩。淮南子要略篇：「武王立三年而崩。」史記封禪書：「武王克殷二年，天下未寧而崩。」敏案：司馬遷謂武王十一年克殷，十三年罹疾，瘳後而崩（見周本紀），是「克殷二年」謂十三年也。日人林泰輔「周公謂克殷後二年（即武王十三年）十二月崩。鄭玄謂武王伐紂後四年崩（詩豳譜疏引）。案：據書序，金縢篇以後，不復有武王之書，逸尚書篇亦不見武王之書，疑當從史記，參逸周書作雒，武王克殷後二年疾，當年十二月崩。武王享壽，禮記文王世子篇：「文王謂武王曰：

『女何夢矣？』武王對曰：『夢帝與我九齡。』文王曰：『女以爲何也？』武王曰：『西方有九國焉，君王其終撫諸。』文王曰：『非也。古者謂年齡，齒亦齡也。我百，爾九十，吾與爾三焉。』文王九十七乃終，武王九十三而終。」論衡氣壽篇、鄭玄、王肅（竝詩豳譜疏引）、干寶（周易集解蒙卦彖傳下引）等家用此說。案：「夢齡」之說誕妄，武王壽非九十三，路史發揮（卷四頁十—十一）：「武王之壽，烏有所壽（謂）九十三邪？且以武王少文王之四歲，文王崩服未終而伐紂克商（敏案：武王，伐紂克商當文王崩後十二年。），二年天下未寧而崩，相出入才七年，是文王七歲而生武王也。況復武王乃文王之次子，則伯邑考父之生也，文王才四、五爾，此其必不然一也。……」因據竹書紀年「武王年五十四」爲說。考逸周書度邑篇：「維王克殷國，……。王至于周，自鹿至于丘中，具明不寢。王小子御告叔旦，叔旦亟奔即王曰：『久憂勞問，害不寢？』曰：『安，予告汝。』王曰：『嗚呼？旦。維天不享于殷，發之未生，至于今六十年。夷羊在牧，飛鴻滿野，天自幽不享于殷，乃今有成。』」（文亦略見史記周本紀）楊筠如「周公事跡的傳疑」（中山大學語言歷史學研究所週刊第八集第九十一期）據之，謂「武王克殷之時大致當有六十以上，又後二年而崩，則武王之死亦當六十以上。」丁山「文武周公疑年」（責善半月刊二卷一、二期）據之，云：「當武王克殷，自言『發未生，于今六十年』，明年武王崩，自不得超年忽爲九十三。以度邑爲證，知古本紀年言武王陟年五十四，自是不易之論。」案：經籍記文武年歲多難信，度邑所載近正。武王崩，成王登位，其時成王年齡：(1)十三歲說，見古文尚書說（譙周五經然否論引：載玉函山房輯佚書，亦見五經異義疏證、經解卷一二四九頁五九；五經異義引，載隱元年公羊傳疏）、王肅（尚書洛誥疏引、家語冠頌篇）、洛誥僞孔傳、大戴禮保傅篇盧注、稽古錄（卷八總頁二一）、朱右曾（逸周書明堂注）；⑵六歲說，見新書修政語下；⑶十歲說，見鄭玄書注（禮記明堂位疏引）；⑷七歲說，見琴操（卷下）；⑸八歲說，見干寶說（周易集解蒙象下引）；⑹在襁褓中，見大傳（詩斯干疏引）、司馬相如（史記本傳「言封禪書」）、淮南子要略篇、史記（魯周公世家、蒙恬傳恬之言）、竇憲上疏（載後漢書桓郁傳）、郎顗（載後漢書本傳，云武王克殷之後生成王）、羅泌及其子羅苹（路史發揮卷四及注）。案：武王崩日成王方在襁褓之說，崔述等以爲失實，云：「……況周公之東也，唐叔實往歸禾（敏案：書序：「唐叔得禾，異畝同穎，獻諸天子；王命唐叔歸周公于東。」），則成王之不幼明矣。」（豐鎬考信錄卷四頁二）魏源云：「成王開金縢時已勝弁冕之服、悟鴟鴞之詩，明在已冠之後。大戴禮公冠篇：『周公冠成王，命史作册詞。』故宋王儉諒闇議據之：『成王嗣位，明年六月既葬，周公冠成王而朝於祖，……。』蓋天子之禮與士大夫異，三年之喪祭天地越紼而行事，若不冠何以祭天？故知元年夏葬武王於畢，周公既冠成王於文武廟而後出征，年十四矣。……若夫襁褓負扆之言，由誤讀（大戴禮）保傅篇以成王爲太子時事譌爲天子時事。保傅篇言『古者太子始生，即擧以禮教之於赤子之時，故成王幼在襁褓之中而召公爲太保、周公爲太傅、太公爲太師，又置三少以道習之。……』此謂武王時教太子誦之法也。」（書古微卷八頁九—十）皮錫瑞云：「漢書杜欽傳云：『昔周公身有至聖之德，屬有叔父之親，而成王有獨見之明，無信讒之聽，……。』此亦不在襁褓之一證。若在襁褓，安有獨見之明？周公作詩貽王，若在襁褓，安知未敢訓（誚）公？周公又抗世子法於伯禽，若在襁褓，何以抗法？」（今文攷證卷十三頁六）楊筠如曰：「成王爲武王嫡子，而下復有邘、晉、應、韓諸弟原注：左傳（僖廿四年）：「邘晉應韓，武之穆也。」，即使邘晉應韓不必都是成王之弟，而叔虞少於成王，有明文可據原注：史記。，則武之死，成王何得尚爲嬰兒！」（周公事跡的傳疑）日人瀧川資言曰：「若武王崩時成王方在繈褓，則成王母弟尚有唐叔，應侯亦成王弟，其時將未晬邪？抑遺腹邪？」（史記會注考證卷三三頁七）（又丁山說與上兩家略同，見文武周公疑年。）屈師翼鵬曰：「成王即位不久，就曾親自東征原注：「尚書多方說：『惟五月丁亥，王來自奄，至于宗周。』可證成王親自參加了伐殷的戰事。」；足證他的年齡也不會太小。……成王即位時或者已到二十以上。」（西周史事概述，載中研院史語所集刊第四十二本。）愚謂諸家論成王時非嬰兒，大致得之。矧成王若在繈褓，則七年後不過八、九齡，必不能蒞政。唯當日幼少，則亦事實不可爭者，禮記明堂位篇、尸子（藝文類聚六引）、逸周書明堂篇、韓非子難二篇、韓詩外傳（卷七）、史記（周本紀、衛世家、管蔡世家）、漢書（王莽傳、翟方進傳）列子楊朱篇皆謂。又尚書召誥篇記召公謂成王曰：「今沖子嗣，則無遺壽耇。」又謂之云：「有王雖小，元子哉！」洛誥篇周公屢呼成王「孺子」。作雒時成王猶小，初即位時尤小，則本篇「公將不利於孺子」，孺子宜從上述(1)說，年方十三，後七年年長，可以親政，而周、召二公猶以「沖孺」呼之者，一若「圯上老人呼張子房也」。

三三

辟，通避，謂避居出朝，鄭玄尚書注：「我今不避孺子而去，我先王以謙讓爲德，我反有欲位之謗，無告于我先王，言愧無辞也。」（詩豳風七月序疏引，禮記文王世子孔疏引鄭玄尚書注：「羣叔流言，周公辟之居東都，時成王年十三也。」）○周公之避，所以必告二公而後行者，書經注（卷八頁五）：「以成王尚幼，朝廷之事不可以無所屬也。所以周公居外而朝廷不亂，成王雖疑而外不敢誚者，以二公在焉爾。微二公則周家之禍必有出於意料之外者，周公亦不應避小嫌而忘大計矣。」辟，僞孔傳：「法也。……言我以不法法三叔，則……。」釋文：「辟，扶亦反，治。」我之弗辟，言我若不誅討二叔及武庚也。後世多從此說。案：說文：「辟，法也。」說文：「辥，治也，从辟从井。周書曰：『我之不辥。』」段注：法也。字亦作嬖，說文：「治也。」是辟可借爲刑辥之辥。唯非此經之義。考辟，釋文：「馬、鄭音避，謂避居東都。」史記魯世家正義：「辟，音避。」陳鵬飛、吳棫皆從馬鄭說（輯纂卷四頁四二引）。朱子作金縢說（朱文公文集卷六五頁二一）辟尚訓法（同僞孔傳），後於「答蔡仲默書」（朱文公續集卷三頁十一）：「弗辟之說，只從鄭氏爲是。……是時三叔方流言於國，周公處兄弟骨肉之間，豈應以片言半語便遽然興師以誅之？聖人氣象，大不如此。又成王方疑周公，周公固不應不請而自誅之。若請之於王，王亦未必見從，則當時事勢亦未必然。雖曰聖人之心公平正大，區區嫌疑，自不必避。但舜避堯之子於南河之南，禹避舜之子於陽城，自是合如此。」蔡傳用鄭、朱子說。清人崔述、許鴻磐竝申朱、蔡此意，崔云：「書云『流言於國』，不云『殷畔』，則是殷猶未畔。……流言者，道路之言，事後知其所起，乃追書之；當時尚未知爲誰何，周公可以疑似而遽殺其兄乎？周公之東征，討武庚也；武庚未畔，討之何名？未畔而已伏誅，則是初無畔殷之事而周公誣之也。若謂武庚之畔即在流言之時，則史當特書之以爲討之張本，不得但記流言，遽云當誅。……雖初搦筆之童子不至如是，況史臣而有此文理邪！」（豐鎬考信錄卷四頁九—十）許氏曰：「漢昭帝十四歲在位，霍光秉政，適有燕王旦之書，且免冠待罪而不敢入，曾周公並霍光之不若乎？一聞流言，不待王命遽興師誅之滅口；民謗尚不可監，流言可殺之而弭耶？縱其心無他，其何以暴白於天下以上對君父告先王哉！」（尚書札記，經解卷一四一〇頁二一）項氏家說亦略同朱說，云：「周室初基，中外未定，流言乘閒而作，成王疑于上，國人疑于下。周公苟不避之，禍亂忽發，家國傾危，將無以見先王于地下矣。……但不居中則不利之謗自息，而亂無從生矣。」（卷三總頁三四）段玉裁（撰異，經解卷五八一頁八）亦同朱子說。案：武王初崩，成王即位，周公攝政，管蔡等造作謠言，周公避謗出朝，未幾武庚、二叔及奄君、薄姑、淮夷舉兵叛亂。大誥篇曰：「有大艱于西土，……越茲蠢」，卜辭預示武庚等時已擾動也。又曰：「殷小腆，誕敢紀其敘，……曰：『予復！』反鄙我周邦」，謂武庚稱兵將襲周復殷也。又曰：「惟大艱人，誕鄰胥伐于厥室」，陰指二叔勾結殷人攻擊其王家也。其曰「今蠢」，明言彼叛徒現已發動，故終則曰「肆朕誕以爾東征」！周公以成王命發大誥東征，乃武王崩之次年（即成王元年）事，前此因流言避出，非一事也，朱子等說得之。又辟、避古音近通假（見假借字集證）金履祥書經注（卷八頁四）：「按古文尚書『辟』字作『𨐨敏案：參考表注及書古文訓，當作「𨐨」，此「𨐨」字乃刻誤。』，古文凡『君辟、刑辟』之『辟』皆作『侯敏案：參考表注、汗簡及書古文訓，當作「侵」或「侵」，此「侯」字乃刻誤。』，唯此作『𨐨敏案：亦「𨐨」之誤。』，此必孔壁書本是『避』字也。『辟』諧聲从走从廾（敏案：原誤作井，今正。），皆『避』之義。」金氏尚書表注（卷下頁十）：「案古文尚書凡『君辟、刑辟』字皆作『侵』，獨此『辟』作『𨐨』，是必孔壁書本作『避』字也。『辟』諧聲从之从廾，皆『屛避』之意。」撰異（經解卷五八一頁八）：「金氏說最誤！其所云古文尚書者，即宋次道、王仲至、晁公武、薛士龍本也。其作『𨐨』

者，乃『辥』之譌文也。惟金縢作『辥』者，正是用說文為藍本，而轉寫譌『井作『幷』。眞壁中古文『辥』字，斷不止金縢一見，許叔重隨意一引耳，孔安國以今文讀之，既悉改為『辟』字。」案：考宋薛士龍（季宣）本（即書古文訓）及清李遇孫尚書隸古定釋文本金縢「我之弗辟」之「辟」皆作「辥」，从「井」不从「幷」；汗簡有从井之「辥」而無从幷之「辥」。說文：「辥，治也；从辟从井。周書（金縢篇）曰：『我之不辥。』」又說文無「辥」字。段氏謂金氏作「辥」乃「辥」之譌，蓋是。唯考玉篇有「侵」（字或作「侵」）字，云「辟」之古文，而說文無「侵」或「侵」。金氏據薛氏等古文尚書本，見五十八篇尚書本「君辟、刑辟」之「辟」凡四十五文皆作「侵」或「侵」，獨此一文「辟」作「辥」，且今本金縢此「辟」字又可解為「避」，而「辥」與「避」皆諧「辟」聲，兼之尚書別無「避」字，因斷此「辥」借為「避」。至於「侵」或「侵」，但為「刑辟」之「辟」之古文（說文九上「辟」部「辟」下：「法也。」），並無「避」義。則金氏說甚可取。古文尚書刑辟之辟既皆作侵，則金縢辟字固非刑辟義，讀為屏避字正協經義。周公避就處所，馬、鄭以為「居東都」（已見上引），皆誤本篇下文「周公居東」——記周公東征為避謗居東（說詳下），其實周公避謗未必之東也。又或誤周公避讒奔楚事即此事。周公避讒奔楚，史記魯世家：「初成王少時病，周公乃自揃其蚤（爪）沈之河，以祝於神曰：『王少未有識，奸神命者乃旦也。』亦藏其策於府。成王病有瘳。及成王用事，人或譖周公，周公奔楚。成王發府，見周公禱書，乃泣，反周公。」蒙恬傳恬對使者曰：「……及成王有病甚殆，公旦自揃其爪以沈於河曰：『王未有識，是旦執事有罪殃，旦受其不祥。』乃書而藏之記府。……及王能治國，有賊臣言周公旦欲爲亂久矣，王若不備，必有大事。王乃大怒。周公旦走而奔於楚。成王觀於記府，得周公旦沈書，乃流涕曰：『孰謂周公旦欲爲亂乎？』殺言之者，而反周公旦。」世家及蒙傳所記爲同一事，而本不與金縢周公代武王死、成王啓匱得書感悟同，故史遷於魯世家分別記之，且曰：「周公亦藏其策於府。」明先後乞代兩王死，而皆藏其祝册於府也。徐中舒亦云：「周公適楚，及管蔡流言周公居東，本爲二事。」（中研院史語所集刊第七本第二分「殷周之際史蹟之檢討」）漢人焦延壽易林需之无妄云：「載璧秉珪，請命于河；周公剋敏，沖人瘳愈。」即用史記之說。或誤合二事爲一，論衡感類篇：「金縢曰：『……。』古文家以武王崩，周公居攝，管蔡流言，王意狐疑周公，周公奔楚，故天雷雨以悟成王。」俞正燮以爲周公奔楚，於傳有之：「左傳昭公七年：將如楚，夢襄公祖，梓愼曰：襄公之適楚也，夢周公祖而行。子服惠伯曰：先君未嘗適楚，故周公祖以道之。襄公適楚矣，而祖以道君。然則襄公曾適楚，故祖道昭公，以見周公曾適楚，故祖以道襄公。」（癸巳類稿卷一頁二十「周公奔楚義」）（楊筠如、徐中舒皆謂史記周公奔楚說本於左傳此文，孫次舟少異其說。）譙周云：「秦既燔書，時人欲言金縢之事，失其本末。」（魯世家索隱引）王應麟云：「考之書，啓金縢之書在周公未薨前，而無揃蚤事，此蓋一事，傳之者不同耳。」（史記會注考證引）楊筠如以爲奔楚爲金縢避謗居東「一種傳說的分歧」（周公事跡的傳疑）。孫次舟亦謂由金縢「周公居東二年，則罪人斯得」衍生周公受讒奔楚之說，「蓋在秦漢之際，由金縢蛻變之異說，流行正廣，故史遷乃兼錄之也」。且云：「揃爪沈河一事，頗易使人想及晉文公之以璧投河與咎犯誓……，與西門豹之沈巫於河事，則尊信河神實爲晚起之事。其在周初，只上帝及先王算爲神祇，然則周公祝成王疾，不於宗廟，而沈爪於河何爲耶？」（均見說文月刊第四卷合刊本「周公事蹟之清理」）案：奔楚傳說自金縢避流言事增飾而成，起於金縢成書之後，楊、孫說頗可取。自「既克商二年至我無以告我先王」，記克商後至武王崩及周公避謗出中事。避謗出中後至周公以成王命東征（即本篇「周公居東」云云）之前，則本篇未記。我無以告我先王，尚書斠證：「案史記、金樓子說蕃篇『無』上並無『我』字，是也。此涉上下文『我』字而衍。」

周公居東二年，則罪人斯得（註三四）。于後，公乃為詩以貽王，名之曰鴟鴞（註三五）；王亦未敢誚公（註三六）。

釋文

三四 周公居東二年，謂周公承成王之命，於成王元年（即武王崩之次年、周公攝政元年），率師東征討叛，歷時約二年（如併首尾計之，則爲三年）也。罪人，指武庚、管叔、蔡叔、奄君、薄姑及淮夷等實行叛亂之人。斯，皆也（書疏引王肅說），盡也。罪人斯得，謂叛國者武庚等盡爲周公所獲以治罪也。○周公居東：或以爲事即上文羣弟流言、周公避謗，墨子耕柱篇：「古者周公旦非關（管）叔，辭三公，東處於商蓋（奄）。……翟聞之，爲義非避毀就譽；去之茍道，受在何傷？」（尚書故謂墨子此文亦謂周公東伐商奄。失之。）琴操（卷下）：「是時周公因誅管蔡之後，有謗公於王者，……周公乃奔魯而死。」清徐文靖云：「據戰國策（魏策二）惠施曰：『昔王季歷葬於楚山之尾，欒水齧其墓。』季婦鼎銘曰：『王在成周，王徙于楚麓。』左傳成十三年：『迓晉侯于新楚』，杜注：『新楚，秦地。』括地志：『終南山一名楚山，在雍州萬年縣南五十里。』武王墓在萬年縣西南二十里。周公奔楚，當是因流言出居，依于王季、武王之墓地，必無遠涉東都之理。」（竹書統箋卷七頁十二）癸巳類稿（卷一頁十九—二十）亦謂居東爲奔楚。越絕書（卷三）則又謂居東爲巡邊：「周公……傅相成王，……管叔蔡叔不知周公，而讒之成王，周公乃辭位，出巡狩于邊一年。……」案：周公受封於魯，地在今河南省魯山縣（本傅孟眞先生「大東小東說」），子孫東徙於今山東曲阜，不致早至成王三年克武庚踐奄（在山東曲阜）之前，是公決無避謗東漸於海之理。乞代成王死、受讒奔楚，爲金縢記事之分歧（已詳註三三），矧雍州萬年之楚地望在西不可以語東（周人言東土，指關河以東。），則「周公居東二年」不得爲「周公依流言出居，依先王之墓地」甚曉。至避讒巡狩之說，尤歧中之歧，不足論矣。鄭玄論周公東征前後事；多異義非常，後學惑焉！玄曰（書疏引）：「武王崩，周公爲冢宰。三年服終，將欲攝政，管蔡流言，即避居東都。成王多殺公之屬黨。……及遭風雷之異，啓金縢之書，迎公來反；返乃居攝。後方始東征。」又曰（詩豳風譜疏引）：「罪人，周公之屬、與知攝者；周公出，皆奔。二年，盡爲成王所得。」又曰（詩豳風七月序疏引）：「居東者，出處東國待罪，以須君之察己。」鄭謂周公於武王卒後三年乃將攝政，居東二年西歸後始攝政，上引江聲說及大傳（見註三二）已辨其失矣，魏源亦言其悖理，書古微（卷八頁九）：許愼引古文尚書說：成王即位年十三，明年葬武王於畢成王年十四，周公冠之而出征，東征三年歸營洛制禮樂而致政，成王年十九。是攝政七年并居喪居東五年數之也。……鄭氏之謬，不可勝數。君薨，攝於冢宰，百官總己以聽，此上古之制。乃不攝於居喪居東王幼之時，而攝於東征既歸五年已長之後，別爲居攝之元年，而又非成王即位之年，大謬！」鄭解「罪人斯得」謂周公避東之時，與知公將攝政者（即公之屬黨）多爲成王所殺，馬昭、干寶略承其說馬云：「公黨已誅。」（詩鴟鴞疏引）干云：「此成王始覺周公至誠之象也，……正四國之罪，宜釋周公之黨。」周易集解蒙初六「用說桎梏」引）。然時王肅已非之，云：「案經傳內外，周公之黨具存，成王無所誅殺，橫造此言，其非一也。」（詩鴟鴞疏引）汪中述學亦論鄭失，云曰：「公之攝位敏案：當爲攝政。，卿尹牧伯下及庶士，其誰不知，而云『辠人周公臣屬，與知攝者』，此又私黨陰謀之說，不可以論周公。」（經解卷八〇〇頁十五）案：本篇「罪人斯得」冒上「周公居東」，是得罪人者爲周公而非成王，而罪人斷非所謂「公之屬黨，與知攝者」。伏生以居東爲東征，既曰周公攝政：一年救亂，二年克殷，三年踐奄已詳上引，又曰：「武王死，成王幼，……管叔疑周公，流言于國曰：『公將不利于王。』……然後祿父及三監叛也，周公以成王之命殺祿父，遂踐奄。」（輯校卷二頁十八）史記亦以居東爲伐叛，魯世家：「於是（周公）卒相成王，……管蔡武庚等果率淮夷而反，周公乃奉成王命興師東伐，……遂誅管叔，殺武庚，放蔡叔，收殷餘民，……二年而畢定。」王肅注金縢曰：「管蔡與商奄共叛，故東征鎭撫之。案驗其事，二年之間，罪人皆得。」（書疏引）僞孔傳：「周公既告二公，遂東征之，二年之中，罪人此得。」亦竝謂居東即東征。書疏且明申「罪人」即三叔等叛徒，云：「周公……遂東征之。……居東二年，則罪人於此皆得，謂獲三叔及諸叛逆者。」至詩東山「自我不見，于今三年」，詩東山小序：「周公東征三年而歸」，詩、書記歲月殊異者，書疏：「詩言初去及來，凡經三年；此直數居東之年，除其去年，故二年也。」章太炎別援逸周書及尚書大誥篇論居東即東征，而獲罪人即克殷得管蔡，云：「居東二年，罪人斯得，即逸周書作雒篇所謂『二年，作師旅，臨衛政（原注：借爲征。）殷，殷大震潰，王子祿父北奔，管叔經而卒，乃囚蔡叔于郭凌』也。……說書者自太史而外，多以罪人斯得爲知流言所自起（敏案：蔡傳：「方流言之起，成王未知罪人爲誰，二年之後，王始知流言之爲管蔡。」），非謂克殷得管蔡。既與作雒篇相戾，又謂罪人既得乃返鎬京作大誥。身在兵間，可一日動耶？案：……大誥稱『今蠢』、稱『朕誕以爾東征』，則三監之叛以聞，乃率諸侯征之也。其事不過在數月間，無闊遠至數歲理。據作雒篇，武王崩在十二月，其葬在明年六月，中間七月，則流言與叛先後足得相容矣。」（古文尚書拾遺定本，載制言半月刊第二十五期頁二八—二九。）僞孔傳等混避謗與居東爲一事，鄭玄誤武王崩至發師東征事隔五年，太炎此說足以破之。此役，周公用兵路線，傅孟眞先生集大東小東說言其大略，云：「武王初崩之歲，管蔡流言，武庚以淮夷叛。……此時周公在何處用兵，宜爲考求。詩書所記，只言居東，未指何地爲東。……周公用兵，當經衛之一路。其成功後，乃能東南行，而驅商人服象於東夷也。……周兵力自衛逼奄，當居今河北省濮陽、大名等縣，山東省茌、博、聊、濮等縣境，此即秦漢以來所謂東郡者也。」唯本篇作者不書東征而曰居東，不曰管蔡武庚皆伏誅而云罪人斯得者，今古文集解（卷十三頁五）曰：「緣周公之心而爲諱詞也。」書古微（卷八頁五）：「緣周公心所不忍而渾其詞耳。」案：斯說得之，大誥亦多渾諱其詞，如不斥言二叔與武庚結叛而曰「惟大艱人，誕鄰胥伐于厥室」是也。斯，蔡傳訓始，云：「遲之之詞也。」案：蔡謂「得罪人」爲成王歷時二年乃察知製造流言之人，故釋字誤如此。僞孔傳「斯」訓「此」，亦不如王、鄭及唐孔氏訓「盡」均已見上引，爾詁（卷三頁五九）：「斯猶盡也，詩皇矣『王赫斯怒』、板篇『無獨斯畏』，鄭箋竝曰斯，盡也。是其證矣。」案：金縢下文「大木斯拔」，「斯」亦當以「盡」釋，尤爲塙證。

三五

于後，在後也，承上謂在克殷踐奄——盡誅叛逆之後（西歸鎬京之前）也。貽，遺也（僞孔傳），致也。鴟鴞，詩經國風豳風之第二篇篇名。〇于，爾詁（卷三頁五九）：「猶其也，襄四年左傳：『愚弄其民』，潛夫論其作于，可證。」案：于訓其，古書虛字集釋（卷一總頁四七）別舉有四證。楊氏于後釋爲其後，亦通。鴟鴞之所以作，僞孔傳：「周公既誅三監，而作詩解所以宜誅之意以遺王。」作詩以表明心跡，詩序：「鴟鴞，成王未知周公之志，公乃爲詩以遺王。」

三六

誚，（責）讓也（詩鴟鴞疏引鄭注）。〇誚，僞孔傳亦訓讓，後案（經解卷四一六頁十八）：「誚爲讓者，說文卷三上言部譙字注云：『嬈譊也，从言焦聲，讀若嚼才肖切。』又重文誚字注云：『古文譙从肖。』即引周書此文以證。揚雄方言云：『譙，讓也。』誚即譙字，故誚亦訓讓；嬈譊亦有讓意也。」魯世家句作「王亦未敢訓周公」，撰異（經解卷五八一頁十一—十二）：「索隱曰：『尚書作誚，此作訓，字誤耳。』」錢氏曉徵（大昕）史記攷異云：『誚从肖，古書或省作从小，轉寫譌爲川爾。』玉裁按：玉篇曰：『信，古文作訬。』集韻曰：『信，古作訫。』玉篇之訬，即集韻之訫，皆本說文𧥄字；玉篇从立心，非從大小字也。汗簡曰：𢓊古文信，此亦依從言從立心之字爲之，轉寫誤多一畫耳。史記之訓乃訃字之誤，蓋今文尚書作『未敢信公』，與古文尚書作『誚公』不同。」疑當從段氏所考，史記此「訓」字原作「訃」。唯「王亦未敢訃公」，「敢」宜訓「能」（敢、能互訓，例見古書虛字集釋卷五頁三三一—三三二與卷六頁四九七—四九八。余別考尚書盤庚篇「敢恭生生」，敢必當訓能；又考史記淮陰侯傳「淮陰屠中少年有侮信者曰：『信能死，刺我；不能死，出我袴下。』於是信孰視之，俛出袴下蒲伏。一市人皆笑信，以爲怯」，「能」、「怯」對舉，是「能」當訓敢。）。夫如是則此句上與周公作詩自解之意密承；良以成王仍疑公如初，「未能信公」，故天作風雷，以開示成王，是則此句文氣又下與「秋大熟，天大雷電以風」云云相貫。書古微（卷八頁十七）以爲「天亦未敢訓公」與「秋大熟」之間有缺文，云：「……大傳、史記所述周公卒後『秋大熟，未穫』以下，或是亳姑篇之佚文（敏案：非是，辨詳下。）合於金縢篇內，未可知也。惟是亳姑篇既不存，而突以周公卒葬之文承於『王亦未敢訓公』之下，則上篇無尾、下篇無首，橫決不屬。且『成王啓金縢』與『周公納策金縢』事比詞屬，亦無以決其必爲亳姑篇之文。竊疑『未敢訓公』之下必有缺文。合之兩美，離之兩傷。」案：金縢敘一事之終始，首尾備足，中間組織，似斷嶺而雲連，貌絕而實續，魏氏誤釋太史所載經文，又涵泳玩索之功未盡，故誤有缺文。近人唐文治尚書大義（頁三六）：「魏氏……以爲有脫文，則未必然。蓋以文法而論，『未敢訓公』句係頓住法，下文直接『秋大熟』云云，並無不貫處也。」案：王至是猶不悟，故是年秋天變見警，是「誚公」下、「秋大熟」云云上承續甚密，未見頓住迹象。

秋，大熟，未穫（註三七），天大雷電以風（註三八），禾盡偃，大木斯拔（註三九）；邦人大恐（註四〇）。王與大夫盡弁，以啓金縢之書（註四一），乃得周公所自以為功代武王之說（註四二）。二公及王乃問諸史與百執事（註四三）。對曰：「信。噫！公命，我勿敢言（註四四）。」王執書以泣，曰：「其勿穆卜（註四五）。昔公勤勞王家，惟予沖人弗及知（註四六）；今天動威，以彰周公之德（註四七）；惟朕小子其新逆，我國家禮亦宜之（註四八）。」

釋文

三七 秋，周成王三年（即周公攝政三年）秋也。大熟，謂農作物普徧成熟也。穫，說文：「刈穀也。」未穫，謂時農作物尚未收割也。◯秋，鄭玄曰（詩豳譜疏引）：「秋謂周公出二年之後明年秋也。」鄭以武王崩年成王十歲，三年服終周公避謗居東時成王十三歲，居東二年罪人斯得時成王年十四，居東二年之次年秋遭風雷之變時成王年十五。鄭誤以居東為避謗已詳上，又謂秋為居東最後一年之次年亦誤。蓋經敘周公誅罪人、其後作詩遺王，又其後秋遭天變，而總冒以居東二年，明三事皆在周公東征末年，則秋為同年秋何疑？偽孔傳：「秋，二年秋也。」疏：「上文居東二年，未有別年之事，知即是二年秋也；嫌別年，故辨之。」

東征歷時二年，若併首尾計之，則此秋乃成王三年秋也。

或謂「秋大熟未穫」至篇末乃逸尙書亳姑篇之佚文，茲徵其始末如下：尙書大傳：「周公致政封魯，老於周，心不敢遠成王，欲事文武之廟，公疾，曰：『吾死必葬成周，示天下臣於成王。』及死，成王葬之畢，而云：『示天下不敢臣。』故公封于魯，身未嘗居魯。」（路史後紀卷九下頁一高辛紀下羅苹注引）大傳又曰：「……成王曰：『周公生欲事宗廟，死欲聚骨于畢；畢者文王之墓地。』故周公死，成王不葬于周而葬之于畢，示天下不敢臣也。所以明有功，尊有德，故忠厚之道咸在成王周公之間，故魯郊成王所以禮周公也。」（元金履祥通鑑前編卷八頁二五成王十一年下引）大傳又曰：「……周公死，成王欲葬之於成周（敏案：此八字用漢書儒林傳張山拊傳注引補。），天乃雷雨以風，禾盡偃，大木斯拔。國恐。王與大夫開金縢之書，執書以泣曰：『周公勤勞王家，予幼人弗及知。』乃不葬於成周，而葬之於畢，示天下不敢臣。」（漢書梅福傳注引，儒林傳張山拊傳注引及後漢書張奐傳注引竝略同。）史記魯周公世家：「周公在豐，病將沒，曰：『必葬我成周，以明吾不敢離成王。』周公既卒，成王亦讓，葬周公於畢，從文王，以明予小子不敢臣周公也。周公卒後，秋未穫，暴風雷雨，禾盡偃，大木盡拔，周國大恐，成王與大夫朝服，以開金縢書。王乃得周公所自以爲功代武王之說。二公及王乃問史、百執事。史、百執事曰：『信有，昔周公命我勿敢言。』成王執書以泣、曰：『自今後，其無繆卜乎？昔周公勤勞王家，惟予幼人弗及知，今天動威以彰周公之德，惟朕小子其迎，我國家禮亦宜之。』王出郊，天乃雨，反風，禾盡起。二公命國人，凡大木所偃，盡起而築之，歲則大熟。於是成王乃命魯得郊，祭文王；魯有天子禮樂者，以褒周公之德也。」尚書洪範五行傳曰：「周公死，成王不圖大禮，故天大雷雨，禾偃木拔。及成王寤金縢之策，改周公之葬，尊以王禮，由命魯郊，而天立復風雨，禾稼盡起。」（後漢書周舉傳注引）論衡感類篇：「金縢曰：『秋大熟，未穫，天大雷電以風，禾盡偃，大木斯拔，邦人大恐。』當此之時，周公死。儒者說之，以爲成王狐疑於周公。欲以天子禮葬公，公人臣也；欲以人臣禮葬公，公有王功。狐疑於葬周公之間，天大雷雨，動怒示變，以彰聖功。……開匱得書，見公之功，覺悟泣過，決以天子禮葬公。出郊觀變，天止雨反風，禾盡起。」白虎通封公侯篇：「周公身薨，天爲之變，成王以天子之禮葬之，命魯郊。」又喪服篇：「養從生，葬從死，周公以王禮葬何？……尚書曰：『今天動威，以彰周公之德』，下言『禮亦宜之』。」漢書梅福傳：「昔成王以諸侯禮葬周公，而皇天動威，雷風著災。」杜鄴傳：「大風暴過，成王怛然。」敏案：此條據撰異，列爲今文家說。儒林傳張山拊傳載谷永上疏曰：「昔周公薨，成王葬以變禮，而當天心。」後漢書周舉傳：「昔周公攝天子事，及薨，成王欲以公禮葬之，天爲動變。及更葬以天子之禮，即有反風之應。」張奐傳奐上疏曰：「昔周公葬不如禮，天乃動威。」後漢紀（卷二三）張奐上書曰：「昔周公既薨，成王葬不具禮，天乃大風，偃木折樹。成王發書感悟，備禮改葬。天乃立反風，其木樹盡起。」又何休曰（公羊僖卅一年傳「卜郊何以非禮，魯郊非禮」下注）：「昔武王既沒，成王幼少，周公居攝，行天子事，制禮作樂，致太平，有王功。周公薨，成王以王禮葬之，命魯使郊，以彰周公之德。非正故卜。」案：綜研上錄十五條，可獲要點四：其一、周公欲成王葬之於成周（雒邑），表示爲成王之臣；其二，成王原欲從周公意將葬公於成周，遭雷風之變，啓金縢書知周公勤勞國家，終乃葬公於文王墓所在地——畢，示不敢以周公爲臣（洪範五行傳「改周公之葬」，謂成王改變初衷、葬公於畢，非謂先已葬之於成周，後又遷葬於畢也。）；其三、大傳但謂成王崇德報功，命周公之封國——魯得行郊祭，但謂成王因天變開書悟而改意葬公於畢，史記衍爲遭變開悟，於是命魯得郊、用天子樂。而兩漢今文家（上述五行傳、論衡引、白虎通、梅福傳、杜鄴傳、谷永疏、周舉傳、張奐傳、何休注等文）更衍爲成王感天變啓金縢，終改以天子禮葬周公；其四、雷風拔木偃禾開書泣悟諸節，皆與今本金縢合，而史記自「秋未穫」至「歲則大熟」承用本篇經文尤其明顯。則是漢今文書家雖以「秋大熟」以下乃記周公卒後事，第無有明言其爲亳姑篇之佚文者，有之則始於清孫星衍。孫疏（卷十三總頁十七）：「史記（魯世家）又載成王病，成王祝神藏策。成王用事，周公被譖奔楚；成王發府見禱書，反周公。是非因天變開金縢。又載周公卒後，乃有暴風雷雨，命魯郊祭之事。是經文『秋大熟』以下，必非金縢之文……此篇經文當止於『王翼日乃瘳』，或史臣附記其事，亦止于『王亦未敢誚公』也。其『秋大熟』以下，考之書序，有成王告周公作薄（亳）姑，則是其逸文。後人見其詞有『以啓金縢之書』，乃以屬于金縢耳。」又曰（總頁二六—二七）：「此『秋大熟』以上敏案：原誤作下，參後文正。，有脫簡，不知何年秋也。……史公說爲周公卒後秋未穫，並言周公在豐，病將沒，欲葬成周之事，合之書序云：『周公在豐將沒，欲葬成周。公薨，成王葬于畢，告周公，作亳姑。』則此是亳姑逸文，成王所作。與周公所作金縢，別是一篇。亳姑篇今亡，猶可以此考見。其云『告周公』者，蓋以天變祝告改葬之。則所云『惟朕小子，其迎我國家禮，亦宜之』，謂惟我小子其逆於國家應有之禮，亦宜有此天變也。必後人因其文有『以啓金縢（敏案：啓、金二字原誤倒，今正。）』之詞，誤合于金縢耳。」又曰（總頁三一）：「（引今文多家書說）……按此諸說，皆今文尚書，則知『秋大熟』以上自有脫文。鄭氏、王充所見本已在金縢篇。孔子作書序時，自是亳姑文也。」孫氏別有尚書錯簡考論「亳姑逸文」（嘉穀堂集卷一頁二一—三）：「按：今金縢篇自『王亦未敢誚公』已上，蓋金縢文；自『秋大熟』已下，據尚書大傳及史記，當爲亳姑逸文也。書序『武王有疾不豫，周公作金縢』，在大誥、微子之命諸篇之前。史記魯世家于『王亦未敢訓周公』下，述營雒邑還政之事及作多士、毋逸、周官、立政諸篇，其後乃稱周公在豐及卒後暴風雷雨之事。明經文『秋大熟』以下非金縢本文矣。序稱亳姑爲葬畢告周公之事，正與大傳前文及史記合，是知告周公即告以悔悟尊禮之事也。後人或以其文有『啓金縢』之語，遂入其文于金縢篇中。事隔武王、成王及周公生死，中隔大誥、微子之命、歸禾、嘉禾、康誥、酒誥、梓材、召誥、洛誥、多士、無逸、君奭、成王征、將薄姑、多方、周官、立政、賄息愼之命凡十八篇，何得合而爲一？……畢以田按：『尚書「王出郊，天乃雨，反風」，出郊者，謂祭天於郊以周公配之也，書序所云「成王葬周公于畢，告周公，作亳姑」，即其事。此經上文云「今天動威以彰周公之德，惟予小子其親迎」，言親迎而祭之；迎，迎尸也。惟郊是郊祭周公之事，故言我國家禮亦宜之，禮者謂祭也。……』」宋翔鳳半從孫說，云：「此（敏案：謂魯世家「周公在豐」至「以襃周公之德也」一節。）即亳姑序云周公葬畢之事也。而世家以金縢篇文爲說者，周公攝政之事，以金縢始，以亳姑終，故錄金縢即終言其事，所以明公之志也。……『王亦未敢順（訓）公』，即葬公于畢之事也。……云『朕小子其新逆』者，讀如（僖廿五年左傳）『天子降心逆公』

之逆，謂自新以迎天意也。此記命魯得郊祭，知周公攝政天意所與也。」（尚書譜頁十七）書古微（卷八頁十七）謂伏生本金縢篇殘缺，據書序、大傳及史記，下半篇（「秋大熟」以下）或是亳姑篇佚文，又見上半篇（「王亦未敢誚公」以上）與下半篇「事比詞屬」，無以決下半必爲亳姑佚文，卒斷上、下半之間有脫文，而從古文馬鄭家解下半記周公居東時事。唯皮錫瑞（今文攷證卷十三頁七—八）力主今學，至於曲阿，所援以駁段玉裁、陳喬樅者，皆不出孫氏說，茲不具論。

於上述漢今文家及清孫、宋諸氏說，茲引昔賢說竝鄙見爲析評如下：音疏（經解卷三九五頁十：「雷風之變若是周公卒後事，則經于『秋大熟』之上當明言『周公既歿』以別起其文，以見與『爲詩詒王』異時，如上『武王既喪』之文——此異于周公請命時矣。茲于『王亦未敢誚公』之下既云『秋大熟，未穫，天大雷電以風』，明雷風之變爲王惑于流言，不爲王疑于葬公，故知古文說是。」案：金縢記事，以周公乞代死爲主，連及東征前後，其「秋大熟」蒙上「居東二年」爲言，則秋爲居東最末一年之秋，故秋上毋需記某年，孫氏謂「句上有脫簡，不知何年秋」者，蓋先已錯將此下經文認作亳姑殘文，故不復深考耳。撰異（經解卷五八一頁十七—十八）亦謂全篇記事時次連貫，云：「今文之說最爲荒謬！史官記事，前云『既克商二年』、云『武王既喪』、云『居東二年』，何等分明，豈有『爲詩詒王』之後、『秋大熟』之前，閒隔若干年若干大事，不書周公薨，而突書其薨後之事，令人讀罷不知其顚末者？」案：經不言周公薨，則「周公爲詩貽王」應與下雷風災變詞屬事比，而雷風之所以變，爲成王惑於流言，其間決無「閒隔若干年」理。江、段說是也。矧如史記，繫

「秋未穫」以下於周公作周官、作立政、在豐病將沒之後，則反不知秋爲何年之秋矣，述疏（卷十三頁三四）：「經書『秋』者，居東二年之秋也。史記云『周公卒後，秋未穫』，然則爲何年秋乎？於文未適也。」楊氏「周公事跡的傳疑」云：「就本文看，前面『納册金縢匱中』、後面『啓金縢之書』，前面『我其爲王穆卜』、後面『其勿穆卜』，都是首尾相應一個完全的故事。我疑今文家的解說，割裂金縢，未必可信。」是亦以本篇前後辭比事屬，不容強裂爲周公生死二事。大傳釋「王出郊」之「郊」，曰「魯郊成王所以禮周公」、史記曰「成王命魯得郊」，明爲成王出郊外迎周公，而謂之郊祭，曲解經義甚顯，矧據述疏（卷十三頁三三）所考，竝成王命魯郊之事或亦烏有乎？「呂氏春秋云：『魯惠公使宰讓如周，請郊禘禮，王使史角止之。』然則成王非賜魯郊矣。禮祭統云：『昔者周公既沒，成王、康王追念周公之所以勳勞者，而欲尊禮，故賜之以重祭。』蓋傳聞之辭，將成王邪？將康王邪？實無其賜也！春秋之書，自閔、僖而書郊禘，明其非禮也。禮運有言：『魯之郊禘，非禮也；周公其衰矣。』今以『王出郊』爲郊祭，繇是而賜魯郊焉，誣也。」成王準國家禮制，出郭親迎周公（經文「惟朕小子其新逆，我國家禮亦宜之。王出郊」。），如周公時已卒，「則所謂親迎者，迎何人乎？所謂出郊者，欲何爲乎？」（崔述豐鎬考信錄卷五頁十七，後案亦作此疑問。）論衡擧今文家說，謂成王出郊觀變。夫天變於朝可觀而知也，勿庸出之郊野。孫氏則訓「逆」爲「違」，謂成王自云己「逆於國家應有之理，亦宜有此天變」。案：成王自言「其新逆」，謂「將新迎」；我國家禮亦宜之，謂依國禮亦應親迎之；「之」承上「天彰周公之德」指周公；下文記「王出郊」迎周公。經義明確。孫說大失！畢氏見「新逆」句非釋爲「親迎周公」不可，乃變孫氏意，又謂是「迎周公之尸而祭之」，考「秋大熟」至此，並無缺文，而所記皆周公生時事，決不見公薨之意，則成王所迎者，非周公屍骨甚明。宋氏謂本篇前半記周公受命攝政（斯說甚謬！前評已及。），釋此「新逆」則謂「自新以迎天意——天命魯得郊祭、與周公攝政。」斯以臆說之，非經旨也。書序據亳姑經意，但記周公欲葬成周，成王卒葬之于畢，因作告。亳姑在百篇中，伏生雖嘗及見，唯入漢後亡佚，但憑記憶，說周公卒葬事，容有失誤，述疏（卷十三頁三三）單就其「示天下臣于成王」及「示不敢臣周公」之義論其失曰：「成王君也，周公臣也。其臣于成王，天下無不知之矣，豈待以一葬示天下哉？……成周者，洛也。據洛誥，則周公奉成王命而留後于洛者也。成周文武之廟，其久事之也。其欲葬成周者，猶禮檀弓言齊太公反葬於周也。示不忘也。然不敢葬于畢也，畢者文王之墓在焉。成王葬周公于畢，示天下周公之孝也，非不敢臣之義也。」史記「周公在豐，病將沒，曰必葬我成周」，節抄書亳姑序文（史遷蓋未見經篇。），唯於序文「告周公，作亳姑」則不取；「以明吾不敢離成王至不敢臣周公」，用大傳說。史遷參酌大傳、取書金縢「秋大熟」以下文，衹謂成王因天變彰公之德，故命魯得郊及用天子禮樂，而於大傳雷風之變改葬周公于畢一義則並不取也。孫氏、宋氏竝誤會史公意。書序衹言「成王葬周公于畢，告周公」，無有天變情節；金縢下半則決無祝告之意。乃孫氏竟謂「告周公」事即因天變祝告改葬，而畢氏謂「王出郊」即祭天以周公配，故周公得於配享時受告也。皆悖禮違常，無徵不信之說。是以崔述謂「史記蓋因大傳而誤」（豐鎬考信錄卷五頁十七），王鳴盛謂「周公欲葬成周，王葬之于畢，出亡篇亳姑序。事誠有之，然是周公致政退老歸豐以後事，與風雷示變開金縢書無涉，乃合而爲一。……此不可信也。」（後案，經解卷四一六頁二五）述疏（卷十三頁三二—三四）：「或曰：自『秋大熟』而下，皆亳姑之逸文也。……或說非也。如其言，將金縢之篇爲無終矣。夫大傳今文家說，亦傳聞之辭爾。……史記云……。此史遷雜采而爲之說爾。所謂『周公卒』者，豈經文邪？大傳次金縢於大誥後，以其言周公卒後開金縢者也。」即清今文學家亦頗不然漢今文大家伏生說也：陳壽祺謂論衡引書「乃得周公死自以爲功代武王之說」，蓋古文「所」字今文作「死」形致譌，故以金縢之事與亳姑序事聯爲一也（撰異引，經解卷五八一頁十二）。陳喬樅謂：「伏生傳尚書教於齊魯之間，簡帙稍完者僅二十八篇。其時藏書尚未出（敏案：孔壁古文有金縢無亳姑。），生年已老，記憶容不能全，故脫去避居東國之事，至以風雷示變爲在周公沒後，開書感悟、成王親迎爲迎周公之喪；改用王禮，葬公于畢。」（今文經說攷卷十六頁二七）魏源以爲伏生所得二十九篇內金縢殘缺不全，故終棄伏傳、從馬鄭之說定經義（書古微卷八頁十七）。而顧廣譽作「金縢有亳姑逸文辨」，專非孫氏，要點有四：「孫氏據史公說周公卒後，秋未穫，竝言周公在豐，病將沒，欲葬成周之事，有與序『周公在豐，將沒，欲葬成周。公薨，成王葬于畢，告周公，作亳姑』云云適合，以是知爲亳姑逸文。然魯世家載成王葬周公，容或本之亳姑序文，而『告周公，作亳姑』則未之及，無以必其爲是（亳姑）篇之文（敏案：此其一。此義，余上按語已略及。）。……（論衡）感類篇云：『金縢曰：「秋大熟，……。」……儒者說之，……。古文家以武王崩，周公居攝，管蔡流言，王意狐疑周公，周公奔楚，故天雷雨以悟成王。』充言『金縢曰』，即今之經文也。『儒者說之』者，說書者之言也。下特言『古文家』者，以別於前之爲今文家也。然則古今文不同，而同爲金縢之文明矣。孫氏何所見而必以爲亳姑文耶（敏案：此其二。）？且以經文詳之，『武王既喪』至『王亦未敢誚公』，所以爲啓金縢、出郊迎緣起也。今斷自『秋大熟，未穫』以下爲亳姑逸文，則於金縢爲有首無尾（敏案：此其三也。金縢辭比事屬，上已詳言之，所引江聲、段玉裁、簡朝亮、楊筠如諸家之說，竝可參看。）。若亳姑之篇果信所詳，顧不出金縢一事，於亳姑又爲節外生枝，此尤有知其決不然者（敏案：此其四也，諸家所未及者。）。按金縢事本末甚明，今文家必以疑葬周公釋之，殊難曉。竊意說蓋肇於戰國羣言淆亂時。……乃伏生既采之大傳，史公復載之世家，致滋異說。……而孫氏復揚其波，幷欲變亂篇第，是不得以不辨。」（悔過齋文集卷一頁十四—十五）

愚案：本篇前記「二公曰」、中記「周公乃告二公曰」、下（「秋大熟」以後）記「二公及王乃問諸史及百執事」、「二公命邦人」，人物相同，又屬於同一故事，則前後「二公」皆謂太公望、召公奭。考太公仕周於文王時年已七十二（荀子君道篇。參史記。），庚齒長於周公甚多。作洛乃周室大事，召誥、洛誥但記周召二公贊輔其事，決不及太公言行，此後書篇亦不記太公。疑太公成王七年之前已薨。太公先薨，則方其「問諸史」及「命邦人」時，周公固健在，則本篇「秋大熟」以下文非記周公薨後，可以斷言。孫氏亳姑逸文誤綴於此之說，不攻自破。金縢篇有始有終，嗜異之士妄意分裂經文者可以休矣。

三八 以，猶今語「挾著」、「帶著」。○以，書疏：「天大雷電又隨之以風」，是訓「隨之」，釋義訓「及」，不如倣大誥「肆朕誕以爾東征」之「以」，訓「帶著」，尤契經意。尚書斠證：「案金樓子『以』作『且』，『以』猶『且』也。」金樓子蓋訓『以』爲『及』，故改易經字作且。雷電，孫疏（卷十三頁二八）以爲當作「雷雨」，云：「『大雷電以風』，

『電』當爲『雨』。……史公爲『暴風雷雨』者，（後）漢書周舉傳注應劭引洪範五行傳作『大雷雨』，論衡感類篇亦作『雷雨』，則『電』爲誤字。」今文攷證（卷十三頁八）是其說：「論衡引經『雷電』字誤、當作『雷雨』，……後漢書張奐傳注引大傳亦誤作『電』，……皆淺人據古文尚書改之也。感類篇『雷雨』字凡二十餘見，則其前引經當作『雷雨』甚明。」述聞（經解卷一一八二頁三九—四十）則以爲今文「雷電」作「雷雨」，下文「天乃雨」，今文作「天乃霽」，而未決言孰本爲正，云：「史記魯世家曰『秋未穫，暴風雷雨』，論衡順鼓篇曰『周成王之時，天下雷雨，偃禾拔木』，又感類篇曰『秋大孰，未穫，天大雷雨以風原注：「今本電雨作雷電，乃後人據古文改之。下文雷雨字凡數十見。又曰『雷爲天怒，雨爲恩施』，使天爲周公怒，徒當雷不當雨；今雷雨俱至，天怒且喜乎？則上文本作電雨，非作雷電明矣。今改正。」』。豳風伐柯箋曰『成王既得雷雨大風之變，欲迎周公』，漢書梅福傳注引尚書大傳曰『周公死，天乃雷雨以風』，又儒林傳注引大傳曰『周公死，成王欲葬之於成周，天乃雷雨以風』，後漢書周舉傳注引洪範五行傳曰『周公死，成王不圖大禮，故天大雷雨』，又張奐傳注引大傳曰『周公薨，成王欲葬之於成周，天乃雷雨（斂案：集解本後漢書作電）以風』。據諸書所述，則古文之『天大雷電以風』，今文作『雷雨』明矣。又案：論衡感類篇曰『開匱得書，見公之功，覺悟泣過，決以天子禮葬公。出郊觀變，天止雨反風』，琴操說『周金縢曰「成王聞周公死，以公禮葬之，天乃大暴風疾雨，成王懼，取所讒公者而誅之，天乃反風霽雨」』。據此，則古文之『天乃雨』，今文當作『天乃霽』；雨止爲霽，故論衡以『止雨』代之也。蓋古文言『天大雷電』而不言『雨』，故下文曰『天乃雨』；今文既言『天大雷雨』，則下文不得言『天乃雨』矣。魯世家言『暴風雷雨』，是用今文也，而下文又曰『天乃雨』，顯與上文不合；蓋亦作『天乃霽』，而後人據古文改之也。後漢書周舉傳注引五行傳曰『成王改周公之葬，尊以王禮，而天立復風雨』。案：『復風雨』三字義不可通。蓋本作『復風止雨』，『復風』即『反風』也（原注：漢書劉向傳曰「成王有復風之報」。），而今本無『止』字，蓋亦後人所刪。」敏案：今、古文本尚書金縢篇皆作「雷電」不作「雷雨」、皆作「天乃雨」不作「天乃霽」。知者，考後漢書張奐傳注引尚書大傳作「天乃雷電以風」（王先謙後漢書集解本，陳壽祺撰尚書大傳輯校所據後漢書本、皮錫瑞撰今文攷證所據後漢書本皆然。），述聞所據別本作「雷雨」蓋誤。是伏生所見金縢本作「雷電」。此與王充所見本字同，故論衡感類篇直引「金縢曰」，作「天大雷電以風」；而後載或者之問又曰：「成王不以天子禮葬周公，天為雷風，偃禾拔木」（各本論衡竝同）。漢書梅福傳「昔成王以諸侯禮葬周公，而皇天動威，雷風著災」（此二條王氏未引），「雷風」即「雷電以風」之省文。皮氏謂論衡引經及張奐傳注引大傳字皆誤，失之；王氏據論衡下文「雷雨」字凡數十見（皮氏計二十餘見，余復計之，約三十見。），直改論衡所引金縢原文，輕率殊甚。蓋論衡後文數作「雷雨」，其直接關涉周公成王者，皆出王充經說。彼或懸揣有「雷電」必不免雨，因作「雷雨」，非盡與經義貼合，悉依以考定經字反致害理。史記作「暴風雷雨」，是以「暴」詁「大」，加「雨」以說明天變；大傳亦說經之書，而諸家所引大傳，復多異字：是固亦不可據二書以勘定經字。其他各家稱述，亦皆不能作改經之依據。至「天乃雨，反風」，論衡後文應上「天為雷風，偃禾拔木」作「天乃反風，偃禾盡起」（後漢紀張奐上書作「天乃立反風，其木樹盡起」）而不及「乃雨」者，因此數語但應其下文「禾木盡起」而言，若著則下無所施，非謂因上文原作「天大雷雨」故此不可著「乃雨」也。魯世家上文「暴風雷雨」

乃史遷詁字，原當詁作「暴風雷電」，故不妨其下文作「天乃雨」——「天乃雨」是用金縢原文，謂後人據古文改者失之。五行傳「天立復風雨」，謂反風及降雨，義本可通。王充後出，乃臆作「止雨反風」，而蔡中郎又改「止雨」為「霽雨」；「霽雨」已不詞，王氏又取漢末人之誤傳以正經文，為害益大。夏秋之際天候，狂飆驟作，震電曄曄而無雨，既而風勢少緩，沛然降雨，於吾國中原，固乃習見之事，何足為奇邪！

三九 偃，義與下文「禾則盡起」之「起」反，仆也。斯，魯世家作「盡」，「斯拔」之斯與上「盡偃」之「盡」為互文，義同。○盡偃斯拔二句，書疏：「禾盡偃仆，大木於此而拔」，「此拔」，非經義。斯訓盡，撰異（經解卷五八一頁十二）：「斯，魯世家作『盡』，今文家『斯』訓為『盡』也。方言作『澌』、亦作『賜』，唐書作『儩』。詩（皇矣）『王赫斯怒』，鄭箋『斯，盡也』，釋文云。鄭音賜者，此依據方言及古咄唶歌『棗適今日賜』而云然。（詩）正義云：『斯，盡，釋言文。』攷釋言無『此』祇有『斯』，離也；離則易盡，其恉未嘗不相通。今文家說尚書如此，知古有此訓。上文『罪人斯得』，鄭注亦云『盡為成王所得』。」尚書斠證曰：「案越絕吳內傳『斯』作『盡』，『斯』猶『盡』也（原注：禮記檀弓：「我喪也斯沾」，鄭玄注：「斯，盡也。」）。金樓子『斯』作『皆』，『皆』亦『盡』也。」

四〇 邦人，大傳（漢書儒林傳張山拊傳注引）作「國人」，今文攷證（卷十三頁八）從之。魯世家作「周國」，亦詁訓字。

四一 弁，爵弁也（書疏引鄭玄說）；史記「弁」作「朝服」。盡弁，謂君臣皆戴朝冠著朝服也。書，謂前納於金縢之匱中之册。○成王冠爵弁者，鄭玄書注曰：「天子，諸侯十二而冠，成王此年十五，於禮已冠，而爵弁者，承天變故降服也。」（穀梁傳文公十二年疏引）音疏（經解卷三九五頁十一）：「鄭必知此經之弁是爵弁者，周禮司服云『眡朝則皮弁服』、禮記玉藻云『皮弁以日視朝』，然則皮弁是天子平時眡朝之常服。此時承天變宜有異，必非皮弁也。司服又云『凡兵事韋弁服，凡甸冠弁服，凡凶事服弁服，凡弔事弁經服』，此數者又皆不宜于此時，故推以爲爵弁爾。」成王開金縢之書者，全解（卷二六頁二六—二七）：「蓋將啓緘而卜是風雷之何爲祥也。啓緘之際猶未卜也，而得往昔周公請代武王之死所納之册于金縢之匱中。蓋因卜而得其書，是偶而得之矣。」案：由下文成王言「其勿穆卜」覘之，知其本爲將卜而啓緘，林氏說是也。成王獲見周公祈求代死之遺文而後信周公忠誠爲國，張衡思玄賦：「旦獲讟于羣弟兮，啓金縢而後信。」

四二 ○所，論衡感類篇引作「死」，撰異（經解卷五八一頁十三）：「陳壽祺曰：『……蓋古文『所』字今文作『死』，形近致譌。……玉裁謂『死』字乃轉寫論衡者之誤。」今文攷證（卷十三頁八）從段氏說，且續考云：「（論衡感類篇）下句云『今天動感以彰周公之德』，『威』作『感』，亦傳寫之誤。唯史記集解引徐廣曰『（史記）「說」一作「簡」，或今文字也。』」又此「周公所自以爲功代武王」，即前「公乃自以爲功」文及「以旦代某之身」事之復述，則是本篇「秋大熟」前後文通敘同一故事，自「秋大熟」上下截斷以分屬周公生死記載者非也，此又得一證。

四三 諸史，史非一人，故云。事，一作「士」，字通。○諸史，魯世家作「史」，僞孔傳同，竝無「諸」字。諸，述疏（卷十三頁二八—二九）：「諸，語辭。……洛誥云『逸祝册』，則史一人爾。蔡傳以諸史爲言（敏案：蔡曰：「諸史百執事，蓋卜筮執事之人，成王使卜天變者，即前日周公使卜武王疾之人也。」），非也。此（諸）猶左傳（僖公四年）『問諸水濱』（之「諸」）云爾。」簡氏蓋訓「諸」爲「之於」，覈詁（卷三總頁六〇）非之：「諸史與百執事對文，簡說非也。古史官之人數甚多，酒誥『矧大史友、內史友』，毛公鼎『大史寮、內史寮』，即其證也。」案：尚書「諸」字另七見，皆作「眾」義，此「諸」當如楊氏說，與「百」互文同義。洛誥祝册者雖止逸一人，但贊襄其事者必尚有僚友，金縢周公卜代死及成王擬卜天變，知其事之史，亦宜非一人。簡說誠失之。

事，後漢書蔡邕傳邕上封事曰：「臣伏讀聖旨，雖成周遇風，訊諸執士，宣王遭旱，密勿祇畏，無以或加。」用本篇，「執事」作「執士」，今文攷證（卷十三頁八）謂「事作士乃三家異文」。唯王先謙後漢書集解曰：「官本士作事。是。」經先書二公後及王者，僞孔傳：「二公倡王啓之，故先見書。」疏：「二公與王若同而問，當言王及二公。今言二公及王，則是二公先問；知二公倡王啓之，故先書。」茲從其說。已知疇昔周公乞代死而猶問者，鄭玄曰（魯世家集解引）：「問者，問審然否也。」後案（經解卷四一六頁二一）：「鄭以其事已明，無須復問，但屬奇異，不容遽信，故審然否也。」

信，誠然也。噫，嘆辭。○信噫，魯世家作「信有」者，謂確有其事，史遷省略「噫」字不詁，撰異（經解卷五八一頁十三）則曰：「信噫，魯世家作『信有』，古音『噫有』同在第一部。」段氏似謂史遷借「有」爲「噫」。說疑求之過深。僞孔傳以「噫」爲恨辭，云：「史百執事言……周公使我勿道，今言之則負周公。噫，恨辭。」疏：「周公使我勿道此事者，公以臣子之情，忠心欲代王死，非是規求名譽，不用使人知之，且武王瘳而周公不死，恐人以公爲詐，故令知者勿言。今被問而言之，是違負周公也。噫者，心不平之聲，故爲恨辭。」案：公令眾臣不言，在祝卜當時，武王與周公生死未定，孔疏周公恐人以己爲詐之說失之。啓緘開冊，王公已悉周公乞代武王死，眾臣此際因問而詳陳，無復遺恨。謂彼心尚存不平之聲，故作恨辭，非篤論也。矧噫字古無不平之訓，釋文：「噫，……馬本作懿，猶億也。」後案（經解卷四一六頁二一）：「馬云『懿猶億也』者，說文云：『飽食息也。』經典皆借爲嘆詞而馬作『懿』者，詩大雅瞻卬『懿厥哲婦』，箋曰：『懿者，有所痛傷之聲也。』（敏案：引文有誤，今正。）疏引此經爲說（敏案：詩疏：「懿與噫字雖異，意義同。金縢『公命我勿敢言』，與此同也。」）。」噫、億、懿竝通，義非恨辭。癸巳類稿（卷一頁二十一—二一）「金縢公命義」以「公命」爲「周公之命龜之辭」，而當日周公並無令眾臣勿洩禱神乞代之事，云：「……金縢云『即命（于）元龜』，又云『公命』，謂命龜也。其時史祝冊曰：今我即命于元龜，乃卜三龜，納冊金縢之匱中，王啓金縢得之。二公及王問諸史百執事，……對曰『……公命，我勿敢言』者，……言此實公命龜之辭也，我先時不敢誦說耳。……王莽祭禱泰畤求代孺子，敕諸公勿敢言，不知周公當日並不曾語諸公，但守者及執事知之耳。」案：俞氏說雖奇，顧非經義。「今我即命于元龜」，意非「我（周公）命元龜」，當釋爲「往就大龜聽命」（已詳註二二），俞氏忽略「于」字未解。「公命」，茲釋爲「周公令我」，則「我勿敢言」，不必添字；如俞氏說則需添「龜辭」字，且命龜之辭，何必非守密不敢言耶？

四五　其勿穆卜：穆卜，卜也（詳參註四）。便讀（卷四上頁十七）：「勿穆卜者，言不必卜也。」○僞孔傳：「本欲敬卜吉凶，今天意可知，故止之。」釋義：「卜以決疑；既知周公之忠，故無須敬卜也。」說皆當理。

四六 沖，幼也。○周文王世，周公已謀國（見逸周書酆保篇），後又從武王伐紂。既克殷，與太公、召公贊襄朝政（見逸周書克殷、度邑等篇及史記周本紀）。武王崩，復受武王顧命輔成王（見尚書洛誥篇、逸周書五權篇等）。既而承命，東討商叛。成王雖知周公往日勞績，然惑於讒言，疑公別具用心，及遭天變，開金縢書，始知周公昔日忠誠；夫人願以身代兄死，豈肯奪兄之子嗣位乎?至此，成王乃悟周公忠勤，遂曰「昔公勤勞王家，惟予沖人弗及知」。沖人，大傳（漢書梅福傳注引）、魯世家竝作「幼人」，詁「沖」爲「幼」。案：大誥篇「洪惟我幼沖人」，幼、沖同義複詞，「沖」訓「幼」是也。僞孔傳以「童幼」釋「沖人」（盤庚「沖人」，彼傳釋「童人」。），蓋參酌大傳、史記。便讀（卷四上頁十七—十八）：「沖，僮也，年十九以下爲僮。」蓋據說文「僮，未冠也」爲說，「沖」借爲「僮」，說文通訓定聲有說。

四七 彰，顯也。

四八 新，借爲「親」；馬融本正作「親」（釋文引）。書古文訓（卷八頁二十）作「寴」，親、寴音義竝同。逆，迎也；馬融本作「迎」（亦釋文引）。朕小子其新逆，成王謂周公東征歸，將親身迎接之也，下「王出郊」即出郊野迎接周公。國家禮亦宜之，正讀（卷三總頁一四五）：「襃德報功，尊尊親親，禮所宜也。」○新逆，鄭玄詩東山序箋：「成王既得金縢之書，親迎周公。」注書金縢「新逆」又曰：「新迎（逆之誤），改先時之心，更自新以迎周公。」（詩東山序疏引）依前一說，是釋「新」爲「親」、「逆」爲「迎」；依後一說，是釋「新」如字，爲「改過自新」之「新」，唯似仍謂成王親身迎接周公者；釋「逆」爲「迎」。蔡傳力申鄭氏前一義，云：「新當作親。……我小子其親迎公以歸。……按鄭氏詩傳『……』，鄭氏學出於伏生，而此篇則伏生所傳，當以親爲正。親誤作新，正猶大學新誤作親也。」九經古義（經解卷三六二頁五）：「惟朕小子其親逆，鄭注云『新迎改先時之心，更自新以迎周公』。鄭所傳古文尚書乃馬季長本，訓親爲新。」惠氏謂鄭本「新」原亦作「親」，鄭訓爲新。江氏作音疏（經解卷三九五頁十二）維護其師之說，云：「（鄭）解親迎爲自新以迎者，蓋但言親迎，則自新之意未見；言自新以迎，自然親自迎之，故新迎可該親迎之意。東山箋言『親迎』者，依尚書作『親迎』字爾。……據經言『昔公勤勞王家，惟予沖人弗及知』，是成王有深自悔禍之意，則云『朕小子其親迎』者，實謂我小子其改過自新以迎之也。」案：鄭氏謂居東爲避居東都，其間周公之屬黨盡爲成王捕獲，及遭天變開書。知周公忠勤，乃深自悔禍，故改過自新以迎周公歸。鄭釋前經誤，故解此「新迎」亦隨之失正，惠氏師徒測鄭本本亦作親，失之。後案（經解卷四一六頁二二）亦誤從二家之說。段、陳二家非之，撰異（經解卷五八一頁十三—十四）：「惟馬作『親迎』，鄭固作『新逆』也。鄭注云『新逆，改先時之心，更自新以迎周公』，今豳正義轉寫淆亂敏案：見詩經校勘記，此不遑述。。東山箋云『成王既得金縢之書，親迎周公』，此述經意，非錄經文，不得據此謂鄭本亦作『親迎』而讀爲『新逆』也。又按魯世家『逆』作『迎』；凡古文尚書多作『逆』，凡今文尚書多作『迎』，如『逆河』、『迎河』，其一證也。」今文經說攷（卷十六頁二一）：「詩東山序正義引鄭注云『新逆，改先時之心，更自新以迎周公』，則鄭本實作『新逆』矣。馬、鄭皆治古文，而本有不同者，二君皆先習今文，其後始習古文，如鄭君箋毛詩古文，多據齊魯韓三家今文改讀；注尙書古文，亦多據歐陽夏侯三家今文改讀。此其囊括宏通，折衷一是，故不墨守一家，而欲集諸儒之大成也。」鄭本誠作「新逆」，鄭說僞孔傳取之：「周公……留東未還，成王改過自新，遣使者迎之。」尙書譜謂成王自新以迎天意，殆皆竊取鄭義而復加推衍，皆失經義。新逆、禮宜二句：孫星衍謂成王言己逆於國家應有之禮，宜有此天變，從史記（「其迎」，無「新」字）舍經文「新」字不釋（參孫疏卷十三總頁二九），又置馬本「親迎」於不顧。其說謬甚！畢以田謂親迎者，親迎公尸；禮亦宜之，謂郊祭周公。案：周公時健在，畢說誤。大傳、尙書洪範五行傳、論衡引今文尙書說、白虎通、漢書梅福傳、儒林傳谷永上疏、後漢書周擧傳、張奐傳、後漢記張奐上書、公羊傳注竝以「葬周公以王禮」解「禮亦宜之」。失之。以上竝詳註三七。

王出郊（註四九），天乃雨（註五〇）；反風，禾則盡起（註五一）。二公命邦人，凡大木所偃，盡起而築之（註五二），歲則大熟。

四九　郊，鎬京之郊外。王出郊，成王誦出郊外親迎周公旦也。○王出郊，僞孔傳：「郊以玉幣謝天。」疏：「祭天於南郊，故謂之郊；郊是祭天之處也。王出郊者，出城至郊爲壇告天也。」既曰郊是郊祭、祭天之處，及見無以解經「出郊」，則又爲調停之說，謂「王出城至郊設壇以郊祭」，一無是處。漢今文家（論衡感類篇引）謂王出郊觀變，畢以田謂郊是郊祭周公，及其它紛歧之說（竝已詳註三七），皆誤。尚書札記（經解卷一四一○頁二二）援僞竹書紀年「成王二年秋，大雷電以風，王逆周文公於郊」（此僞竹書紀年文亦見林春溥竹書紀年補證卷三頁四、王國維今本竹書紀年疏證卷下頁四）以證，出於本篇，非別有所據也。

五○　乃，有繼之辭；天乃雨，承上初祇雷風而無雨（「天大雷電以風」）言，謂至此時始降雨也。○天乃雨，論衡感類篇作「天止雨」、琴操作「天乃霽雨」，王引之據此且參考其它有關資料，謂古文本尚書金縢作「天乃雨」，今文本作「天乃霽」。余考古今文本原皆作「天乃雨」，述聞及今文攷證失之，說已詳註三八。初雷風而無雨，陰陽未順；及雨降，則陰陽和矣。

五一　反風，風還反也（便讀卷四上頁十八）。○反，說文：「覆也。」覆或作復，漢書劉向傳及後漢書周舉傳注引尚書洪範五行傳述本經「反風」竝作「復風」可證。復、還義同。又參下註五二。

五二

邦，魯世家作「國」，詁訓字。起，謂扶之起立也。築，釋義：「謂於樹根築土使固也。」○反風起禾、起築偃木云云，書纂言（卷四頁二九）：「反偃禾之風，而禾之偃者盡起。……凡大木爲風所拔者，既顛仆於地矣；風所偃者，根未拔而榦欹斜，則合眾力支拽之，起其榦令不偃、又築其根令堅固也。」斯說盡矣。築，釋文：「築音竹，本亦作筑，謂築其根。馬云：築，拾也。」史記集解：「馬融曰：『禾爲木所偃者，起其木；拾其下禾，乃無所失亡也。』」書疏：「鄭、王皆云：築，拾也。禾爲大木所偃者，起其木；拾下禾，無所亡失。」是馬鄭王三本皆作「築」訓「拾」。後案（經解卷四一六頁二四）、今文經說攷（卷十六頁二二）因爾雅、說文，且曲徇漢魏人說、輕下僞孔（僞孔傳曰：「反風起禾。……木有偃拔，起而立之，築有其根。」說與馬鄭王異。），故強指馬鄭王本原作「筑」。撰異（經解卷五八一頁十四）非之甚是：「釋文曰『築，本又作筑』。玉裁按：此好事者因馬鄭王皆云『築，拾也』，合於爾雅，遂改從爾雅作筑，而不知釋文、正義未嘗言馬鄭王作筑也。筑與掇雙聲，故得訓拾。築、筑皆非正字（敏案：說文：「筑，以竹曲五弦之樂也。」），未見『筑』是『築』非也。且馬鄭王皆云『築，拾也』，安知漢魏時爾雅不作『築』乎？注經者於此等無輕議改。」案：論衡感類篇：「問者曰：『天乃反風，偃禾復起，何不爲疾反風以立大木？必須國人起築之乎？』」夫禾昔爲風吹仆，今因反吹而立起；大木爲風所拔而傾偃，今邦人扶起而固築之：論衡說切合經句經字，故僞孔傳取之，而疏謂馬鄭王說「意太曲碎，當非經旨」，固是也。全解（卷二六頁二九）尚衍馬鄭王意，云：「天乃降雨以止風，風止則禾起。二公乃命邦人，凡禾之爲木所仆而不能自立者，則爲之起而築之、加人功焉。」斯說甚誤，不待辨而後知也。

〔附〕金縢疑辨

金縢屬詞未密，文多隱晦。其記禱神代死、雷風災變，事既奇異不經；而據以傳述者，又或不免附會，去經旨愈遠。是以學者疑其不可盡信，譙周曰：「秦既燔書，時人欲言金縢之事，失其本末。」（史記魯世家索隱引）朱子曰：「書中可疑諸篇，若一齊不信，恐倒了六經。如金縢亦有非人情者，雨反風禾盡起，也是差異，成王如何又恰限去啓金縢之書？」（語類卷七九頁二四）金履祥曰：「此篇敘事，意多淺晦，程子疑其間不可盡信。」（表注卷下頁九）王夫之曰：「孟子盡信書則不如無書，可爲讀金縢之一法。」（書經稗疏卷四頁二一）至有疑其書僞作者，袁枚、衛聚賢是也。茲就諸家所疑，釐爲廿二事，述要並略加評隲如下。

一

衛聚賢「金縢辯僞」（載國學月報二卷十二號，下引衛氏說皆出此文。）曰：「此『既克商二年』，當是武王十三年。……依召誥的起首『惟二月……』和金文的望敦等「隹王十又三年」例，書爲『惟王十有三年』；或武王於克商後改元，元年自克商起，應書爲『惟王二年』；何得書爲『既克商二年』呢？這一種體例和彼時較（可）靠的文字和實物上記載均不符。……當武王伐紂時，商已名殷，……不宜呼爲商。按酒誥、召誥、多士、多方等較可靠的篇中，都稱爲殷；惟酒誥中的『在商邑越殷國滅無罹』，……『商邑』只可代表殷的一部分，不能代表殷的全體，何謂稱爲『既克商』呢？」楊筠如「周公事跡的傳疑」略承其說（中山大學語言歷史學研究所週刊第八集九十一期）。

敏案：衛氏說甚誤，讀本篇題解即知其失，於此不須復加辯難。

二

明王廉曰（其論金縢各條，皆載清朱彝尊曝書亭集卷六二「王廉傳」。）：「夫公既面卻二公穆卜，以爲未可戚我先王，乃私告三王自以爲功，此憸人佞子之所爲也。」

清王夫之曰（書經稗疏卷四，下引其說皆出此文。）：「方武王遘疾厲虐，世子幼，則君國之憂，周公所恤，亦二公所同也。二公曰『我其爲王穆卜』，亦臣子情義之各致，周公何用辭二公而自以爲功，且使欲閟之以安人心邪？二公之賢非不足與語者，此意亦何妨明白告之，乃曰『未可以戚我先王』？舍其憂國之誠不以盡布腹心，而所云『未可戚先王』者，迨夫『屏璧與珪』之言出而爲戚滋甚，則當其陳詞之際何以踐不戚之言？上欺先王，下欺同心同德之友，公亦何事爲此詐諼以自昧其夙昔乎？」

清袁枚「金縢辨上、下」曰（小倉山房文集卷二二，下引其說皆出此文。）：「二公欲穆卜，公拒之以爲未可以戚我先王。臣與子一也，他人戚先王不可而己戚先王則可，非伯尊之攘善而何？」

衛聚賢曰：「太公周臣，召公周同姓。周的先王也是太公、召公的先王，何以周公獨可憂可近，而太公、召公不可憂不可近呢？周公不要二公穆卜，說是『未可以戚我先王』；他又『自以爲功』。這和小孩子的舉動一樣，周公豈宜如此？」

敏案：諸家「戚」訓「憂」，誤從鄭玄；而訓「近」，則誤從書疏。召公者，姬周同姓大臣，第非文王嫡子；太公者，以周室外戚爲大臣。二人之於三王，竝不若周公親近，又但欲卜吉凶，固不及周公以嫡孫之至誠忠悃求代兄死爲能感格神明也。周公自以爲事（諸家蓋訓「功」爲「功績」，故生「攘善」之責。），始終未以乞代一節告二公，爲而不有，正聖人胸懷，欺伎之責何由而生耶！

三

王廉曰：「至于卜册之書，既曰公別爲壇墠，則不于宗廟之中明矣；不于宗廟，乃私告也。周公人臣也，何得以私告之册而藏于宗廟，又私啓之？」

王夫之曰：「禮（祭法）：去祖爲壇，去壇爲墠。以奉已祧之遠祖。有禱則祭，無禱則止。親疎之殺，所以自別也。今文王考也，王季顯考也，太王祖考也。以廟食之親，不告於廟而禱於壇，是之親而致疎之矣。豈周公以野祭脅先王而儌其必聽乎？於禮爲忒，於情爲逆。」又曰：「如蔡氏所云……。乃周公之卜爲壇爲墠，諸史百執在列，則在廷之人無不知者。使卜於廷而廷臣知之，百姓尚未必知也。今曰『公歸，乃納册』，則此壇墠必在國門之外。除墠築壇，蹕馭戒道，其爲宣騰搖動豈不甚哉？且武王之疾既篤，輟朝召醫，誰不知者，乃徒以一卜爲疑，將誰揜乎？」

袁枚曰：「禮（祭法）：去祧爲壇，去壇爲墠。又曰士大夫去國爲壇，位向國門而哭，爲無廟也。當是時，太王、王季、文王赫赫寢廟，周公非去國之時，雖曰支子不祭，然公爲武王禱非爲身禱也，舍太廟而爲野祭，不詳孰甚焉！方命卿士勿言，隱諱其迹，而乃登壇作墠以自表揚者何也？」

敏案：周公設爲壇墠者，禮之變也，諸家徒泥於法制不知權，因病公失禮，非也（詳註七）。且所據出祭法，乃晚作之書，去周初禮度，多有損益，是所據本不足信。禱疾不欲擾駭人心，所設壇墠，必於僻遠處所，「蹕馭戒道」非不可免，「宣騰搖動」則又何所施乎？（參註七）。

四

王夫之曰：「事先之禮，以西嚮爲尊，蓋無往而不然。南、陽也，北、陰也。人鬼以幽爲尚，其異於天神也。今三壇南面而周公北面，亂陰陽、淆人神。……禮之有昭穆，以別父子之嫌也。今以圭璧有事於先王，雖在造次，倫不可亂。則太王西嚮、王季昭、文王穆，亦其一定而不可易者。乃三壇同墠，父子祖孫竝列於南面，草野倨侮而神不安。」

敏案：父子祖孫並列於北方面南者，同尊之爲君也；周公面北者，居臣位以事之也。此亦變禮，不可以常禮格之也。

五

王夫之曰：「卜筮之禮，以邦事作龜之八命，其八曰瘳，有恆命也。卜非祈，祈非卜；祈則請命於天神地示人鬼，而卜則問於龜之靈。今使周公而卜焉，則所命者龜也，其詞曰『假爾泰龜有常』、或曰『無有近悔』而已。三王非主乎龜者，則亦何用告之？而況於用玉使周公而祈焉？以祖則宜用造禮，以三王同事則宜用禬禮，觀其陳詞以責三王則宜用說禮，未聞有且祈且卜之禮也。且祈且卜，瀆神無經。舍所宜命之泰龜，而問之不預吉凶之人鬼，卜亦何由告之？」

敏案：周公祈三王以己身代武王，亟欲知悉三王「許我」否乎，於是命卜三龜，俾經由繇辭以覘神明之意旨，此亦一時權宜，船山拘於周禮（是書著成甚晚），非篤論也。

六

王夫之曰：「大祝掌六祝之辭，六曰筴祝遠祝，遠罪疾者也。今欲爲王遠疾，故用册祝；册亦筴也。而筴祝之辭，大祝所掌，非史之所司。如以卜也，則大祝視墨而已。命龜者，卜人也。以卜，則不使卜人爲命；以祈，則不使大祝爲辭，而以屬之史何邪？且武王之世，太史則史佚也，是與太公、召公同心以輔王室者也。周公何所忌於二公而欺之？何所暱於史佚而與密謀，且丁寧使欺二公乎？……卜筮之休咎繫幣以比其命者，占人之職，歲終則計其占之中否，杜子春謂以帛書其占繫之於龜，鄭氏謂書其命龜之事及兆。則金縢之書當掌之占人，公乃以屬之史而亂其官守，豈史爲公之私人可相託以紿二公乎？」

敏案：史官掌卜筮、司祭祀，勞榦「史字的結構及史官的原始職務」曰（大陸雜誌十四卷三期）：「現在再談史官和卜筮的關係。周易巽九二：『巽在牀下，用史巫紛若，吉。』楚語下：『少皞之衰，九黎亂德，不可方物，夫人作享，家爲巫史。』左傳莊公二十二年：『陳厲公……生敬仲，其少也，周史有以易見陳侯者，陳侯使筮之，遇觀之否，曰是謂觀國之光，利用賓於王。』僖十五年：崩，傳位康王的命辭（敏案：謂「太史秉書」至「以敬忌天威」。）……這種册命之禮，仍在祭典中舉行原注：下文云三宿、三祭、三咤。敏案：下文又云「諸侯出廟門俟」，明在廟中行顧命之禮。。……在周代彝器文字裏，史所司的册命，是命諸侯和羣臣的。然册命的典禮，仍在祭典中舉行。如𧼍鼎……、頌鼎……、師虎毁……、吳彝……。禮記祭統篇說：『古者明君爵有德而祿有功，必賜爵祿於大廟，示不敢專也。故祭之日，一獻，君降立於阼階之南，南鄉。所命北面，史由君右，執策命之。再拜稽首，受書以歸，而舍奠于其廟。』足證封爵的册命，仍是在祭典中舉行的。」據師說，史官兼祭司。凡祭祀必有祝禱，禱辭由史官宣讀。史與祝二官乃祭典中夥伴，其職務常攸關，故經籍恆以史、祝連舉，國語周語上：「惠王十五年，有神降於莘，……（內史過）對曰：『使太宰以祝、史帥狸姓奉犧牲粢盛玉帛往獻焉。』」昭公十七年左傳：「日有食之，祝、史請所用幣，……大史曰：在此月也。」十八年：「火作，子產……使祝、史徙主祏於周朝，告於先君。」勞榦謂「古代祭司應當是三種人掌管的，即是巫、祝和史，但依理是統於太史的。」（古代思想與宗教的一個方面，學原一卷十期。）金縢記參與周公祭卜者有「史及百執事」，意者：百執事中有卜人，司三龜之卜，而祭祀祝告則由內史（「史乃册祝曰」，可證。），皆統於太史。即或不爾，謂此內史兼領祭、祝、卜三事，有上論據，亦不患其不可成立。船山據晚作之書——周禮，謂周公不應以太祝及占人所掌屬之史，亂其官守。蓋未暇深考，致又疑其所不當疑。

七

袁枚曰：「夫周公古之達孝也，孝父與孝兄孰切？當文王崩，何以不禱？或曰：武王得天下，主幼國危，關係甚大，公故急而爲之耳。然則文王大勳未集，年又九十七，周公以爲老耶賤耶，直當死時耶？」

敏案：文王纘緒立業之功未就而崩，然以武王爲子輔以太公、召公、畢公等，是以西土安靖，滅殷有日，且文王已克享嵩壽由無逸「文王受命惟中身，厥享國五十年」推知。，斯時周公而爲父祈天永命，是眞不知命者矣。至武王病革，周公則不容不爲兄禱者，是時殷頑未服，淮奄擾動，太子幼少，而管叔本兄弟相及之義，覬覦王位久矣，斯時若武王遽崩，則姦宄交作，而國家危矣。是以周公禱請身代。雖明知命不可改，仍以至誠乞於三王之前。其意謂武王疾愈則國存，國存則宗廟不傾，而先王亦永有依歸。是孝兄即所以孝父也。

八

袁枚曰：「中庸曰『事死如事生』，孟子曰『人能充無受爾汝之實，則義不可勝用也』，……然則『爾汝』者，古人挾長之稱，……公呼先王爲『爾』不敬。」

敏案：此「爾」乃册祝之文，孟子以稱人不敬，乃後來之義，辨已略見註一四。茲更引舊說以盡其意。蔡傳：「其稱『爾』、稱『我』，無異人子之在膝下以語其親者。」或問（卷下頁二四）：「或問：孫氏謂『爾汝』之稱，在常人爲不敢而周公稱之，見父子之閒用情也。曰：按經傳告神之辭多『爾汝』，……詩祈穀於上帝曰『既昭假爾』、禮記筮辭曰『假爾泰筮有常』，下至離騷、九章，化神多言『余』（敏案：『爾』之誤。），今世祝文亦多言『爾神』，蓋自古而然。」蔡、孫與陳氏說皆可取，竝行不悖。

九

袁枚曰：「其時武王雖病，並未終也，不稱元孫發以禱，而稱元孫某以諱，是先以死人待武王也。某某者，後世之俗諱，三代所無也。……禮：凡祭不諱，臨文不諱，臨之以高祖則不諱曾祖以下。……詩曰『一之日觱發』、曰『駿發爾私』，皆公作也。尋常詠歌，不諱於其子成王之前，一日禱祀，反諱於祖父太王、王季、文王之前，於義何當？」

衛聚賢曰：「臨文不應避諱，是以周公作頌祭文王，而猶不諱文王的名『昌』，而說『克昌厥後』。那麼册祝是告三王的，何以將『王發』而諱爲『某』呢？……册上的祝文是周公祭三王時寫的，到了史官爲成王讀此祝文時，不過史官口頭上爲成王諱，册上的原文當不能變，何以今本金縢『王發』會變成了『某』呢？……馬融……以人臣不當直呼君名，是以將『王發』改爲『某』字。」

敏案：兩「某」字，原當作「發」，後人爲先王諱而改，說已詳註一三。唯袁氏謂諱作「某」乃三代所無，衛氏謂馬融以「王發」爲「某」，竝失之。

十

袁枚曰：「治民、事神一也，故曰『未能事人，焉能事鬼？』元孫既無才無藝不能事鬼神矣，又安能君天下子萬民乎？贊周公之材之美始於論語，造僞書者竊孔子之言作公自稱語，悖矣！」

衛聚賢曰：「『予仁若考能』，（周公）自以爲『仁』，恐非情理。」

敏案：經謂武王才藝不及周公，不善事鬼神而善治民，皆稱情而言，說詳註一七。袁、衛兩家疑其不當疑。

十一

衛聚賢曰：「此『鬼神』……若指三王，則三王上有『丕子之責于天』，下有『永有依歸』，何爲使其子孫王發而事他呢？若指上帝，是上帝直要王發事他，應直禱上帝，何以反禱三王呢？」

敏案：鬼神指三王。周公祝告三王在天之靈有保護元孫發之責；發身得保，則周國不墜，而先王之神靈亦永享廟食，說詳註二〇。衛氏未加深察。

十二

王廉曰：「死生有命，乃欲以身代武王之死，則爲不知命。」

袁枚曰：「孔子曰『不知命，無以爲君子』，又曰『丘之禱久矣』。……武王不豫，命也，豈太王、王季、文王之鬼神需其服事哉？以身代死，古無此法，後世村巫里媼之見則有之矣。廣陵王胥曰『死不得取代，庸身自逝』？周公豈廣陵之不若乎？」

敏案：程頤答「周公不知命乎」之問曰：「周公誠心，只是欲代其兄，更豈問命耶？」（河南程氏遺書卷十八頁三三二）此雖寥寥數語，可以盡周公乞以身代之義，而爲後學所承。辨解（卷五頁一）：「讀金縢但當思聖人忠孝誠敬迫切至情，而不必奇其事。……聖人精誠之極，適與事會，易所謂盡性以至于命也。」大義（頁四四）：「此篇專以發明周公之忠藎，其妙遠之指尤於含鬱嗚咽中見之。」

十三

王廉曰：「人子有事于先王，而可以圭璧要之乎？明非達孝。」

王夫之曰：「人鬼之玉，天子用圭瓚，……諸公所執之桓圭，則以宗覲會同於王也。今云秉圭，……使如孔氏所云桓圭，則是以贄人者事鬼，而不智也。倘其為圭瓚也，則僭天子而不仁也。若夫璧者，所以祀日月星辰者也。……植之三王之壇尤為非物。……」

袁枚曰：「圭璧者，所以將敬之物也。公……以圭璧要之不順。若曰許我則以璧與圭，不許我則屏璧與圭，如握果餌以劫嬰兒，既驕且吝，慢神蔑祖。而太王、王季、太王……貪其圭璧之誘，於昭于天者，何其啓寵納侮之甚也。」

衛聚賢曰：「……這和給（跟）小孩玩耍一樣，說是你許我，我就給你璧與珪；你不許我，我就藏了璧與珪不給你。周初去野蠻時代未遠，人的迷信程度當深，而周公對於鬼神豈宜有如此輕信的舉動嗎？」

敏案：周公心存王室，乞以身代，措辭激切，非用物要神，說已見註二三。此或古代事神禮度所存，孫次舟曰（說文月刊第四卷合刊本「周公事蹟之清理」）：「……以璧與珪與先王交換條件，此等事神方式，亦非後世作僞者所克有也。」

十四

衛聚賢曰：「按『予小子新命于三王』，祝告三王豈能有此命令式口氣？」

敏案：經此句乃周公自謂親受三王之命（說詳註二七，魯世家作「新受三王命」可證。），非周公命令三王，衛氏誤解經義。

十五

袁枚曰：「武王已瘳，己身無恙，公之心已安，公之事已畢。此私禱之册文，焚之可也，藏之私室可也，乃納之於太廟之金縢，預爲日後邀功免罪之計，其居心尚可問乎？」

敏案：周公藏册金縢，當時或有此禮，程頤曰（河南程氏遺書卷十八頁二三二）：「近世祝文或焚或埋，必是古人未有焚埋之禮；欲敬其事，故藏之金縢也。」至云藏册預爲私計，非公之心也，說參註二九。

十六

袁枚曰：「二叔流言，……此尤不足信也。……武庚爲紂嫡子，興復商之社稷，名正言順，何必以討周公爲詞？不比後世王敦、蘇峻起兵，冒清君側之名也？若欲縱反間害公，使周國無人，則周公雖死，而鷹揚之太公、平格之君奭，巍然尚存，皆足以奠周邦、誅頑民而有餘，又不比趙止以李牧、北齊止一斛律光，去其人即可圖其國也。況兄終弟及，商法皆然，即使周公代成王而踐其位，在武庚視之，亦不過如盤庚、陽甲、外丙、仲壬之相承而已，何不利孺子之有？何流言之有？」

敏案：武庚及奄君教唆二叔，散布流言，謂依兄弟相及法，管叔宜繼位，今弟旦將篡位，廢幼君。於是二叔與殷頑結叛。方是時周室幾傾，內賴二公宣撫，外賴周公興師誅逆，乃能轉危爲安。事載周誥、大傳、史記，參註三二。袁氏何必多疑？

十七

袁枚曰：「我之勿辟，……訓『辟』字爲誅辟，則二叔倘已稱兵，周公征之宜也，不必爲此言；二叔尚未稱兵、僅流言而已，周公不可以王師報私忿也。訓『辟』字爲逃辟，使公能自信，居東與居洛一也；公不能自信，則率土之濱孰非周土，亂臣賊子人人得而誅之，非越境可免也。周公豈將爲武仲之據防、秦鍼之適晉乎？」

敏案：周公避謗出朝，詳註三三，袁氏豈知聖人之憂心忠藎哉！

十八

衛聚賢曰：「樹大則根深，根深則難拔。是以大風之後，大木多折，小木多拔。今金縢作『大木斯拔』，不合事實。……況前說『大木是拔』，拔是把根已拔出；此處說『大木所偃』，偃是將樹身壓倒，根未全露出來。那麼當日的大風將大木『拔』了呢？『偃』了呢？」

敏案：大木既盡拔，小木固已盡拔，舉大以知小。拔謂深土中木根上拔而榦仆倒。扶傾榦、深植其根，培土令固，經意如此明白（竝參註五二），衛氏橫生疑議，類此皆不足論也。

十九

王廉曰：「即使金縢在廟，武王疾瘳四年而崩，周公居東二年乃復，凡六年之久。周人尚卜，惡有朝廷六年無事而不啓金縢者？」

敏案：武王疾瘳下至周公東征還復凡三年，其閒國無重大災異如「雷電以風，偃禾拔木」，故此金縢不需啓也。

二十

王夫之曰：「既得占卜，體，王無害矣，自應昌言於廷，以慰憂疑，豈公所云『予小子新命於三王』云云者，猶且附耳密語百執諸史，而唯恐二公之或聞者，又爲何心？將以前者『未可戚先王』之語言猶在耳，而狙詐以不使二公分憂國之功者，翻雲覆雨無顏以復告之二公乎？」

敏案：據經文後云「乃得周公所自以爲功代武王」云云，知周公語眾官所秘者，乞代死一事耳；而得吉卜、受三王降武王疾瘳之命，前固已昌言於廷矣。

二二

王夫之曰：「夫公之大勳純忠，效於王家者，豈但金縢之數語，區區一身代之詞，情至者能爲之，不待公也？成王即早涉不慧，待言而後寤，而鴟鴞一詩哀鳴淋漓，較此筴詞感愴百倍，乃昧於彼而欲誚者，胡爲信於此而遂泣也？」

敏案：周公勤勞王家，成王惑於讒言，以爲別有用心；及啓籥見書，知公禱神求代，乃悟公昔日種種，莫非爲國家謀者。若公於王室，向無勞績，雖金縢之書百倍感愴，不能令成王動容。是成王感泣，以公忠悃，非以區區一身代之詞也。至於今本鴟鴞，果周公原作，不可確知。即果爲公作，貽王以表明心迹者，時成王方重疑周公，不能遽爾採信？況詩無達詁，船山今日以「尊聖」之情讀之而「哀鳴淋漓」，成王彼時以「疑臣」之心讀之，於其所哀鳴，皆誤爲虛矯，固不必爲之感愴也。

二三

衞聚賢曰：「……當『秋大熟』，未獲，遇著『天大雷電以風，禾盡偃』，雖使『天乃雨，反風，禾則盡起』，而禾實傷去大半，何得謂之『歲則大熟』呢？」

敏案：雷風驟作，成王出郊而風反，是暫爲禍害，桑果受損無多，仍得謂之豐年。

尚書周書金縢篇義證　引用書要目

略以采用先後爲序

書名	簡名	著者	板本
尚書注疏		僞孔安國傳 唐孔穎達疏	台北藝文印書館影印清嘉慶二十年江西南昌府學重刊宋本
尚書全解	全解	宋林之奇	通志堂經解本
書集傳	蔡傳	宋蔡　沈	世界書局影印本
尚書辨解	辨解	明郝　敬	湖北叢書本
史記		漢司馬遷	台北藝文印書館影印史記會注考證本
東坡書傳		宋蘇　軾	學津討原本
書古文訓		宋薛季宣	通志堂經解本
尚書詳解	陳解	宋陳　經	武英殿聚珍版叢書本
尚書表注	表注	元金履祥	通志堂經解本
尚書集注音疏	音疏	清江　聲	皇清經解本
尚書古注便讀	便讀	清朱駿聲	台北廣文書局影印民國成都華西協合大學活字本
尚書集注述疏	述疏	清簡朝亮	台北鼎文書局影印本

書名	簡名	著者	板本
尚書釋義	釋義	屈萬里	民國四十九年中華文化出版事業委員會鉛印本
金縢辯僞		衛聚賢	國學月報二卷十二號
東萊書説		宋呂祖謙	通志堂經解本
周公事跡的傳疑		楊筠如	中山大學語言歷史學研究所週刊第八集九十一期
尚書讀本	讀本	吳璵	台北三民書局鉛排本
尚書大傳輯校	輯校	清陳壽祺	皇清經解續編本
朱文公文集		宋朱熹	四部備要本
尚書的文法及其年代		何定生	中山大學語言歷史學研究所週刊四九、五十、五一期合刊
中國古代文學史講義		傅斯年	傅孟眞先生全集本（民國四十年鉛排）
周公事蹟之清理		孫次舟	説文月刊第四卷合刊本
尚書今註今譯	今註今譯	屈萬里	民國五十九年台灣商務印書館鉛印本
金文叢考		郭沫若	日本文求堂書店影印本
陔餘叢考		清趙翼	世界書局影印本
經史避名彙考		清周廣業	清末吳興張氏適園抄本

書名	簡名	著者	板本
鴟鴞的作者問題		劉澤民	載古史辨冊三，影印鉛排本
尚書今古文集解	今古文集解	清劉逢祿	皇清經解續編本
（劉錄）觀堂學書記		王國維	載國學論叢二卷二號
尚書覈詁	覈詁	楊筠如	北強學社鉛印本
尚書後案	後案	清王鳴盛	皇清經解本
尚書內野本	內野本		日本昭和十四年東方文化研究所影印東京內野氏舊藏鈔本
白虎通疏證		清陳　立	皇清經解續編本
尚書大義	大義	吳闓生	民國刊本
逸周書集訓校釋		清朱右曾	世界書局影印本
書經傳說彙纂	書傳彙纂	清王頊齡	清同治七年馬新貽摹刻本
書蔡傳纂疏	纂疏	元陳　櫟	通志堂經解本
尚書故		清吳汝綸	藝文印書館影印桐城吳先生全書本
尚書精義	精義	宋黃　倫	經苑本
尚書講義		宋史　浩	台灣商務印書館影印四庫全書珍本二集本
尚書今古文注疏	孫疏	清孫星衍	台北廣文書局影印本

書名	簡名	著者	板本
讀書叢錄		清洪頤煊	台北廣文書局影印本
書纂言		元吳　澄	通志堂經解本
尚書詳解	夏解	宋夏　僎	武英殿聚珍版叢書本
論衡		漢王　充	世界書局諸子集成本
古文尚書撰異	撰異	清段玉裁	皇清經解本
尚書假借字集證	假借字集證	周富美	載大陸雜誌三十六卷六、七期合刊
尚書斠證		王叔岷	載中央研究院歷史語言研究所集刊第三十六本
尚書通論		陳夢家	商務印書館鉛印本
書經稗疏	稗疏	清王夫之	船山學會影印本
尚書正讀	正讀	曾運乾	台北宏業書局影印本
羣經平議	平議	清俞　樾	世界書局影印春在堂全書本
雙劍誃尚書新證	新證	于省吾	台北藝文印書館影印本
經學卮言		清孔廣森	皇清經解本
九經古義		清惠　棟	皇清經解本
今文尚書經説攷	今文經説攷	清陳喬樅	皇清經解續編本

書名	簡名	著者	板本
經傳攷證		清朱 彬	皇清經解本
書蔡傳輯錄纂註	輯纂	元董 鼎	通志堂經解本
尚書札記		清許鴻磐	皇清經解本
尚書今古文攷證	今古文攷證	清莊述祖	珍藝宧遺書本
尚書補疏	補疏	清焦 循	皇清經解本
經義述聞	述聞	清王引之	皇清經解本
吳錄觀堂尚書講授記		王國維	載國學論叢一卷三號
仁字涵義之史的觀察		屈萬里	載書傭論學集（台灣開明書店鉛排本）
融堂書解		宋錢 時	武英殿聚珍版叢書本
中國古代語法		周法高	台聯國風出版社重印本
書經注		宋金履祥	十萬卷樓叢書本
尚書詳解	胡解	宋胡士行	通志堂經解本
周易集解		唐李鼎祚	台灣商務印書館國學基本叢書本
圖書板本學要略		屈萬里 昌彼得	中華文化出版事業委員會鉛印本
書經注釋（中譯本）		瑞典高本漢	中華叢書編審委員會鉛排本

書名	簡名	著者	板本
今文尚書攷證	今文攷證	清皮錫瑞	台北藝文印書館影印本
三家詩異文疏證		清馮登府	皇清經解本
詩經異文釋		清李富孫	皇清經解續編本
尚書譜		清宋翔鳳	皇清經解續編本
尚書說		宋黃　度	通志堂經解本
釋予一人		胡厚宣	歷史研究一九五七年第一期
兩周金文辭大系		郭沫若	台灣大通書局影印本
歷代鐘鼎彝器款識法帖		宋薛尚功	台北廣文書局影印本
「周公」（中譯本）		日林泰輔	台灣商務印書館人人文庫本
路史發揮		宋羅　泌	四部備要本
文武周公疑年		丁　山	責善半月刊二卷一、二期
豐鎬考信錄		清崔　述	世界書局影印本
書古微		清魏　源	皇清經解續編本
西周史事概述		屈萬里	中央研究院歷史語言研究所集刊第四十二本
項氏家說		宋項安世	台灣商務印書館叢書集成簡編本

書名	簡名	著者	板本
殷周之際史蹟之檢討		徐中舒	中央研究院歷史語言研究所集刊第七本第二分
癸巳類稿		清俞正燮	皇清經解續編本
竹書統箋		清徐文清	台北藝文印書館影印本
述學		清汪中	皇清經解本
古文尚書拾遺定本		章炳麟	制言半月刊第二十五期
漢書		漢班固	台北藝文印書館影印王先謙補注本
後漢書		劉宋范曄	台北藝文印書館影印王先謙集解本
漢紀		漢荀悅	台北鼎文書局影印本
嘉穀堂集		清孫星衍	岱南閣叢書本
悔過齋文集		清顧廣譽	清光緒三至四年朱氏刊本
朱子語類	語類	宋朱熹	台北正中書局影明刊本
小倉山房文集		清袁枚	四部備要本
曝書亭集		清朱彝尊	四部叢刊本
史字的結構及史官的原始職務		勞榦	載大陸雜誌十四卷三期
釋史		戴君仁	載梅園論學集（台灣開明書店鉛排本）

書名	簡名	著者	板本
古代思想與宗教的一個方面		勞　榦	載學原一卷十期
河南程氏遺書		宋程　顥等	四部備要本
書集傳或問	或問	宋陳大猷	通志堂經解本

〔附〕清華楚簡本《尚書・金縢篇》評判

公元二〇〇八年七月，北京清華大學自香港購獲戰國楚竹簡一批，中有《尚書・周書・金縢篇》一宗（下省稱清華楚簡或楚簡）十四枚，最近（二〇一一年元月）公布，包含楚簡圖版影印本，題《清華大學藏戰國竹簡（壹）》，及其釋文、注文。全書（篇）經本文都四百十字（包含篇題十四字與損殘八字以□表示之，又有疊字「我＝」及合文「大夫、之所」），視今本《尚書・金縢篇》（據影清嘉慶二十年南昌府學重刊宋本、唐石經本）之連篇題及經本文共四百七十八字者（據唐石經本計數，下省稱今本）少六十八字。復詳審楚簡本，固亦有刪減《金縢》原典文字，亦有自增文字，則計淨刪減今本之字數，實應遠超六十八字，詳見下考。此今存最古之《尚書・周書・金縢篇》板本，海內外學界，無論孶經治史考文徵古獻者，莫不高度重視。蒙也有幸，獲致原竹影板、釋文注解，及三數君子專論文讀之，不揣昏邁，略錫陋見，率爾屬藁，欲以就教於通雅；題「評判」，非敢驚世駭俗者也。請釐爲十一節許多子目陳之如次。

一　清華楚簡編理者自作〈金縢篇〉篇題

〈金縢篇〉篇題，今本題作「金縢」，而清華楚簡之〈金縢〉篇題，李學勤教授〈清華簡九篇綜述：六、金縢〉（《出土文獻》第一輯，二〇一〇年八月）（下渻稱李文）：

李文：「〈金縢〉簡共十四支，第十四簡簡背有篇題『周武王有疾周公所自以代王之志』，簡背有次序編號。按《尚書序》云『周公作〈金縢〉』，簡文則不用『金縢』篇題，可能表明沒有見到《書序》。」

又廖名春教授〈清華簡與尚書研究〉（《文史哲》，二〇一〇年六期，下渻稱廖文）：

廖文：「竹書本〈金縢〉，簡背有編號。其簡十四背面還有篇題『周武王有疾周公所自以代王之志』十四字。這可能是原來的篇題，係概括文意而題之，而『金縢』之名則應是後人從文中擷取的。……從『周武王』之稱來看，篇題已非西周史官的實錄；……戰國人爲了區分，已有改動，加上了『周』字。」

敏案《尚書》各篇，原爲公文檔案（此就理論上說），本無篇題，篇題乃後人添加。百篇《書序》之定著，當戰國晚葉，必不早於秦政十四年（參看拙著《書序通考》）。此篇經本文「金縢」一詞兩見，《書序》作者摘以名篇。疑清華楚簡編者不及見《書序》，或雖及見，因《書序》未能盡一篇之義，致未遵用。楚簡撮取本經「公乃自以爲功，以旦代某之身」云云，製作此十四字篇題。夫《書序》之作「庸且陋矣」（閻若璩評），顧簡本此所造，聱牙幾不成詞，庸陋何其愈甚耶？

又案廿九篇《尚書》本經及百篇《書序》，於周天子文王、武王、成王、康王、穆王、平王上，決不著「周」字，蓋既屬周王各篇，編入「周書」，則其篇所記之王固爲「周」王，不需更著「周」字，徒添蛇足。惟姬周至平王以降，王權日漸衰微，諸侯紛紛僭稱王號，楚子尤是，致其臣僚楚學士之編尚書也，稱「周」武王，儼然以自家「楚王」與之分「廷」抗禮，「區分」之義，厥在斯乎？

二　楚簡增「武王」，改「二年」為「三年」

清華楚簡〈金縢〉「武王既克殷三年」：武王，今本〈金縢〉無，中原齊、魯本〈金縢〉原典，其任何一家板本亦均無。楚人將北方傳來之原典〈金縢〉妄加武王二字，用便講習；則楚簡此篇乃講師之《尚書》學講義，非純是原來經本。且上云「武王克殷」，下承上云「有疾」可矣，竟又復出一「王」字，蛇足顯然！灼見楚簡編理者庸拙不通文理。姬發及身稱王，武非謚號，後文或稱之武王，或稱之王，皆是。三年，今本及一切中原齊魯本皆作二年。夫周武王十一年克殷（《竹書紀年》、《書·牧誓序》、《史記·齊世家》），十三年訪箕子，《洪範》曰：「惟十有三祀，王訪于箕子。」此云「既克商二年有疾」，是謂既已克商二年，即克商之後兩年，即當武王十三年，即聽〈洪範〉之年也。改二作三，變亂古史年歲，狂悖至此！（後文又改周公居東二年爲三年，尤其狂悖，見下）

三　楚簡增「告周公」，又篇中頗將「公」改為「周公」

楚簡「二公告周公曰：我其爲王穆卜。周公曰：未可以戚吾先王。」告周公三字，簡本編者妄加；今本作「二公曰」，文意已圓足，因上文太、召二公欲爲武王卜吉凶一事，必是向當朝公卿大夫宣明，周公立聞之，故即回應曰：「二公之爲武王卜也，未可以感動我周家先王，因二公與周室關係疎（而我（周公）親，故後文乃有『公乃自以爲功』云云之語）。」簡本編人不通文理，謬會經義，此必其授課講義，增此三字欲以顯豁經義，不知欲益反損也。《尚書·周書》各篇（侯國之書〈費誓〉、〈秦誓〉例外），凡單稱「公」，必指周公旦，示尊崇其爲天下唯一之「公」，簡本頗將〈金縢〉之「公」改爲「周公」，其昧於《尚書》之立義至此！

四　今本「植璧秉珪」，楚簡改作「秉璧植珪」

植，借爲置，放置也。秉，持也。珪（同圭）、璧皆玉器，用以禮神。謂周公先置璧於三王神位之前；又手持珪以禱神；禱畢且亦以珪作禮神之器置諸神位之前也。植：鄭玄曰（《尚書疏》引）：「植，古置字。」案鄭說是也，《尚書集注音疏》（《皇清經解》卷三九）：「置爲今文，植乃古字，……《說文》木部植字重文作櫃从置，古字植與置同也。」《古文尚書撰異》（《經解》卷五八一）：「古文假借植字爲置字，二字皆直聲故爾，如《論語．微子篇》『植其杖而芸』，《隸釋．石經論語殘碑》作『置其杖而芸』，……又有假置爲植者，如〈商頌〉『置我鼗鼓』，鄭《箋》云：『置讀曰植。』〈明堂位〉『殷楹鼓』，《注》引『植我鼗』，《廣雅》引《詩》亦作植。」植借爲置，以音近，植璧秉珪，鄭玄（《書疏》引）曰：「言置璧於三王之坐也，《周禮》（〈典瑞〉）云：『公執桓圭。』」案：鄭釋「秉」爲「執」，以爲周公先置璧於三王神座，於是執珪祝告，祝畢，復置方所執之珪於三王神座，與前所置之璧竝爲禮三神之器也。鄭說當理。《尚書全解》（卷三六）云：「案：下文曰『爾之許我，我其以璧與珪，歸俟爾命；爾不許我，我乃屏璧與珪』，則圭、璧似皆以祈神，……《雲漢》之詩曰『圭、璧既卒，寧莫我聽』、《周禮．典瑞》曰『四圭有邸，以祀天旅上帝；兩圭有邸，以祀地旅四望；祼圭有瓚，以肆先王、以祼賓客；圭、璧以祀日月星辰』。則古者禱祠，兼用圭、璧。」圭、璧皆以禮神，諸說皆然，故後文云「爾之許我，我其以璧與珪」，否則「我乃屏璧與珪」，則二物者以禮神明甚。圭，上圓下方，法象天地，體形便於秉執，故經典多作「秉圭、秉璋、執圭」；璧，形圓，稍不便於秉持，則今本「植璧秉珪」是，楚簡「秉璧植珪」非也。諸說（如宋華強《清華簡校讀》）未盡詳正，茲不具引。

五　楚簡改二「元孫某」之「某」為「發」，又於句末增三「也」字

今本「元孫某」，楚簡作「元孫發也」；「乃元孫某（參《論衡．死僞篇》補）不若旦」，楚簡作「爾元孫發也，不若旦也」。某，原當作「發」，下「以旦代某之身」之「某」同，避諱故竝代以「某」字。鄭玄曰：「諱之者，由成王讀之也。」（《書疏》引）《僞孔傳》：「元孫，武王；某，名：臣諱君故曰『某』。」《書疏》：「本告神云『元孫發』，臣諱君，故曰『某』也。……〈泰誓〉、〈牧誓〉皆不諱『發』，而此獨諱之，……鄭……當謂成王開匱得書，王自讀之，至此字口改爲『某』，史官錄爲此篇，因遂成王所讀，故諱之。上篇〈泰誓〉、〈牧誓〉，王自稱者，令入史制爲此典，故不須諱之。」《尚書後案》（《經解》卷四一六）申鄭云：「父前子名敏案：〈曲禮上〉：「君前，臣名，父前，子名」斷無諱『發』而稱『某』者，厥後，成王得此冊讀其文，敏案：據本篇後文，讀此冊文，當武王崩後。，必不敢稱名、必言『某』矣，史官記成王感悟迎公之事，追敘其始，詳錄冊文，因成王之讀而改『發』爲『某』。鄭說確不可易。《傳》惟言『臣諱君』，……若謂初時作冊即諱，則武王尚在而諱其名，是預死其君也，……今武王未沒，又當三王前，安得諱其名乎？若謂錄此篇書時乃諱之，則成王得此冊時已當『舍故諱新』之後，猶直斥武王名乎？」（《尚書集注音疏》說略同，見《經解》卷三九五）《尚書全解》（卷二六）取《左傳》及參其《疏》，確認史官諱武王名而代以「某」字，云：「周公之禱也，蓋用

武王名，及史官記載敏案：林以史官記載非當時原始文獻。，則諱其名而代以『某』字，《左傳》（桓六年）申繻曰：『周人以諱事神名，終將諱之。』敏案：孔《疏》：「《金縢》云『元孫某』，獨諱者，成王啓金縢之書，親自讀之，諱其父名曰改爲某。既讀之後，史官始錄依王所讀，遂即云某。」親名之諱也，蓋始於周，自周以前不諱名也。……至周始以號謚易其名而諱之，然惟斥其名則有所諱，若此篇不曰『元孫發』而曰『元孫某』，不曰『以旦代發之身』而曰『以旦代某之身』也。至於其他文字用『發』字，則無所諱，若〈噫嘻〉……之詩而曰『駿發爾私』，蓋不諱『發』字也。」案：《禮記．曲禮上》：「《詩》、《書》不諱，臨文不諱，廟中不諱鄭注：「爲有事於高祖，則不諱曾祖以下；尊無二也。於下則諱上。」又〈玉藻〉有「凡祭不諱，廟中不諱」句，鄭《注》：「凡祭祭羣神，廟中上不諱下。」孔《疏》：「廟中上不諱下，若有事於祖，則不諱父也；有事於父，則諱祖」。」據此，周公若於父祖之靈前呼其兄而諱之，則大乖「父前子名」、「廟中不諱」之禮度，周公所不爲。故《尚書集注述疏》（卷十三）云：「廟中不諱，是冊稱『元孫發』矣。」劉錄《觀堂學書記》：「當時冊上必作元孫發，迨編纂時，爲成王諱而改作『某』也。」《魯世家》正作「發」，用冊原文。則周公冊文原本，作「發」不作「某」，至武王崩後，史官撰寫〈金縢篇〉，將冊文編入，乃改「發」爲「某」，時春秋中葉（孔子之前）也。楚簡改「某」爲「發」，無知妄爲也。 伏生本《今文尚書》、孔壁《古文尚書》、一切中原齊魯傳本《尚書》、三國至晉僞造之《古文尚書》本經文，絕對無有「也」字。乃楚人檮昧，竟將〈金縢〉經文橫添三「也」字，妄亦甚矣！

六　楚簡刪卻周公之祝文「予仁若考，能多材多藝，能事鬼神」十三字，而將「予仁若考」移併入下文

今本：史乃冊祝曰：「……予仁若考，能多材多藝，能事鬼神。乃元孫〔某〕不若旦多材多藝，不能事鬼神；乃命于帝庭，敷佑四方，用能定爾子孫于下地。」

楚簡：史乃冊祝告先王曰：「……惟爾元孫發也，不若旦也，是（寔）年（佞）若丂（巧），能多材多藝，能事鬼神；命于帝廷，溥有四方，以奠爾子孫于下墜。」

楚簡刪「予仁若考」以下三句一十三字。

案：考，《史記·魯世家》訓巧，云「旦巧」。《尚書集注音疏》：「《說文》丂部云：『氣欲舒出，ㄅ上礙于一也。丂，古文……又爲巧字。』則以丂爲巧乃古文叚借也。……《書古文訓》……考字无不作丂。」《經義述聞》：「家大人曰：考、巧古字通，予仁若考，予仁而巧也。」仁，《羣經平議》（卷五）：「仁當讀爲佞，《說文》：『佞，巧讇高材也。』大徐本作從女信省，小徐本作從女仁聲。段氏玉裁曰：『〈晉語〉「佞之見佞，果喪其田」，古音佞與田韻，則仁聲是也。』佞從仁聲，故得叚仁爲之。予仁若考者，予佞而巧也；佞與巧義相近。《史記·周本紀》『爲人佞巧』，亦以『佞巧』連文，是其證也。古人謂才爲佞，故自謙曰『不佞』。佞而巧，故多才多藝、能事鬼神也。」《觀堂尚書講授記》亦云仁通佞、考通

巧；仁若考，猶云佞且巧也。蒙疑楚簡之「年（佞）若丂（巧）」乃「仁若考」之訓釋文，乃楚人破字，非〈金縢〉本經原文之舊。然而非也，蓋若、而古音近相假，「予仁而考」爲句，猶「予又仁又考」。夫仁與考乃公所自陳兩事，合下多才多藝一事，皆其美德。且多材多藝即智技靈巧，苟考亦訓巧，則周公語複矣。仁讀爲佞，借仁爲之，於古音雖有據，但「仁與巧義近」、「連稱」，是「予仁若考」義爲「予巧而巧」，文理有所窒矣！故此仁當依本字，訓敦厚、厚道，而彼時（春秋中葉）尚無將「仁」作爲孔子所始創爲做人最高準則之普世意義，屈萬里先生謂：仁字，甲骨文無，早期金文中亦無，《易》、《書》、《詩》三書中屬於西周時代之作品亦無，東周以後之書本文獻，僅《詩‧叔于田》、〈盧令〉各有一仁字，及此〈金縢〉一仁字，其意義俱爲敦厚。而「強調仁字，使它成爲做人的最高準則，使它成爲一個學說，則實從孔子開始」（《書傭論學集‧仁字涵義之史的觀察》）。考，訓孝，《東坡書傳》：「（予仁若考，）我仁孝能順父祖。」《雙劍誃尚書新證》：「金文考、孝通用（敏案原註舉彝銘及《史》、《漢》封爵，文繁不錄）。……予仁若考者，予仁而孝也。」仁考既得正詁，則今本「予仁若考」以下一段文了無疑義矣。第或者謂周公聖人，不應自我彰德露才、揚己抑君，如袁枚《小倉山房文集‧金縢辨上》：「治民事神一也，故曰『未能事人，焉能事鬼』！元孫既無才無藝不能事鬼神矣，又安能君天下子萬民乎？贊周公之材之美，始於《論語》，造僞書者，竊孔子之言，作公自稱語，悖矣！」愚謂袁論激切，嫌厚誣聖人。夫侍奉鬼神，唯富才藝者乃能；周公才藝賢過武王，故三王「取發不如取旦也」（《書疏》）。才藝者，臣僕之事耳，「聖人之德，不計材藝之多寡」（《融堂書解》卷十一），武王「乃命于帝庭，敷佑四方，用能定爾子孫于下地；四方之民，罔不祗畏」，是聖人也。若取發而舍旦，則「墜天之降寶命，我先王亦永失依歸」；國祚民命所繫，王不可即死，周公舉才藝過王請代固宜。其爲人也，徒多才藝，苟非心存仁考（孝），則雖在鬼神左右，必不肯事之；徒存仁孝，苟才藝不足，雖欲事鬼神而力有所未逮。周公仁孝、才藝兼擅，故宜任新職；武王具仁孝而乏才藝，豈宜奉召升侍？武王仁孝不若周公，經文斷無此意《東萊書傳》（卷十八頁八）：「周公自思，……惟才之與藝恐猶多於武王，可以代其死而事鬼神。『予仁若考』者，與聖人同也；求其實多者，惟材藝耳：此公之實言。」敏案：《論語．泰伯》：「子曰：如有周公之才之美，……。」周公材藝實多也。。《雙劍誃尚書新證》（卷二）：「觀下文『乃元孫不若旦多材多藝，不能事鬼神』而無『不若旦仁若考』之語，尤可徵非言武王之不仁不孝，特不如旦之多材多藝、能事鬼神耳。古今文法不同，而理自一貫也。」　楚簡編理者不曉「仁考」，既曲解字義，又將「仁若考」句降下，作成「爾元孫發不若旦仁且孝」，直指兄武王仁孝不足，夫「武王、周公達孝」（《中庸》），周公安作此言？楚人妄刪移亂書經，鹵莽滅裂及此！

七　楚簡「爾之許我，我則晉璧與珪；爾不我許，我乃以璧與珪。（下文：「歸，周公乃納其所為功自以代武王之說于金縢之匱。」）爾不我許，句

法正常，視今本為勝；以璧與珪，錯誤。

「爾不我許」今本作「爾不許我」，爾不許我，依古代文法常例，「許我」當作「我許」，周法高《中國古代語法稱代篇》（頁三五）：「《馬氏文通》卷四頁十八云：『止詞後乎動字者，常也；惟外動字加弗辭，或起辭爲莫、無諸泛指代字，其止詞爲代字者皆先動字。』案此例自甲骨文至秦漢皆然。否定詞如『不』，……賓語爲代詞者，如『我』……等。」「許」，外動字；「不」，否定詞；「我」，賓語。當如《詩．褰裳》「子不我思」等句《序》，作「爾不我許」。唯「有時，否定詞後做賓語的代詞不提前，反而放在述語後面，其例如下：（一）否定詞後爲單純之述語（即否定詞與代詞賓語間僅有一單字爲述語）。……（下句例二十有五，略不錄。）（頁三七—三八）本經合乎變例，且各本《尚書》本篇無作「爾不我許」者，是今本語序無譌也。案今本「爾不許我」合變例；但楚簡合正例，較長，宜從。晉，進也（本簡釋文），或讀薦（朱華強《校讀》），竝通。薦進璧與珪，義同今本「以璧與珪」；以，用也。獻珪璧云者，今本與楚本竝謂：神若允我所請，我將奉獻珪璧與三后也。夫古祭天以燎（積柴，布牲其上以焚），祭地埋珪璧於土中（《詩．雲漢》「上下奠瘞，靡神不宗」），瘞玉略同此。楚簡「爾不許我，我乃以璧與珪」，「以璧與珪」決是錯誤，當改爲類若今本之「屛璧與珪」儔文。蓋屛（同摒），藏也，謂若不獲神許，將藏玉不用不獻與三后也。諸家（如本簡釋文、蔡偉、宋華強說）將下「歸」字連讀爲句，作「我乃以璧與珪歸」，似解爲「我將以璧珪俱歸，不獻神也」。案「歸」起下句，今本「歸俟爾命」，謂周公自祭壇墠回返居所聽候三神藉卜兆卜辭而傳達之命令也。即楚簡「歸，周公乃納其所爲功自以代武王之說」，固亦謂周公自壇墠返回返朝廷而後納册於匱中也，則亦歸字屬下句之首。二三子不深究經義，斷句錯誤，不足爲訓也。

八　今本〈金縢〉關涉之龜卜文字，楚簡或加變造，或一槩删削之，兩本最大差異在此

先引兩家文，

李文：「簡文還有一個很特殊的地方，就是沒有傳世《尚書·金縢》中涉及占卜的文句，而《史記·魯世家》所引該篇是有那些內容的。由此看來，清華簡與傳世本〈金縢〉應分屬于不同的傳流系統。」

廖文：「今本涉及占卜的文句，也見于《史記·魯世家》，而竹書本除『穆卜』一詞外，其它皆不見。……其實，竹書本的記載是有問題的。周公的祝告提出了一個兩難的選擇：『爾之許我，我其以璧與珪，歸俟爾命；爾不許我，我乃屏璧與珪。』依前者，武王活而周公得死；依後者，武王死而周公得活。二者必居其一。而事實上周公的兩難

選擇被打破了，武王活而周公也沒有死。其原因今本〈金縢〉作了交代：『卜三龜，一習吉。啓籥見書，乃并是吉。』而竹書本則沒有這些交代，事情的發展就出現了斷環，顯然有欠嚴密。這只能是後人刪節的疏忽造成的。」

二家說未盡，需要詳析。茲先將楚簡所刪削及改造之〈金縢〉卜龜本文備列於下：

今本「公……乃告大王、王季、文王。」

楚簡改造爲「史乃冊祝告先王。」

今本「乃卜三龜，一習吉。啓籥見書，乃并是吉。」

楚簡全予刪削。

今本「公曰：體，王其罔害：予小子新命于三王，惟永終是圖。茲攸俟，能念予一人。」

楚簡亦全予刪削。

今本「公歸，乃納冊于金縢之匱中。」

楚簡改造爲「周公乃納其所爲功自以代武王之說于金縢之匱中。」

今本「王翼日乃瘳。」

楚簡亦盡予刪削。

今本「王執書以泣，曰：其勿穆卜。」

楚簡「王捕箸以泣，曰：……。」删削「其勿穆卜」四字。

國有大事，卜筮以決吉凶。武王甫克殷，天下未寧，而遘厲虐疾，此危急存亡之秋，故太、召二公主張卜諸先王廟，云「我其穆卜」，終由周公自任卜事，史官記曰「公乃自以爲功」。國都發生災變，雷雨以風，禾木摧偃，二公亦初欲卜廟，洎成王開匱啓書知周公當年卜請三王允其代死事，致昊天亦警，乃止二公曰「其勿穆卜」。故周公實行卜廟乞代武王死，此本篇主旨，本簡篇題固亦據作「周公自以代武王」云云，決不容減删一文。公所卜告者三先王，三王前各置卜一龜，史氏記曰「乃卜三龜」，故「告大王、王季、文王」；不可陰依前文「未可以戚我先王」，删簡爲「告先王」。成王語二公「其勿穆卜」係應照前文二公自表「我其穆卜」，亦不容删闕者也。　今本〈金縢〉實行卜龜之文，爲「乃卜三龜，一習吉；啓籥見書，乃并是吉」十五字，《史記．魯世家》據以詁作「於是乃即三王而卜，卜人皆曰吉，發書視之，信吉。周公喜，開籥，乃見書遇吉」，各本〈金縢篇〉亦皆有此十五文。夫一習吉者，一，齊、習，重也，謂三龜之兆坼所示亦莫不吉也。籥，簡策，所以載卜辭者，猶龜卜之專籍册也。書，卜辭也，卜辭著於竹帛，是謂之「書」也。乃并是吉者，謂開册見卜辭，以與龜兆證對，研判之，亦爲吉利也。其猶〈洪範〉之論卜筮結果，有云：人神共從，「是之謂大同，身其康彊，子孫其逢」也。據此誼以推衍，則武王「翼日乃瘳」，而周公己身「亦莫之代」。後世或疑周公求代死，神或許否，武王、周公必有一人身亡，今既不然者，俞樾《羣經平議》

（卷五）曰：「三卜皆吉，一言可蔽，既曰『一習吉』、又曰『乃并是吉』，何也？……言王與周公竝吉也。……周公本意，請以身代，三龜皆吉，則武王當愈，不待言矣。武王愈，周公宜死，及啓籥見書，更詳審之，乃知王與周公并吉也。不然則上文『以旦代某之身』，更無歸宿，一似聖人苟爲美詞以冀動聽；自言而自食之，斯不然也。」則〈金縢〉卜文十五字斷不可刪節，否則「事情的發展就出現了斷環」，洵是也。　周公自三龜之卜兆及對照卜辭專書——體的知：三先王神明之意旨——「予小子新（親）命于三王」；武王必病愈——「王其罔害」；三王允周公所請，許武王不死，能爲周室計久遠，俾天所降之寶命不墜——「惟永終是圖」是也。既而周公「茲攸俟，（三王）能念予一人」（下文公歸朝聽候神命）。此段廿八字文意承上得吉卜、啓下王疾瘳，乃楚簡盡刪之，使記事中斷、文氣失貫，肆無忌憚至斯！

九　楚簡竄雜自注文「成王由（猶）幼在位」六字入為經本文；又謬添「兄」字作「管叔及其羣兄弟」云云

今本「武王既喪，管叔及其羣弟乃流言於國。」

楚簡「武王力（陟），成王猶幼在位，管叔及其羣兄弟流言于邦。」

武王崩年，成王年歲，有六說：在襁褓中、六、七、八、十、十三歲說，以十三歲（《古文尚書》說）近是，當年即位，云渠「幼在位」猶待商榷。〈金縢〉者，成王史官撰寫，其稱

「今上」爲王則可（下文五稱成王，槩作王、不作成王），稱成王失禮。且武王崩時，成王幼在位之事實，廣見晚期經傳子史辭部書記述，至早期經書（如《易》、《詩》、《書》等）則未嘗一見，各本《尚書》亦未之覯，且句型文體又不似古奧典正之《尚書》。必纂理楚簡者加入，以闡管叔等放散流言之因。蒙也固曰楚簡〈金縢〉者，楚人改造之本，以授學徒者篇也。

管叔名鮮，封於管，故城在今河南鄭縣。渠有兄乎？曰有二：一伯邑考，蚤卒；二武王發，亦先崩。則管叔與羣弟流言於國耳；楚學士不考史，竄增作「羣兄弟布流言」，非也。《史記．管蔡世家》：「武王同母兄弟十人，……其長子曰伯邑考、次曰武王發、次曰管叔鮮、次曰周公旦、次曰蔡叔度、次曰曹叔振鐸、次曰成叔武、次曰霍叔處、次曰康叔封、次曰冄季載。」則管叔與羣弟散流言，羣弟，今知爲弟蔡叔度（後與夥叛）、弟霍叔處（尚未確定）。或以管叔爲周公弟（《白虎通．誅伐篇》等），則其「兄周公」與弟管、蔡散流言以自謗乎？必不然矣。

十　周公（旦）避謗。周公（旦）居東二（？）年。罪人斯得

楚簡「周公乃告二公曰：『我之□〔辟〕□□無以復見於先王。』　周公石（讀宅？）□（東？）三年，禍人乃斯得。」

今本「周公乃告二公曰：『我之弗辟，我無以告我先王。』　周公居東二年，則罪人斯

得」

敏案簡本原斷缺「辟」字，本簡釋文補字，字形是否如此，殊可疑。石，釋文讀宅，亦存疑。又「石」下，諦圖版，並無墨跡，殆亦無「東」字，釋文殆參據今本增文。辟、宅、東三字，姑從釋文楷定，用便討論。併今本「二年」，楚簡作「三年」，「罪人」作「禍人」，都「非常重要」，李文、劉文及廖文同發出長言，議而申之，茲先萃三先生之說，

李文：「簡文有不少與傳世本有別的異文，有的非常重要。例如傳世本說（下引今本〈金縢〉『武王既喪至則罪人斯得』，從湝）。《史記・魯世家》解『辟』爲『避』，『居東』爲東征；《尚書孔傳》解『辟』爲討罪，也以『居東』爲東征；馬融、鄭玄則解『辟』爲『避』，而以下文『居東』爲出處東國，待罪以須君之察己，而謂罪人斯得爲成王收捕公之屬黨；《尚書》蔡沈《傳》又講『罪人斯得是周公始知流言出于管蔡』。種種異說，都是由于〈金縢〉『居東二年』與《詩・東山》所云周公東征三年不合。現在清華簡的這一句不是『二年』而是『三年』，就恰與東征一致了。」

劉文：「（述引古今十四種說法，茲從湝。）清華簡〈金縢〉的簡文與傳世本有不少異文，有些異文具有極其重要的意義。如關係到『周公居東』這一內容時，簡文即與傳世本有許多不同，特別是傳世本在涉及周公居東的時間時都毫無例外地作『周公居東二年』，但是清華簡〈金縢〉則是作『居（宅？）東三年』，這一記載意義十分重大，也

給我們揭開了周公居東的迷霧。如果周公是居東三年，那麼有關周公居東的眞實目的祇可能是東征，也正好與周公東征三年相契合。可見《僞孔傳》等把周公居東解釋爲『周公東征』是正確的，而馬融、鄭玄等人將之理解爲周公待罪於東，則未必是歷史的眞相。至於後出的周公奔楚之説，本沒有什麼文獻依據，很可能確如譙周所説，是由於後人不瞭解〈金縢〉之事的眞相，從而出現的一種誤解。總之，清華簡〈金縢〉在很大程度上替我們揭開了周公居東的歷史眞相，使我們可以正確評判歷代學者有關這一問題的各種見解，也使我們對於周初的歷史可以有更深入的理解。相信清華簡〈金縢〉還會在很多方面改變我們對於周初歷史的認識。」（劉國忠教授〈清華簡金縢與周公居東的眞相〉，載《出土文獻》第一輯，二〇一〇年八月）

廖文：「竹書本〈金縢〉有些異文也非常重要。比如今本〈金縢〉説：『武王既喪，管叔及其羣弟乃流言於國，曰：「公將不利於孺子。」周公乃告二公曰：「我之弗辟，我無以告我先王。」周公居東二年，則罪人斯得。』《孔傳》以『周公居東』爲周公東征，而馬融、鄭玄則以爲是周公待罪於東。清人多宗馬、鄭説而不信《孔傳》，現代學者如劉起釪等亦如此。主要原因就是《詩·豳風·東山》説：『自我不見，于今三年。』周公東征是三年，此云『二年』，因此兩者並非一事。而竹書本〈金縢〉作『周公宅東三年』，『宅』即『居』，所謂『三年』，與《詩·豳風·東山》正合。這一字之異，正證明了《孔傳》的正確，破解了西周史研究上的一大疑難。」

敏案武王崩殂，成王幼少，周公攝行政事當國，周公旦之兄管叔弟蔡叔等造謠國中，指公旦將篡位，周公乃告召、太二公曰「我若不避謗去朝，宣示無意取代幼君，則無以上告先王在天之靈」，此解最合情理及當年政治形勢。第新舊說紛紛然異趣，要如：

（一）辟訓法：

《僞孔傳》：「辟，法也。（周公）告召公、太公言：我不以法法三叔，則我無以成周道告我先王。周公既告二公，遂東征之，二年之中，罪人此得。」《經典釋文》：「辟，扶亦反，治也。」我之弗辟，言我若不誅討二叔及武庚也。後世多從此說。案《說文》：「辟，法也。」《說文》：「𨐨，治也，从辟从井。《周書》曰：『我之不𨐨。』」段《注》：法也。字亦作⿱辟又，《說文》：「治也。」是辟可借爲刑𨐨之𨐨。辟字雖有「法、治」義，但非此經之義。蓋《孔傳》不承認周公被謗避走事，謂公聞謗即立決討擊管、蔡等罪人，於是乎東征逮獲而誅之。斯說悖理又不孚情實（即詳下）。

（二）辟訓避：

謂公避走出朝，《史記·魯世家》：「周公曰：我之所以弗避而攝行政者，恐天下畔周，無以告我先王。」《正義》：「辟音避。」《經典釋文》：「辟，馬融、鄭玄音避，謂避居東都。」馬氏《尚書注》原典逸，其詳不知。鄭玄《尚書注》：「我今不避孺子而去，我先王以謙讓爲德，我反有欲位之謗，無告于我先王，言愧無辞也。」（《詩．豳風．七月序疏》引，《詩正義》引鄭玄《詩豳譜》：「成王之時，周公避流言之難，出居東都二年。」《禮記．文王世子》孔《疏》引鄭玄《尚書注》：「羣叔流言，周公辟之居東都，時成王年十三也。」竝同。）辟、避古音相近，通假（周富美《尚書假借字集證》）。惟求之《古文尚書》，辟亦有徑作避者，金履祥《書經注》（卷八）：「按《古文尚書》『辟』字作𢍏『敏案：參考金氏另文《尚書表注》及《書古文訓》，當作「𢍏」，此「辟」字乃刻誤。』，古文凡『君辟、刑辟』之『辟』皆作『侯敏案：參考《表注》、《汗簡》及《書古文訓》，當作「侵」或「侵」，此「侯」字乃刻誤。』，唯此作𢍏『敏案亦「𢍏」之誤。』，此必孔壁書本是『避』字也。『辟』諧聲从走从并（敏案：原誤作井，今正。），皆『避』之義。金氏《尚書表注》（卷下）：「案《古文尚書》凡『君辟、刑辟』字皆作『侵』，獨此『辟』作『𢍏』，是必孔壁書本作『避』字也。『辟』諧聲從之從并，皆『屛避』之意。」《古文尚書撰異》（《皇清經解》卷五八一）：「金氏說最誤！其所云《古文尚書》者，即宋次道、王仲至、晁公武、薛士龍本也。其作『𢍏』者，乃『𢍏』之譌文也。惟〈金縢〉作『𢍏』者，正是用《說文》爲藍本，而轉寫『井』作『并』。眞壁中古文『𢍏』字，斷不止〈金縢〉一見，許叔重隨意一引耳，孔安國以今文讀之，既悉改爲『辟』字。」案：考宋薛士龍（季宣）本（即《書古文訓》）及清李遇孫《尚書隸古定釋文》本〈金縢〉「我之弗辟」之「辟」皆作「𢍏」，从「井」不从「并」；《汗簡》有从井之「𢍏」而無从并之「𢍏」。《說文》：「𢍏，治也；从辟从井。《周書》（〈金縢篇〉）曰：『我之不𢍏。』」又《說文》無

「擗」字。段氏謂金氏作「擗」乃「擗」之譌，蓋是。唯考《玉篇》有「侵」（字或作「侵」）字，云「辟」之古文，而《說文》無「侵」或「侵」。金氏據薛氏等《古文尚書》本，見五十八篇《尚書》本「君辟、刑辟」之「辟」凡四十五文皆作「侵」或「侵」，獨此一文「辟」作「擗」，且今本〈金縢〉此「辟」字又可解爲「避」，而「擗」與「避」皆諧「辟」聲，兼之《尚書》別無「避」字，因斷此「擗」借爲「避」。至於「侵」或「侵」，但爲「刑辟」之「辟」之古文（《說文》九上「辟」部「辟」下：「法也。」），並無「避」義。則金氏說甚可取。《古文尚書》刑辟之辟既皆作侵，則《金縢》辟字固非刑辟義，讀爲屏避字正協經義。斯時管叔、蔡叔等始作流言，武庚等尚未興叛，而周公方見疑於成王及臣民，不應立即興兵以討伐，故「辟」原意當爲「避」，然則周公避居去朝，未率一兵一卒，如何能討叛懲罪？故朱子作〈金縢說〉（《朱文公文集》卷六五）辟尚訓法（同《僞孔傳》），後於〈答蔡仲默書〉（《朱文公續集》卷三）：「弗辟之說，只從鄭氏爲是。……是時三叔方流言於國，周公處兄弟骨肉之間，豈應以片言半語便遽然興師以誅之？聖人氣象，大不如此。又成王方疑周公，周公固不應不請而自誅之。若請之於王，王亦未必見從，則當時事勢亦未必然。雖曰聖人之心公平正大，區區嫌疑，自不必避。但舜避堯之子於南河之南，禹避舜之子於陽城，自是合如此。」蔡《傳》用鄭、朱子說。崔述、許鴻磐竝申朱、蔡此意，崔云：「《書》云『流言於國』，不云『殷畔』，則是殷猶未畔。……流言者，道路之言，事後知其所起，乃追書之；當時尚未知爲誰何，周公可以疑似而遽殺其兄乎？周公之東征，討武庚也；武庚未畔，討之何名？未畔而已伏誅，則是初無畔殷之事而周公誣之也。若謂武庚之畔即在流言之時，則史當特書之以爲討之張本，不得但記流言，遽云當誅。……雖初搦筆之童子不至如是，況史臣而有此文理邪！」（《豐鎬考信錄》卷四）許氏曰：「漢昭帝十四歲在位，霍光秉政，適有燕王旦之書，且免冠待罪而不敢入，曾周公並霍光之不若乎？一聞流言，不待王命遽興師誅之滅口；民謗尚不可監，流言可殺之而弭耶？縱其心無他，其何以暴白於天下以上對君父告先王哉！」（《尚書札記》，《皇清經解》卷一四一〇）項安世《項氏家說》亦略同朱說，云：「周室初基，中外未定，流言乘閒而作，成王疑于上，國人疑于下。周公苟不避之，禍亂忽發，家國傾危，將無以見先王于地下矣。……但不居中則不利之謗自息，而亂無從生矣。」（卷三）段玉裁《古文尚書撰異》（《皇清經解》卷五八一）亦同朱子說。愚謂：武王初崩，成王即位，周公攝政，管、蔡等造作謠言，周公避謗出朝，未幾武庚、二叔及奄君、薄姑、淮夷舉兵叛亂。〈大誥篇〉曰「有大艱于西土，……越茲蠢」，卜辭預示武庚等時已擾動也。又曰「殷小腆，誕敢紀其敘，……曰：『予復！』反鄙我周邦」，謂武庚稱兵將襲周復殷也。又曰「惟大艱人，誕鄰胥伐于厥室」，陰指二叔勾結殷人攻擊其王家也。其曰「今蠢」，明言彼叛徒現已發動，故終則曰「肆朕誕以爾東征」！周公以成王命發〈大誥〉東征，乃武王崩之次年（即成王元年）事，前此因流言避出，非一事也，朱子等說得之。夫周公之避，所以必告二公而後行者，《書經注》（卷八）：「以成王尚幼，朝廷之事不可以無所屬也。所以周公居外而朝廷不亂，成王雖疑而外不敢誚者，以二公在焉爾。微二公則周家之禍必有出於意料之外者，周公亦不應避小嫌而忘大計矣。」

（三）周公避謗出就之處所：

〈金縢〉周公自表但云「我之弗避」，避往何地，語無明示。馬、鄭誤合後文「周公居東」與此「避謗出朝居外」爲一事，遂謂周公「避居東都」（方見上引四條），其實東都雒邑七年後方始動工建構，當日周東既無都，則馬、鄭說非是。誤將「周公居東」爲「周公避謗出朝者」，古今多有其人：

《墨子．耕柱》：「周公旦非關（管）叔，辭三公，東處於商蓋（奄）。……翟聞之，爲義非避毀就譽，去之苟道，受狂何傷？」

商奄，古兗州曲阜奄里，即後魯淹中是也。汪中〈周公居東證〉（《文集》）非之，云：「武王克商，已建商後，洎其晏出，管叔、祿父相倚爲姦，周公豈得棄其官位，投身必死之地？此之不實，昭然可見。」傅斯年〈大東小東說〉（《傅孟眞集》）：周公受封於魯，地在今河南省魯山縣；子孫東徙於今山東曲阜，不致早至成王三年克武庚踐奄之前，是公決無避謗東漸於海之理。

《越絕書》：「周公……傅相成王，……管叔、蔡叔不知周公，而讒之成王，周公乃辭位，出巡狩于邊一年。……」

巡邊之說，無稽，違背常情，但認周公避謗，甚的，他家則多無確說。

《琴操》：「周公爲攝政，是時周公因誅管之後，有謗公於王者。……成王聞之，勃然大怒，欲因周公，乃奔於魯而死。」

云周公於誅管、蔡（即東征）之後被謗，無稽；勿論。唯謂周公離朝奔魯，須加辨明者，即其所謂魯，非指山東曲阜，陳槃《春秋大事表譔異》：「案〈世家〉：『封周公旦於少昊之虛曲阜，是爲魯公。周公不就封，留佐武王。……於是卒相成王，而使其子伯禽代就封於魯。』是史公固謂周公始封魯公，不謂伯禽始封。」陳氏又據傅斯年、徐中舒說，謂「魯之始國當在今河南省魯山縣」。周公受封之魯，雖處關河之東，但去鎬京未遠，故聞管、蔡、武庚起兵作亂，得以即刻回京興師討逆（東征）也。

《史記．魯世家》：「初，成王少時病，周公乃自揃其蚤（爪）沈之河，以祝於神曰：『王少未有識，奸神命者乃旦也。』亦藏其策於府。成王病有瘳。及成王用事，人或譖周公，周公奔楚。成王發府，見周公禱書，乃泣，反周公。」

又〈蒙恬傳〉恬對使者曰：「……及成王有病甚殆，公旦自揃其爪以沈於河曰：『王未有識，是旦執事有罪殃，旦受其不祥。』乃書而藏之記府。……及王能治國，有賊臣言周公旦欲爲亂久矣，王若不備，必有大事。王乃大怒。周公旦走而奔於楚。成王觀於記府，得周公旦沈書，乃流涕曰：『孰謂周公旦欲爲亂乎？』殺言之者，而反周公旦。」〈世家〉及〈蒙傳〉所記爲同一事，而本不與〈金縢〉周公代武王死、成王啓匱得書感悟同，故史遷於〈魯世家〉分別記之，且曰：「周公亦藏其策於府。」明先後乞代兩王死，而皆藏其祝册於府也。焦延壽《易林・需之无妄》云：「載璧秉珪，請命于河；周公剋敏，沖人瘳愈。」即用《史記》之說。徐中舒云：「周公適楚，及管、蔡流言周公居東，本爲二事。」（《中研院史語所集刊》第七本第二分〈殷周之際史蹟之檢討〉）楊筠如以爲奔楚爲〈金縢〉避謗居東「一種傳說的分歧」（〈周公事迹的傳疑〉，《中山大學語言歷史學週刊》八集九一期）。孫次舟亦謂由〈金縢〉「周公居東二年，則罪人斯得」衍生周公受讒奔楚之說，「蓋在秦漢之際，由〈金縢〉蛻變之異說，流行正廣，故史遷乃兼錄之也」（《說文月刊》第四卷合刊本《周公事蹟之清理》）。周公被謗奔楚，史公於〈世家〉記〈金縢〉周公遭流言出奔事時，未及載述，而於《列傳》因蒙恬之口以備補前闕，固有所本也，俞正燮引《左傳》以證是矣，其《癸巳類稿》（卷一）〈周公奔楚義〉曰：「《左傳》昭公七年：將如楚，夢襄公祖，梓愼曰：襄公之適楚也，夢周公祖而行。子服惠伯曰：先君未嘗適楚，故周公祖以道之。襄公適楚矣，而祖以道君。然則襄公曾適楚，故祖道昭公，以見周公曾適楚，故祖以道襄公。」此楚地，一云在雍州萬年縣，南五十里，王季葬斯；西南三十里，武王之墓在焉，徐文靖曰：「周公奔楚，當是因流言出居，依于王季、武王之墓地，必無遠涉東都之理。」（《竹書統箋》）案地去鎬京朝廷近甚，不足以弭謗遠讒息爭。一云此楚地在今河南魯山縣，「金文有『王在楚』之語，知其地必爲嵩山迤南山麓之稱。《史記》載周公危難時出奔楚，如非其封地，何得于艱難時走之乎？此亦魯在魯山之一證也。」（〈大東小東說〉）周公渡越關河，不預朝政，誣公篡竊者之口可杜。且地處近東，一聞管、蔡陰結殷頑兵叛，公即馳返京師，信宿可至，起兵征逆，不致因迢遠而錯失戎機也。

（四）「周公居東二年，則罪人斯得」，新舊解義檢正：

上段「周公曰：我之弗辟，我無以告我先王」，既證爲公避居東方己之封邑魯國（河南魯山），時手無軍武，不可能誅殛叛徒，則下段「周公居東，則獲罪人而戮放之」必非避謗時所能作爲。是知上、下段之間，應有渻文，作〈金縢〉者闕未之記，致上、下兩文看似密接無間，後人遂誤周公於避謗期間同時伐叛，即東征其事。考武王十三年遘厲疾，周公禱神乞以身代，武王暫瘳，但同年十二月崩殂。時成王沖幼（年十三），故次年周公攝政，管蔡等乃流言加毀，周公避謗走國。未幾，管、蔡陰結武庚蠢動，周公乃承成王命東征，「周公居東二年」以下，正是記此事。

居，清華楚簡作宅，《爾雅・釋言》：「宅，居也。」《尚書・堯典》「宅嵎夷」，《僞孔傳》：「宅，居也。」宅、居義同。周公宅東即居東，謂東征。東征事實，徵在典獻者如下：

於《尚書》經傳，〈大誥．書序〉：「武王崩，三監及淮夷叛；周公相成王，將黜殷，作〈大誥〉。」本經：「……肆朕誕以爾東征。」《尚書大傳》：「武王死，成王幼，管叔疑周公，然後祿父及三監叛也，周公以成王之命殺祿父，遂踐奄。」伐殷踐奄事，亦見〈多士〉「昔朕來自奄」、〈多方〉「惟五月丁亥，王來自奄」。又方周公在東國用兵時，成王自鎬命唐叔餽之祥禾，公既得禾，旅天子之命（見《逸尚書歸禾、嘉禾書序》）。

於《詩》，〈破斧〉：「周公東征，四國是皇。」

於《史記》，〈周本紀〉：「武王崩，成王少，周公乃攝行政當國。管叔、蔡叔羣弟……與武庚作亂畔周，周公奉成王命，伐誅武庚、管叔，放蔡叔。」（〈魯世家〉、〈管蔡世家〉及〈衛世家〉竝同）

於……

周公東征歲月，今本〈金縢〉「周公居東二年」之「二」，清華楚簡作「三」，必編纂竹書之楚士妄改，證驗如下：

《逸周書．作雒》：「周公立，相天子，三叔及殷、東、徐、奄及熊、盈以畔。周公、召公內弭父兄，外撫諸侯。元年夏六月，葬武王于畢，二年又作師旅臨衛攻殷，殷大震潰，降辟三叔，王子祿父北奔，管叔經而卒，乃囚蔡叔于郭凌。」

此記周公東征第一、二年戰果——先近攻摧殷故都衛地悍敵武庚、管、蔡等。第三年乃遠擊徐、奄及淮夷等頑寇而滅之，見《尚書大傳》曰：

周公攝政：一年救亂，二年克殷，三年踐奄。

首尾三年，即於第三年而亂事敉平，見鄭玄《尚書注》（〈詩豳譜疏〉引）：「奄國在淮夷之傍，周公居攝時亦叛，王與周公征之，三年滅之。」《史記·周本紀》亦謂此番周室勾結殷頑亂局，「周公討之，三年而畢定」。

復詳徵典獻，確證自初征至東土全部底定，周公費時尚不足二整年，簡表並考史證成於下：

周武王十一年克殷；十三年遘疾，同年崩殂。

次年周成王即位，周公攝政，爲成王元年（亦即周公攝政元年，下倣此），是年六月葬武王。未幾，管、蔡、武庚、淮夷、奄人齊叛，大約同年七月（或月更晚），周公奉成王命東征，作大誥（參《逸周書》等，下倣此）。

周成王二年，克殷誅二叔及武庚。

周成王三年五月前，又次第擊滅淮、徐、奄，其進伐路線，〈大東小東說〉記其大略，云：「武王初崩之歲，管、蔡流言，武庚以淮夷叛。……此時周公在何處用兵，宜爲考求。《詩》、《書》所記，只言居東，未指何地爲東。……周公用兵，當經衛之一路。

其成功後，乃能東南行，而驅商人服象於東夷也。……周兵力自衛逼奄，當居今河北省濮陽、大名等縣，山東省茌、博、聊、濮等縣境，此即秦漢以來所謂東郡者也。」於是凱歸，同時以成王命誥東土諸國，茲以《尚書．多方》、〈多士〉兩篇誥文證成之：〈多方〉曰「惟五月丁亥，王來自奄，至于宗周」，謂此年五月前亂平，歸京發此誥命，故下文又云「我惟大降爾四國民命」；而後（成王七年）作之〈多士〉追述前事曰「昔朕來自奄，予大降爾四國民命」，「昔」指四年前多方所說之「五月丁亥，王來自奄」，而〈多士〉「降四國民命」，亦係復述多方「降命」云云之語（詳拙著〈尚書多方篇著成於多士篇之前辨〉，臺灣大學《文史哲學報》二三期）。則周公東征自成王元年七月至三年五月止，戰事實僅一年十月，故〈金縢〉云「周公居東二年」也。〈金縢〉「二年」之說，不可易。

又周成王三年五月後，周公作詩〈鴟鴞〉致成王，用表謀國悃忱，王猶不信公，於是當年秋未穫（約當七、八月間）公班師回鎬時，天乃大動風雷，以警成王，王乃出郊迎公。

至此，的知〈金縢〉記「周公居東二年」，二年尚合事實。第《詩．豳風．東山》似不然，其首章有曰：「我徂東山，慆慆不歸。我來自東，零雨其濛。我東曰歸，我心西悲。……自我不見，于今三年。」《詩序》：「〈東山〉，周公東征，三年而歸。」云出東三年，似多〈金縢〉一年。《詩》、《書》記歲月多寡殊異者，〈金縢．書疏〉：「〈東山〉詩言初去及來，凡經三年；此直數居東之年，除其去年，故二年也。」此說固是，但義有未盡。夫此《詩》詠行陣軍士，歷數慘烈戰役，倖免暴骨中野，日冀早歸鄉閭，獲見舊時家園。遙想將與妻子聚合，昔時景物，宛然在目，而自傷爲王執戈，勞苦艱險，久戰疆場，油然而生怨慨，故開篇即訴曰「我徂東山，慆慆不歸」（慆慆，久也），彼明知己之與戎不足二年，竟亦不憚誇大，云「自我不見，于今三年」是也。洎楚簡纂編學士，未察此詩人心意，復見餘外典籍所載「周公東征三年」之說，不遑考其端末，遽將此「居東二年」添一畫作成「居東三年」，不責之爲「楚狂」，可乎！（〈金縢〉開篇「既克商二年」，楚簡改「二年」爲「三年」，同是妄爲，已詳2.。）夫詩人感傷夸大之辭，焉可根以改經史之實錄乎？此二千餘年前事也，今也深惜肇理清華楚簡諸公，若李、劉、廖三先生者，遽信此經竄改之本，譽爲善板，獨許斯本作「三年」正與《詩．東山》合；或云簡本「宅東三年」見世，意義十分重大，正與周公東征三年契合，可資以揭開周公居東之歷史眞相；又或言竹書本「宅東三年」與〈豳．東山〉「于今三年」合，破解了西周史研究上的一大難題，推重過甚！余頑愚，不敢輕信！夫中原齊、魯傳本《尚書》，及凡傳述〈金縢〉周公居東者典籍，從無作「三年」者，而南傳至楚之簡本獨異作「三年」，南人於何所見原作三年原典？其爲竄亂何疑？

刿簡本尚另删去〈金縢〉卜龜文等共卅字，彼「楚狂」者，敢大删本經文達百分之六強（如以總字數少六十字計，删恐高至百分之十二強矣。），區區於「二」上添加一橫作「三」，彼豈懼乎哉！

罪人斯得：罪人，楚簡作禍人，禍國殘民之人也，指武庚、管叔、蔡叔、奄君、薄姑及淮夷等實行叛亂之人。斯，皆也（《書疏》引王肅說），盡也。罪人斯得，謂叛國者武庚等盡爲周公所獲以治罪也。第鄭玄論周公東征前後事，多異義非常，後學惑焉，玄曰（《書疏》引）：「武王崩，周公爲冢宰。……管、蔡流言，即避居東都。成王多殺公之屬黨。」又曰（《詩豳風譜疏》引）：「罪人，周公之屬，與知攝者；周公出，皆奔。二年，盡爲成王所得。」其徒馬昭承其說，云：「公黨已誅。」（《詩鴟鴞疏》引），王肅已非之，云：「案經傳內外，周公之黨具存，成王無所誅殺，横造此言，其非一也。」（《詩鴟鴞疏》引）汪中《述學》亦論鄭失，云：「公之攝位（敏案：當爲攝政。），卿尹牧伯下及庶士，其誰不知，而云『辠人周公臣屬，與知攝者』，此又私黨陰謀之說，不可以論周公。」（《皇清經解》卷八〇〇）愚謂：「罪人斯得」冒上「周公居東」，是得罪人者爲周公而非成王，而罪人斷非所謂「公之屬黨，與知攝者」。鄭解非是。唯本篇作者不直書東征而曰居東，不以管、蔡、武庚皆伏誅昭告四國而云罪人斯得者，劉逢祿《尚書今古文集解》（卷十三）曰：「緣周公之心而爲諱詞也。」魏源《書古微》（卷八）：「緣周公心所不忍而渾其詞耳。」斯說得之，《大誥》亦多渾諱其詞，如不斥言二叔與武庚結叛而曰「惟大艱人，誕鄰胥伐于厥室」，爲尊者諱、爲親者諱，是也。

十一　「新逆」，楚簡用本字作「親逆公」，有助於匡正舊說

楚簡「王曰：『今皇天動威，以彰公德，惟余沖人其親逆公，我邦家禮亦宜之。』王乃出逆公，至郊。」

今本「王……曰：『今天動威，以彰周公之德，惟朕小子其新逆，我國家禮亦宜之。』王出郊。」

新，借爲親，馬融本正作「親」（《經典釋文》引）；《書古文訓》作「親」，親、親音義竝同；鄭玄《詩東山序箋》：「成王既得金縢之書，親迎周公。」是亦讀此「新」爲親。逆，迎也，此常訓。

〈金縢〉秋大熟，風雷災異以下至篇末兩段，漢人始以爲乃周公薨後之事，《尚書大傳》：「周公死，成王欲葬之於成周，天乃雷雨以風，禾盡偃，大木斯拔。國恐。王與大夫開金縢之書，執書以泣曰：『周公勤勞王家，予幼人弗及知。』乃不葬於成周，而葬之於畢，示天下不敢臣。……所以明有功，尊有德，故忠厚之道咸在成王、周公之間，故魯郊成王所以禮周公也。」《史記》襲其說，〈魯世家〉：「周公在豐，病將沒，曰：『必葬我成周，以明吾不敢離成王。』周公既卒，成王亦讓，葬周公於畢，從文王，以明予小子不敢臣周

公也。周公卒後，秋未穫，暴風雷雨，禾盡偃，大木盡拔。……於是成王乃命魯得郊，祭文王；魯有天子禮樂者，以褒周公之德也。」炎漢《今文尚書》家從伏、馬之說者甚多。至清，有孫星衍者，演繹漢人說，首發〈金縢〉「秋大熟」以下至篇末，乃《逸尚書·亳姑篇》之殘佚文，誤合於此篇之後半部者，其《尚書今古文注疏》云：「《史記》又載周公卒後，乃有暴風雷雨，命魯郊祭之事。是經文『秋大熟』以下，必非〈金縢〉之文。……此篇經文當止於『王翼日乃瘳』，或史臣附記其事，亦止于『王亦未敢誚公』也。其『秋大熟』以下，考之《書序》，有成王告周公作〈薄（亳）姑〉，則是其逸文。後人見其詞有『以啓金縢之書』，乃以屬于〈金縢〉耳。」又曰：「史公說爲周公卒後秋未穫，並言周公在豐，病將沒，欲葬成周之事，合之《書序》云：『周公在豐將沒，欲葬成周。公薨，成王葬于畢，告周公，作〈亳姑〉。』則此是〈亳姑〉逸文，成王所作，與周公所作〈金縢〉，別是一篇。」孫氏別撰〈尚書錯簡考〉，論「〈亳姑〉逸文」（《嘉穀堂集》卷一）。夫伏生傳本《尚書》無〈亳姑〉，亦未見〈亳姑〉佚文，渠謂〈金縢〉風雷災變以下爲周公薨後事，殆據戰國晚葉傳說，史公從之，而孫氏遂據以斷此兩段爲《逸書·亳姑》佚文。敏案①雷風之變若果爲周公卒後事，則本經於「秋大熟」以上當明言「周公既歿」以別起其文；②全篇記事，初云「既克商二年」、中云「武王既喪」、後云「周公居東二年」、乃及「秋大熟」以下終篇，首尾一貫；③始二公云「我其爲王穆卜」、末成王云「其勿穆卜」，前「納册于金縢之匱中」、後「雷電以風……以啓金縢之書」，渾然一篇文字，不容分割！漢今文說倡誤，清人治經，動輒復西京十四博士之舊，致孫氏不遑詳考，從之誤也。今得見較早之戰國中期稍晚之楚簡〈金縢〉，固亦首尾相應，大致若今本，「秋大熟」下，貫若串珠，無有鍊斷，可正伏馬孫之誤矣。且夫本篇前記「二公曰」、中記「周公乃告二公曰」，下（「秋大熟」以後）記「二公及王乃問諸史及百執事」、「二公命邦人」，人物相同，又屬於同一故事，則前後「二公」皆謂大公望、召公奭。考太公仕周於文王時年已七十二。《荀子・君道篇》，參《史記》。庚齒長於周公甚多。作洛乃周室大事，〈召誥〉、〈洛誥〉祇記周、召二公贊輔其事，決不及太公言行，此後書篇亦不記太公。疑太公成王七年之前已薨。太公先周公薨，則方其「問諸史」及「命邦人」時，周公固健在，則本篇「秋大熟」以下文非記周公薨後文，可以斷言。孫氏〈亳姑〉逸文誤綴於此之說，不攻自破。〈金縢篇〉有始有終，嗜異之士妄意割裂本經，辨正於此，予豈務繁言？予不得已也。　今本〈金縢〉「王出郊」云云，《大傳》釋曰「故魯郊成王所以禮周公也」、《史記》曰「成王命魯得郊」，釋「郊」爲「郊祭」。《僞孔傳》：「郊以玉幣謝天。」《疏》：「祭天於南郊，故謂之郊；郊是祭天之處也。王出郊者，出城至郊爲壇告天也。」要旨同伏馬。孫氏〈尚書錯簡考〉引畢以田曰：「《尚書》『王出郊，天乃雨，反風』，出郊者，謂祭天於郊以周公配之也，《書序》所云『成王葬周公于畢，告周公，作〈亳姑〉』，即其事。此經上文云『今天動威以彰周公之德，惟予小子其親迎』，言親迎而祭之；迎，迎尸也。惟郊是郊祭周公之事，故言國家禮亦宜之，禮者謂祭也。」謂成王所親迎者，迎尸也；出郊者，郊祭周公也。禮亦宜之，祭周公之禮也。敏案本經上文「惟朕小子其新逆，我國家禮亦宜之」，緊接下文「王出郊」，明是成王誦出鎬京郊外親迎周公旦，自伏、馬之郊祭說，衍為迎周公尸而郊祭之異說，幸見楚簡作「余沖人其親逆公」、「王乃出逆公，至郊」（疑為編理者釋經之文，代表戰國人意見。），疑義庶可決也。

結論

《尚書．周書．金縢篇》，春秋中葉著成，初為中原齊魯寫本（書於竹、帛），至戰國中葉或稍遲，南傳荊楚，楚士抄繕，是為楚本，新近出土之清華楚簡本〈金縢〉即是也。

編理此〈金縢〉者，當為楚國學人，渠於中原傳本，大加改造，以便詮解講論，用授生徒。考此改造後之〈金縢〉楚簡，其變造之跡，約可歸為八件：①其人不知《尚書》文體，增「也」字。②不知此周公祝文，史官編入〈金縢篇〉時因諱改字，乃易「某」為「發」。③不明西周史跡，更「羣弟」為「羣兄弟」。④不通經義，將「秉珪植璧」作成「秉璧植珪」。⑤渠為便於講述討論，於「王」上或加「武」為「武王」、或加「成」為「成王」、於「公」上或加「周」為「周公」，均失原典之舊。⑥又於「成王既喪」下、「管叔等流言」上，自增「成王猶幼在位」六字，等同傳注之文。⑦篡改西周史實年歲，貽誤後學，將「武王既克商二年」與「周公居東二年」之兩「二年」，均改為「三年」，既誤讀《詩》、《書》，又失檢其它經史傳記，今時整理楚簡達人猶或爲之淆誤，況普羅讀者乎？⑧大刪原典經文，至少淨削六十八字：其中去「予仁若考」三句十三字，移入下文，使與「周公自表多材多藝」併，竟成周公數武王不仁不孝之罪。又黜去全篇實行卜龜相關經文四十三字，使〈金縢〉作意——周公乞身代武王死，神許所請一事晦昧不明。觀其所節略，使文氣中絕，事理因果不明，故廖文病之，曰：「竹書本多有省略，……以致邏輯混亂，實在是不如今本。」又其刪削，使篇之主旨失喪，故廖文一再云「竹書本實在是不如今本」、「竹書本〈金縢〉，從整體上要晚於今本，要劣於今本」！信矣哉！

然而，此本爲今存最古之板本（應爲殘本，或變造本），資以勘校今本，知今本傳承有本有原。其中「爾不我許」，可據正今本文字誤倒。親逆公、王出郊逆公，可據知成王親迎周公於鎬郊，匡正孫星衍等誤論。至於多存古字古義，治經學小學尋章摘句者固亦不可棄也。

摘要

北京清華大學近購獲楚簡《尚書·金縢篇》，爲戰國中葉頃楚人據齊魯本抄繕，並加改造而成者。改造者或增減、或變更原典文字，其昧於古史，妄改年歲，如將「周公居東二年」及「武王克商二年」之「二年」改作「三年」。又大刪原典經文，如黜去卜龜相關經文四十三字，致〈金縢〉周公乞以身代武王死之主旨晦昧不明。時賢論此楚竹本劣於今本，甚是。唯此十四簡四百一十字之竹本，多存古字古義，治《尚書》小學者資以校讎。矧其末三簡確記「（成王）親逆（周）公，王乃出郊逆公」，可據證今本「秋大熟」以下文非周公薨後之事，可正《尚書大傳》、《史記》之誤解，而清孫星衍等踵漢人之訛，斷爲〈亳姑篇〉逸文，亦因此得以辨正。古本珍貴，瑕瑜互見，不可輕言棄也矣。

尚書周書呂刑篇義證

尚書周書呂刑篇義證

題解

一　論篇題異文

呂，字金文亦作郘（郘鐘，見兩周金文辭大系錄編頁二六九），經籍亦作甫（由呂刑、呂侯亦作甫刑、甫侯等事知之，詳下文。）。呂刑，先秦、兩漢典籍述引亦作甫刑，

禮記緇衣：「甫刑曰：『苗民匪用命。』」又：「甫刑曰：『播刑之不迪。』」又：「甫刑曰：『一人有慶，兆民賴之。』」禮記表記：「甫刑曰：『德威惟威，德明惟明。』」又：「甫刑曰：『敬忌而罔有擇言在躬。』」

孝經天子章：「甫刑云：『一人有慶，兆民賴之。』」

孔叢子論書第二：「甫刑可以觀誡。」（敏案：孔叢子乃僞書，文蓋襲大傳，姑附列於此。）

此出自先秦典籍者也。其兩漢典籍作甫刑者（後漢書二條附見），

尚書大傳「略說」（輯校三）：「孔子曰：……甫刑可以觀誡。」

史記周本紀：「甫侯言於王，作脩刑辟，……命曰甫刑。」史記匈奴傳：「周道衰，……荒服不至，於是周遂作甫刑之辟。」

鹽鐵論詔聖：「故姦萌而甫刑作。……甫刑制獄。」

漢書刑法志：「周道既衰，穆王眊荒，命甫侯作刑以詰四方。」又：「至成帝河平中，復下詔曰：甫刑云：『五刑之屬三千。』」漢書蕭望之傳：「（張）敞曰：……甫刑之罰，小過赦，薄罪贖，有金選之品。」

書緯刑德放：「周穆王以甫侯爲相。」（史記周本紀集解引鄭玄曰）

論衡譴告：「周繆王任刑，甫刑篇曰：『報虐用威。』」論衡變動：「甫刑曰：『庶僇旁告無辜于天帝。』」論衡非韓：「周穆王之世，可謂衰矣。……甫侯諫之，穆王存德。……前用蚩尤之刑，後用甫侯之言也。」

漢石經尚書呂刑篇小序殘字：「（呂命，穆王訓夏贖刑，作）甫刑。」（見漢石經尚書殘字集證卷二頁三四及卷三復原圖頁八）

孟子盡心下「盡信書則不如無書」注：「甫刑曰：『皇帝清問下民。』」

後漢書陳寵傳：「寵又鉤校律令條法溢於甫刑者除之，曰：臣聞禮經三百，威儀三千，

故甫刑大辟二百，五刑之屬三千。」

後漢書崔駰傳附崔寔傳載寔政論：「周穆有闕，甫侯正刑。」

上述眾書作甫刑，而今本尚書作呂刑者，僞孔傳謂呂侯「後爲甫侯，故或稱甫刑」，而疏申之，云：

知後爲甫侯者，以詩大雅崧高之篇宣王之詩云「生甫及申」、揚之水爲平王之詩云「不與我戍甫」，明子孫改封爲甫侯。不知因呂國改作甫名？不知別封餘國而爲甫號？然子孫封甫，穆王時未有甫名、而稱爲甫刑者，後人以子孫之國號名之也。猶若叔虞初封於唐，子孫封晉，而史記稱晉世家。然宣王以後改呂爲甫，……」

案：呂氏初封，遠在周代之前、當唐堯之世，

國語周語下：「太子晉諫曰：……其後伯禹念前之非度，……。帥象，禹之功，度之于軌儀，莫非嘉績，克厭帝心。皇天嘉之，祚以天下。賜姓曰姒氏、曰有夏。……（帝堯）祚四嶽國，命以侯伯，賜姓曰姜，氏曰有呂，謂其能爲禹股肱心膂、以養物豐民人也。」（敏案：說文本之，云：「呂，脊骨也，象形。昔太嶽爲禹心呂之臣，故封呂矦膂。……膂，篆文呂，从肉从旅。」）

周初（穆王之前）呂氏明見於器物或書本文獻者，

呂行壺：「唯二三（四）月，白懋父北征，唯還，呂行[illegible]（捷），孚（俘）貝，氒

（厥）用乍（作）寶隣彝。」（兩周金文辭大系釋文頁二五）——此周成王時器，從郭氏考定，下同。

尚書顧命：「太保命仲桓、南宮毛，俾爰齊侯呂伋，以二干戈、虎賁百人，逆子釗於南門之外。」——此康王初著成。

周穆王時呂侯，見於彝銘者，

呂齍：「唯五月，既死霸，辰才（在）壬戌，王饔（館）于大室，呂征于大室。王易呂𩰫（秬）三卣、貝卅朋。……」郭氏曰：「呂殆即穆王司寇呂侯，書呂刑『惟呂命』正僅著一『呂』字。又靜毀之呂剢與此當是一人。」（兩周金文辭大系釋文頁五八）

春秋時彝器，有郘鐘，銘曰：

隹（惟）王正月初吉丁亥，郘黛曰：『余畢公之孫，郘白（伯）之子。』」（兩周金文辭大系釋文頁二三二）

據此，呂氏之初封，先乎周穆王，國曰呂不曰甫；即穆王時，國亦曰呂不曰甫；當時既無甫號，則本篇原名呂刑，而穆王之後猶曰呂國。周金文雖有甫，但不見以甫爲氏爲國號者。呂國，以甫爲號，今見最早之文獻，詩大雅崧高，宣王時作，是不得早出宣王之世也。

唯傳、疏云呂侯子孫改封爲甫侯，新唐書（卷七五上）宰相世系表說同，而直以爲宣王時改名，呂氏，出自姜姓，炎帝裔孫，爲諸侯號。共工氏有地在弘農之間，從孫伯夷佐堯掌禮。……又佐禹治水有功，賜氏曰呂，封爲呂侯。……至周穆王，呂侯入爲司寇。宣王世，改呂爲甫。」

改封之說，本於經史無明徵，故先儒多論其失，

尚書全解（卷三九）：「……使其子孫方改爲甫侯，則在穆王之世不應謂之甫刑。……呂侯而謂之甫，何也？毛詩正義曰：『……蓋因燔詩書，字遂改易，後人各從其學、不敢定（之）故也。』此說亦未盡，蓋甫與呂正猶荊之與楚、商之與殷。」

案：詩疏說將於下文討論。林氏它說先得後失，呂更稱甫，與荊、商後又有楚、殷之名者不同，失在斯。呂作甫，特經籍異文，以音近而寫殊，此在宋元人已知之，

通志略（卷二）氏族二：「呂氏，……至周穆王，呂侯入爲司寇。或言宣王時改呂爲甫，然呂、甫聲相近，未必改也。故又有甫氏出焉。」

書纂言（卷四）：「呂刑，……禮記、孝經作甫刑，……或曰呂、甫聲協，猶受、紂二字不同，其初蓋一名也。」

案：吳引「或曰」甚是，其後多士從之：豐鎬考信錄（卷六）：「呂與甫古多通用，……此蓋傳寫異文，非改之也。」竹書紀年義證（卷二二）：「呂、甫音近，古通用也。」毛詩傳箋通釋（卷七）：「呂甫二字，……古音同部，通用。」尚書古注便讀（卷四下）：「呂、甫同

音，通字也。」春秋大事表譔異（頁四二二）：「六書音韻表于甫聲、呂聲之字，同隸第五部，然則二字固可通假，改封改號之說非也。」高本漢（書經注釋頁一〇三七）音呂爲*glio，疑或音爲*bljwo、音甫爲*pjwo，二字韻母近，固可通假。矧尚書篇題，今古文本異字者，它篇猶有費誓，大傳作鮮誓（據史記魯世家索隱），今文也、說文作粊，用古文也。鮮，段氏入十四部、粊，入十五部，段說文注：伏生作鮮，古文作粊，音正相近。是也。

周士述引呂刑已有呂、甫異字，作甫者，略如上述；作呂者，如墨子（尚同中「先王之書，呂刑之道曰：『苗民否用練，……』」、尚賢中「呂刑道之曰『皇帝清問下民，……』」、尚賢下「呂刑之書然，『王曰：於！來，有國有土，……』」），而漢儒述引同作呂者，有如：

說苑建本：「呂刑云：一人有慶，兆民賴之。」

揚雄解嘲：「呂刑靡敝，秦法酷烈。」（昭明文選卷四五）

漢書古今人表：「呂侯。」漢書匈奴傳：「周穆王伐畎戎，……自是之後，荒服不至，於是作呂刑之辟。」

鄭玄曰（呂刑正義引）：「呂侯受王命，入爲三公。」

清儒論漢人因今古文異本而分作甫、呂，其顯者如：

毛詩傳箋通釋（卷七）：「尚書古今文不同，多係同聲假借。據鄭注，古文尚書作呂刑，……是作甫者，今文尚書也。」

今文尚書經說攷（卷二九）：「作呂刑者，古文尚書也。馬、鄭本當是作呂，故僞孔承用之。」

今文尚書攷證（卷二六）：「今文呂作甫。……漢人引經亦多作甫，惟墨子書引『呂刑』爲異，蓋今古文在列國時已有異本矣。」

案：漢人引本篇作甫者：伏生（大傳）爲今文大宗，漢石經用今文小夏侯本（無書序）、學出伏生，石經小序亦用今文，皆作甫。司馬遷雖從古文家孔安國問故，然原習今文，本紀乃采之作甫。班固治今文淵源於家庭，然亦習古文（見後漢書盧植傳），著史又多方取材，故今古雜陳——刑志與蕭傳作甫，而表人及傳匈奴則不同作呂。緯書晚出，已多參今文，故刑德放作甫。至於桓寬、王充、趙岐、陳寵、崔寔輩，生乎官學盛行之世，或嘗事今博士，或雖尚古文而以官學方行、官本易致，故咸取今文本作甫。彼引作呂者：劉向，今文家也，但其說苑之爲書，多承先秦諸子、據故子書作呂不變。莽臣揚雄，濡染歆莽述古風尚，從古作呂，固所宜也。馬、鄭古文大家，鄭引書緯作甫，而所據書經則作呂，釐然不亂；分今分古，其最顯者也。準此，則清儒謂作甫作呂，歧由今古文，未可輕非。

又案：禮記，今文家小戴集編，漢人多視爲今文禮傳，引「甫刑」獨多；孝經，漢世家户覽誦，小夫賤隸婦人女子未外，自惠帝世上獻，即行今學，吾以知天子章引爲甫，是今文家援據今文尚書本無疑。夫春秋列國時，雖無今古學之爭，但因經書傳寫而致一本作甫、或本作呂（皮錫瑞氏云列國時今古文已有異本。意在斯乎？），而下爲漢人分別承用仍舊。詩崧高正義謂經遭秦皇焚毀，後人各從其學，不敢復加更定經字，是亦不可遽非也。

二　論撰者

本篇之作，書序曰：「呂命；穆王訓夏贖刑，作呂刑。」云「呂命」，據篇首文「惟呂命」言也。付命誰何，命者何事，序無明文。後師以爲命呂侯爲官，

鄭玄曰（史記周本紀集解引）：「書說（敏案：書緯刑德放。）云：『周穆王以甫侯爲相。』」（書疏載鄭引書緯刑德放同，唯甫作呂耳。）又曰（書疏引）：「呂侯受王命，入爲三公。」

僞孔傳：「呂侯見命爲天子司寇。」又云：「呂侯見命爲卿。」

書疏依僞孔，謂鄭言「三公、相」，而司寇其職也，云：「周禮：司寇掌刑。知呂侯見命爲天子司寇。……以其言『相』，知爲三公，如鄭言，當以三公領司寇，不然，何以得專王刑也。」後案（經解卷四三〇）：「大傳云：『天子三公：司徒公、司馬公、司空公。』鄭彼注云：『一公兼二卿，舉下以爲稱。』是呂侯于六卿爲司寇，于三公爲司空也。以諸侯而爲王朝之卿，故言入三公，是輔相之臣，故又引書說呂侯爲相以證也。」

案：經「惟呂命」，誠當依僞孔、書疏句讀（唯比以書序穆王另二篇「穆王命君牙爲周大司徒，作君牙」、「穆王命伯冏爲周太僕正，作冏命」，似此序作者以「呂命」連下「穆王」）

云云爲句。，先儒嘗欲證成之，

蔡傳：「惟呂命與惟說命語意同。」（敏案：僞古文說命中「惟說命總百官」，蔡所據，可爲僞古文經傳同出一手添一佐證。）

述疏（卷二七）：「命呂侯而曰呂命，猶誥康叔而曰康誥也。」

案：尋它類例，周康王命畢公曰畢命，畢命，命畢也；穆王命伯冏曰冏命，冏命，命冏也。畢命、冏命篇皆亡逸，使見存，文或亦有如本篇作「惟畢命」、「惟冏命」者，簡氏說可取。經下文「王度作刑」云云與「惟呂命」共成一義，自是穆王之事；而於其上先以「惟呂命」者，必命與下文王度作刑攸關，則謂此刑誥乃因命呂爲司寇時發布，最近情理。傳疏是也。唯三公，成王時爲太師、太保、太傅（見逸尚書周官篇，周禮保氏敘官疏引鄭志趙商問。）。相，西周時疑無此官名。司寇掌刑，見於周禮，周金文已見此官（據斯維至兩周金文所見職官考）。

序下文「穆王訓夏贖刑，作呂刑」，說自經文「度作刑以詰四方」衍生，僞孔釋序曰：

呂侯以穆王命作書，訓暢夏禹贖刑之法，更從輕，以布告天下。

後師多從僞孔推榷，如

東坡書傳（卷十九）：「穆王命呂侯作此書。」

全解（卷二九）：「呂侯見命於穆王，作此書以誥諸侯。蓋呂侯之誥諸侯，稱王命而已，故曰『穆王訓夏贖刑』。」

案：經下文記言，皆著「王曰」凡五見，且呼諸侯、宗室及呂侯而告之，則自是史官錄王言，「以詰誥四方」，謂呂侯承王命作此書，非也。是故唐疏已不得不稍變其說，正義曰（兩條）：

……穆王於是用呂侯之言，訓暢夏禹贖刑之法，呂侯稱王之命而布告天下，史錄其事，作呂刑。

王雖老耄，猶能用賢，取呂侯之言，度時世所宜，作夏贖刑以治天下四方之民也。

案：謂「呂侯稱王命」，尚不免泥於僞孔傳說，當去；云穆王之告而史錄之，甚是。夫呂爲刑名家，正義測此書論刑用其言，固有可能。

又書序謂本篇記王訓夏贖刑，漢人多申其說者，

大傳：「夏刑三千條。」又：「夏后氏不殺不刑，死罪罰二（敏案：「二」字衍文。）千饌。」又：「禹之君民也，罰弗及強而天下治，一饌六兩。」又：「子曰：『……語曰：夏后氏不殺不刑，罰有罪而民不輕犯。』」（竝據輯校二）

法言先知：「唐虞象刑惟明，夏后肉辟三千。」

鄭玄曰（周禮司刑注）：「夏刑大辟二百，髕辟三百，宮辟五百，劓、墨各千。」

案：大傳「三千條」及「死罪罰千饌」與法言「肉辟三千」，竝合本篇「五刑之屬三千」與「大辟疑赦，其罰千鍰」；鄭君述五刑總數三千亦合本篇唯剕、宮數互易，豈眞字之誤乎？，而皆指爲夏刑。考左昭六年傳叔向語子產曰「夏有亂政，而作禹刑」，未及其刑科條之數，則伏、揚、鄭所本，仍

爲書序。夫金作贖刑，唐虞之際已有（見堯典，篇雖晚作，然所載古史，不必盡失實。），序不以本篇遠承唐虞，或近因殷商，而斷取中世之夏，不知何所據也。俞樾達齋書說（曲園雜纂卷二）：「序何以言訓夏贖刑乎？考贖刑之法，本於舜之金作贖刑。虞書正義曰：案馬融、鄭玄、王肅、別錄題皆曰虞夏書，以虞夏同科，雖虞事亦連夏。然則訓夏贖刑即訓舜贖刑。古經本謂之虞夏書，故虞事亦可言夏也。」敏案：舜方攝堯政，作贖刑，下至夏禹受禪，約八十年，且禹不曾爲舜刑官，非造法者。俞說失之。復詳考之本經，亦不及法蔽夏彝，故全解（卷三九）云：

先儒以夏爲夏禹贖刑之法，考之篇中，殊無夏禹制刑之事敏案：本篇言夏禹，與獄官伯夷竝，云「禹平水土，主名山川」，絕不及贖刑。。唐孔氏因之，以爲夏刑近輕，商刑稍重，周雖減之，猶重於夏，呂侯度時制宜，改從夏法：此皆無所經見，但因先儒「夏禹」之言，以意揣之而已。王氏（安石）以夏爲中國，其說勝於先儒。……「訓夏」者，猶曰訓天下也。不必求之大過也。

案：本經非訓禹刑，誠如林說，唯若依荊公「夏爲中國」，從而謂中國即天下四方，則仍不能脫序窠臼。故蔡傳難之云：「此序亦無所發明，但增一『夏』字，自古刑辟之制，豈專爲夷狄，不爲中夏邪？」（載書蔡傳纂疏書序），而清儒猶有陰取全解者如便讀（卷四下）：「夏，中夏也。」，附辨於此。

史氏記穆王之言贖罪罰鍰，特所揭立法要端之一，序掇以爲一篇之主體，尚書疏衍（卷四）難之曰：

呂刑一篇，序以爲訓夏贖刑作也，今反覆讀之：嗟有苗，思堯舜，述三后，示來嗣；其惓勤懇切，惟恐失於不經、不辜，將下傷民命，而上違天和也。故戒之勤，戒之審，戒之佞，戒之獄貨；惻怛哀矜之情，洋溢於詔告，肫肫然先王之法言。孔子所爲取也。至於贖刑，特其中一事耳。

案：一言以蔽之，穆王教天下者，「愼刑」而已。序見篇中刑罰三千，遂誤認出金贖罪爲本篇主體（今古文集解卷二七：「左氏春秋載叔向之言曰：即呂侯所作之贖刑，亦謂之祥刑，言重罪亦不死也。」逢祿另文書序述聞頁五三說同。敏案：春秋經及三傳與國語皆不載叔向此言。），失經旨矣！

書序「穆王訓夏贖刑」，錯失經意，故史記不采。周本紀錄本篇文，敘於其上曰：

諸侯有不睦者，甫侯言於王，作脩刑辟。

「作脩刑辟」者，謂一則因循舊章而脩正之（漢書崔駰傳附崔寔傳載寔政論：「周穆有闕，甫侯正刑。」正刑即脩刑辟。），一則創制新法。王雖納甫侯之言，作刑者實以天子名義（論衡非韓：「穆王前任蚩尤之刑，後用甫侯之言也。」同史記。）。是史記明言作此篇者穆天子也。說又見：

匈奴傳：「穆王伐犬戎，得四白狼、四白鹿以歸，自是之後，荒服不至，於是周遂作甫刑之辟。」（漢書匈奴傳抄史記，大同，字小異耳。）

唯漢人又有直指呂侯作者，

漢書刑法志：「周道既衰，穆王眊荒，命甫侯度時作刑以詰四方。」

後漢書崔駰傳附崔寔傳載寔政論：「周穆有闕，甫侯正刑。」

本篇乃史官錄王言以誥天下（說已詳前文），刑法志、崔氏政論失之；清人誤用其說者甚多，且或竟謂斯經爲外戚專政變亂刑章之書，

劉逢祿曰：「申呂齊許，皆炎帝太岳之後，周之外戚（原注：呂侯或呂伋之子若孫。）。觀其述三后，舉伯夷

明刑以攘皐陶之功，且加諸禹、稷之上，蓋伯夷、呂侯之祖也。目無周室，代王爲政。是此篇著外戚專政，變亂典刑，亦志齊、晉代興之始，爲變書之次，故鄭本書序以呂刑次粊誓、不以次冏命，明此爲甫侯之書，非穆王之書也。僞孔不知而移之，豈知編次之旨哉！」（書序述聞頁五三；敏案：文亦見逢錄今古文集解卷二七頁一，幾全同，又頁四亦著此義，謂聞之於莊味經，莊則得之成親王之解。又述疏引「或曰」，亦持此義：統見本經注二五。）

案：鄭次呂刑費誓之後（大傳同）者，緣書序「魯侯伯禽宅曲阜」云云，定其事早於穆王呂刑，非以費誓爲變書之始而以所謂「甫侯呂刑」又次之也。書序、僞孔編費誓於呂刑之後，而令與末篇——秦誓相連，因費、秦二誓竝諸侯國（魯侯、秦伯）之書，非以仲尼有微言大義於其間也。伯夷誠呂侯之祖呂氏，本姜姓（國語周語下太子晉語，已見前引。），國語鄭語：「姜，伯夷之後也。」，周室外戚國語周語中：「齊許申呂由大姜。」注：「四國皆姜姓也；四岳之後，大姜之家也。大姜，大王之妃，王季之母也。」，然本篇加之周稷之上者，伯夷，堯時爲士師（亦詳本經注二五），又爲舜老臣，時年長於羣公，兼本篇主敘刑典，故舉三后使先乎禹稷；至皐陶，後乃典獄，呂刑不及其人。斯知掠美之事，固亦無有也。

傅孟眞先生謂本篇爲外國書，非周穆王作，

中國古代文學史講義在傅孟眞集中編甲頁七一：「呂刑相傳爲周穆王作，這話全不可通。周誥的排場是很清楚的，周王誥語所及之人，『越在外服，侯田（甸）男衛邦伯，越在內服，百僚庶尹』，而呂刑一篇誥語所及之人，則是『伯父伯兄仲叔季弟幼子童孫皆聽朕言』，這乃是一個部落的族長，那裏是諸侯的共主？且周誥中的用事，述祖德則『丕顯文武』，引鑒戒則殷人夏后，呂刑裡邊，既無宗周成周之典，又無三代興亡之事，而是三苗、重黎、伯夷、皇帝，遙遙與楚語中所載南方之神話相應。且呂刑開頭說，『惟呂命王，享國百年，耄荒，度作刑以詰四方』，而史記曰：『甫侯言于王』，鄭玄曰：『呂侯受王命入爲三公』，此皆不得其義而強解之者；「呂命王」固不能解作『王命呂』。若以書序說，『呂命穆王』，則以臣命君成何事體？諸家著錄周代彝器中有呂王器數事，如『呂王鬲作大姬壺』等，然則呂固稱王矣。今如釋呂命王爲周昭王之類，即命爲呂王之號，或命爲誤字，其本字爲呂王之號，則文從字順。然則此篇固是呂王之誥，南方之訓典，與成周無涉，固墨子之所引，而非早年儒家之書也。」

大東小東說、兼論魯燕齊初封在成周東南後乃東遷（在傅孟眞集中編庚頁八）：「呂既東遷而爲齊，呂之故地猶爲列國，其後且有稱王者。彝器有『呂王(鬲)作大姬壺，』書有『呂命王，享國百年，旄荒。』書呂刑，『惟呂命王，享國百年，耄荒。度作刑，以詰四方。』史記云，『甫侯言于王。』鄭云，『呂侯受王命入爲三公。』此皆求其文理不可解而強解之之辭。呂命王，固不可解作王命呂。如以命爲呂王之號，如周昭王之類，則文從字順矣。且呂之稱王，彝器有徵。呂刑一篇王曰辭中，無一語涉及周室之典，而神話故事，皆在南方，與國語所記頗合。是知呂刑之王，固呂王，王曰之語，固南方之遺訓也。引呂刑者墨子爲先，儒家用之不見于戴記之先，論語孟子絕不及之。此非中國之文獻儒家之舊典無疑也。」

姜原（傅孟眞集中編庚頁十九）：「姜之原不在諸夏，又可以呂刑爲證。呂刑雖列周書，但在秦文籍今存者中，僅有墨子引他。若儒家書中引呂刑者，只有漢博士所作之孝經與記而已。呂刑全篇祖述南方神話，全無一字及宗周之典。其篇首曰，『惟呂命王，享國百年，耄荒。度作刑以詰四方。』史記云，『甫侯言于王。』鄭云，『呂侯受王命，入爲三公。』這都是講不通的話。『呂命王』到底不能解作『王命呂。』如以命爲呂王之號，如周昭王之類，便『文從字順』了，篇中王曰便是呂王了。呂稱王並見于彝器，呂王𠭯作大姬壺，其辭云，『呂王𠭯作大姬尊壺，其永寶用享。』（見愙齋集古錄第十四）可知呂稱王本有實物爲證。呂在周代竟稱王，所談又是些外國話，則姜之原始不是諸夏，可謂信而有徵。」

案：本篇首「惟呂命」，宜爲句，鄭玄、僞孔皆以「王」連下讀，味史記、前後漢書、論衡言，皆謂穆王命呂侯（已詳上文，又見本經注一〇。），然則此句語倒，正乃「惟王命呂」也。即萬一不爾，呂是呂王，古諸侯於己國內稱王，與稱君稱公無異，矢伯稱矢王、彔伯之父稱釐王、乖伯之父彝銘曰「武乖幾王」，皆以伯而稱王（據觀堂別集卷一古諸侯稱王說）。郭氏申王觀堂説，更考乖伯𣪘，疑康王時器、彔伯𢦚𣪘，疑穆王時器（金文叢攷頁四十金文所無考六五等爵祿），呂君亦有稱公稱伯見於金文者（參呂刑研究頁三九—四十），則呂稱王但在封國，且非常經；國南陽宛西（亦傳先生説，見姜原。），尚在漢陽，實不應摒之於諸夏之外也。

又案：周誥用事，多先述祖德，曰文王武王，即晚作之金縢、文侯之命沿此習尚，乃此篇絕不及周先王，書蔡傳輯纂（卷六）先已質疑：

周書未有捨文武成康而不言者，穆王……訓刑之作無一語及之，豈耄荒而遂忘其祖歟？竊意其重於贖刑，則非其家法所有，故遠取「金作贖刑」以爲據。

董説可釋傅先生之疑。蓋本篇溯用刑本源，稽自堯舜世，故首言蚩尤五刑之虐，遂及重、黎絕神人通，次道伯夷降典，大抵皆五帝時事；中述法治理要；末則呼呂侯而申戒之，而不必彰文武之德（穆王刑罰思想，亦頗承周先王，詳後。），亦無暇陳三代興亡之迹也。

又案：周誥記王所誥者，爲諸侯（如大誥「庶邦君」、康誥「侯甸男邦采衛」、酒誥「庶伯君子」、多方「四國多方」。），爲百官（如大誥「尹氏庶士御事」、梓材「司徒司馬司空尹旅」、立政記官名最多。），而「外服，侯甸男衛邦伯；內服，百僚庶尹惟亞惟服宗工百姓里居」，則唯載於誥酒。若本篇「伯父伯兄仲叔季弟幼子童孫、族姓」，似專告族人云者，則無有。故傅先生以爲告者爲一部落族長，無天下共主氣象。夫周行封建，宗親藩屏王室，天子命書稱周姓諸侯伯叔兄弟爲常經，示親暱也。武王封康叔曰「孟侯，朕其弟」，康王誥召奭等曰「今予一二伯父」，平王命晉文侯曰「父義和」、曰「惟祖惟父」，成王戒族姓已酒曰「宗工，罔敢湎于酒」：咸出尚書；敬王告晉定公呼之伯父、荅王孫苟亦呼伯父，見左傳、國語（詳本經注三八）。本篇則史官記王告命時，同姓官員邦君適在列，故王併異姓諸侯——四方司政、有邦有土及官伯呼而告之，而首揭「以誥四方」，儼然共主也，非邪！

又案：本篇穆王誥，發首即揭蚩尤作亂，遂及苗民弗善，於是上帝命重黎絕地天通，與國語楚語下（見本經注一六引）觀射父、昭王荅問一節略合，帶有神話色彩，傅先生疑呂刑爲南方之訓典，此一因。考蚩尤事迹，先秦經籍多載——尚書眞湯誥、逸周書嘗麥、管子地數及五行、莊子盜跖、韓非子十過、山海經大荒東經及大荒北經、呂氏春秋蕩兵、戰國策秦策、大戴禮用兵，即史遷五帝本紀之所據（參本經注五；近人孫作雲蚩尤考亦可見一二，載中和月刊論文選集第二輯。），此中國上古北方大事，故道法雜家與史籍爭相記之，可與儒家經傳輝映。湯誥成書未必晚於呂刑，尤可信據。三苗（或單稱苗）事迹，典謨凡四見、禹貢一見，而墨子兼愛及非攻、荀子議兵及成相、韓非五蠹、呂覽召類及上德、戰國策魏策一及二，又記其族與舜禹戰（參趙鐵寒先生舜禹征伐三苗考，大陸雜誌十卷一期。）。禹貢成書於春秋中晚葉，墨子兼愛非攻爲墨翟書，兼愛引逸尚書禹誓篇，尤堪注意。夫苗族流竄甚廣，南北皆記其事，穆王言三苗君民，諸子雜史參之，從而潤飾之，而神話色彩愈濃矣。重，少皞後裔、黎，顓頊之子。

其事左傳昭公廿九年、國語鄭語皆記（詳本經注一六），竝非南方書，而楚語下昭王問「重、黎寔使天地不通」者何也，明言是「周書所謂」，故韋注：「周書，周穆王之相甫侯所作呂刑也。」是荊蠻緣飾成周誥命而益事增華，則楚語後有而呂刑先作奚疑？

又案：稽羣籍引書，有阮元詩書古訓、日松本雅明春秋戰國における尚書の展開、許錟輝先生先秦典籍引尚書考（許書最便），茲據以徵故書引呂刑，襄公十三年左傳引書曰「一人有慶，兆民賴之」、墨子三引——尚賢中「先王之書呂刑道之曰『皇帝清問下民，有辭有苗。……』」、尚賢下「於先王之書呂刑之書然，『王曰：於！來！有國有土，告女訟刑。……』」、尚同中「是以先王之書呂刑之道曰『苗民否用練，折則刑，唯作五殺之刑曰法』」。左爲儒典；墨出於儒，所據誠孔子之所雅言——書經，故子墨子三引之而三指爲「先王之書呂刑」。荀子，大儒荀卿作（其書問題少），三引呂刑（其中一作傳曰，楊倞注：「凡言傳曰，皆舊所傳聞之言也。」兩作書曰。）；孝經（魏文侯爲作傳，呂覽察微引之，固亦先秦儒書。）兩引呂刑：自戰國前期至末期儒書咸有及之者，則本篇見於兩戴記（秦漢之際或更晚之儒所作，大戴引呂刑二條、小戴引五條。）之前之儒典稱道，多士尊爲儒家舊籍，是先王——穆王之書，未有塙證證其不是也。

又案：論語引尚書僅兩條——憲問「書云：高宗諒陰，三年不言。」出無逸、爲政「書云：孝乎爲孝，友于兄弟，施於有政。」逸書文，所不及者甚多。蓋仲尼之徒論事，引書以證非如後儒尋常，若準其未引，便決某篇晚作，期期以爲不可。大傳載孔子戒子夏，云：「六誓可以觀義，五誥可以觀仁，甫刑可以觀誡，洪範可以觀度，禹貢可以觀事，皋陶謨可以觀治，堯典可以觀美」（呂刑研究頁四五），曾君榮汾據之，因謂：「似孔子時，子夏所讀之書中，已有甫侯（刑）矣。」愚謂六誓之三——甘誓、湯誓、牧誓，及洪範皆後孔子作。漢代今文書學，頗承卜商，經師欲隆其傳授，以己說歸美孔子、子夏，大傳此文，蓋出依託，似不可必。孟子用尚書二十五條，其中周書八條（從松本雅明統計，見所著書頁二七七表4孟子に引く尚書。許書則計爲三十五條。），而不及呂刑者，考孟子用書論事，關涉唐虞三代仁政者最多，弔民伐罪者次之，乃「呂刑裡邊，既無宗周成周之典，又無三代興亡之事」，故無緣引之；復考七篇之書僅偶及刑名梁惠王上「省刑罰」、又「及陷于罪，然後從而刑之，是罔民也」、公孫丑上「明其政刑」（滕文公上同）、離婁上「小人犯刑」、又「善戰者服上刑」。，皆未加深論，故先王之書呂刑之中法言滿紙，即深中吾心呂刑愼刑、中道思想，合孟子學說。，七篇亦無所用之也。

三　論著成時代

程朱竝疑呂刑，

朱子語類（卷七九）：「書中可疑諸篇，若一齊不信，恐倒了六經。……呂刑一篇，如何穆王說得散漫，直從苗民蚩尤爲始作亂說起？」

又：「問：……呂刑之贖刑如何？曰：呂刑蓋非先王之法也，故程子有一策問云：商之盤庚、周之呂刑，聖人載之於書，其取之乎？抑將重戒後世乎？」

一責時王命書失裁，一譏制法違牾先王，啓發後學匪淺。

崔述疑呂刑晚作，記事或失實，唐虞考信錄（卷三）：

孟子曰：「盡信書則不如無書。」吾於書之呂刑、詩之閟宮，皆不能無疑：非但其作之晚，亦以所稱述者久遠之事，不能保其不失實耳。故列之於存疑。

疑其晚作之故，東壁未言。

傅孟眞先生謂本篇「非早年儒家之書」、「非中國之文獻儒家之舊典無疑也」（已詳上列）。揆其意，殆以其書春秋時代南人所撰，下限亦不遲於戰國初葉——墨子之世。張西堂尚書引論用傅先生一意，謂「王曰：嗚呼！伯父伯兄仲叔季弟幼子童孫，皆聽朕言」，王發令於都門之內，其家族口吻，與宗周盛世情景不相應，是東周所作（春秋戰國における尚書の展開頁四〇一引）。所據以疑此篇晚作者，上節皆爲釋難，玆不復贅言。

錢賓四先生以爲呂刑與周禮，竝戰國晚年作，尚出孟子之後，撰周官著作時代考（在兩漢經學今古文平議頁二八五以下）：

周官以前，五刑之名謹見於周書之呂刑，而呂刑亦是一篇晚出書也。呂刑云：「苗民弗用靈，制以刑，惟作五虐之刑曰『法，』殺戮無辜。」此處特地點出「五虐之刑曰法」一語，即已是呂刑晚出鐵證。古書稱刑曰罰，而刑者則只是殺人斷頸之名。康誥「刑人殺人劓刵人」是也。呂刑始以刑爲肉刑之總名，又分出罰字專作罰金之義，此亦見其書之爲晚出矣。

……此（呂刑）三千等的刑律，較之李悝法經，即論其條目之繁簡，該有何等相差？豈能謂在子產鑄刑書前五百餘年，已有周公二千五百條刑律，至周穆王時，而增損成三千條，其事尚在子產鑄刑書前四百年，此則斷不可信者。無寧謂自晉人鑄刑鼎以後一百年，而有李悝之六篇法經。傳及商鞅，漸次確定了一個法治之雛形。到後才有一輩學者運用其理想，作周官，作呂刑，始有二千五百條乃至三千條等第之刑律想像。……五刑成立，亦非一時俱起。大辟、宮刑以及劓、刖之刑，在春秋時已屢見，而少見有墨。……墨面，此乃當時東南民族一種習俗風尚，……傳至中國，而變爲一種刑罰，其事當在南方越民族與中原交通頻繁之後，最早應在春秋之末期。

五刑種類，亦有異說。……大概五行學說既起，乃始有五刑之編配。所謂墨劓剕宮大辟，則僅是當時人有意編成五刑之說中之一種耳。……五行學說盛起於孟子之後，則周官之五刑說，其年代亦自可推定耳。（以上竝見（二）關於刑法之第三論五刑）

春秋初期，民間行使金屬，決不能甚普遍，則使出鈞金贖罪，其能應者亦僅矣。……呂刑作者……云「墨辟疑赦，其罰百鍰。至大辟疑赦，其罰千鍰。」一鍰重六兩，試問那時的民間，何來有如許金？（見（二）關於刑法之第七論入矢金贖罪）

案：甲骨文不見法（或灋）字，金文編（卷十·二）著錄七灋字、分別見於五器（盂鼎，康王時器、師酉簋，懿王時器、克鼎，厲王時器、師嫠簋，宣王時器、䣄医鼎，厲王時器：皆據兩周金文辭大系釋文定時代。），銘文五作「勿灋朕令」，借為廢；一作「灋保先王」，又借為大（亦據郭氏解）。彼時既有法字，則如說文「刑也，平之如水，……廌所以觸不直者去之」之觀念應已略具。彝銘罕及用刑，故借為廢而律法本義不見詞用；不見不用，不表示不存不具。書本文獻中，易卦爻辭、詩皆無法字，尚書它篇法字才三見盤庚「正法度」、大誥「既厎法」、又「爾時罔敢易法」。，咸謂法度。其時法律之觀念已大備，唯別出以「律」字，如易師卦初六「師出以律」，疏：「律，法也。」師律，軍法也；或用「率」字，如康誥「汝乃其速由茲義率（＝律）殺」，義率者，良法也；又恆出以「辟」字，如酒誥「越尹人祇辟」、又「宏父定辟」、無逸「不永念厥辟」，謂敬法律、定法律、慮法律也；亦出之以「罰」字，如康誥「師茲殷罰」（下文「罰蔽殷彝」，彝，法也；殷彝同殷罰，可證。）、又「乃其速由文王作罰」，謂殷之法律、文王之法律也。盤誥皆西周初葉成書，是武王、周公、成王之世，已重視法律觀念，已用法字表示度數，及穆王作刑，遂取先王嘗用之字——法，用名刑律。錢先生謂法之觀念逐步成立，自戰國李悝始，非也。

又案：錢先生強調，作呂刑者始畫分刑與罰，肉刑總歸之刑，出金贖罪則專稱為罰。請徵其不然：說文：「㓝（刑），罰辠也」又：「法，刑也。」是刑者，懲治犯罪之通稱。證之古書果然，堯典「怙終賊刑」、多方「刑殄有夏」，刑皆謂懲罰。康誥武王曰「非汝封刑人殺人，無或刑人殺人；非汝封又曰劓刵人，無或劓刵人」，刑、殺分舉，殺爲死辠，而刑爲非死之罰；又劓刵爲肉刑之輕者，則刑爲重者——殆剕、宮之類。然則刑非殺人斷頸（說文㓝（刑），剄也，非刑罰之刑。），而早已爲肉刑之名矣。且本篇刑字，亦多有不名肉刑者：「度作刑以詰四方」、「折民惟刑」、「明于刑之中」，義皆法也。本篇罰字二十文，其中十四字（正于五罰、五罰不服、五罰之疑有赦、其罰百鍰、其罰惟倍、其罰倍差、其罰六百鍰、其罰千鍰、墨罰之屬千、劓罰之屬千、剕罰之屬五百、宮罰之屬三百、大辟之罰、其刑其罰。）爲罰金，其餘「刑罰世輕世重」，罰義疑爲懲，而「苗民無辭于罰、輕重諸罰有權、罰懲非死、永畏惟罰、天罰不極庶民」，則明爲懲處誼。呂刑未曾畫分刑罰。錢先生據論其書爲晚出，失之。

又案：本篇著「五刑之屬三千」（爲周禮司刑所承，脩整爲五刑之灋二千五百。），錢先生謂戰國李悝法經才六篇，不應穆王時已有三千刑律，因據認呂刑在李悝、商鞅之後作。考穆王之前，吾國早有成文法典，而此三千，謂罪目，非科條若斯之繁。下據比較可信資料，知堯時或許有刑書，堯典：「象以典刑。」謂頒布常法於天下也；夏有刑書，大傳（輯校二）：「夏刑三千條。」昭六年左傳：「叔向使詒子產書曰：『……夏有亂政而作禹刑。』」是夏殆嘗作刑章也；商之有刑書，述見康誥：「王曰：外事，汝陳時臬司，師茲殷罰有倫。……汝陳時臬事，罰蔽殷彝，用其義刑義殺。」又昭六年左傳叔向又曰：「商有亂政而作湯刑。」又呂氏春秋孝行篇：「商書曰：刑三百，罪莫重於不孝。」注：「商湯所制法也。」商法固有常典也，康誥說尤可信；洎乎有周，文王有法典，康誥：「乃其速由文王作罰，刑茲無赦。」是不孝不友者，文王嘗制法以懲之也；周公、成王之刑書：左文十八年傳：「（周公）作誓命曰：毀則爲賊，掩賊爲藏，竊賄爲盜，盜器爲姦，主藏之名，賴姦之用，爲大凶德，有常無赦：在九刑，不忘。」注：「『誓命』以下，皆九刑之書；九刑之書今亡。」逸周書嘗麥篇：「維四年孟夏，……王命大正正刑書。……太史筴刑書九篇以升授大正。」至昭六年左傳叔向又曰：「……周有亂政而作九刑：三辟之興，皆叔世也。」（參俞正燮癸巳類稿卷一呂刑義）古文尚書拾遺（卷二）以爲「叔世必非指成王周公，宜即謂穆王矣」。則穆王刑書凡九篇，與周公九刑、成王刑書九篇篇數尚合。書疏謂呂刑「五刑之屬三千，皆著在刑書」，惜書今已亡，但存略目。拾遺又從周禮推度其目，云：「九篇分目，今不可知。據秋官大司寇，分野刑、軍刑、鄉刑、官刑、國刑，但有五目。或律條煩多者分上下二篇，更增具律，故得九篇矣。若地官州長、黨正屬民讀法，野刑、國刑是其所亟，軍刑、官刑蓋無事焉，慮非盡讀九篇也。」周初（文王——成王）九刑，降至穆王，即篇仍九，而世輕世重，科條已不能盡合往昔，而周禮刑章，有沿用舊度，亦有創革，據以測度穆王法典大略爲可，謂九篇即周禮大司寇（晚作於呂刑）所列，恐非是。此其一。其二，罪目雖多而科條實少，章太炎有見於此，云：「周官五刑之屬二千五百，……此（呂刑）穆王增刑至三千（敏案：太炎以周官爲周公書，故云穆增刑。）。……凡律文一條，所列事狀仍有差等，或乃多至四、五，刑亦隨之，此唐律以下所同。是知刑雖三千，律條不過千許耳。」（古文尚書拾遺卷二）近人黃秉心曰：「世人動以尚書大傳等所謂『夏刑三千，周刑二千五百』，直解爲刑法之義；亦有臆斷夏之刑法係由三千條而成，周之刑法係由二千五百條而成者。然其所謂刑，乃刑之屬、即適用五刑之種目。所謂三千，所謂二千五百，乃指適用五刑之種目，非指法文之條目也。尚書呂刑曰：『墨罰之屬千，劓罰之屬千，剕罰之屬五百，宮罰之屬三百，大辟之罰、其屬二百，五刑之屬三千』」（中國刑法史頁二二第一章第二節中國法之意義）據此，夏商已有法典，宗周因之，乃有穆王刑書，而子產鑄刑書、晉國鑄刑鼎、李悝法經、周禮刑典，竝出厥後；三千事目，未必視六篇爲繁苛。錢先生說未洽。

又案：錢先生以爲黥面，南方越族習尚，春秋末期始北傳入中土，而變爲刑罰。即「魯國墨子及其墨徒，所以稱爲墨者，正取黥墨之義」（亦見周官著作時代考，其先秦諸子繫年卷二「墨翟非姓墨墨爲刑徒之稱攷」，同詳之。），請證其說未盡正，如下：

墨刑即黥刑，說文：「黥，墨刑在面也，从黑京聲。剠，黥或从刀。」周禮司刑鄭玄注：「墨，黥也；先刻其面，以墨窒之。」斯刑也，中國所早有，炎帝末、黃帝初，在北方苗民弗善，其君蚩尤「作五虐之刑，……爲劓刵椓黥（殺）」，見於本篇穆王敘刑之緣起。而墨翟稱之：

墨子尚同中：「子墨子曰：『……逮至有苗之制五刑，以亂天下，則此豈刑不善哉？用刑則不善也。是以先王之書呂刑之道曰：「苗民否用練，折則刑，唯作五虐之刑曰法。」』

其引呂刑此文下即著五刑目，則墨翟知黥刑行於北方苗族，而先王——西周王之書呂刑載之。唐虞之際，伯夷制刑，皋陶爲士師，曰五刑，見於典謨者，雖未著刑目，意其或承炎黃世苗法之後，參其法度，而爲墨劓剕宮大辟之類也。

墨刑先行中國，後傳至四夷，

國語周語上：「內史過……對（周襄王）曰：『……猶有散遷懈慢而著在刑辟，流在裔土。於是乎有蠻夷之國，有斧鉞刀墨之民。』」韋注：「刀墨，謂以刀刻其額而墨涅之。」

周禮司刑鄭玄注：「今東西夷或以墨劓爲俗，古刑人亡逃者之世類與！」

二家說甚是，而錢先生以爲倒果爲因，失之。

周武王初，宗周已施墨刑，易爻辭乃斯時著成，說最可徵，

睽卦六三：「見輿曳，其牛掣，其人天且劓，无初有終。」

劓，截鼻；天謂黥（亦作剠、黥），諸家解此「天」字，經典釋文（卷二）：「天，剠也。馬融云：『剠鑿其額曰天。』」虞翻曰：「黥額爲天，割鼻爲劓。」（周易集解卷五引）周易正義：「剠額爲天，截鼻爲劓。」天借爲顚說文：「天，顚也。」天、顚，段氏古韻表皆入十二部。，顚謂額，鑿顚即刻額，小學答問（說文解字詁林載）：

鑿額何以偁天？荅曰：天即顚爾；顚爲頂，亦爲額。釋畜「馰顙白顚」，周南「麟

之定」傳曰：「定，題也。」一本題作顚，明題、頞得偁顚矣。去耳曰刵，去鼻曰劓，……皆從其聲類造文；去髕直曰髕，鑿顚直曰顚，不造它文，直叀本誼引而申之。題即顚，故刻額亦名雕題（見逸周書）。經作鑿顚，見漢書五刑志：

秦用商鞅，……增加肉刑大辟，有鑿顚、抽脅、鑊亨之刑。

或以爲易睽六三「天」爲髡刑，非也，列女傳（卷六）辯通傳齊太倉女傳：「天子（漢文帝）……乃下詔曰：『……其除肉刑。』自是之後，鑿顚者髡，抽脅者笞，刖足者鉗。」髡、鑿顚明爲二事。即錢先生固亦認列女傳「鑿顚」，即是刻額、「髡」，即是剪髮（亦見周官著作時代考）。然則墨面周初已有斯刑，非春秋末期自越蠻傳入宗周也審矣！墨尚見於易爻，劓尚見於康誥及金文（齊侯鎛鐘），刵尚見於大傳以下眾書（殷卜辭或已記刖刑），宮尚見於禮記文王世子，死罪則書本及器物文獻隨處可見。是刑之爲五，非五行學說盛起之孟子時代之後人所編配，復何疑哉？

又案：管子中匡：「管仲曰：『……甲兵未足也，請薄刑罰以厚甲兵。於是死罪不殺，刑罪不罰，使以甲兵贖。死罪以犀甲一戟，刑罪（原作罰，依王校改。）以脅盾一戟，過罰以金鈞（原作軍，依王校改。）。』」小匡：「……管子對曰：『制重罪入以兵甲犀脅二戟，輕罪入蘭盾鞈革二戟，小罪入以金鈞。』」錢先生校引上文，論春秋初期行使金屬不甚普及，贖罪索鈞金，而能應者猶寡，呂刑罰金千鍰，民何計以支應（張西堂尚書引論説與略同，見春秋戰國における尚書の展開頁四○

一述。）？考管子記春秋初期小罪「過罪」亦為小罪。於輕罪之下，小罪實微罪，納金一鈞尹知章注小匡：「三十金曰鈞。」三十金謂三十斤，鄭注周禮大司寇曰：「三十斤曰鈞。」金，皆謂黃銅。，合四百八十兩。夫罪視呂刑墨罰之六百兩（一百鍰）為輕，出金亦略減——當其十分之八，則穆王與春秋初贖金率相近，齊桓之民力能支付，周穆之民不患不能也。矧殷代及西周，以銅鑄器，通行銅鑄貨幣，若銅貝便是（參呂刑研究），王名元殷周貨幣攷（中山大學文史學研究所月刊三卷三期）：

爰，起初是一種玉製的大孔璧，其意義為牽引。……甲骨文中有爰字作[illegible]，梁尚幣有爰字作[illegible]，散氏盤有爰字作[illegible]。……甲骨文中又有一从貝之鍰，字作[illegible]或作[illegible]。……其後由石器時代進入銅器時代，而本來用貝玉等製造之飾物，遂用銅仿製之，而變為一種普通貨財之義，所以賜金可以用爰為單位，而賜貝亦可以用爰為單位。因此罰鍰的鍰字，便从金从爰，而不从貝或从玉了。……在周代的典籍和彝器中，爰之賞賜及被作為貨幣而使用，……（師淮父）卣有「錫貝州（卅之訛）爰」、楊敦有「取貝五爰」、曶（㫚）鼎有「贖茲五夫，用百爰」、居後彝有「君舍余三爰」、禽彝（毀）有「王錫金百爰」、散氏盤（一定名為矢人盤）有「爰千罰千」。（王獻唐漢書食貨志訂議（說文月刊三卷八期）亦謂鍰為周貨幣，製以銅，脫胎於古玉環，惟謂鍰為周圓形錢，王名元先已以五事證鍰非圜錢。）

周成王時，周公旦賜伯禽銅百鍰（孚）製彝（禽毀成王時器，據郭氏考定，下倣此。）；孝王時，贖奴隸五人用銅百鍰（曶鼎）。罰鍰，見師旅受罰三百鍰（寽），又成王時，師旅鼎（兩周金文辭大系釋文頁二六）銘：「師旅眾僕不從王征于方，……白懋父迺罰，得鬳（獻？）古三百寽。」矢人盤銘（厲王時器）：「唯王九月辰才（在）乙卯，矢卑（俾）蕉且𢀛旅誓曰：『我既（既）付散氏田器，有爽，實余有散氏心戜（賊），戜寽（隱）（敏案：或釋爲爰，茲從之。）千罰千，傳棄之。』」（兩周金文辭大系釋文頁一三〇）是知商周以銅鍰爲通貨，行使金屬甚普徧，賞金臣工、罰金抵罪，亦尋常事，動輒百鍰，乃至千鍰，度亦非僅僅。諸家疑穆王時不應科罰重金如此，疑可釋矣。齊桓以兵甲未厚，故薄刑而易以納金，而穆王無多戎事，不必令以重金償罪，或者尚以爲辭難，敢以晦庵師弟子之意爲應：

朱子語類（卷七九）曰：「贖刑，如古之『金作贖刑』，只是刑之輕者，……故贖。想見穆王胡做亂做，到晚年無錢，使撰出這般法來。」

蔡傳：「穆王巡遊無度，財匱民勞，至其末年，無以爲計，乃爲此一切權宜之術以歛民財。」

質之史乘，揆以常理，穆王制立新法，宅心雖不在聚貨，然法苟有寬於民，而庫財兼賴以充裕，則又何樂而不爲？

呂刑有一「地」字，見「乃命重、黎，絕地、天通」句，郭氏「金文所無考」謂字後起：

金文中「天」若「皇天」等字樣多見，均視爲至上神，與「天」爲配之「地」若「后土」等字樣，則絕未有見。……金文既無「地」字，亦無「后土」之稱，所見「土」字義均質實，如南宮中鼎「王令大史兄(貺)裹土」、大保𣪘「王派大保錫休余土」、大盂鼎「受民受疆土」、宗周鐘「王肇遹省文武，堇疆土，南國𠬝孳敢陷虐我土」等，又如「司徒、徒馭」等亦有叚「土」字爲之者，然用爲神祇之例，絕未有見。是則「地」字當是後起之字。「地」與「天」爲配，視爲萬彙之父與母然者，當是後起之事。尚書金縢與呂刑二篇有「地」字，金縢云「乃命于帝庭，敷佑四方，用能定爾子孫于下地」、呂刑云「乃命重、黎，絕地、天通，罔有降格」。案：此二篇同屬可疑；即有「地」字之出現，已足知其非實錄矣。（載其金文叢考三、地）

案：甲骨文、金文竝有「土」字而無「地」字，周易卦爻辭亦無「地」字。土（甲骨文作[illegible]，見藏三、一；金文作[illegible]，見盂鼎，收金文編卷十三．十一。），象地生物，郭氏云「土字義均質實者」，謂此。西周著成之詩篇，以「土」爲「地」，如大雅桑柔「念我土宇」、江漢「錫山土田」，下武「成王之孚，下土之式」、雲漢「上帝不臨，耗斁下土」；尚書周誥西周著成，亦以「下」爲「地」，如洛誥「惟公德明，光于上下」、多士「惟我下民秉爲」。證以郭氏所引彝文，土字初皆質實義，且西周習用之。唯「地」字西周著成之文獻亦已見，尚書盤庚「用永地于新邑」，則「地」字之起非甚晚。至於呂刑，「地」何嘗不作「土」？如「禹平水土」、「有邦有土」；「地」固亦常作「下」，如「遏絕苗民，無世在下」、「羣后之逮在下」、「皇帝清問下民」、「配享在下」、「作配在下」，莫不與西周文獻協合。唯其「絕地、天通」，天謂上帝，地謂民人，非郭所云「視爲萬彙之父與母然者」，自非後起之事。矧「絕地、天通」，若易爲「絕下、天通」，則不辭；若易作「絕天、下通」，則或誤解「天下」爲宇內；若作「絕土、天通」或「絕天、土通」，則向所未有，人將目爲怪異，故作者乃取通行字——「地」造爲此句。郭氏未及深思，乃云「足知其非實錄（實錄謂當時文獻）」，後之從而爲說者，何其輕率邪！

何定生先生作「尚書的文法及其年代」（中山大學語言歷史學研究所週刊第五集第四九、五十、五一期合刊），據呂刑「其」字在領位，定本篇東周時作：

「其」字自古便是代詞，但作在領位的，也是後來——東周以後的事。這很有個健全的理由，便是銅器既沒有在領位的用法，而「厥」字已完完全全任了領位了。「其」字在甲骨文，純粹作論理主語（Logical subject）及「語勢」代詞而已，至銅器時代也然。在尚書則大誥、康誥、梓材等，皆不嘗破例。大用於領位者，惟呂刑耳。故呂刑之後出，又可得一明證。

何先生以呂刑「其罪、其罰」等「其」字爲代詞在領位，且云：

此十幾個「其」字，雖不能像金縢篇那末「人稱」地敏案：金縢：「管叔及其羣弟乃流言于國。」，但終是「領格」代詞（Passesive pronoun）；而其用法，分明不是周敏案：周上當脫一西字。及以前所有。

文末製圖，何先生又將呂刑列爲東周作品。

案：西周時代著成之書篇，呂刑之外，猶有康誥（武王時檔案）、洛誥（成王時檔案）、盤庚（西周時殷遺民述古之作）用「其」字在領位：

康誥：「汝陳時臬事，罰蔽殷彝，用其義刑義殺。」敏案：先詞云「殷彝」，後有「其」，謂殷彝之義刑義殺也。

洛誥：「迪將其後，監我士師工。」敏案：其後，謂周之後方（洛地）之事務也。

又：「予旦以多子越御事，篤前人成烈，答其師。」敏案：答其師，報答殷之眾遺民也。

盤庚：「乃既先惡于民，乃奉其恫，汝悔身何及？」敏案：奉其恫，承受先惡于民之痛苦也。

兩誥，何文皆以爲東周作，失之；盤庚，即何文亦定爲西周作，今見「其」置領位，合康洛二誥三事，則取呂刑「其罪、其罰」用法以證其必出東周人手者，非也。

又案：其它書本文獻，西周著成者，易卦爻辭，領位其，多至不甚枚舉，茲略數事，

坤上六：「龍戰于野，其血玄黃。」敏案：其血，龍之血也。

小畜九五：「富以其鄰。」敏案：泰六四「不富以其鄰」及謙六五「不富以其鄰」同。敏案：其鄰，彼之鄰人也。

艮卦辭：「艮其背，不獲其身；行其庭，不見其人。」敏案：其背、其身、其庭，某人之背、之身、之庭也。

詩大雅周頌以「其」於領位者繁多豈遑卒舉？略取數例：

大雅文王：「周雖舊邦，其命維新。」敏案：其命，周之命也。

大雅皇矣：「維此王季，因心則友。則友其兄，則篤其慶。」敏案：友其兄，謂季歷友其兄大伯也。周頌有客：「有客有客，亦白其馬。」敏案：其馬，謂微子啓（暫從舊說）之馬也。

占者、詩人與史氏同立於朝，彼其命筆，恆以領位賦予「其」字，故此人著於竹帛，斷無絕棄弗用之理。書殘佚特甚，若果百篇具存，即尚非全帙，所獲「其」字領位詞用於商、周者，應不止上引盤誥四條也周法高先生中國古代語法稱代編（頁一〇四）章三節一「其」，舉康誥「朕其弟」之「其」，論爲領位。敏案：經傳釋詞五：「其，猶之也」，下引康誥此條爲證。王氏說是，「朕其弟」，武王語叔封「我之弟」也。

銅器多見「厥」（作乁，金文編卷十二．二五收六十七文。），慣置領位猶今「其」字，誠如何先生說。惟「其」字亦百餘見（習作𠀠、㠱，金文編卷五．六。），其中考爲西周器而銘文「其」用所有格者甚多，如：

竅鼎：「隹十又一月，師雍父省衜至于𦈢。竅從。其父蔑竅曆，易金。對揚其父休，用乍寶鼎。」（兩周金文辭大系釋文頁六〇，定爲穆王時器。）敏案：兩其父，皆謂竅之父師雔父。

兮甲盤：「淮尸（夷）舊我貟晦（賄）人，毋（毋）敢不出其貟、其責。」（大系釋文頁一四三，定爲宣王時器。）敏案：二「其」字句，淮夷之貨布、之委積也。

友人韓耀隆先生甲金文中稱代詞研究，考「其」在金文中位居領屬，一爲遠指稱代詞，有云：

「其」用爲遠指稱代詞，金文中僅用爲領屬性加詞，如：𧻓入𧻓出，毋處其所魚鼎匕、其音銑銑，雝雝孔皇秦公鐘、其人它它熙，……逢叔乍季妃匜：以上所舉諸例，「其」用爲領屬性加詞，猶今語「那個」、「那些」。（頁九四）

韓先生又考「其」（𠀠）及「厥」（㔾）在金文中，用爲人稱代詞，多互用。「厥」，金文用爲詞組之領屬性加詞爲主，彼舉十二例（如友𣪘「友及厥子子孫孫永寶」、毛公鼎「皇天弘猒厥德」）；「其」，用於人稱代詞領位，彼文曰：

「其」用爲第三身稱代詞，甲文中未見；金文中僅用爲領屬性加詞，如：畯保其孫子，三壽是勒晉姜鼎、其眉壽萬年，永保其身夆叔盤、㠯乍其皇祖考曰邾公華鐘、不顯穆公之孫，其配襄公之妣而餓公之女叔夷鐘、齊侯女𦉢希喪其𣪘舅洹子孟姜壺、夷篾先其舊，及其高祖叔夷鐘。（頁六六—六七）

韓先生論文又附錄用法表，列尚書第三身稱代詞「厥」，在領位者一四四次、「其」，二七次；尚書指示稱代詞「厥」，在領位者二五次，「其」，在領位者十四次。書本器物文獻共與何先生說相違。何文夙成（民國十七年撰），金文論著時多未問世，檢索彝銘不便，難期周至，何先生若見穆王至宣王朝以「其」爲領格，載於銅銘不絕，則或不致論呂刑東周時成篇矣。

上總陳朱子、崔述、傅孟眞、張西堂、錢賓四、郭氏、何定生先生七家，論呂刑之爲書，或疑其乖經體；或判其晚作；或質言之，謂斯編東周撰，亦有竟降之爲出戰國人手者。今皆一一釋厥疑焉，應其難焉，立言以破其說焉，而呂刑爲當時文獻終明。友人黃沛榮先生宏文，嘗論呂刑與逸周書皆好用四字句，內容主體亦有相近者（據周書研究五章四節）。此見甚卓；逸周書（戰國人著）抄襲呂刑，資以增後者早作之佐證，誠快事也。

本篇「帝」字四見，曰「上帝監民，罔有馨香德」、曰「皇帝哀矜庶戮之不辜」、曰「皇帝清問下民」、曰「上帝不蠲，降咎于苗」。帝皆非言人君。兩「上帝」，天帝也；兩「皇帝」，亦謂天帝，皇訓偉大：說詳本經注。近人劉節徵「皇」字意義沿革，有云：

皇之古訓甚多，有訓爲大爲美爲光爲宏爲盛者，皆一意之引申。……又有訓爲君爲王者，乃作名詞用，其義非古。……海甯王先生云：「皇祖、皇考之稱，亦『大』義。」……金文中「王」與「皇」絕無同訓。皇祖、皇考、皇父、皇母，觸目皆是，爲頌揚之稱。……又如皇天、皇休、亦與皇祖、皇考等所用之皇字同義。鑄叔皮父𣪘曰

「寶皇萬年永用」，亦作盛大之義。宗周鐘曰「隹皇上帝」，此皇字亦作大字解，……即詩「於皇上帝」之義也。再考之詩三百篇中，……小雅十月「有皇上帝」，……與大雅瞻卬「上帝是皇」之意同，……皇，大也。……大雅文王之什「思皇多士」，……皇，亦多也、盛也。……在春秋戰國以前，皇決無訓王訓君之説。……戰國時皇作王字用者，如莊子天運篇「是謂上皇」、離騷「詔西皇使涉予」、九歌東皇太一「穆將愉兮上皇」。（洪範疏證，收古史辨冊五；氏又作釋皇篇補義，載國學月報二卷十一號，民國十六年十一月，略同。）

案：劉氏舉證未周，余考之周易，「皇」字無有。

復考之尚書，呂刑而外，得十八皇字，其中除「鳳皇來儀」（皐陶謨）、「無皇曰今日耽樂、則皇自敬德」三字不作「君王」或「偉大」之義外，其餘十五字，凡出西周檔案之篇，皇皆訓偉大或其引申義，如

梓材「皇天既付中國民越厥疆土于先王」、召誥「皇天上帝改厥元子茲大國殷之命、其自時配皇天」、君奭「時則有若伊尹格于皇天」、顧命「皇后憑玉几、皇天改大邦殷之命、皇天用訓厥道」：敏案：皇天，偉大之上天。皇后，偉大之君王。

訓君王者七，盡出洪範皇極章，其曰「建用皇極、五皇極、皇建其有極、惟皇作極、皇則受之、時人斯其惟皇之極、皇極之敷言是彝是訓」。皇，王也，大傳正作王。皇極，君王之準則

也。説詳彼篇。乃戰國初年作，宿有定論。呂刑皇字用義，迥異洪範，故兩篇非同時代產物；而與西周四誥合，故撰應同時。

更徵之詩三百，得皇字四十八，其中除東山「皇駁其馬」、破斧「四國是皇」、十月之交「皇父卿士、抑此皇父、皇父孔聖」、漸漸之石「不皇朝矣、不皇出矣、不皇他矣」、公劉「夾其皇澗」、卷阿「鳳皇于飛、鳳皇鳴矣」、常武「大師皇父」、駉「有驕有皇」十三字外，餘三十五字，概作「偉大」或其引申義（華美、壯盛、光大）解，盡列於下：

皇皇者華「皇皇者華」、采芑「朱芾斯皇」、正月「有皇上帝」、楚茨「先祖是皇、皇尸載起」、信南山「獻之皇祖」——以上小雅七字；文王「思皇多士」、皇矣「皇矣上帝」、文王有聲「皇王維辟、皇王烝哉、皇王烝哉」、假樂「穆穆皇皇」、抑「肆皇天弗尚」、瞻卬「無忝皇祖」——以上大雅九字；烈文「繼序其皇之」、執競「上帝是皇」、臣工「於皇來牟」、雝「假哉皇考、燕及皇天」、載見「思皇多祜」、武「於皇武王」、閔予小子「於乎皇考、念茲皇祖、於乎皇王」、訪落「休矣皇考」、桓「皇以問之」、般「於皇時周」——以上周頌十三字；泮水「烝烝皇皇」、閟宮「皇皇后帝、皇祖后稷、周公皇祖」——以上魯頌六字。

凡「皇王」云者，咸謂偉大之人帝，最多；凡「皇天上帝」云者，悉指偉大之天帝（「皇以問之」之皇徑以表天帝，尤堪注意。）；所出小雅五篇，采芑，宣王南征時詩，皇華、楚茨、信南山三篇，玩其辭，宜厥同時而略早之詩。唯正月，東周初詩耳。所出大雅、周頌者篇最多，共十六篇二十二文，詩皆周初物，呂刑皇義，正與之合，「皇帝」義即「皇矣上帝」、「上帝是皇」、「皇天」及「皇（以問之）」。閟宮，春秋中葉魯僖公詩，與小雅正月，皆沿用「偉大」義。

末求之於器鑄。郭氏「周彝銘之中傳統思想考（收金文叢攷頁一—二）云：

宇宙之上有至上神主宰，曰天，……；曰皇天，大克鼎「肄克晉于皇天」（敏案：郭氏大系列厲王時器物。）、毛公鼎「……皇天弘猒氒德，……肄皇天亡斁，臨保我有周，……用卬卲皇天，……」（敏案：郭列宣王時器。）、邾王義楚鍴「用亯于皇天」（敏案：郭入春秋中葉以後器，列國所有。）；曰皇天王，宗周鐘「我隹司配皇天王，……」（敏案：郭考昭王時物。）；……曰皇帝，師訇毀「肄皇帝亡斁，臨保我有周」（敏案：郭謂宣王時毀。），案：此語與上毛公鼎文同例，故皇帝即皇天，亦即上帝。書呂刑「皇帝……」、又「皇帝……」，均是上帝，舊說帝堯，非也；曰皇上帝，其下有百神，宗周鐘「隹皇上帝百神，保余小子」。

又睍之金文詁林（卷一頁二三五—二四二）錄銘文皇字，多用於祖、妣、考、母、王之上，意爲顯大，絕不用爲君王。檢下列二器銘文「皇天」，郭氏上文所未及者，錄如下：

作冊大鼎「大覨（揚）皇天尸大僳宝」、善鼎「對覨（揚）皇天子不砙休」（敏案：郭氏大系謂穆王時器。）。

案：從上引金銘，作冊大鼎外，一一可考時，昭王一、穆王一、厲王一、宣王二，言皇天、皇天王、皇上帝乃至皇帝，義全同呂刑二「皇帝」，彼我皆當時文獻，故若合符契，而春秋器郐王義鐘則沿襲宗周，一如詩閟宮用皇字仍舊貫然也。

又「帝」字，西周著成之書本文獻，作人王稱者，僅得「帝乙」一事，易歸妹六五「帝乙歸妹」及書酒誥「自成湯咸至于帝乙」、多士「自成湯至于帝乙」、多方「以至于帝乙」四見。甲文、金文帝作人王亦極罕見。而呂刑兩「皇帝」義不爲人王，正與早期——西周以前一致，其撰成時代相近，宜其如此，非偶合也。

余又廣泛比校周誥與呂刑，觀其因承之迹，大分爲二：曰於用語，見呂刑沿襲盤誥，中又區以別之，作習用語、罕見字兩事；曰於其所表現思想，度後者原本於前者。如：

敬忌即敬畏，古成語也。然敬畏，常語；而敬忌，易、詩、彝銘皆不用。尚書則三見：周誥在前康誥「惟文王之敬忌」、顧命「以敬忌天威」。，呂刑在後「敬忌，罔有擇言在身」。；穆王因襲前王，此一證也。

呂刑「苗民弗用靈」，用靈即盤庚「由靈」，斯用辭相同之又例。

盤庚、周誥、呂刑皆西周著成，三書以同類辭彙表達相似觀點，如下二、三事：

呂刑「鴟義姦宄」，鴟義，盜竊淫惡也，合「姦宄」爲句，示邪僻義，多見於盤誥：「敗禍姦宄」「暫遇姦宄」（竝盤庚）、「寇攘姦宄」（康誥）、「姦宄殺人歷人」（梓材），相類。又彼篇「暫遇」之暫與本篇「民興胥漸」之漸，同讀爲詐，見用字習尚相同。

呂刑者，論法之書，試取周誥法律語校視，兩又相若，如用麗、辭二字：

呂刑多律法語，曰「越茲麗刑并制」、曰「苗民匪察于獄之麗」，麗皆讀爲羅，法網也。而多方曰「不克開于民之麗」、曰「愼厥麗乃勸」、顧命曰「奠麗陳教」，義亦皆法網。因承之迹易見。又「辭」，謂罪狀或口供，本篇凡十一見。其中作「有辭」者二、「無辭」者一，措詞直似自成王誥來，觀多士曰「大淫泆有辭」、曰「罔非有辭于罰」、多方「圖天之命屑有辭」。可見。

罕用字，一如：

呂刑「度作刑以詰四方」，詰謂告教，亦有戒意大傳：「孔子曰：甫刑可以觀戒。」（疏證卷七）即據此爲說。，與立政末「其克詰爾戎兵」，詰訓謹，同旨。又酒誥「汝劼毖殷獻臣」，劼與詰音近義通，皆訓誥戒。詰、劼作告戒，它書鮮以。

再觀棐字，則彼此相因之迹尤彰彰，

棐，周易、詩經、金文皆無，尚書雖有，僅見於周誥大誥「天棐忱辭、越天棐忱」、康誥「天畏棐忱」、酒誥「我西土棐徂邦君、惟御事厥棐有恭」、洛誥「聽朕教汝于棐民彝、公功棐迪篤」、君奭「若天棐忱、篤棐時二人」。，而呂刑「明明棐常，率乂于民棐彝」。獨與之一致。呂刑二棐字，同周誥「天棐」、「棐忱」、「棐有恭」之棐，皆借爲非，穆王史氏用筆，猶有成康作冊史遺規非歟！

天道獎善罰淫，呂刑思想脫胎自酒誥，即遺辭與造語型態，竟亦逼似，酒誥成王數紂惡曰：「弗惟德馨香，祀登聞于天，誕惟民怨。庶羣自酒，腥聞在上。故天降喪于殷，罔愛于殷。」呂刑穆王數苗君民之罪曰：「上帝監民，罔有馨香德，刑發聞惟腥。皇帝哀矜庶戮之不辜，報虐以威，遏絕苗民，無世在下。」馨香德，攸德馨香。發聞惟馨，根腥聞在上。德惡，民怨不怠，故上天降割殄滅之：兩文思想無殊。王命將以大誥天下，文取必當時通行易曉，是兩書成篇，相距宜不甚遠也。

敬德、畏天，乃周人立國兩大瓌寶。穆王務德，令爲刑本，非徒齊民以法而已，試舉周誥、呂刑文，見先後之一貫，

穆王戒天下，立法施刑，以敬德爲條貫。通觀全篇，百慮一致，曰成德而已。蚩尤無有馨香德，上帝遏絕之。執法者先需有德，故王曰「有德惟刑」，故欲在上者謹五刑，亦所以成其德——三德。法曹度適中之刑以折獄訟，欲教民祗（敬）德，而終期刑措不必用。結語復戒曰：「今往何監，非德？」敬德思想，周誥亦經見。明著「敬德」字者，如無逸云殷周先哲王聞小人怨言，「則皇自敬德」。君奭周公戒召奭曰：「其汝克敬德。」而召奭疇昔戒成王，何嘗不曰「王敬作所，不可不敬德」，曰「肆惟王其疾敬德」。召誥一篇之中，「敬德」反復五見。周召立言，顯然爲穆王所本。

請復出神天降格一辭，並結以數語，

格，借爲徦，金文作𢓜（師虎簋），至、來也。本篇初曰「罔有降格」，謂上帝不下

臨也；再則曰「庶有格命」，言天神降臨，以天下命吾人也。則建國治民，權由天授思想，呂刑承用周誥。酒誥曰「惟天降命肇我民，惟元祀」，是命自天降也；君奭曰「我受命無疆惟休」，是人受命於天也。天授命予人，或形而容之（洛誥：「王賓，殺，禋；咸格。」最宜度心。），謂之降格——神明下顧人間，多方曰「帝降格于夏」，多士「惟帝降格，嚮于時夏」：立意用辭，呂刑效焉。它如君奭「天壽（疇）平（丕）格、召誥「天迪格保」，皆本篇「格命」之義；否則「罔格」，見於酒誥曰「天降喪于殷，罔愛于殷」、多士曰「天大降喪于殷。……惟時上帝不保，降若茲大喪」：一一與本篇相契者，撰時非遠，思潮大勢無異，語文亦無重大變遷故也。

四　結論

呂刑，篇之本名也。先秦亦作甫刑；呂、甫音近，傳寫字異耳。降至兩漢，大抵今文本或據其本錄寫者作甫，古文本或依其本錄寫者則作呂。作呂刑得篇名之正也。周穆王在位之第五十五年，命呂侯犅入朝爲獄官之長，王將作新刑典以頒天下，使呂侯主厥事，乃申立法之要義，用告天下，史官紀王言以成篇。或以爲呂侯作，是外戚陰謀之書；或以爲出辭不越氏族，乃外國（相對於中國——中原——而言）書，皆非是也。

法律觀念，西周時已具；成文法典，至遲殷商已有，至周文武以後大備。呂刑一書，固出鄭、晉鑄刑書之前，無論李悝法經。本篇「五刑之屬三千」，謂適用五刑之罪目，黥墨，西周初已行，而呂刑近而取之，呂刑非晚書也。西周時，黃銅通用：以作貨幣，以鑄鼎彝，以錫臣工，以爲罰贖，動輒出鍰數百，故因罰鍰百千疑呂刑晚作者，非也。本篇稱代詞「其」字，頗在領位，與西周金文、易卦爻辭、詩大雅周頌及本書周誥大同，故論本篇爲東周後作祇因「其」作所有格，非也。本篇「地」字僅一見，與「神」對舉、謂「民」，是此「天、地」不可與「上天、下土」倫比，且西周文獻（盤庚）亦有「地」，故但據此一「地」字判本篇非當時文獻，失之。

本篇「皇帝」字，皇謂「偉大」，帝謂「上天」，兩字竝不作「君王」解，適西周文獻主義，而墨子數引稱「先王之書呂刑」，是果周穆王之書也。復從本篇用字遣辭，特合周誥；而獎罰、敬德、畏天思想，又緊承成康法教，及語又古奧思之，受誥者必西周民人，乃能仰體王意也。

惟呂命（註一）**：王享國百年，耄荒**（註二）**；度作刑以詰四方**（註三）**。**

釋文

一　惟，句首語詞。呂（一作甫），呂侯也（詳題解）。呂侯殆名犅（見兩周金文辭大系頁五五靜毀、五八呂齋釋文），姜姓之後裔，故呂城在今河南南陽縣（參春秋大事表譔異）。呂命，倒語，正作命呂，言周穆王命呂侯爲獄官之長也。下文「王曰」（六見）云云，皆史官記王之言，推作刑要義以誥天下也。○鄭玄一以「王」字屬上讀，云：「（傅說）作書以命高宗。」（禮記緇衣注；史記周本紀「甫侯言於王，作脩刑辟」，似已有此意。）宋陳大猷蓋見呂侯命王失禮，故疑此句文闕（書蔡傳輯錄纂註卷六引）。僞古文尚書說命中開篇「惟說命」，造句倣此篇也，故僞孔傳同以「惟呂命」句，云「呂侯見命爲卿」，而與鄭玄另一說「呂侯受王命入爲三公」（書疏引）立意無殊。案：「王」必連下文「享國百年」爲一句，否則所主不明；「惟」之上可探下省「王」，矧命諸侯者唯天子有權乎？

二　王享國百年，耄荒：王，周昭王之子穆王滿也。享國，周成王時之無逸篇四見，皆謂君王在位；至此穆王世，意義衍變，乃併即位之年（時年五十）及在位之年（共五十五年）計之，謂穆王享年百單五歲，稱其成數曰「百年」也。耄，一作旄（古寫隸古定本、隸古定本、書古文訓、周禮大司寇鄭注引尚書及禮記樂記鄭注兩引尚書（竝依釋文）、一作秏（羣經音辨卷三引書）、一作薹（釋文或本，字當從說文正作薹）、一作眊（說文目部據虞書）。耄，老也。荒，老耄也（禮記樂記「武王之志荒矣」注）。耄、荒，同義複詞。以上三句，謂當穆王百五歲老耄之時，以命呂侯入爲獄官之長也。○穆王享一百零五，史記周本紀：「穆王即位，春秋已五十矣，……立五十五年崩。」列子周穆王篇：「穆王幾神人哉！能窮當身之樂，猶百年乃徂，世以爲登假焉。」取其成數，與史記尚合。穆王壽登期頤，故不合以禮記曲禮上「八十九十日耄」釋此「耄」。僞孔傳「穆王即位，（年）過四十」，不詳所據，故疏云「不知出何書也」；疏又考經史，云「此言享國百年，乃從生年而數，意在美王年老能用賢」。是也。論衡氣壽篇：「傳稱：……高宗享國百年、周穆王享國百年，并未享國之時，皆出百三十四十歲矣。」王充泥無逸享國爲在位，又度穆王青壯登位，故謂王得年適百三十四十。書疏謂百年當併未即位年壽計之，云：「……此言享國百年，乃從生平而數，意在美王年老能用賢而言其長壽，故舉從生之年，而以『耄荒』接之。」甚是。尚書故（在經說二之三）謂享國百年乃周興至今百年，而以王字屬上讀，云：「（孔疏、論衡）皆因誤讀王字下屬爲句耳。此經言周興百年享國者，周之享國也。史記：武王伐殷後七年崩，成康之世刑措四十餘年。三統歷：昭王無年數。近人姚文田以麻法推史記、竹書，則穆王元年上距武王克殷正九十年（原注：武王七年、成王三十七年、康王二十六年、昭王十九年。），然則言百年，蓋當穆王初年矣。」案：呂刑未言「周興百年享國」，且周誥數言周家受命，而總計周家享國則無有，矧王字若屬上讀，則「耄荒」無所承（吳氏亦知之，因說爲「諸侯廢職」），則穆王高年治事之記載皆失據，雖有竹書紀年「自周受命至穆王百年」（古本輯校頁十二）爲佐證，以說此經則非也。旄，說文：「幢也，从㫃从毛。」秏，說文：「稻屬。」旄、秏皆無「老」義，音近而借爲耄。說文：「薹，年九十曰薹，从老从蒿省。」段注：「薹，今作耄，从老省毛聲。」是尚書當原作薹或耄（板本不同而異字）。說文：「眊，目少精也，从目毛聲，虞書耄字從此。」撰異（皇清經解（下槩省皇清二字）卷五九六）徵諸經史，眊有老義，云許愼所據尙書作眊，眊與耄古通用。是也。僞孔傳「耄荒」釋爲「耄亂荒忽」，而正義從申之，夫精神忽亂，焉能度作刑以詰四方？又焉能任屬賢士？傳疏失之。商誼（卷三）以「耄荒度」句，云：「耄荒度者，言天下耄亂無法度也。」經上文所示句主詞非諸侯。故此亦說誤。東坡書傳（卷十九）荒度連讀，謂穆王「以耄年而大度作刑，猶禹曰『予荒度土功』，」朱子語類（卷七九）稱之。均是也。

三　度（內野本、古寫隸古定本竝作庑，庑爲宅之古文，通作度），僞孔傳：「度時世所宜。」「刑」上或有「詳」字（周禮太宰、大司寇注引）。詰，誥也。四方，天下也。○困學紀聞（卷二）：「費誓，說文作粊誓，史記作肸，大傳作鮮。度作刑以詰四方，周禮注云……。」惠棟誤將「鮮度」連讀（見下撰異引），謂大傳載呂刑有「鮮度作刑」四字，而江聲、孫星衍從之，孫志祖讀書脞錄（經解卷四九一）據證「鮮度」即「荒度」之異文，因從東坡句讀。撰異（經解卷五九六）：「惠氏集尙書大傳書云『鮮度作刑，以詰四方』，丁小雅杰曰：困學紀聞云：『費誓，說文作粊誓，史記作肸，大傳作鮮句。度作刑以詰四方，周禮注云：度作詳刑以詰四方。』惠氏誤聯『鮮度』爲句。」「刑」上或有「詳」字，九經古義（經解三六二）詳訓祥，謂義如下文「監于茲祥刑」，尙書故（在經說二之二）申之：「鄭引爲『度作詳刑』者是也，下『告爾祥刑、監于茲祥刑』，皆有『祥』字。鄭儀禮注古文『常』爲『祥』；祥刑者，常刑也。鄭作詳者，詳、祥同字。」案：僞古文尙書胤征「邦有常刑」、費誓「汝則有常刑」（三見），常皆應訓大。詰訓誥，尙書故（在經說二之二）：「鄭周禮注：詰，謹也。……鄭以詰爲謹者，蓋讀詰爲誥也。爾雅：誥，謹也。」案：詰與酒誥「劼毖」之「劼」皆从吉聲，段氏皆入十二部，古聲母皆K—K—，二字相通；劼，誥也，故詰亦可訓誥。孫疏（卷二七）謂今文尚書詰作誥，屈先生尚書集釋（頁二五一）：「孫氏此說，皮氏今文尚書考證（卷二六）謂其蓋因困學紀聞而誤。是也。困學紀聞引呂刑此語，元刊本及清刊本皆作詰，惟明萬曆間莆田吳獻台刊本作誥，孫氏蓋據吳氏刊本，因而致誤也。說詳拙著漢石經殘字集證。」古寫隸古定本詰作誥。左昭六年傳：「叔向使詒子產書曰：『……夏有亂政而作禹刑，商有亂政而作湯刑，周有亂政而作九刑。三辟之興，皆叔世也。』」疏引服虔云：「政衰爲叔世，叔世踰於季世，季世不能作辟也。」周之叔世作九刑，殆謂穆王呂刑。

王曰：「若古有訓（註四），蚩尤惟始作亂，延及于平民（註五）；罔不寇賊，鴟義姦宄，奪攘矯虔（註六）。苗民弗用靈（註七），制以刑，惟作五虐之刑曰法，殺戮無辜（註八）。爰始淫為劓、刵、椓、黥（註九），越茲麗刑幷制，罔差有辭（註一〇）。

釋文

四　王，周穆王也（已詳註二，下文五「王曰」之王咸同）。若，發語辭、訓，遺書也（書纂言卷四）。若古，若昔也。○若，僞孔傳釋順，全解（卷三九）曰：「若古者，猶言若昔也；蓋起語之辭，非訓順也。」案：「若」爲發語辭同越，君奭「若天棐忱」，大誥有「越天棐忱」，越、粵、若皆語辭。若古，義猶昔或在昔，多士「昔朕來自奄」、酒誥「在昔殷先哲王」。正讀（卷六）：「若，讀爲曩，聲之轉也；大誥『若昔，朕其逝』，言曩昔，朕其逝也。晚出周官『若昔大猷』，言曩昔，大猷也。」案：大誥此若訓如、僞古文周官陰襲則大誥，徒以聲轉而訓曩失之。

五　蚩尤，炎帝末諸侯，乃九黎之君。惟，語詞。蚩尤作亂，謂蚩尤殘虐不仁，殺戮無辜；後與黃帝戰，敗伏誅。延，連也。及，連也（廣雅釋詁四）。延、及同義複詞。平民，猶言齊民也（全解卷三九）；謂一般民眾。延及于平民，謂蚩尤殘虐，驅扇薰炙，民化其惡，（無不爲寇賊奸邪也。）後漢書殤帝紀用書無「于」字，亦可通。○蚩尤，一謂古天子，應劭曰：「蚩尤，古天子。」（史記五帝本紀集解引）一謂庶人，大戴禮記用兵：「公曰：『蚩尤作兵與？』子曰：『否！蚩尤，庶人之貪者也，……何器之能作！』」一謂諸侯，此說應是，管子地數：「（黃帝）修教十年，而葛盧之山發而出水，金從之，蚩尤受而制之以爲劍鎧矛戟，是歲相兼者諸侯九。……」五經異義（經解卷一二四九疏證）：「公羊說曰：……祠者，祠五兵——矛戟劍楯弓鼓及祠蚩尤之造兵者。」案：得受金制兵而併諸侯，則蚩尤自是諸侯。鄭玄云「蚩尤霸天下」（書疏引）據此。逸周書嘗麥：「王若曰：……昔天之初誕，作二（元之誤）后，乃設建典，命赤帝分正二卿，命蚩尤宇少昊，以臨四方。」案：蚩尤既受命臨國，自是諸侯。且下文平民化蚩尤之惡而罔不寇賊云云，足證蚩尤是國君而非庶人。案：蚩尤與黃帝同時，管子地數（已見上引）、論衡紀妖篇皆言之，而作亂，黃帝誅之，見尚書眞湯誥篇佚文：「昔蚩尤與其大夫作亂百姓，帝乃弗予，有狀。」（史記殷本紀載）戰國策秦策一：「黃帝伐涿鹿而禽蚩尤。」逸周書嘗麥：「蚩尤乃逐帝，爭于涿鹿之河，九隅無遺，赤帝大懾。乃說于黃帝，執蚩尤殺之于中冀，以甲兵釋怒。」史記五帝本紀：「軒轅乃修德振兵，……以與炎帝戰於阪泉之野，三戰然後得其志。蚩尤作亂，不用帝命。於是黃帝乃徵師諸侯，與蚩尤戰於涿鹿之野，遂禽殺蚩尤。」呂氏春秋蕩兵高誘注：「蚩尤……始作亂，伐無罪，殺無辜。」山海經大荒北經：「蚩尤作兵伐黃帝，黃帝乃令應龍攻之冀州之野，……遂殺蚩尤。」（皇甫謐曰：「黃帝……使應龍殺蚩尤于凶黎之邱。」同，帝王世紀頁五。）龍魚河圖（史記正義引）：「黃帝攝政，有蚩尤兄弟八十一人，……誅殺無道、不慈仁。……天遣玄女下授黃帝兵信神符，制伏蚩尤。」鄭玄曰：「蚩尤，……黃帝所伐者。」（書疏引）皇覽：「傳言黃帝與蚩尤戰於涿鹿之野，黃帝殺之。」（史記集解引）古今注輿服：「黃帝與蚩尤戰於涿鹿之野，蚩尤作大霧，兵士皆迷，于是作指南車以示四方，遂禽蚩尤。」水經㶟水注：「涿水出涿鹿山，……東北流逕涿鹿縣故城南。……黃帝與蚩尤戰于涿鹿之野，留其民于涿鹿之阿，即于是也。」僞孔傳：「蚩尤，黃帝所滅。」案：據上記，黃帝戰蚩尤，殺之，諸無異辭。唯承蚩尤爲諸侯說而有蚩尤爲九黎之君之說，戰國策秦策一高誘注：「蚩尤，九黎民之君子（原注：子，劉錢作好兵）也。」又呂氏春秋蕩兵注：「蚩尤，少皥氏之末，九黎之君名也。」馬融曰：「蚩尤，少昊之末，九黎君名。」（釋文引）僞孔傳：「九黎之君，號曰蚩尤。。」國語楚語下注：「少皥，黃帝之子金天氏也；九黎，黎氏九人。」蚩尤先爲黃帝所殺，不應晚至少昊世爲九黎之君，故書疏謂九黎與蚩尤不同世，因疑僞孔說非是，云：「九黎之君號曰蚩尤，當有舊說云然，不知出何書也。……如（史記五帝）本紀之言，蚩尤是炎帝之末諸侯君也。……楚語（下）曰『少昊氏之衰也，九黎亂德，顓頊受之，使復舊常』，則九黎在少昊之末，非蚩尤也。……史記蚩尤在炎帝之末，國語九黎在少昊之末，二者不得同也。……鄭玄云『學蚩尤爲此者，九黎之君、在少昊之代也』，其意以蚩尤當炎帝之末，九黎當少昊之末；九黎學蚩尤，九黎非蚩尤也。」尚書故（在經說二之三）據楚語，九黎於少昊之末亂德，並不言九黎之族始于少昊，則當炎帝世之蚩尤仍得爲當時九黎之君，云：「鄭不以蚩尤爲九黎，……蓋據國語九黎在少昊之代，然國語言『少昊之衰，九黎亂德』，固不謂九黎始于少昊也。惟馬謂蚩尤在少昊之末則爲失耳。」案：馬融說誠誤，然蚩尤爲九黎之君，舊說尚無足證可以推翻。至蚩尤作亂，其罪狀，爲殘虐不仁，殺戮無辜（高誘呂覽注及龍魚河圖）。書疏：「蚩尤作亂，當是作重刑以亂民。」失之，經無此意。延，及也（僞古文尚書大禹謨「賞延于世」僞孔傳），又相連也（文選魏都賦李善注），及亦連也，是延、及同義複詞。平民，僞孔傳：「平善之人」，正義不從，當如全解訓齊民。平民化蚩尤之習，師師非度，書纂言（卷四）因蔡傳而申此義曰：「上古風湻俗厚，蚩尤始行凶暴，以開亂原，惡勢熾盛，驅扇薰染，延及平

六

民，皆習于惡，……。」

罔不，無不也，承上省略「平民」，謂民眾化蚩尤之惡，無不寇賊、鴟義姦宄、奪攘矯虔也。寇，羣行攻劫也；賊，殺人也（二義前篇習見）。鴟，盜也。義，滅善曰「義」（反訓）；此謂誘姦有夫之婦也。姦宄，亂自內爲姦，起外爲宄，或說宄內姦外：此義前篇數見。奪，內野本、古寫隸古定本及說文引竝作敓；敓，說文：「彊取也。」攘，因來而取也（釋文引馬融微子篇注）。矯，一作撟；撟虔，鄭玄注：「謂撓擾。」○鴟義，舊有從「鴟梟」衍其義者，鄭玄曰：「盜賊狀如鴟梟，鈔掠良善，劫奪人物。」（書疏引）僞孔傳如之，正義申曰：「鴟梟，貪殘之鳥，詩云『爲梟爲鴟』，梟是鴟類。……傳言『鴟梟之義』，如鄭說也。」（潛夫論述赦：「其民……罔不寇賊消義，姦宄奪攘。」清汪繼培箋：「書呂刑云『罔不寇賊，鴟義姦宄，奪攘矯虔』，王先生云：『消即鴟之誤。』」後案（經解卷四三○）：「疑消是梟之誤也。」敏案：或王符所據尚書本原作消，符改作同音字梟。）鴟梟，猛禽，以況蚩尤治下之民暴戾恣睢，東坡書傳（卷十九）：「鴟義，以鷙殺爲義，如後世所謂俠也。」述聞（經解卷一一八三）論鄭說、僞孔不可通：「傳於『義』字皆訓爲仁義之義，……鴟義姦宄解爲鴟梟之義。夫鴟梟惡鳥，何『義』之有?……鄭注訓『義』爲良善，而曰『盜賊狀如鴟梟，鈔掠良善』，亦不得其解而爲之辭，經但言『義』、不言『鈔掠』也。」舊又有鴟訓「輕」，因闡其義者，馬融曰：「鴟，輕也。」（釋文引）鴟無輕義，是馬者因斷爲蚩借字，商誼（卷三）：「鴟與蚩，聲借字，廣雅『蚩，輕也』、一切經音義引蒼頡云『蚩，相輕侮也』。」覈詁（卷四）同：「蚩、鴟音近，疑馬讀鴟爲蚩。」述聞申馬義，又併「義」而說之，云：「家大人曰：說文曰『俄，行頃也』，小雅賓之初筵篇『側弁之俄』，鄭箋曰『俄，傾貌』。……古音俄、義同聲（書經注釋音義爲*ngia、俄爲*nga），故俄或通作義。……呂刑曰『鴟義姦宄』，……『義』字亦是傾衺之意。……鴟者，冒沒輕儳；義者，傾衺反側也。」案：義讀爲俄訓邪，茲從王氏；惟輕與邪姦宄聯辭，陳義仍不密，補疏（經解卷一一五〇）謂馬融「輕」爲「軽」之訛，而鴟有忿戾意，云：「鴟字馬氏訓輕。竊謂鴟即多方『叨懫』之懫，說文引周書作『叨𡍮』，讀若摯，忿戾也。……摯即鷙。鴟鴞之鳥鷙戾，所以名鴟。……𡍮之爲摯，猶輕之爲摯（原注：小雅毛傳。）……馬訓鴟爲輕，輕蓋軽字之譌。」案：輾轉通假，論證多牽強，又無板本證據，不可從。王國維「謂鴟義二字是成語，不得分別釋之。如必欲求之，或即後世所謂『抵巇（巇？）』歟！」（觀詁卷四引）案：抵巇即乘隙（韓愈昌黎文集卷二釋言：「奔走乘機，抵巇以要權利。」），乘隙與姦宄聯爲一辭，未爲緊密，又與尚書其它含有「姦宄」之句（寇賊姦宄、敗禍姦宄、暫遇姦宄、草竊姦宄、寇攘姦宄）不類，殊可疑。左海經辨（經解一二五二）解近是，云：「大戴禮孔子三朝記千乘篇言民之不刑有八事，云『作於財賄六畜五穀曰盜，誘居室家有君子曰義，子女專曰妖（原誤作妖），餝（原誤作飭）五兵及木石曰賊，以中情出小曰閒、大曰講（原註：孔檢討廣森曰：講，讀曰構。），利辭以亂屬曰讒，以財投長曰貸（原註：貸讀曰貣。）』。誘居室家有君子，即鄭所謂『鈔略良善，劫奪人物』，三朝記之曰『義』，正與呂刑『鴟義』之『義』同；滅善曰義，猶之謂治曰亂，謂置曰廢，皆語相反。賊則寇賊也，盜義妖則鴟義也。」古文尚書拾遺（卷二）：「義者，三朝記千乘篇說盜義妖賊閒講讒貸八罪云『誘居室家有君子曰義』，居者，止也；室家謂婦，君子謂夫：言誘止有夫之婦也。此孔子說呂刑古義。」案：合據陳、章二氏說，鴟，盜也，義，誘姦有夫之婦也。案：鄭玄云「盜賊狀如鴟梟」云云，是先已知「鴟」應有「盜」意，據禮書也。誘姦，是男女不以義交，則其刑宮（參尚書大傳，見輯校二）。矯，大傳（周禮司刑注引）述呂刑之意作「撟」，周禮司刑賈疏引呂刑亦作「撟」，今本作「矯」，借字也。諸家或但依今本矯訓詐（若僞孔傳、東坡書傳）、虔訓賊殺（若東坡書傳、參正），與上「寇賊」義重複，不如鄭注勝也。又尚書斠證以爲四字疊義，云：「奪攘矯虔，案說文引奪作敓，云：『彊取也。』敓、奪古今字。淮南子本經篇高誘注：『奪，取收也。』孟子滕文公篇趙岐注：『攘，取也。』矯，借爲撟，淮南子要略篇許愼注：『撟，取也。』漢書武帝紀韋昭注：『強取曰虔。』玉篇：『虔，強取也。』奪攘矯虔四字疊義。」案：撟虔，鄭注曰「撓擾」，殆亦巧取豪奪之意，王師說四字義近，足證古義。金履祥疑「矯虔」二字之上或下有缺文，書經注（卷十二）：「矯者，正也；虔者，劉也。此（矯虔）上下或有缺文。」表注（卷下）：「矯，正也；虔，劉也。謂奸惡寇攘者，須制刑以矯正虔劉之。（矯虔）二字自一句，上下似有缺文。」案：金說矯虔字義固失正，唯斷句疑缺文頗可取，其讀「罔不寇賊鴟義、姦宄奪攘、□□矯虔（或矯虔□□）」茲記於此，以俟更考。

七

苗，九黎之後；苗民，苗之民眾也。用，行也。靈，善也（僞孔傳；詩鄘風定之方中箋）。苗民弗用靈，苗民習其君——蚩尤之惡，行爲不善也。○苗民：禮記緇衣鄭注：「高辛氏（即帝嚳，黃帝之曾孫：據史記五帝本紀。）之末，諸侯有三苗者作亂，其治民不用政令，專制御之以嚴刑，乃作五虐蚩尤之刑，以是爲法。」疏：「鄭注呂刑云：『苗民，謂九黎之君也。九黎之君於少昊氏衰而棄善道，上效蚩尤重刑。必變「九黎」言「苗民」者，有苗，九黎之後，顓頊代少昊誅九黎，分流其子孫，爲居於西裔者三苗，至高辛之衰，又復九黎之君惡，堯興，又誅之，堯末又在朝，舜時又竄之，禹攝位，又在洞庭逆命，禹又誅之（以上十三字據書疏引補入），後王（敏案：穆王也。）深惡此族三生凶惡，故著其『氏』而謂之『民』，民者，冥也，言未見仁道。』」案：鄭以堯典、禹貢「三苗」（共三見）、皐陶謨「有苗」及「苗」與此篇「苗民（四見）」、「苗」，其族皆以九黎爲其祖先，而鄭謂「有苗，九黎之後」者，據國語也，楚語下：「及少皡之衰也，九黎亂德。……顓頊受之（韋注：「少皥氏歿，顓頊氏作；受，承服也。」）。……其後，三苗復九黎之德。」故音疏（經解卷三九九）：「言『復』，則是子孫仍襲其先祖之言，故韋昭注楚語亦云『三苗，九黎之後也。』」（後案同音疏）鄭說可信。唯謂穆王深惡此九黎之君上效其祖蚩尤重刑，故貶稱之爲「苗民」而不直稱之爲「苗君」，後師紛紛者從申其說焉，僞孔傳（「苗民」至「曰法」下）：「三苗之君習蚩尤之惡，不用善化民，而制以重刑，惟爲五虐之刑，自讀得法。」書疏（「三苗」至「同惡」）：「上說蚩尤之惡，即以苗民繼之，知經意言三苗之君習蚩尤之惡。靈，善也；不用善化民，而制以重刑，學蚩尤制之用五刑而虐爲之。」全解（卷三九）：「苗民，三苗之君；其曰『苗民』，亦猶言『殷人』、『周人』，蓋統一國而言之也。……苗民習蚩尤之惡，……。」書纂言（卷四）：「苗民，三苗之君也。蠻獠之處，擅自長雄，雖君其國，非受天子命而爲諸侯也，其實一民而已。」便讀（卷四下）：「苗民，九黎之君也；三苗爲九黎子孫，故即稱爲苗民。」平議（卷六）：「禮記坊記篇『先民有言』鄭注曰：『先民，謂上古之君也。』然則三苗之君謂之苗民，正合『先民』之義。」劉錄觀堂學書記：「古亦稱『君』爲『民』，上古九皇六十四民，皆謂君王則然。」案：苗民即苗之民眾，亦即上文「平民」。上言蚩尤之平民寇賊奪攘，此言苗民弗用靈，義相同而文有先後詳略耳。苗民弗善，故其君——蚩尤制以虐刑也。「制以刑」之上承上省略「蚩尤」，諸家不察，誤以苗民爲苗君，而謂是後世（少昊之末）遠效蚩尤作刑。其所謂貶稱，所謂統一國而言，所謂古亦稱君爲民，皆不能適用呂刑全篇所有「苗民」，知其一曲之說也。矧論衡一則曰「周穆王……前任蚩尤之刑，後用甫侯之言也」（非韓篇）、「前世用刑者，蚩尤、亡秦甚矣：蚩尤之民，湎湎紛紛」（寒溫篇）、「甫刑曰『庶僇旁告無辜于天帝』，此言蚩尤之民被冤，旁告無罪於上天也」（變動篇），皆明言蚩尤作苛刑以虐民，下文爰始爲劓刵椓黥殺即其刑也。清皮嘉祐呂刑皇帝解（沅湘通藝錄卷一）：「論衡三引『蚩尤』，皆謂苗民即是蚩尤，則（呂刑）下文『遏絕苗民』，今文家必曰『天絕蚩尤』。」尚書故（在經說二之三）：「據論衡以『庶戮』爲『蚩尤之民』，則此『苗民』即『蚩尤』矣。……若知苗民即蚩尤，則平民化蚩尤之亂，而蚩尤不用善教，乃更作刑以殺僇無辜，文義勁直矣。」案：二家知據論衡定蚩尤制刑，第不考句上省文，致誤取苗民爲主語，斷即蚩尤，亦失正。靈，禮記緇衣引甫刑作「命」，墨子尚同中引作「練」，十駕齋養新錄（經解卷四三九）：「……靈、練聲相近，……命當是令之譌，令與靈古文多通用，令、靈皆有善義。鄭康成注禮解爲政令，似遠。」撰異（經解卷五九六）：「靈作練者，雙聲也；依墨子上下文觀之，練亦訓善，與孔正同。緇衣作『命』者，古靈、令通用（敏案：二字同音*lieng）皆訓善；令之爲命，字之岐（歧）變也。」

八

制，斷也，即裁制（禮記王制注、疏）；墨子尚同中作折，折亦斷也。制以刑，句上省略「苗君」，謂蚩尤以刑制裁其國民也。惟，乃也。虐，嚴刻也。五虐之刑，即下文劓、刵、椓、黥四刑，別當有大辟。曰，義猶洪範「一曰水、二曰火」之「曰」，爲也，謂之也（參經傳釋詞）。法，即後世所謂法律。○制訓斷，爲裁制，禮記王制「司寇正刑明辟以聽獄訟，……凡制五刑，必即天論，郵罰麗於事」，注：「制，斷也。」疏：「云必即天論，及郵罰麗於事，皆論斷罪之法，故以制爲斷。……制是裁制，故爲斷也。」制，墨子尚同中引作「折」，九經古義（經解卷三六二）：「折與制古字通（敏案：書經注釋頁一○四一：「……顯然折*tjad是制*tjad的假借字。」），古文論語云『片言可以折獄』，魯論折作制。」邢昺正義：「折，猶決斷也。」朱注：「折，斷也。」周易豐卦大象「君子以折獄制刑」釋文：「折，斷也。」惟訓乃，經傳釋詞（卷三）：「惟，猶乃也。」古書虛字集釋（卷三）同，增舉韓詩外傳九「此惟不及四聖者也」一證。尙書故（經說二之三）：「惟，猶乃也，鄭緇衣注云『高辛之末，諸侯有三苗者，乃作五虐蚩尤之刑』。」第吳氏謂：「夫蚩尤之刑而三苗作之，其說不可通矣。此以苗民、蚩尤爲二人之失也。」案：蚩尤作重刑，證已詳上注。五虐之刑，下文「爰始淫爲劓刵椓黥」，僅及四刑，唯又云「殺戮無辜」，是蚩尤所作虐刑，必有大辟。故東坡併殺戮入之，爲五刑（引文詳下）。乃書疏曰：「三苗之君……制以重刑，……用五刑而虐爲之，故爲五虐之刑，不必皋陶五刑之外別有五也。」夫皋陶者，舜獄官之長，以五刑治罪人，馬融曰（史記五帝本紀集解引）「五刑，墨劓剕宮大辟」，書疏所謂皋陶五刑，自謂此五，故堯典「帝曰：皋陶，……汝作士，五刑有服」正義曰：「準呂刑文，知五刑謂墨劓剕宮大辟也。」考呂刑穆王述周五刑之目，誠如正義所列，而述苗族五目則不盡同。書疏失之。刑

（說文作荆从井），說文：「罰辠也，……易曰：『井（荆）者，法也。』段注：「井者，法也，蓋出易說。」」法（小篆作灋、古文作佱），說文：「刑也。平之如水，从水；廌所以觸不直者去之，从去。」案：刑、法義同，則覈詁（卷四）「曰」訓「與」（「曰，疑與『越』同，廣雅：『越，與也。』」），失之，蓋如所解，刑曰法義爲刑與法，乃即法與法或刑與刑矣，甚不詞。意者，「曰」義當如：東坡書傳（卷十九）：「……但過作劓鼻、刵耳、椓竅、黥面、殺戮五虐之刑，而謂之法。」是也。經傳釋詞（卷三）：「曰，猶爲也，謂之也。……桓四年穀梁傳『一爲乾豆，二爲賓客，三爲充君之庖』，公羊傳『爲』作『曰』。」古書虛字集釋（卷二）：「曰，一爲『作爲』之義，書呂刑篇『惟作五虐之刑曰法』。」法，西周早期文獻已有（如盤庚「以常舊服，正法度」、大誥「若考作室，既厎法」、「爾時罔敢易法」），而法律觀念，彼時亦已形成，說已詳題解。

九

淫，過甚。劓：截人鼻也（鄭玄、僞孔傳）。或本作㓷，劓爲㓷之重文，說文「劓，刑鼻也」。被劓刑者罪狀，大傳（輯校二）：「觸易君命，革輿服制度，奸軌盜攘傷人者，其刑劓。」似述周人刑典（下同），取參於此。刵：斷人耳也（鄭玄、僞孔傳）。譌本說文引作刖，當正。刵者，鄭玄以爲是臣從君坐之刑（康誥正義引）。椓：擊也（說文）；椓刑，椓人陰，謂去男子勢、破女子陰也。或作斀（劅同），是本字；椓乃斀之借字。黥，即後文墨刑，鄭玄曰：「墨，黥也；先刻其面，以墨窒之。」（周禮司刑注）或作剠、⿰黑刂从刀。刑面者罪狀，大傳（輯校二）：「出入不以道義，而誦不祥之辭者，其刑墨。」○上文言五虐之刑，此示其目僅四者，全解（卷三九）：「於是始大爲劓刵椓黥也，……不言『荆』者，可以互見也。」書纂言（卷四）：「劓、刵皆劓辟，不言『剕』辟者，包于劓、宮。」兩皆曲說，理無可通。東坡謂劓刵椓黥加殺戮（已詳註八引）；「殺戮」經上文已具，具苗民刑虐，必有死刑，蘇說得之。孫疏（卷二七）亦云：「劓刵椓黥……四者，並大辟爲五也。」此劓刵椓黥，(a)今文夏侯等尚書本（堯典篇「舜典」下正義引，並從述聞考正。）作臏、宮割（椓）、劓、頭庶剠（黥），無刵而有臏，次序亦大殊；孰本得正，莫能考；(b)鄭玄古文尚書本（出處同上）作劓刵劅（椓）剠（黥）、書古文訓（卷十五）作臬（劓）刵斀（椓）剠，刑目次序竝同，文小異耳；(c)古寫隸古定本作刵劓斀剠（隸古定本僅存斀剠二字，同古寫本。）、內野本作刵臬劅剠，文異，刑次則先耳後鼻。耳在鼻上，後案（經解卷四三〇）：「說文先刵後劓，今本先劓後刵，如鄭本果同今本，何以疏引鄭注仍先刵後劓？鄭必與說文同。今本乃僞孔從夏侯等俗儒倒之，康誥亦倒也。」撰異（經解卷五九六）：「孔傳曰『截人耳鼻』、正義曰『刵、截人耳；劓，截人鼻』；……又曰『於是大爲截人耳鼻』；……又曰『鄭玄云「刵，斷耳；劓，截鼻」』……皆先刵後劓。說文引周書『刵（敏案：原誤作刖，說詳下。）劓斀黥』，……則古文尚書作『刵劓』甚明，今本作『劓刵』，恐是衛包改同康誥，而釋文先『劓』後『刵』，則恐是開寶中改從衛本也。又案：正義卷二引鄭本『劓刵劅剠』，亦先『劓』後『刵』，蓋非始於衛包也。」案：夏侯等尚書本作「臏宮割劓頭庶剠」；正義卷二述鄭本則作「劓刵劅剠」同今本，鳳喈誤讀書疏，段氏不誤。鄭本、釋文竝作「劓刵」（康誥兩見「劓刵」，足證劓在刵上不爲失序，鳳喈「康誥亦倒」，失之，段氏所不敢言。），疑古有兩本，說文、僞孔、書疏所據本作「刵劓」，釋文所據本作「劓刵」，而鄭則兼據兩本，明刵劓字上下無不可，世謂康成宏通，於此可見一斑。(d)說文斀下列周書曰「刖劓斀黥」，刖是寫誤，說文句讀（見詁林）：「六書故引說文作刵，則今本刖字譌也。呂刑正義引鄭注曰『刵，斷耳；劓，割（截）鼻；椓，謂椓破陰；黥，謂羈黥人面』，據此次序，正是刵劓椓黥，與許君所引同。」說文詁林錄段注、通訓定聲等多家說與王筠同。今文經說攷（卷二九）：「說文……刖字乃刵字之誤，尚書疏引鄭云『刵，斷耳』。……鄭所注書用古文本，說文稱書當與之同。……是知刖爲刵之譌也。」案：各本呂刑咸作刵，經師皆本之訓割耳，譌本之說文誠當正。惟書纂言（卷四）載或曰「刖字誤爲刵」，孫疏（卷二七）：「說文引周書『刖劓斀黥』，案：五刑本有刖無刵，則刖刵（敏案：當爲刵刖之誤倒。）字之誤也，夏侯等書是。」劉錄觀堂學書記「劓刵爲劓刖之誤」，沈家本歷代刑法考刑制分考（卷五）：「……後文剕辟、剕罰，古文作剕，即刖也，今文則作臏。以彼例此，不應今文作臏古文作刵，絕不相侔。如此，古文尚書本作刖，後來傳寫誤作刵，并注文亦因之而誤，說文作刖，其未誤之僅存者也。」（案：沈說述聞（經解卷一一八三）先具）案：諸家蓋見刵不在五刑，而以後文剕與今文夏侯等本臏合，故反謂刖正刵誤，不知今古文本字恆異，而苗蠻刑章固不必盡同華夏，後案（經解卷四三〇）：「刵刑雖于下文所言夏刑及秋官司刑皆無之，但苗民所用何必盡同夏周，況康誥已有之，許慎與鄭俱好古文，所載必同，說文刖傳寫誤也。」劓字義及異文討論：劓，截鼻也（書疏引鄭玄說，鄭注周禮司刑同。），僞孔此篇及康誥傳與兩篇孔疏併易睽六三孔疏說皆同鄭。說文：「⿰臬刂，刑鼻也，……易曰『天且⿰臬刂』。劓，臬或从鼻。」案：甲骨文有⿰自刀，从刀从自，自即鼻之初文，是刵即劓，以刀割鼻，即刑鼻；後案（經解卷四三〇）：「王俅嘯堂集古錄卷下周齊侯鎛鐘銘云『造而刖⿰臬刂』，又周齊侯鐘銘同。周鐘所用必古文，則尚書亦必作劓。其作劓者，安國以今文易古文也。」古寫隸古定本、內野本、書古文訓皆作劓，合古文本。刵，說文刵下：「刵，斷耳也。」鄭玄：「斷耳。」（書疏引）僞孔傳：「截人耳。」（康誥傳同）古有獲敵殺而斷其左耳者，與刵刑類，詩大雅皇矣「攸馘安安」傳：「馘，……不服者殺而獻其左耳曰馘。」禮記王制「天子……出征執有罪，反釋奠于學，以訊馘告」注：「訊馘，所生獲、斷耳者。」椓：說文「擊也，从木豖聲」；刑名後起，曰椓刑，呂刑僞孔傳「椓陰」，疏「椓人陰」，又引鄭玄云「椓破陰」，音疏（經解卷三九九）：「陰謂人身隱蔽之處，男子之勢、女子之也皆是。說文攴部云『斀，去陰之刑也』，似謂割男子之勢；此云『椓破陰』，似謂裂女之也。二誼兼之乃足也。」案：斀（从刀之㓸同，古本斀、㓸交作，已詳上引，呂刑正義尚偶作㓸，云「㓸，椓人陰」也。），蓋刑名斀（*tŭk）之本字，借爲椓（*tŭk）（說文義證即持是說，），奄者受椓，詩召旻「昏椓靡共」箋：「昏椓，皆奄人也。……椓，椓毀陰者也。」椓破陰、毀陰、去陰，皆一事，統人之男女，似與宮刑（男割勢、女幽閉）之毀陰僅及男子者不同。今文夏侯等作「宮割」，割、男割勢，宮，女禁閉也，分別言之。江聲合割勢與裂也說椓，得之。北史（卷八七）酷吏傳：「（元）弘嗣爲政酷，……每鞫囚，多从酢灌鼻，或椓弋其下竅，無敢隱情，姦僞屛息。」近苗族之椓，殘虐之刑也。無論椓陰去勢，皆不達「幽閉」之義，明周祈名義考卷七：「宮刑，……割勢，若犍牛然。幽閉，若去牝豖子腸，使不復生。……或疑幽閉爲禁錮，則視劓刵反輕。」明徐樹丕識小錄卷三：「傳謂『男子割勢，婦人幽閉』，皆不知『幽閉』之義。今得之，乃是於牝剔去其筋，如制馬、豖之類，使慾心消滅。國初常用此，而女往往多死，故不可行也。」竝謂割去卵巢輸卵管令絕生育力或滅其情慾。幽義猶未明。程樹德九朝律考（頁四七）：「馬國翰目耕帖載椓竅之法，用木槌擊婦人胸腹，即有一物墜而掩閉其牝戶，只能溺便，而人道永廢矣。是幽閉之說也。其解幽閉與古說不同。」以度生理，似無可能。黥，說文：「墨刑在面也，从黑京聲。剠，黥或从刀。」案：上述鄭等古文本作从刀京聲之剠，剠同黥剽，易睽六三「其人天且劓」，釋文：「天，剠也；馬云：『剠鑿其額曰天。』剠，其京反，說文或作黥字。」是古文馬本黥亦作剠，而亦陸氏所據者也。黥即下文墨刑，僞孔傳「黥面」、疏引鄭書注「羈黥人面」，竝同「墨刑在面」，而甚簡，鄭玄注周禮司刑：「墨，黥也；先刻其面，以墨窒之。」或謂黥是刺額，上引馬融「剠鑿其額」，戰國策秦策一注：「刻其顙以墨實其中曰黥。」呂刑下文墨僞孔傳：「刻其顙而涅之曰墨刑。」疏：「墨一名黥，……言刻額爲瘡，以墨塞瘡孔令變色也。」孝經五行章釋文：「墨，刻其額而涅之以墨。」述聞（經解卷一一八三）以爲堯典正義引夏侯等書「黥」作「頭庶剠」，因科分墨刑爲刺面刺額，云：「御覽刑罰部黥下引尚書刑德放曰：『涿鹿者，笮人顙也；黥者，馬羈笮人面也。』又引鄭注曰：『涿鹿黥，皆先以刀笮傷人，墨布其中，故後世謂之刀墨之民也。』然則墨刑在面謂之黥，在額謂之涿鹿。涿，古讀若獨；涿鹿，疊韻字也。頭庶剠即涿鹿黥，頭、涿古同聲，庶則鹿之譌耳。」案：據上記，曰墨曰黥曰剠曰涿鹿，皆先以刀傷人以便布墨，受刑者號刀墨之民，通謂之墨刑；人面者，顏之全部，而額在其中，墨額即墨面，鑿額謂之黥（國策高注）亦謂之墨，不必如書緯專以黥歸面涿鹿歸顙也。僞古文伊訓：「……惟茲三風十愆敏案：巫風、淫風、亂風三；舞、歌、貨、色、遊、畋、侮聖言、逆忠直、遠耆德、比頑童愆十。，卿士有一于身家必喪，邦君有一于身國必亡，臣下不匡其刑墨。」商代已有墨劓剕宮（割勢）死五刑，參看趙佩馨甲骨文中所見的商代五刑（考古，一九六二年二期；許進雄中國古代社會頁四一六）。

一〇 越，語詞。麗及下文「匪察于獄之麗」之麗，義竝同多方「愼厥麗」之麗，讀爲羅，法網也。麗、刑同義複詞。麗刑，謂上述劓刵椓黥殺五刑。幷，合也。制，同上「制以刑」之制，裁制（懲罰）也。罔，勿也。差，擇也（全解卷三九）。有，于也。辭，義同多士「大淫泆有辭」之辭，罪狀也；後文復十見，義亦多同。此兩句，謂苗君以此刑法制其民衆，不依據罪狀而加簡擇（言濫罰無辜）。○麗，借爲羅，易離六五象曰「離王公也」，鄭玄離作麗（見釋文）；周禮小司寇「以八辟麗邦灋」，注引杜子春讀麗爲羅，皆可證。多方「不克開于民之麗」及顧命「奠麗陳教」之麗，亦皆訓法網。便讀（卷四下）：亦讀羅釋爲法網，「麗，羅也，猶言文網也。」朱文公文集（卷六十）答潘子善「奠麗」之問曰：「前篇有以麗訓刑者。」是朱子釋麗爲刑法。覈詁（卷四）：「麗謂法律，疑即古之律字，……麗、刑，大同小別也。」尤明確。尚書讀本（頁一七七）於麗刑幷制，曰：「謂既罰金又加刑也；或既加刑又籍其家也。」或別有所據。差訓擇，書疏先有此意，云：「苗民斷獄，並皆罪之，無差簡有直辭者。」有，尚書故（在經說二之三）：「有，語詞。……罔差有辭，不擇于獄辭也。下『于苗』，墨子『于』作『有』。」有訓于，盤庚「民不適有居」，民不適于居也，可證，又參看古書虛字集釋卷二。辭，便讀（卷四下）：「曲直之讞辭也。」讞辭即罪狀，今謂判決文。

民興胥漸，泯泯棼棼（註一一），罔中于信，以覆詛盟（註一二）。虐威庶戮，方告無辜于上（註一三）。上帝監民，罔有馨香德，刑發聞惟腥（註一四）。皇帝哀矜庶戮之不辜，報虐以威，遏絕苗民，無世在下（註一五）。乃命重、黎絕地天通，罔有降格（註一六）。羣后之逮在下，明明棐常，鰥寡無蓋（註一七）。皇帝清問下民，鰥寡有辭于苗（註一八）。德威惟畏，德明惟明（註一九）。

釋文

一一　民，苗國之民眾也。興，起也。胥，相也（爾雅釋詁）；尚書大傳正訓相。漸，詐也。泯泯棼棼，便讀（卷四下）：「重言形況字，瞀亂也。」○民，僞孔傳「三苗之民」，案：上言苗君虐殺無辜，此言民因起而詭詐，民自是苗民，僞孔說是也。舊解「漸」如荀子勸學「其漸之滫」之漸（訓漬或染），云苗民「慣瀆亂政，起相漸染，皆化爲惡」（書疏），未臻精塙。述聞（經解卷一一八二）：「（盤庚）『暫遇姦宄』，……暫讀曰漸；漸，詐欺也。……荀子不苟篇『小人知則攫盜而漸』、……正論篇『上幽險則下漸詐矣』，是詐謂之漸。呂刑曰『民興胥漸』，漸亦詐也；小民方興爲詐欺，故下文曰『罔中于信，以覆詛盟』也。」其後孫疏、王國維（見觀堂學書記劉錄）、古文尚書拾遺、正讀、覈詁、眞古文集釋等竝從王說，孫疏（卷二七）增引尚書大傳「唐虞象刑而不敢犯，苗民用刑而民興犯漸輯校二及皮錫瑞尚書大傳疏證卷二犯漸竝作相漸，王闓運尚書大傳補注卷一：「犯漸一作相漸」。敏案：犯，涉上誤；相，伏生以釋呂刑胥字。。」泯，僞孔傳「泯泯爲亂」，是已論泯泯爲疊字形況詞以狀亂貌，述聞（經解卷一一八三）：「家大人曰：（康誥）『天惟與我民彝大泯亂』，泯亦亂也。」便讀訓瞀，云瞀亂也。逸周書祭公「汝無泯泯芬芬」，孔晁注：「泯芬，亂也。」棼，義同左傳隱公四年「猶治絲而棼之也」之棼（注：棼，亂也。），書疏：「棼棼，擾攘之狀。」即紊亂之狀。漢書敘傳「風流民化，湎湎紛紛」及論衡寒溫「蚩尤之民，湎湎紛紛」，同據呂刑，湎（*mjan）與泯（*mjən）音近、紛（*p'jwən）與棼（*p'jwən）音同通假。唐石經泯泯作泜，吳美乃小姐尚書二十八篇集校（頁二九六）：「唐石經凡岷、泯、珉、愍、昬、緡、痻、碈、暋、瑉之類，皆因避太宗諱改从氏。」（敏案：唐石經「民」字，缺筆作「巳」，則「泯、岷……」等字，其亦諱作缺筆之另一體式如泜、岻者乎？）

二二

中（去聲）于，合乎也。信，誠信也。覆，反背也（僞孔傳）。詛，祝禱於神前也。盟，誓約也。行誓約必告於神，故「詛盟」連文。◯書疏已訓中爲合、反爲違，云：「中猶當也，皆無中於信義傳、疏釋信曰信義，尚誤。；言爲行無與信義合者，……既無信義，必皆違之。」平議（卷六）：「罔中于信者，無中與信也。中與忠通。……此經中字亦當爲忠，言三苗之民皆無忠信也。」案：上文言民相詐，此云民失誠信辨解卷八：「罔中于信，上下相詐也。」，兩相照應，而前後文都無「忠」意，俞氏失之。苗民泯泯棼棼亂者，正坐盟誓之弊，故詩巧言云：「君子屢盟，亂是用長。」

一三　虐，嚴刻也。威，懲治也。庶，眾也。戮，殺害。虐威庶戮，言苗民以嚴刑峻法誅罰受殺害之民眾也。方，讀爲旁，普徧也。上，字下脫「帝」字；上帝，崇高之天帝也，下同。○威，古寫隸古定本、內野本、書古文訓作畏，字通。虐威、方告兩句，論衡變動篇：「甫刑曰：『庶僇旁告無辜于天帝。』」案：論衡節取，故引無「虐威」。大義（頁九三）謂「庶戮」下應脫「庶戮」二字，案：疊「庶戮」一詞，義愈明；不疊則是承上省略，固亦通。大義又曰：「庶戮庶威爲當時語，逸周書『庶義、庶刑』，……庶刑，眾刑人也。語例正同。」方，述聞（經解卷一一八二）：「（方割、小民方興、方興沈酗于酒、方行、方告無辜于上，）家大人曰：方皆讀爲旁，旁之言溥也、徧也，說文曰：旁，溥也。旁與方古字通，……方告無辜于上，言徧告無辜于天也。論衡變動篇引此方作旁，旁亦徧也。」音疏、孫疏、便讀、假借字集證說咸同。上，論衡作「天帝」，是以「天」釋「上」而「上」之下有「帝」字，音疏（經解卷三九九）：「『上帝』當兩讀（原注：謂當重言「上帝」，分屬上下讀也。），『帝』字重文，摩滅爾（原注：今『上』字重而『帝』字不重，故云『帝』字重文，摩滅爾。）。」案：古寫隸古定本作「方告亡辜于上=帝=監民……」上字帝字皆疊，讀爲「方告亡辜于上帝，上帝監民……」，又本篇「上帝」詞，例不省作「上」，下文「上帝監民」及「上帝不蠲」足證。

一四　上帝，崇高之天帝也；下一見，義亦同。監，視也。上帝監民，義猶高宗肜日「天監下民」、微子「（天）降監殷民」，言上天臨視苗民也。馨香，書疏：「以喻善也。」德，古寫隸古定本、內野本、書古文訓竝作悳，行爲也。刑，苗國之刑罰。腥，血腥氣。刑發聞惟腥，謂以刑罰殺戮傷害民眾，止有發出穢惡氣味，上升而爲天帝所聞也。（參看酒誥「弗惟德馨香，祀登聞于天。……庶羣自酒，腥聞在上。」）〇民，內野本作人，足利本（見二十八篇集校）同，阮元校勘記：「古本民作人，」而唐石經缺作𡰥，皆諱字。舊以德字屬下讀，蔡傳初變故讀，云：「天視苗民，無有馨香德，而刑戮發聞，莫非腥穢。」而後案（經解卷四三〇）從之，云：「僖五年傳云『明德以薦馨香』，苗民無有馨香德，惟濫刑之氣，腥聞于天也。傳以『德刑』連讀，非也。」積微居讀書記：「國語（周語上）云：『國之將興，其德足以昭其馨香；國之將亡，其政腥臊，馨香不登。』是古人恆以『腥臊』與『馨香』為對文。……『發聞』義不順，以酒誥校之，『發聞』疑是『登聞』之誤。」案：楊說可補蔡、王說，唯「發」謂發出，固通，不必因酒誥疑其字訛。觀堂學書記自「聞」絕句，連讀「德刑」仍舊，固亦失正。音疏（經解卷三九九）：「德，升也（原注：說文彳部文。）。……苗民无有馨香升聞，……」孫疏、正讀竝同。案：德，古本作悳，悳（說文：外得於人，內得於己也。）借為訓升之德；江氏誤取借字義，失之。

一五

皇帝，或本作「君帝」，字誤。皇，猶今語「偉大的」；帝，上帝、天帝也。皇帝，偉大的老天；下「皇帝清問下民」之「皇帝」解同，而本篇下兩「上帝」之解要旨亦無殊。庶戮，同註一三。威，古寫隸古定本、內野本、書古文訓竝作畏，字通。報虐以威，言天帝對於施行苛虐之苗君，以威權報復之也。遏，義同堯典「四海遏密八音」之遏，斷絕也。遏、絕複義。世，位；謂國君之位。苗民謂苗君，猶楚人謂楚君，史記淮陰侯傳蒯通說韓信曰：「『歸楚，楚人不信；歸漢，漢人震恐。』」又如杜牧阿房宮賦：「戍卒叫，函谷舉，楚人一炬，可憐焦土。」楚人，皆謂楚君項羽。遏絕苗民、無世在下，言絕滅苗國，不使苗君在下國保有其君位也（參傳疏）。○本篇「皇帝哀矜庶戮之不辜」、「皇帝清問下民」，「皇帝」兩見；「方告無辜于上（帝）」、「上帝監民罔有馨香德」及「上帝不蠲」，「上帝」三見，竝考如下：第一「皇帝」——僞孔傳：「皇帝，帝堯也。」阮氏校勘記：「岳本、葛本同，毛本皇作君。山井鼎曰：『宋板君作皇，正嘉同。古本、萬曆、崇禎本俱作君。』今按岳、葛、十行、閩本、纂傳亦俱作皇。」是皇一本同，一本則作君。於「（僞孔）傳『君帝至下國』」下，正義曰：「釋詁云：『皇，君也。』……此言遏絕苗民，……滅苗民亦帝堯也。」正義又於總述經文「皇帝哀矜庶戮之不辜」云：「君帝，帝堯，哀矜眾不殺戮者不以其罪。……」（校以宋刻單疏本尚書正義，同。）案：正義說經云「君帝，帝堯」，「君帝」爲引經文；疏傳云「君帝至下國」，「君帝」是引傳文，則孔穎達所據經、傳「皇帝」原竝作「君帝」。古寫隸古定本、內野本僞孔傳「皇帝，帝堯也」果竝作「君帝，帝堯也」。與校勘記所引古本、萬曆、崇禎、毛本僞孔傳竝同。通志堂本經典釋文卷二九：大書「君帝」二字，注云：「君宜作皇字，帝堯也。」尚書注疏卷十九錄附釋文曰：「君宜作皇字，帝堯也。」釋文主僞孔（釋文序錄：「……今以孔氏爲正。」），陸氏所據本經傳皆作「君帝」，故云「君宜作皇字」，是僞孔、正義、釋文所據經文「皇」皆作「君」，而所據僞孔傳皆作「君帝，帝堯也。」阮氏校勘記又曰：「陸氏因傳有『君帝』之語，遂謂經之『皇』字宜作『君』。」案：釋文以爲作「君」是誤字，當作「皇」者，蓋因下經文「皇帝清問下民」而議改經傳各一「君」字爲「皇」字。阮說未得陸心。唯僞孔傳原作「君帝」、陸氏所據本僞孔傳亦作「君帝」，阮氏校勘論與余同，其云：「疏引釋詁以解傳，則傳宜作『君』明矣；陸德明所據之本，蓋亦作『君』也。」惠棟所見僞孔本亦作「君帝」，因判僞孔所據本經文亦作「君帝」，九經古義（經解卷三六二）：「皇帝哀矜庶戮之不辜，……（僞）孔傳云『君帝，帝堯也』，是（僞）孔本作『君帝』。」此說甚諦。第撰異（經解卷五九六）論「皇帝」：「此『皇帝哀矜』當亦同（下「皇帝清問」），閻百詩氏曰：『盧六以引孔傳「君帝，帝堯也」，以證非「皇」字敏案：閻說見困學紀聞卷二翁注引，唯盧氏乃用前「皇帝」僞孔傳以證後「皇帝」之「皇」字誤。。』玉裁按：盧氏說誤，君帝即釋文之皇帝，以君釋皇也；縷言之，則當曰『皇，君也；君帝，帝堯也』，孔傳之體，於訓故多省言之。又盧氏（六以）之前經典釋文曰『皇帝，皇宜作君字』，意欲改經從傳，亦屬誤會。正義引釋詁『皇，君也』，得傳意矣。今通志堂本釋文刻本曰『君帝，君宜作皇字』，尤爲舛誤，注疏本所載不誤。」案：段氏以爲僞孔傳「君帝」上省略「皇，君也」，則僞孔所據之經本「君」固作「皇」；「君帝，帝堯也」，乃釋「皇」之文，而阮氏校勘記與同：「經自作皇，傳自作君，傳以君帝釋經皇帝，以別於秦之所謂皇帝也。皇之爲君，自是常訓，故傳不特釋之。下經『官伯』，傳作『官長』，亦將謂經之伯字當作長乎？」案：僞孔傳體省略訓故，宜有之，惟正義總述經文亦作君帝，則段阮二家說待商。又段引某本經典釋文「皇帝，皇宜作君字」，阮元校勘記同，云：「陸氏曰：皇宜作君字」，與通志堂本及尚書注疏本錄附釋文相反，「改經從傳」，所據其譌本乎？又釋文，注疏本同通志堂本，段氏既謂通志堂本「尤爲舛誤」、盧氏以前本「亦屬誤會」，而又謂「注疏本所載不誤」，則彼所見第三本釋文究如何，段無有言。第二「皇帝」——僞孔傳云「帝堯」，上省提稱經文「皇帝」，正義總敘經文則作「君帝」，無論傳疏所據本作「君」或「皇」，經此及上文原皆當作「皇」，「君帝」不辭。趙岐引此帝上無皇字，困學紀聞（卷二）：「皇帝始見于呂刑，趙岐注孟子（盡心下）引甫刑曰『帝清問下民』，無『皇』字。」敏案：阮元孟子校勘記：「（趙注）皇帝清問下民，閩、監、毛三本同，宋本、廖本、孔本、韓本、考文古本足利本無『皇』字。按：無者是，困學記聞所引正同。」案：墨子尙賢中引呂刑「皇帝清問下民」、三國志卷十三魏書鍾繇傳繇上疏：「此刑書云『皇帝清問下民』，」鄭玄以爲（書疏引）「皇帝清問以下，乃說堯事」，竝與今本合。撰異（經解卷五九六）：「趙岐注孟子云：『甫刑曰：帝清問下民』，……此今文尙書甫刑也，無『皇』字；王伯厚困學紀聞引趙注及曲阜孔氏所刻孟子善本皆無。」唯孫疏（卷二七）謂趙岐注是今文家異說：「鄭說……與鍾繇說同者敏案：兩家竝以皇帝爲堯，詳下。，今文義也；趙岐注孟子引甫刑『皇帝』作『帝』，云：謂帝爲天、云：『天不能問於民』，此今文歐陽夏侯異說也。」今文攷證（卷二六）駮曰：「鄭說與王仲任、趙臺卿皆不同，引經帝上有皇字，與墨子引呂刑合，是古文非今文。蓋今文無皇字，其說以帝爲天敏案：論衡變動篇：「甫刑曰『庶僇旁告無辜于天帝』，此言蚩尤之民被冤，旁告無罪於上天也。」趙岐注已見孫疏述。；古文有皇字，其說以皇帝爲堯。趙注所引乃今文說也。孫以鄭爲今文、趙爲今文異說，失之。鍾在鄭後，所用即鄭義，尤不足取證。」善化皮嘉祐呂刑皇帝解（沅湘通藝錄卷一）申錫瑞之說。案：王充、趙岐引呂刑竝作甫刑，合大傳，自是今文；鄭乃古文本，夙有定論，皮駮甚塙。古文本有皇字，義甚明確；今文本承上省形容詞皇字亦通，康誥「冒聞于上帝，帝休」，亦承上省形容詞「上」字，此其比也。皇：說文：「大也。」白虎通號篇：「皇，大也。」克鼎、毛公鼎銘文「皇天」、尙書多見「皇天」，皇皆當訓大。吳汝綸父子皆訓皇爲大。皆是也。帝即天（趙岐注孟子）。師訇殷「肄皇帝亡旲」、毛公鼎「肄皇天亡旲」，郭氏比較其語例，謂皇帝即皇天（兩周金文辭大系釋文頁一四〇，參題解。）皇帝亦即上帝，覈詁（卷四）：「皇帝……承上文『上帝監民』而言，當即上帝。……下文『上帝不蠲，降咎于苗，苗民無辭于罰，乃絕厥世』，與此正同。」召誥「皇天上帝改厥元子茲大國殷之命」，皇天即上帝，四字兩詞疊義。西周及其前著成之文獻，帝絕多爲天帝，極少作人帝；皇釋人君，戰國以後乃習見；而皇帝連文竝義爲天子，則嬴政併天下以前未有斯號也（見史記始皇本紀）（皇帝解兼參看呂刑研究頁二四—三一）。然則舊以此兩皇帝皆爲人君，如鄭玄（上皇帝是顓頊，下皇帝乃堯：書疏引。）、僞孔傳及正義（堯）、鍾繇（堯）、釋文（堯）、蔡傳（舜）、書纂言（堯），一皆失之。崔適呂刑皇帝解（詁經精舍課藝七集卷二）謂前皇字當是黃之通假字，皇帝即黃帝，公孫軒轅也；後皇字則據孟子趙注斷爲衍文。其說顯然失正，不煩批評。

一六

重，少皞（黃帝之子）之後裔也。黎，顓頊（黃帝之孫）之子也（據左昭二十九年傳）。唐堯命羲、和欽若昊天（見堯典），羲、和即此重、黎之後裔。絕地、天通：地，謂民；天謂神。通，交往。乃命重、黎絕地、天通，謂在顓頊之世，上天令重黎斷絕人、神之連繫也。格：借爲佫；佫，至也。格至字，經典常作假。罔有降格，蒙上謂天神不下至人間受享祀也。〇「乃命」句蒙上省「皇帝」，則命重、黎者天也，尚書故（在經說二之三）：「乃命者，天命之也；承『皇帝』爲文。」重、黎事迹，論者紛紛。茲先考其家世：(a)左昭二十九年傳蔡墨曰：「木正曰句芒，火正曰祝融。……少皞氏有四叔——曰重、曰該、曰脩、曰熙，實能金、木及水，使重爲句芒；……顓頊氏有子曰犁同黎，爲祝融。」是重爲黃帝之子少皞金天氏之後裔左傳正義：「四叔是少皞之子孫，非一時也；未知於少皞遠近也。」，黎爲顓頊之子，而重、黎爲二人。(b)史記楚世家：「帝顓頊高陽，……黃帝之孫、昌意之子也。高陽生稱，稱生卷章，卷章生重黎。重黎爲帝嚳高辛居火正，甚有功，能光融天下，帝嚳命曰祝融。共工氏作亂，帝嚳使重黎誅之而不盡，帝乃以庚寅日誅重黎，而以其弟吳回爲重黎，後復居火正，爲祝融。」是以重黎爲一人，顓頊之曾孫也。(c)日知錄（卷二五）重黎條：「晉書宣帝紀：其先出自帝高陽之子重黎。……宋書載：……衛瓘、……山濤、……魏舒、……劉寔、……張華等奏，乃云：大晉之德，始自重黎，實佐顓頊。……似以重黎爲一人。不容一代乃有兩祖。」是謂重黎爲一人，顓頊之子也。余謂：初，少昊之後裔名重、顓頊之子名黎；其後，顓頊之曾孫名重黎。後世凡指重、黎爲二人者，多謂前者，如呂刑；指爲一人者，多謂後者，如晉書，但應據史記，爲顓頊之曾孫耳。次論重、黎司天、地：顓頊時說：(a)左昭二十九傳（已見上引）。(b)同左傳，而說最詳，國語楚語下：「昭王問於觀射父曰：『周書所謂「重、黎寔使天地不通」者，何也？若無然，民將能登天乎？』對曰：『非此之謂也。古者民神不雜。……天、地、神、民、類物之官，是謂五官，各司其序，不相亂也。民是以能有忠信，神是以能有明德；民神異業，敬而不瀆。……及少皞之衰也，九黎亂德，民神雜糅，不可方物。夫人作享，家爲巫史，無有要質；民匱于祀而不知其福。承享無度，民神同位。民瀆齊盟，無有嚴威，神狎民則不蠲其爲。……顓頊受之，乃命南正重司天以屬神，命火正黎屬地以屬民。使復舊常，無相侵瀆，是謂絕地、天通。其後，三苗復九黎之德，堯復育重、黎之後不忘舊者，使復典之，以至于夏商，故重黎氏世敘天地而別其分主者也。其在周，程伯休父其後也，當宣王時，失其官守而爲司馬氏，寵神其祖以取威于民，曰：『重寔上天，黎寔下地，遭世之亂，而莫之能禦也。』」(c)太史公自序：「昔在顓頊，命南正重以司天，北正黎以司地。」(d)鄭玄注呂刑蓋本左國二家，書疏曰：「鄭玄以『皇帝哀矜庶戮之不辜』至『罔有降格』，皆說顓頊之事。」(e)王符、張衡、徐幹說竝同鄭義，今文攷證（卷二六）：「潛夫論志氏姓篇全引楚語之文，張衡應閒曰：『重黎又相顓頊而申理之，日月即次，則重黎之爲也。』中論厤數篇亦云：『顓頊命重黎。』皆與鄭注義同。」高辛時說：(a)國語鄭語：「……且重黎之後也。夫黎（敏案：一家不應有二祖，則重黎乃一人，字不可分割，故「黎」上奪「重」字，史記述楚先世不誤。）爲高辛氏火正。」(b)史記楚世家謂重黎爲高辛氏火正（已見上引）。(c)春秋緯文耀鉤（後漢書律曆志中引）曰：「高辛受命，重黎說文。」(d)鄭玄注堯典（書疏引）：「高辛氏世，命重爲南正司天，黎爲火正司地。」敏案：古者官祿世襲，故帝嚳既誅重黎，而以重黎之弟吳回爲「重黎」（此饒有官職意味，不復純爲人名矣。），國語楚語下「重、黎氏世敘天官」，左昭二十九年傳又謂句芒、蓐收、玄冥三官「世不失職，遂濟窮桑（少皞）」，則斯職果爲世掌，意祝融亦必然，重、黎二子於顓頊世分司天、地，至高辛世，顓頊之曾孫重黎（一人名）及其弟吳回相繼居火正祝融（疑亦爲木正，春秋緯「重黎說（天）文」，天文含地理；鄭堯典注尤明確，唯本國語楚語下，誤此時之重黎爲二人。），則屬重、黎（或重黎）於顓頊高陽氏或帝嚳高辛氏天文官正竝無不當。重黎後裔，世典天地，其在唐虞，有羲氏、和氏，國語楚語下「堯復育重、黎之後不忘舊者，使復典之」，韋注「……使復典天、地之官，羲氏、和氏是也」。太史公自序「……唐虞之際，紹重、黎之後，使復典之」，據堯典，史公當謂羲、和典天也。故馬融注堯典「乃命羲和」（釋文引）：「羲氏掌天官，和氏掌地官」。鄭玄注堯典（賈公彥周禮疏序引）：「堯育重、犂之後，羲氏、和氏之子賢者，使掌舊職天地之官。」據國語及馬注也。僞孔氏傳堯典：「重黎之後羲氏、和氏，世掌天地四時之官，故堯命之，使敬順昊天。」而於呂刑則傳曰：「皇帝，帝堯也。……重即羲，黎即和，堯命羲、和世掌天地四時之官。使人神不擾，各得其序，是謂『絕地、天通』。」自相牴牾。正義爲之彌縫：「重即羲也、黎即和也，言羲是重之子孫、和是黎之子孫，能不忘祖業。」宋以後人或不參顧兩傳若疏，紛紛以本篇重、黎即堯時羲、和而命之者堯（或舜）也，東坡、書古文訓、全解、書纂言、書經注（辨解（卷八）竟謂：「重、黎二官名，羲、和之後，重司天，……黎司地，……。」紊亂時次。）。法言重黎篇：「或問南正重司天，北正黎司地，今何僚也？曰：近羲，近和。曰：孰重？孰黎？曰：羲近重，和近黎。」是羲蓋重後、和蓋黎後，皆各爲其後裔，分別紹承其職官也。近人程發軔先生以爲重黎應爲氏族，以官爲氏，其語根出於匈奴，匈奴謂「天」爲「撐黎」，音近重黎可轉，因證重黎之本義爲「天」，則其世序天官，以天爲氏，以官爲職，相沿無替（孔孟學報二八期溫故而知新——重黎即撐黎）。附記於此，備爲一義。絕地、天通，舊皆依楚語下，顓頊承少皞世之衰，享祀無度，民神相雜，於是命重、黎分司天、地，禁淫祀，復舊常，使民、神勿相瀆，書疏：「楚語又云『司天屬神，司地屬民』，令神與天在上，民與地在下。定上下之分，使民神不雜。則祭享有度，災厲不生。」夫淫祀令人心不正，正人心必先息妖誕，東萊書說（卷三四）：「當蚩尤三苗之昏虐，民之得罪者莫知其端，無所控訴，相與聽於神，祭非其鬼，天地人神之典雜揉瀆亂，此妖誕之所以興，人心之所以不正也。……當務之急，莫先於正人心，首命重、黎修明祀典，……高卑上下各有分限，絕不相通，焄蒿妖誕之說舉皆平息。」呂說書纂言從之。覈詁（卷四）則謂：「楚語以『無相侵瀆』爲『絕地天通』，與上文『遏絕苗民』無涉，其說非也。……絕地天通，即所以遏絕苗民也。……降格，……謂神來享佑之意，此文『罔有降格』，即不享佑苗民之意非『無相侵瀆』之說也。」案：楊以常理度經意，恐不免用今繩古，楚語記先民事蹟，且呂氏推言淫祀之所以興甚精，治古史者宜有所裁擇。罔有降格，古寫隸古定本「有」下衍「除」字，當刪。天降格，言上帝降臨福佑之也，此義周誥習見，君奭周公曰：「君奭，天壽（疇）平（丕）格，保乂有殷」、多士：「惟帝降格，嚮于時夏」、多方：「惟帝降格于夏」，後兩條句型同此——帝降格正同皇天降格。刑寬政修則神降饗致福，刑虐政昏則神降割，國語周語上文可發明經義，節錄於下：「惠王十五年，有神降於莘。王問於內史過，……對曰：……國之將興，其君……德足以昭其馨香，……惠足以同其民人。神饗而民聽，民神無怨，故明神降之，觀其政德而均布福焉。國之將亡，其君貪冒辟邪、淫佚荒怠，麤穢暴虐，其政腥臊，馨香不登，其刑矯誣。百姓攜貳，明神不蠲；……民神怨痛，無所依懷，故神亦往焉，觀其苛慝而降之禍。」

一七 后，君長也；羣后，即下文三后（伯夷、禹、稷）。逮，借爲隸（肆）；隸，陳列（謂居官位）也。在下，對上文皇天在上言，謂在人間也。明，讀爲勉；明明，勔勉不已也。下「明明在下」之明明，義同。棐，讀爲非；棐常，非常也。明明棐常，即非常黽勉也。蓋，讀爲害；無蓋，無傷也。○后在尚書，或爲天子，顧命「皇后（周成王）憑玉几」；或爲諸侯，梓材「后式典集」。羣后，同堯典「羣后四朝」之羣后，眾諸侯也，僞孔傳云「羣后諸侯」；伯夷、禹、稷三后皆有封國，莫非諸侯國君長，是也。正讀（卷六）「羣后謂若高辛及堯舜」，誤。逮，墨子尚賢中引作肆，墨子閒詁：「孫星衍云：說文云：肆，極陳也。詒讓案：肆正字作隸，與逮聲類同（敏案：說文：隸，隶聲；逮，亦隶聲，古音段皆列十五部。），古通用。此肆即逮之叚字。」（覈詁從二孫氏說）書疏云「諸侯相與在下國」，東坡書傳（卷十九），云「自諸侯及其臣下」，正讀云「語倒，猶云『逮下之羣臣』」，皆誤解逮字，因失經句之義。釋義（頁一三八—一三九）：「逮，讀如詩樛木序『后妃逮下也』之逮，待遇也。在下，謂民也。」案：亦通；惟於墨子引異字無說，存以俟商。明明，便讀（卷四下）：「明，朚也；明明，猶勉勉也。」案：明讀爲勉，洛誥「茲予其明農哉」，亦其比也。下文遂陳三后功載，皆黽勉有以致之，則明明義非明察。棐，借爲非；非，不也，故墨子引此棐常作不常。以大誥「越天棐忱」比大雅蕩「其命匪諶」，棐忱即匪諶，棐同匪，義亦爲「非」。音疏（經解卷三九九）：「漢書地理志錄禹貢之文，凡貢匪之匪皆作棐，則棐、匪字通。」蓋、割、害古音近義通，阮元釋蓋（揅經室集，經解卷一〇六八）：「書呂刑曰『鰥寡無蓋』，蓋即害字之借，……詩生民曰『無菑無害』，釋名曰『害，割也』，書堯典『洪水方割』、大誥『天降割』之類，皆害字之借也。害字與蓋字亦近，爾雅釋文蓋，舍人本作害，尚書君奭『割申勸寧王之德』，鄭氏緇衣注曰『割之言蓋』，是也。……孟子『謀蓋都君』，此兼掩井焚廩而言之，蓋亦當訓爲害也。」疏證甚詳明。洪頤煊（讀書叢錄）、便讀等家說多同。

一八　皇帝（一本無皇字），義同上「皇帝」，已詳註一五。清問，問之審也（全解卷三九）。下，下地；下民，苗民以外之眾民也（釋義頁一三九）。于，墨子尚賢中引作有；有，猶于也（見古書虛字集釋卷二）。辭，義同上「罔差有辭」之辭，已詳註一〇。苗，苗國之民眾。〇清問：馬融云「清訊」（釋文引），清字未釋；書疏：「清審詳問」，已釋清曰審，得之。孫疏（卷二七）徵古注申之：「先審問下民。……清者，鄭注玉藻云『明察於事也』、荀子（解蔽）楊倞注云『明審也』。」下文「明清于單辭」，清亦審也。第新證（卷四）：「清問，本應作靜聞，謂默聞也。……皇帝默聞，鰥寡有厭于苗也。」古注疏通經義無滯，于氏新說轉晦之。又孟子滕文公下引尚書泰誓「天視自我民視，天聽自我民聽」、皋陶謨「天聰明自我民聰明，天明畏自我民明威」，是天人本無間，趙岐謂「人不能聞天，天不能問於民」，疑所不當疑也。此二句語法，尚書故（在經說二之三）：「此二句結上之辭，言天問而民訴其辭如此也。史記淮南王傳先敘伍被與王謀反之詞，後云伍被自詣吏，因告與淮南王謀反，反蹤跡具如此。與此經文法正同。」列此備爲一說。

一九

兩德字，古寫隸古定本、內野本、書古文訓本皆作悳；悳，行爲也。威，虐也（後漢書杜詩傳「匈奴未譬聖德，威侮二垂」注）。兩惟字，皆語詞。畏，墨子尚賢中及禮記表記引竝作威；威，懲罰也。上明字，義如堯典「明明揚側陋」之後一明字，明德之人也（書疏），即善人。下明字，顯揚也；謂譽賞也。德威惟畏，德明惟明，言上帝於行爲暴虐者，懲罰之；於行爲和善者，稱獎之。〇此威當訓虐，東坡書傳（卷十九）已見及，云：「非德之威所謂虐也。」畏、威通，互文，康誥「天畏棐忱」，風俗通十反及爾雅釋詁竝引畏作威。威訓刑懲，尚書習見，如盤庚「予豈汝威」、洪範「威用六極」俱屬之。而皋陶謨「天明畏自我民明威」一語兼陳天賞善懲惡，最是切要！鄭玄以爲自「皇帝清問」至此乃說堯事（書疏引），而禮表記：「子言之曰：『……虞帝弗可及也已矣，……甫刑曰「德威惟威，德明惟明」，非虞帝其孰能如此乎？』」鄭注：「德所威，則人皆畏之，言服罪也；德所明，則人皆尊寵之，言得人也。」是鄭以爲呂刑此二句，德乃言舜之德，誅罪則民無不服，舉善則人莫不尊之。僞孔傳：「堯……又增修其德，行威則民畏服，明賢則德明。」竝誤上皇帝爲人君，殊悖經意。或因古籍引經，定僞孔本呂刑有錯簡脫文。墨子尚賢中：「呂刑道之曰『皇帝清問下民，有辭有苗。』曰：『羣后之肆在下，明明不常，鰥寡不蓋，德威維威，德明維明。乃名三后，恤功於民：伯夷降典，哲民惟刑；禹平水上，主名山川，稷隆播種，農殖嘉穀。三后成功，維假於民。』」音疏（經解卷三九九）根墨子、又參鄭注，移經文，又改經字，云：「正義言：『鄭以「皇帝哀矜」至「罔有降假（格）」說顓頊之事；「皇帝清問」以下，乃說堯事。』然則鄭君之本『降假（格）』下即接『皇帝清問』云云，與墨子所引適合。自是古文如此。僞孔氏削去『曰』字，而以『羣后』至『無蓋』十四字迻置『皇帝清問』之上。……又于『有辭』之上增『鰥寡』字。……賴有墨子得據以刊正之。」今古文攷證（卷五）說略同：「正義云：『鄭以「皇帝哀矜庶戮之不辜」至「罔有降格」皆說顓頊之事；「皇帝清問」以下，乃說堯事。』是漆書本亦同墨子也。墨子『清問下民』（之下），無『鰥寡』二字；『有辭于苗』作『有辭有苗曰』——曰，即『于』也。……『（皇）帝清問下民鰥寡』句、『有辭（于）有苗』句，二句接『罔有降格』下。『羣后之肆（逮）在下明明』句、『非常鰥寡無蓋』句，二句接『有辭于有苗』下。」案：正義於「罔有降格」之僞孔傳下引鄭注，明鄭玄原注亦署於「罔有降格」下，則鄭以「皇帝哀矜庶戮之不辜至罔有降格，皆說顓頊之事」，乃結上文；而謂「皇帝清問以下乃說堯事」，則爲起下文。復審經意，誠宜於下文「德明惟明」斷章（唐孔氏即於此處署疏，總明章旨。），是故鄭言「皇帝清問以下」，謂「皇帝清問下民，鰥寡有辭于苗。羣后之逮在下，明明棐常，鰥寡無蓋。德威惟畏，德明惟明」全文，與墨子所引尚合，江、莊說古本如此，是也。尚書去僞（頁一一七）陰據江說改經。今文經說攷（卷二九）亦略依江氏而「攷定今文甫刑」，判古文尚書爲僞孔氏所亂本，不足憑。顧撰異（經解卷五九六）評江說曰：「果爾，則釋文、正義不應無一字道及。正義檃栝鄭注之語不應拘泥，且墨子捃摭不同，又不應據子改經也。」考釋文及正義皆據僞孔，鄭本經句異次，偶置未論耳。正義引鄭此段注文，語氣貫通，不見節略痕迹，段氏因惡人改經，併經注與子書互證不訛者亦不願深察，亦太拘矣。唯兩家竝據墨子，刪「鰥寡」二字，莊氏又改「于苗」爲「有苗」，加「曰」字訓于、令升於「有苗」之上，句讀復多謬，治絲而棼之，害義匪淺。如參酌古本，則經文句讀應爲——……罔有降格。皇帝清問下民，鰥寡有辭于苗，曰（據墨子加此一字）：「羣后之逮在下，明明棐常，鰥寡無蓋。」德威惟畏，德明惟明。「曰」，鰥寡言也。德威、德明二句，遙承上「皇帝」而言，謂苗民之德威者，天罰之，德明者，天賞賚之也。釋義（頁一三八）則疑「皇帝清問下民，鰥寡有辭于苗」兩句，本當在「刑發聞惟腥」之下「皇帝哀矜」之上。存以俟考。

乃命三后，恤功于民（註二〇）：伯夷降典，折民惟刑（註二一）；禹平水土，主名山川（註二二）；稷降播種，農殖嘉穀（註二三）。三后成功，惟殷于民（註二四）。

釋文

二〇　乃命三后，上天命令伯夷、禹、稷三君長也。恤，古寫隸古定本、內野本竝作卹（當正作卹，書古文訓作卹不譌。）；卹，義同堯典「惟刑之恤哉」之恤，釋義（頁十二）：「恤，憂也；意謂慎之也。」功，事也。◯墨子尚賢中：「天之所使能者誰也？曰若昔者禹、稷、皐陶是也。……先王之書呂刑道之，曰：『……乃名三后。……』……三聖人者，謹其言，慎其行，精其思慮，索天下之隱事遺利，以上事天。」尚書故（在經說二之二）以爲此虞舜時事，但取墨子「事天」證，云「乃命，亦天命之也」。案：古者不唯天子受天命經國，大臣亦承天命卹功載，君奭篇云：「伊尹、格于皇天，……伊陟、臣扈格于上帝。……天惟純佑命，……用乂厥辟。」舊說命三后者人帝，失之。三后爵封，見註二一、二二、二三。命，墨子引作名，名、命古通，說文：「自命也。」史記天官書「免七命」索隱：「謂（免）星凡有七名；命者，名也。」張耳傳「亡命游外黃」索隱引晉灼曰：「命者，名也，謂脫名籍而逃。」恤、卹義通（說文血部：「卹，憂也。」心部：「恤，憂也。」）；作郵者，「由隸變而誤」（羣經正字）。今本尚書諸恤字皆當正作卹，參拙著莽誥大誥比辭證義註二一。恤功于民，書疏「憂欲與民施功也」，增字（施）而仍不可通，平議（卷六）從文「恤，收也」，謂「及功于民」，亦即「成功于民」。夫三后方膺天命，典刑未舉、山川未奠、百穀未播，遽言成功，穆王雖耄，其史氏雖陋，必不作斯語，曲園曲說未通，而尚書故從之何也？

二二

伯夷，堯、舜臣名，堯時獄官之長，及舜朝典三禮（詳註一五）。國語鄭語：「姜，伯夷之後也。」注：「伯夷，……炎帝之後，四岳之族。」堯典僞孔傳：「伯夷，姜姓。」姜氏封國，史記齊世家：「太公望呂尚者，其先祖嘗爲四嶽，佐禹平水土……，虞、夏之際封於呂，或封於申，姓姜氏。」降，頒下也。典，法也。折，斷也（詳註八）。惟，猶以也（經傳釋詞卷三）；尚書大傳（輯校二）引作以。○降，書疏：「下也；從上而下於民也。」典，大傳（輯校二）：「書曰：『伯夷降典禮，折民以刑。』」今文經說攷（卷二九）：「……皐陶謨以『天命（敘）有典』與『天秩有禮』竝舉，此有『禮』字於誼尤備。伏生於甫刑傳屢屢言『禮』，……非以經文本有『禮』字故言之如是其詳歟？」案：伏勝據堯典伯夷典三禮，故其大傳數以禮、刑相參，淺人遂誤添「禮」字於引呂刑「伯夷降典」之下。或云大傳本作「降禮」，後人以尚書「典」字旁注誤入正文，此尤歧中之歧。皆不可從。僞孔傳「伯夷下典禮」，斯以禮說典疏乙「典禮」爲「禮典」，令文意通暢也。，亦不足證僞孔本經文典下有禮字，陳喬樅以爲轉寫脫去，亦誤。典之義，書傳補商（卷十七）：「刑，法也，即典也。詩曰：『尚有典刑。』」似已釋典曰法，惟下文曰：「伯夷降布典禮，制民以軌法也。」又以典爲禮，猶不踰舊解窠臼。後漢書曹褒傳論注：「典，法則也。」折（內野本竝誤抄爲析，當正。）：墨子引作哲，漢書刑法志引作悊，說文：「哲，知也，从口折聲；悊，哲或从心。」是哲、悊音同折。作哲、悊者，殆皆因音近借，或竟爲誤寫。馬鄭王本悉作折（撰異說），潛夫論志氏姓篇「伯夷……折民惟刑」，亦作折。折，斷也；裁制也。述聞（經解卷一一八三）：「折之言制也；折人惟刑，言制民人者惟刑也。」陶潛羣輔錄「三后」作「制民惟刑」，王氏說是也。有關伯夷作刑，併入下註二五「士制百姓于刑之中」討論。

〔二三〕 禹，鯀子，黃帝玄孫，襲父爵（伯）封（崇國），堯時治水成功，虞舜之朝，命爲司空，及舜老，薦爲天子，立，國號夏（史記夏本紀、書堯典正義）。平，治也。禹平水土，堯典舜稱禹前功曰：「俞咨！禹，汝平水土。」皐陶謨禹追敘一己往事曰：「洪水滔天，……予乘四載，隨山刊木。……予決九川，距四海；濬畎澮，距川。」主，掌管也（釋義頁一三九）。名，義同金縢「名之曰鴟鴞」之名，命名也。主名山川，負責爲山嶽河川命名也。○禹平水土，事亦載眞湯誥（史記殷本紀引）：「古禹……久勞于外，其有功乎民。……東爲江，北爲濟，西爲河，南爲淮：四瀆已修，萬民乃有居。」禹主名山川，大戴禮五帝德孔子謂舜使禹敷土，主名山川。主義未見解。書疏：「禹……主名天下山川，其無名者皆與作名。」的是，唯但釋「名」，主字仍含渾帶過不明。全解（卷三九）：「方洪水之災，浩浩滔天，懷山襄陵，則山川不可得而定名。禹既平水土矣，則山川可得而辨別，故主名之者，如東北據（距之誤）海，西南距岱爲青州……之類。九州之疆界，整整乎其有條理，所謂『奠高山大川』者，主名之謂也。」是以畫州界定名（高）山名（大）川爲主名，其徒呂祖謙申之：

「主名山川者，因九州之所主山鎮川瀆以名其川，奠六域而使民各有攸處也。」（東萊書說卷三四）何山何川爲禹命名，又皆未及。主當訓典，掌管也。旁通（卷六下）以爲：「主名山川者，即爾雅所謂『從「釋地」以下至「九河」皆禹所名』，是也。」是謂爾雅凡釋地、釋丘、釋山及釋水四篇所記山川，勿論大小皆禹造名，此不可信，邢疏：「計禹疏九河云『復其故道』，則名應先有。」又疏：「四篇……中五嶽四瀆及諸山川丘陵之名，皆禹所制也。然山川等名，其來尚矣，治水之後，更復改新，言此名是禹所制、非禹始爲名也。」郝懿行義疏（經解卷一二六九）：「禹敷土釃渠，因而各制以名。……或疑祭法『黃帝正名百物，以明民共財物』，有定名其來舊矣，然水經注言廬山有大禹刻石，無妨舊已有名，禹更新定爾。」愚謂諸山川有本無其名，禹新命之者，有仍舊名而禹加以認定，亦有因陵丘變易，河渠開通，雖有舊名而稱非宜，或舊名湮滅禹受詔命之者，經曰「主名」，最能涵蓋此義。潛夫論五德志：「（禹）主平水土，命山川。」名作命，謂命名。音疏（經解卷三九九）謂主爲立山川之主，覈詁（卷四）緣左傳襄十一年文，乃連讀「名山川」，謂名爲有名。竝失之。

一三

稷，即后稷，姓姬，名棄，周之始祖，舜舉以爲農師，封於邰。事迹詳詩生民、書堯典、臯陶謨及史記周本紀。農，勉也。殖，借爲植（通訓定聲）；植，種也。嘉穀，善穀也（僞孔傳）。疑嘉穀爲當時成語，意即百穀。二句謂后稷頒布播種之法，勖勉田夫種植善穀也。稷爲舜農官，堯典舜曰：「棄，黎民阻飢，汝后稷，播時百穀。」眞湯誥（史記殷本紀引）：「后稷降播，農殖百穀。」○農，書疏：「后稷下教民布種在於農畝」。布種必於田畝，毋庸煩言，且農畝不詞。疏失之。述聞（經解卷一一八三）：「家大人曰：農，勉也；言勉殖嘉穀也。『伯夷降典，折民惟刑；禹平水土，主名山川；稷降播種，農殖嘉穀』：皆言三后之恤功于民，非言其效也。大載禮五帝德篇曰：『……使后稷播種，務勤嘉穀。』……本于呂刑。務勤，嘉（即之誤）勉殖之謂也。廣雅曰：『農，勉也。』襄十三年左傳曰：『……小人農力以事其上（原注：農力猶努力，語之轉也。）。』管子大匡篇曰：『耕者用力不農，有罪無赦。』此皆古人謂勉爲農之證。」（孫疏農亦訓勉，同。）案：洪範「農用八政」，勉行八政也，農作勉。折民以刑、爲山川命名及農殖百穀，各皆三后之所從事，非言推行之績效，舊釋農爲穡夫，盡失之。降，墨子引作隆，後案（經解卷四三〇）：「降作隆，古音通也。」案：隆，說文：从生降聲；降、隆古音，段氏均在九部，王說古音通，是。墨子閒詁：「稷隆播種，王云：古者降與隆通，……非攻篇『天命融隆火于夏之城』，亦以隆爲降；喪服小記注『以不貳降』，釋文：降一本作隆；荀子賦篇『皇天隆物以示下民』，隆即降字；……書大傳『隆谷』，鄭注隆讀如庬降之降，是隆、降古同聲，故隆字亦通作降。……」

二四

殷，正定也。殷于民，謂刑章立而民德匡，水土平而民居安，樹穀豐而民食足，民斯之無不正定者矣。○殷，僞孔傳訓盛，東坡書傳（卷十九）訓富，民富民盛，尚不能包舉三后之功。墨子引作假，假、殷義皆爲正，便讀（卷四下）：「殷，檃也；猶正也。」平議（卷六）：「堯典『以殷仲春』，枚傳曰：『殷，正也。』此經殷字亦當訓正。……（惟殷于民，）墨子尚賢中篇作『惟假于民』，假與格通；君奭篇『格于皇天、格于上帝』（之格），史記燕召公世家皆作假。……格亦正也，方言曰：『格，正也。』」尚書故（在經說二之三）：「廣雅：殷，正也。堯典『以殷仲春』，史記殷作正。……墨子作假，假亦正也。」

士制百姓于刑之中，以教祇德（註二五）。穆穆在上，明明在下，灼于四方，罔不惟德之勤（註二六）。故乃明于刑之中，率乂于民棐彝（註二七）。典獄非訖于威，惟訖于富（註二八）。敬忌，罔有擇言在身（註二九）。惟克天德，自作元命，配享在下（註三〇）。」

釋文

二五　士，義同堯典「汝作士」之士，獄官之長也（史記集解引馬融說）。制，裁斷也（參註八、一〇、二一）。百姓，民眾也。于（內野本脫此字，當增。），猶以也（古書虛字集釋卷一）；用也。中，後漢書梁統傳引作衷；衷，說文「从衣中聲」，借爲中，梁統云：「衷之爲言，不輕不重之謂也。」（書疏同）祇，敬也。以教祇德，教民敬謹於行爲也。○堯典：「（舜）帝曰：『咨！四岳，有能典朕三禮？』僉曰：『伯夷。』帝曰：『俞咨！伯，汝作秩宗。』」大戴禮五帝德：「舜……使……伯夷主禮以節天下。」皆明言伯夷爲禮官，乃本篇前曰「伯夷降典，折民惟刑」墨子、大傳、漢書刑法志、潛夫論、羣輔錄「三后」或引書，或稱述，竝同。，後曰：「今爾何監，非時伯夷播刑之迪？」皆明言伯夷司刑獄，而世本作篇正載「伯夷作（五）刑」王謨輯本頁三九、張澍稡集本頁二三、雷學淇校輯本頁八十、秦嘉謨輯本頁三六二與茆泮林輯本頁一一七竝多一「五」字。。經師爲調停之論者，謂禮與刑不可分割，於「伯夷降典，折民以刑」，大傳（輯校二）曰：「謂有禮然後有刑也。」是禮與刑一體，唯發生先後有差。東坡書傳（卷十九）、全解（卷三九）服膺其說，一則曰：「失禮則入刑，禮、刑一物也。」一則曰：「賈誼曰：禮者禁於將然之前，而刑者禁於已然之後。……則禮與刑一物也。……失禮則入刑矣。」又有持禮可弼刑之說，於「伯夷降典」二句，漢書五行志：「言制禮以止刑，猶隄之防溢水也。」音疏（經解卷三九九）本之：「……茲依（漢書刑法志）以爲說，蓋民習知禮節，則不陷入于刑辟，故制禮所以止刑也。」又有謂伯夷主禮典教民而兼施刑，孔疏因傳而申之曰：「舜典伯夷主禮，典教民而斷以法，即論語所謂『齊之以禮』也。」案：此大傳以下諸家所謂禮，義當如禮記坊記「因人之情而爲之節文以爲民坊者」，如「制度品節」（論語「齊之以禮」朱注），故能防閑於未然之先，第考伯夷所主之禮——三禮，祀典也，馬融曰（史記集解引）：「三禮，天神、地祇、人鬼之禮也。」故被命爲秩宗，夙夜敬於清廟而已，其職與司徒（掌教民）、士師（司刑）有間，諸家欲強通此「伯夷降典」之義，意混爲一談，以「法典」爲「祭典」，皆無益於經義。而東萊書說（卷三四）、蔡傳於此說伯夷所降爲祀禮（自是據堯典），謂彼欲勝妖誕、滅淫祀，以正民心，殊違穆呂明刑本旨，害理尤甚！下文士制刑云云，僞孔傳因堯典「帝曰：蠻夷猾夏，寇賊姦宄。汝作士，五刑有服」大戴禮五帝德「皋陶作士」，據此文。，謂士乃皋陶，云：「皋陶作士，制百姓于刑之中。」自是書疏、東坡、吳棫竟謂伯夷折民惟刑，乃傳聞之謬，說詳蔡傳引。……等從之。唐虞考信錄（卷三）：「說此篇者皆以下文『士制百姓于刑之中』之士爲皐陶。……余按此篇後章文云『今爾何監，非時伯夷播刑之迪？其今爾何懲，惟時苗民匪察于獄之麗』，明明分承上章『苗民弗用靈』及『制百姓于刑之中』兩項而言。……且既謂伯夷典刑矣，又謂皐陶爲士，不但於政體有乖，即以文義論亦不可通。然則所謂『制百姓于刑之中』者，即承上文『伯夷』而言，非皐陶明矣。……蓋有誤以皐陶之事爲伯夷者，作誥者因本之以爲言，吳氏以爲傳聞之謬，是矣。」案：崔氏參伍呂刑前後文，論此「士」當爲伯夷，甚精；乃又輕從吳棫，謂此篇伯夷典刑爲皐陶事之誤傳，則失實矣。士，梁統對問作爰，云：「（經）又曰：『爰制百姓于刑之衷。』」爰，於是，承上之詞也，是謂制百姓于刑之中者，即上之伯夷尚書故：士，猶爲也；爰，爲也。士與爰同義。敏案：爲制百姓于刑之中，上無主字，令經義失明，吳說未諦。。音疏、後案、今文經說攷、平議（卷六）竝據此異文決證制民于刑者爲伯夷，非皐陶，是也；惟咸謂僞孔改經字「爰」爲「士」則非，蓋經文至「惟殷于民」斷章，下更端，故以「士」發起，於文律固洽，何必強指僞孔改經？皐陶作五刑見世本張澍稡集本頁二二三、雷學淇校輯本頁八十。，爲士師，在堯崩舜即帝位受命，時新命伯夷典三禮，則舊朝伯夷典居何職，據呂刑推考，當爲獄官，蔡傳「皐陶未爲刑官之時，豈伯夷實兼之歟」？近是。夫堯在位九十八載，豈刑官僅皐陶一人？今文攷證（卷二六）：「又案：白虎通王者不臣篇以伯夷爲老臣，則伯夷作五刑或在皐陶之先，甫刑所以伯夷不及皐陶歟！」吳棫因二典不載有兩刑官，遂竝呂刑記伯夷司獄亦疑傳聞之謬（蔡傳引），勇於疑經而怯於稽古，何耶？稗疏（卷四）曰：「奉法以行者，皐陶也；制法以折刑者，伯夷也。則秩宗議道之公卿，而士爲作而行之之大夫也。……唯刑法定於伯夷，故後但言伯夷播刑之迪而不及皋陶。」案：本篇曰「制以刑」、曰「折民惟刑」、「士制百姓于刑之中」，制、折同義，皆訓裁斷，而王船山似釋制爲造作，制刑即立法，則「士制百刑于刑之中」，士（彼謂皋陶）爲議道之公卿，而公卿（彼謂伯夷）反爲奉法以行之大夫。其踳駁如此！或謂本篇舉伯夷而不及皋陶，呂侯私其祖也，今古文集解（卷二七）：「伯夷，呂侯之祖也。明刑者，皋陶之功者也。舉伯夷以攘皋陶之功，且加於禹稷之上。呂侯之目無周室，欲代王爲政也：此義幼聞之於莊味經宗伯；宗伯云：成親王神解，此其一也。」敏案：述疏（卷二七）：「或曰：「呂刑不稱契之敷教，亦不稱皋陶之明刑，……且以伯夷居禹稷之先，蓋呂侯私其祖而攘其功也。」略同。案：皋陶彼時尚未任爲刑官之說既已表暴，私祖攘功謬說多端息矣！刑官決獄，度刑輕重合宜；此用刑之中（後文故乃明于刑之中，觀于五刑之中，竝申明此義）。而其終極在教民歸德，期於無刑，此謂以德爲立法之本。陳櫟發揮頗切經義，書蔡傳纂疏（卷六）：「刑之本必主於德，而刑之用必合於中；德與中爲呂刑一篇之綱領。繼此曰『惟克天德』、曰『以成三德』、曰『有德惟刑』，無非以德爲本也；曰『觀于五刑之中』、曰『中聽獄之兩辭』、曰『罔非在中』，……無非以中爲用也。刑必合於中而後刑即所以爲德。以此意讀呂刑，其庶幾乎！」

二六　穆穆，甚敬也。在上，謂君長。明明，甚勖勉也（詳註一七）。在下，謂臣民。灼，古寫隸古定本、內野本、書古文訓本竝作焯，焯，說文：「明也。」謂昭著也。惟德之勤，惟美德是勉力也。○穆穆、懋懋，爾雅釋訓：「敬也、勉也。」穆穆明明，皆疊字形況詞，二之則非所宜，僞孔傳：「堯躬行敬敬在上，三后之徒秉明德、明君道於下。」疏：「明明重明，則穆穆重敬。當敬天、敬民，在於上位也；……三后之徒秉明德、明君道於下也。」轉令經義狹隘而淺露。

二七　明，勉也（釋義頁一三九）。刑之中，同註二五。率，用也（經傳釋詞卷九）。乂，治也。棐，讀爲非，見註一七。棐彝，非法也。率乂于民棐彝，語倒，言於民之非法者，用（適中之刑法）懲治之也。○尚書明字，讀爲勉，述聞（經解卷一一八二）併「明聽朕言」、「明作有功」等共五句，證古明、孟、勉同聲而通用，而不及此句；當補。乂于民棐彝，書經注（卷十二）：「治其民之非彝者而已；蓋教養如此，而猶或有非彝者，然後刑之也。」似已釋棐彝爲非法。駢枝（頁十五）：「呂刑云『率乂于民棐彝』，言我教戒汝以小民不法之事。」以「不法」訓「棐彝」，甚確。

二八　典，主也。獄，謂案件之審判。訖，終也；謂最終之目的也。下訖字同。威，懲治之也；謂判人以罪刑也。惟，乃也（尚書故，在經說二之三）。富，福也（如社會安和民生樂利之屬）。○威，古寫隸古定本、內野本、書古文訓本竝作畏，字通，參註一三。訖，僞孔傳訓「絕」，疏申之：「訖是盡也，故傳以訖爲絕。不可能使民不犯，非（止）絕於威；能使不受貨賂，惟（止）絕於富，……世治則貨賂不行，故獄官無得富者。」病添字（使民不犯、不使貨賂）解經，又度非經詣。東坡書傳（卷十九）：「訖，盡也。威貴有勢者，乘富貴之勢以爲姦，不可以不盡法——非盡于威，則盡于富，其餘貧賤者則容有所不盡也。」謂法律於富勢者，須悉予重懲；而貧賤者，則不免寬貸：此蓋陰詆王安石，非呂刑所揭量刑公立法中之旨。全解（卷三九）：「……言凡典獄之吏，非欲誅殺以立威，則欲納賄以致富，……此皆獄吏之常態。」如林氏言，穆王昭告四方，獄吏者非酷即貪，就使伯夷亦無外，則何以教百姓敬德？林氏疾憤之言，豈信哉！商誼（卷三）謂足衣食然後獄訟止，云：「訖，止。……蓋有衣食而後有廉恥，非刑威所能迫也，故曰獄不止於威而止于富。」經言典獄謂實行審訊，此富以上之事，王氏說失倫。清人精小學，釋經字往往視宋儒優，述聞（經解卷一一八三）：「訖，竟也（敏案：宋黃度尚書說卷七已釋如上。）、終也。富讀曰福（原注：謙彖傳「鬼神害盈而福謙」，京房福作富。郊特牲曰：「富也者，福也。」大雅瞻卬篇「何神不富」，毛傳曰：「富，福也。」大戴禮武王踐阼篇「勞則富」，盧辯注曰：「躬勞終福。」），威、福相對為文（原注：洪範亦曰作福作威。），言非終于立威，惟終于作福也。訖于福者，下文曰『惟敬五刑，以成三德。一人有慶，兆民賴之。』是其義。」孫疏同。富借為福，古音近（*pi̯wə̆g富、*pi̯wə̆k福）。新證（卷四）：「富本作畐，應讀服。金文敘作刑，惟牧毀較詳，其言『司畐𠬝辠』即此文『惟訖于富』之富。……訖，止也。言典獄非止於威虐，惟止于折服也。」折獄旨在令犯人服罪，此政刑之常經，奚待天子特詔以戒四方？于氏動引彝銘曲說，反窒經義。

二九

忌，畏也（禮記中庸「小人而無忌憚也」釋文）。敬忌，敬畏也，是古成語。擇，敗也；罔有擇言在身，言口不出惡言語也。◯忌訓畏，康誥「惟文王之敬忌」及顧命「以敬忌天威」之敬忌義並同，左昭元年傳「幼而不忌」注：「忌，畏也」，字義又添一證。禮記表記：「子曰：君子不失足於人，不失色於人，不失口於人，是故君子貌足畏也，色足憚也，言足信也，甫刑曰：『敬忌，而罔有擇言在躬。』」案：足、色、口皆謂人之容止，下「貌足畏、色足憚」云云，以覆結上文，謂人之容止當足以令人憚畏，故下又引甫刑「敬忌」以證憚畏之義。是表記作者以敬忌具有畏憚義，鄭注：「忌之言戒也」，於禮、書義兩失。宋元人早棄僞孔「典獄皆能敬其職忌其過」說，而正解敬忌爲敬畏，東坡書傳（卷十九）：「修其敬畏」，全解（卷三九）：「惟敬之畏之」，陳氏詳解（卷四七）：「敬則有所愼重，……忌則有所畏」，書經注（卷十二）：「能以敬自將，以禮自畏」。表記多「而」字，蔡邕司空楊公碑（全後漢文卷七八）：「公……小乃不敢不愼，大亦不敢不戒，用罔有擇言失行在于其躬。」伯喈以「用」代「而」，是所據本亦有「而」字，今文攷證（卷二六）訓汝。案：呂刑爾汝字八作，皆不作而；此而，詞也，用引起下句，所據竝今文本，皮解失義。身，表記引及蔡碑竝作躬，今文本如此。說文身下曰：「躳也。」躳下曰：「身也，从身从呂；躬，躳或从弓。」是躬、身義同。擇言，蔡碑以「失行」連「擇言」下，明陰據呂刑而連帶證說「擇言」義爲「失言」。王引之恃其小學，解擇爲斁，義乃大昌，述聞（卷一一八三）：「擇讀爲斁，洪範『彝倫攸斁』，鄭注訓斁爲敗。說文：『殬，敗也』；引商書曰『彝倫攸殬』。殬、斁（*d'jăk）、擇（*d'jak）古音竝同。……罔有擇言在身，……罔或有敗言出乎身也。孝經『口無擇言，身無擇行』，言口無敗言，身無敗行也。太玄玄掜曰：『言正則無擇，行正（敏案：當作中。）則無爽，水順則無敗。……法言吾子篇：『君子言也無擇，聽也無淫；擇則亂，淫則辟；述正道而稍邪哆者有矣，未有述邪哆而稍正也。』然則邪哆之言謂之擇言。」自後孫疏、便讀、正讀及吳汝綸父子皆承王說而蔑有加焉。

三〇 惟，即今語「只有」……。克，肩、任也（便讀卷四下）；即今語擔任。天德，謂天道，亦即天意。元命，大命也；意謂國運。配，配合也。享，享國也；謂奄有天下。在下，在人間也。三句謂吾人惟有承受天道，自我造作國運，乃能保有國家也。〇克，舊訓能；「能天德」，不詞。元命，自鄭君說元命爲「大命，謂延期長久」（書疏引），後學紛紛踵之，就人之年壽申論，致併下句亦誤釋。尚書說（卷七）則近正，以爲配享是配天而享國；讀書管見（卷下）始自天子享國求解，故說三句皆當經意，曰：「諸家皆自典獄之人言之。然謂之『元命』是『國命』，與（多士）『厥惟廢元命』同；謂之『配享在下』，是又言人君享國與天相配，與（僞太甲、大雅文王等）『克配上帝』、（多士）『配天其澤』之意同。蓋謂所用典獄之人能敬忌之，至用刑悉無冤濫，則是人君德與天合而自作元命，猶云『自貽哲命』，可以長治久安而配享在下矣。此即『司寇蘇公，式敬爾由獄，以長我王國』之意耳。」述疏（卷二七）亟稱其說，謂「人君不可言配天」，是也。

王曰：「嗟！四方司政典獄，非爾惟作天牧（註二一）？今爾何監？非時伯夷播刑之迪（註二二）？其今爾何懲？惟時苗民匪察于獄之麗（註二三）。罔擇吉人，觀于五刑之中（註二四）；惟時庶威奪貨，斷制五刑，以亂無辜（註二五）。上帝不蠲，降咎于苗（註二六）。苗民無辭于罰，乃絕厥世（註二七）。」

釋文

三一　司、典互文，主也。司政，典一國之政者；典獄，掌一國之獄者：竝見全解（卷三九）。四方司政典獄之人，謂天下諸侯也（參僞孔傳）。惟，語詞。牧，養也（僞孔傳）。作天牧，爲天養民也。○天牧，左襄十四年師曠對晉侯曰：「君將賞善而刑淫，養民如子，蓋之如天，容之如地。……天生民而立之君，使司牧之。」司，主；牧即前文「養民如子」之養；蓋之、容之，亦莫不具有養之之意。

三二　監，視也；謂觀察……而爲法（即「取法」之意）。「監」與下文「懲」義相反；懲，創艾也（禮記表記「以怨報怨，則民有所懲」注）。此及下文「時」字，義皆爲「是」（是，此也。）。伯夷，即上文降典之伯夷，堯之士師也（已詳註二一、二五）。播，布也；播刑義猶上文「降典」。刑，古寫隸古定本字脫。迪，道也（禮記緇衣注）。○監，在此引申爲「取法」，見僞孔於此二句傳曰：「言當視是伯夷播刑之道而法之。」說甚諦。播，鄭注緇衣：「猶施也。」案：播無施義，故禮孔疏仍用布義，棄鄭注；播刑謂立刑典而布之四方，如上「伯夷降典」，非爲法條之施行。迪訓道，亦見多方，「不克終勸于帝之迪」，迪，道也。緇衣引「迪」上有「不」字，鄭注：「不，衍字耳。」疏：「不，爲衍字。」或謂不字非衍文，今古文攷證（卷五）：「緇衣引作『播刑之不迪』。……按上文云『爵祿不足勸也，刑罰不足恥也，故上不可以褻刑而輕爵』，既引康誥言愼刑，又引甫刑證褻刑。『不』

非衍字；鄭以古今文皆脫『不』字，而不察耳。」案：禮引本篇，在證用刑勿輕忽，當法伯夷所頒制刑章之道，何足以證「不」字當有？莊生迷失根本；鄭注尚書，兼顧今古文本，見兩本皆無「不」字，且有「不」害義，故斷爲衍文。今文攷證（卷二六）：「禮記緇衣子曰：『政之不行也，教之不成也。……』引甫刑『播刑之不迪』爲政不行、教不成之證，則今文尚書當有『不』字，非衍文也。今文尚書當以『非時伯夷』斷句、『播刑之不迪』連下句『其今爾何懲』爲義，謂今爾當何所監視，非是伯夷乎？若播刑之不迪，其今爾將何以懲惡也？鄭據古文無『不』字，故以爲衍文。」案：即使禮引甫刑此句以證政教不行，如皮言，何必作「不迪」，皮含混帶過。又如皮句讀，必另增「假若」於「播刑」句上，俾遂妄以增經字曲解經義。餘如監字、懲字，胥逞肊說。彼左袒所謂今文，竟不憚毀傷文獻！參正（卷三一）：「『不』字非衍，當讀『非時伯夷』句、『播刑之不迪』句，言今爾何所監視？若非是伯夷之爲，則布刑之不道矣。」王氏誤釋監字及斷句，同皮；又見皮說太謬，試將「假若」字移升加諸「伯夷」之上，變反詰疑問句爲假設句，大改經本旨。蔣敬時播刑之不迪解（詁經精舍課藝七集卷二）：「甫刑曰『今爾何監？非時伯夷播刑之迪？』其下句曰『今爾何懲？惟時苗民匪察于獄之麗。』……下句是正言，上句是反言，時字是指監懲言。推上句文意，猶言非監伯夷而施刑，即不道，此反言以明之也——播刑之不迪，是不善意；何以不善，則非監伯夷故。以此知迪字之上當有不字；若無不字，則當易上之非字爲惟字，於文義方通。」案：上句（含兩小句）爲疑問及反詰語；下句（亦含兩小句）疑辭仍舊，繼之則改用正答。竝作質疑型態者，欲聽者專注陳經曰：「曰何監、何懲，不直致其辭而發其問端以示之，庶幾聽者之專。」（尚書詳解卷四十）；

爲反詰語，期盼接聞者正受，故詰以非時伯夷播刑之迪，冀人以伯夷所布刑典爲法式也；一旦加「不」於「迪」上，則穆王令天下取法「不善」之刑典，斯絕無可通之理。蔣氏釋監字爲取法，是矣；唯拘泥譌本迪上有不字，故非加「假若」……「即」以解則不通，其「（若）非監伯夷而施刑，即不道」，誤與皮氏正同。至謂若迪上無不字，則經文當更爲「今爾何監？惟時伯夷播刑之迪。」蔣氏於反詰語氣功能懵然無知，致未遘經旨。彼又云：「然則甫刑何以無『不』字乎？曰：此非甫刑之脫文也。蓋古人作文，有急讀緩讀之法。急讀之，則兩字可合爲一音；緩讀之，則一音可分爲兩字。如公羊隱元年傳『如勿與而已矣』，注謂『如即不如』也。左莊二十二年傳：『敢辱高位』，注謂『敢（即）不敢也』：此亦急讀緩讀之別也。急讀之而可以『不如』爲『如』，『不敢』爲『敢』，則亦可以『不迪』爲『迪』。然則甫刑爲急讀之文也，急讀之，則合『不迪』爲一音，故曰『播刑之迪』；緇衣爲緩讀之文，緩讀之，則『不、迪』分爲兩音，故曰『播刑之不迪』。」案：何注以齊人語「如即不如」用明鄭伯與叔段國不如不與之微義，杜注「不敢」解「敢」，明陳公子完「敢辱高位」言謙（此義古書習見）：皆不關讀之急與緩，且以喻本篇不字有無非所適。第若讀緇衣所引「不迪」爲「丕迪」，則勉強可通也。商誼（卷三）：「非與匪同，廣雅：匪，彼也；非時者，彼時也；彼時猶往時。言今爾何所監，監往時伯夷施刑之道而已。」案：反詰語力不與直述語同科，而王氏不知，致舍解本字轉求假義。非也！

三三　其，語助詞。懲，已見註三二。惟，猶乃也（經傳釋詞卷三）。麗，法網也（詳註一〇）。

○其，注經家多忽而未解，經傳釋詞（卷五）：「其，語助也。……呂刑曰『其今爾何懲』？原注：「上文曰『今爾何監』。」」此二句，僞孔傳：「今汝何懲戒乎？惟是苗民非察於獄之施刑以取滅亡。」疏：「言當創苗民施刑不當，取滅亡也。」古注疏釋懲、麗及發明經旨，莫不深中肯綮。

三四　吉人，善人也。觀，說文：「諦視也。」段注：「宷諦之視也。」（義同上「察」字，說文：「察，覆審也。」文互見也。）五刑，當謂穆王所認尚之五刑——墨劓剕宮大辟。中，適中（已詳註二五）。此二句承上，謂苗人不選擇善人，使之審度五刑之適中者，（以制定頒行之也。）○今古文攷證（卷五）：「以上文兩見『刑之中』，此『五』字似衍。」案：穆王詔臣民當察周家五刑之中，下文迭見；上文「刑之中」乃泛言，取以律此句，恐不適。

三五　威，古寫隸古定本、內野本、書古文訓竝作畏，字通，見前。庶威，眾爲威虐者（任法官）（僞孔傳）：句型如上文「庶戮」。制，裁斷也（參註八、一〇、二一）。斷與制爲同義複詞。亂，治也；謂懲罰也，義同無逸「亂罰無罪」。三句謂惟任用眾多嚴酷貪財之徒，以審決刑獄，懲治無罪之人也。○貨，書古文訓作⿰目爲（集韻：⿰目爲，目好皃。），字誤；當作⿰貝爲（說文貝部：「⿰貝爲，資也；从貝爲聲。或曰：此古貨字。」），下兩「貨」字彼皆作⿰貝爲，則不誤也。奪貨，吳氏謂不宜釋爲奪人財貨，尚書故（在經說二之三）：「廣雅：奪，敓也。貨、化通借；高誘淮南注：化，易也；是奪、化同義，謂相延易也。大學『爭民「施奪」』亦謂『施易』，與此『奪化』同。苗民之虐，不專在奪取人貨也。」（子闓生說同）案：下文穆王論五過之疵，行賄受貨其一；繼又戒曰「獄貨非寶」，可見貪瀆納賄之害公正，固亦當時所不免。苗民豪奪巧取以罪無辜爲常，故穆王告臣民，吳氏奪貨假借引申爲相延易（殆謂交相薰染），引書又失大學本誼，皆不可從。

三六　上帝，上天也（參註一四）。蠲，尚書故（在經說二之三）：「蠲，猶赦也。說在酒誥。」○上帝，天也，後漢崔寔諫大夫箴（古文苑卷十六）：「虐及于天，……慢德不蠲。」鄭注（書疏引）：「天以苗民所行腥臊不絜，故下禍誅之。」是二漢人竝以上帝爲天，而僞孔傳同。蠲，尚書故（在經說二之三）於酒誥曰：「猶舍也。廣雅：蠲，除也；詩（雨無正）『舍彼有罪』傳：『舍，除也。』舍、赦同字。」案：國語楚語下：「神狎民則，不蠲其爲。」是天不赦民之所行，故「嘉生不降，無物以享，禍災荐臻」也，可證蠲可釋赦。

三七　辭，說也；爲罪責辯解之言辭也。無辭于罰，言於上天所降之懲罰，無言以自解也。○辭，說文：「說也，从𤔔辛；𤔔辛，猶理辜也。」是關涉獄訟之言語曰「辭」，大略言之，本篇十一辭字皆屬之，唯「無辭與有辭相反。有辭自討罪者言之，謂受討者有罪辭也；無辭自受罰者言之，謂無辭可辨也。」（覈詁卷四）諸家因鄭禮記表記注「辭，猶解說也」，謂苗民無辭以解于天罰，大義固亦無殊。

王曰：「嗚呼！念之哉！伯父、伯兄、仲叔季弟、幼子、童孫（註三八），皆聽朕言，庶有格命（註三九）。今爾罔不由慰日勤，爾罔或戒不勤（註四〇）。

天齊于民，俾我一日（註四一）；非終惟終，在人（註四二）。爾尚敬逆天命，以奉我一人（註四三）。雖畏勿畏，雖休勿休（註四四）；惟敬五刑，以成三德（註四五）。一人有慶，兆民賴之，其寧惟永（註四六）。

釋文

三八 伯，長也。伯父，禮記曲禮下：「五官之長曰伯，其擯於天子也曰天子之吏；天子同姓，謂之伯父。」儀禮覲禮：「同姓大國，則曰伯父。」伯兄，長兄也。仲，兄弟行次二也。叔，兄弟排行次三也。季，兄弟行最末也。仲叔季弟，謂次弟、三弟、小弟也。幼子，謂子姪輩之年少者。童孫，謂孫輩之年稚者。伯父、伯兄、仲叔季弟、幼子、童孫，皆王同姓臣工，其所以特告之者，書經注（卷十二）：「此章專告貴戚之臣，憂其或怠，故專以『勤』爲主。」〇伯父，周天子稱同姓臣工爲伯父，康王告召奭、芮伯等曰：「今予一二伯父。」此見於書顧命。昭公三十二年敬王告晉定公曰：「伯父若肆大惠，……其委諸伯父，使伯父實重圖之。……」吳語敬王荅王孫苟曰：「苟！伯父命女來明紹享余一人，……今伯父戮力同德。……」此見於春秋內外傳者也。伯兄，孟子告子上「鄉人長於伯兄一歲」。仲弟及叔弟，經籍不見，然敘弟之少長，有季弟則知仲弟叔弟亦得謂親，左文十一年傳「衛人獲其季弟簡如」、成公二年傳「知罃之父，……中行伯之季弟也」，皆是。幼子，禮記曲禮上：

「幼子常視母（毋）誑。」幼以稱子輩，童、幼互文，則童亦得以稱孫輩矣。穆王告天下，時同姓父兄子孫行同在列，故王呼而告之，後文又呼告曰：「敬之哉！官伯族姓。」族姓，亦同姓也。而史官當下記言，傳疏等以爲舉同姓包異姓，非也。童，說文辛部：「童，男有辠曰奴；奴曰童，女曰妾，从辛。」是童爲奴僕。說文人部：「僮，未冠也。」是幼稚字作僮；此童孫本作僮孫，童是借字。

三九 格，至也；謂感召天神降臨，神以國運命吾人也。○格命，書疏引鄭玄曰：「格，登也；登命，謂壽考。」又申僞孔傳曰：「傳云『至命』，亦謂壽考。」皆以命爲私己之命運（年壽），經師多從之（述聞經解卷一一八三：「格讀爲嘏，……庶有嘏命者，言庶幾受祿于天，保右命之；尊大之則曰嘏命耳。」似仍以命爲人命。）。宋元儒始爲新解——格爲感召，命是天命，東坡書傳（卷十九）：「庶以格天命。」書古文訓（卷十五）：「庶幾可以格于上帝。」感召之意尚未明，輯纂（卷六）引新安胡氏曰：「下文有『敬逆天命』，此則當云庶幾有以感格天命。」（纂疏卷六說同）案：格，謂祭神而神來饗，多士謂之「上帝降格」；格命即堯典「格于上（下）」、君奭「格于皇天」也。

四〇 由，用也。慰，安也（說文）。日，字當正作「曰」；曰，言曰也；此謂「表示、聲張」。兩「勤」字，皆奮勉之意。罔或，猶今語「連一個人都沒有」。二句謂汝等無不用（某種事由）謂他人曰：予已勤矣；而汝等無一人謂我之勤猶不足，以相戒也。○日，古寫隸古定本、內野本、書古文訓同作。釋文（通志堂本、尙書注疏本）亦作日，陸德明注：「一音曰（撰異：當作越。）。」僞孔傳：「今汝無不用安自居，日：當勤之；……」疏：「今汝等諸侯無不用安道以自居，言曰：我當勤之。」是僞孔本日原作曰，即正義所據，陸氏所據之僞孔本訛作日；凡作日者皆訛本。書經注（卷十二）：「日勤，孔氏作曰。後儒見下文『一日非終』之說，而又讀爲日。蓋言勤（敏案：疑脫日字。）在其中矣，言勤不必言日也。」是「日勤」牽連下文「一日」之解而誤改爲「日勤」。後案定孔本本作日勤，是也。王族姓之在官者，多安於現狀，自以爲懋甚，不復相戒以愈勤，恐失天心，因有此二句戒。諸家議論皆未達，唯平議（卷六）近正：「穆王之意，蓋謂今女等無不用以自安曰：我已勤矣：女等無有自戒其不勤者。慰與戒正相反；惟其以勤自慰，故不知以不勤自戒也。經義本極簡明。……」覈詁（卷四）：「由慰，連語。管子小問篇注：『由由，悅也。』古通作繇。釋水釋文：繇，古由字。釋詁：繇，喜也。則繇慰猶言喜慰矣。」如說，則句義爲無不喜言勤，可通而稍病淺露。

四一

齊，治也。俾，讀爲畀，賜也。我，我周家也。日，時也；一日，一時也。二句謂老天下治百姓，在一時期內，將統治權賜給我周家。○齊，說文：「亝，禾麥吐穗上平也。」是齊有平義，字金文有作亝者，平義尤顯。平，公羊隱元年傳「公將平國而反之桓」注：「平，治也。天齊于民，猶微子「（天）降監殷民，用乂」，乂亦治也。馬融曰（釋文引）：「齊，中也。」案：爾雅釋地「岠齊州以南」注：「齊，中也。」俾，覈詁（卷四）：「俾疑讀爲畀，……古通用字，洪範『不畀洪範九疇』，史記俾作從，釋詁：俾，從也，則假俾爲畀。書序『王俾榮伯作賄肅愼之命』，史記俾作賜，釋詁：畀，賜也，則假畀爲俾。」後漢書楊賜傳引尚書曰：「天齊乎人，假我一日。」（乎通于，人通民，習見。）假，漢書龔遂傳「遂迺開倉廩假貧民」注：「假，謂給與。」是俾、假義同；作假今文尚書也。

四二 終，義同多士「勑殷命終于帝」之終，止絕也。非終，言國運中絕也。惟，乃也；惟終，謂竟然斷絕也。在人，咎在人之行。非終惟終，在人，承上謂國運不應斷絕而竟斷絕，人謀不臧之故也。（參釋義頁一四一）

四三 尚，希冀之詞，庶幾也。敬逆天命，義同顧命「敬迓天威」，謂行事順乎天意也。我一人，穆王時爲天子自我之專稱，尚書習見。二句，穆王戒族姓應謹順天意，以輔弼天子也。

四四 畏，懼也；休，喜也：皆就刑獄言之。二句，述聞（經解卷一一八三）：「事雖可畏，汝勿畏；事雖可喜，汝勿喜。」○休，僞孔傳訓美，東坡書傳（卷十九）始訓喜，云：「休，喜也；典獄者不可以有所畏喜。」字訓經旨竝適。述聞殆未檢蘇傳，說與之暗合，云：「休，喜也，休與畏正相反。……喜與休一聲之轉，周語『爲晉休戚』，韋昭注曰：『休，喜也。』楚語曰：『教之世而爲之昭明德而廢幽昏焉，以休懼其動。』小雅菁菁者莪篇曰：『我心則喜，我心則休。』休亦喜也。」東坡謂司刑者不容有懼喜，不及事目，便讀（卷四下）：「雖畏勿畏，……勿因勢可畏而懼。」正讀（卷六）：雖休勿休，得其情，哀矜勿喜也。」合兩說東坡未盡之意乃盡。漢書宣帝紀詔曰：「書不云乎？『雖休勿休，祗事不怠。』公卿大夫其勗焉。」音疏（經解卷三九九）因史記引「敬事不怠」，遂訓休爲休息，又增「祗事不怠」，反以「惟敬五刑」是衍文。撰異（經解卷五九六）考「祗事不怠」乃檃栝「惟敬五刑，以成三德」而成。復考漢書外戚傳報許皇后書、後漢書陳寵傳、三國志魏書陳羣傳、書緯刑德放（開元占經卷十七引）述引尚書，皆作「惟敬五刑，以成三德」同僞孔本，則段說是，江氏輕改非也。

四五　敬（馬融本作矜訓哀），謹也。三德，其目不確，度不外施刑之德。○惟敬五刑，以成三德，漢宣帝詔隳栝爲「祗事不怠」，說詳註四四。釋文於上文「俾我」下注曰：「馬本作矜；矜，哀也。」俾作矜訓哀，於「俾我一日」句義枘鑿，音疏（經解卷三九九）：「哀矜之誼，于此不安，不可从也，聊存之于注尒。」撰異（經解卷五九六）謂馬與僞孔等本，「乖異不同如此。」尚書故（在經說二之三）：「俾，……馬本作矜訓爲哀者，乃下『惟敬五刑』之敬，非此俾也。今集錄馬注者皆誤。」又云：「敬讀爲矜，……馬本作矜釋爲哀者，謂此『敬五刑』之敬。今本釋文奪『敬』字，說因以爲『俾我』之俾馬本作矜，蓋未是也。」三德，傳疏以洪範「正直、剛、柔」當之，王安石尚書新義（尚書纂傳卷四三引）有所發明：「當輕而輕，所以成柔德；當重而重，所以成剛德；處輕重之中，所以成正直之德。」案：經云「惟敬五刑，以成三德」，則三德必關施刑，王說雖未必得實，然於理無悖，故陳氏詳解、王炎（纂疏引）、書經注胥自其說申論之。尚書說（卷七）：「三德：降典、治水、播種，即三事也。」孔廣森經學卮言：「以成三德，以效三后之德。」案：禹、稷所立事功，皆不關用刑。其說失之。經籍稱「三德」者尚有臯陶謨「日宣三德」（爲同篇「寬而栗」等九德之三，皆明中道。），而左昭十二年傳「供養三德爲善」、逸周書寤敬「維王克明三德」、商誓「克用三德」，各注皆以洪範剛柔正直適之；又同禮師氏以至德、敏德、孝德爲三德，禮記中庸以智仁勇爲三達德，大戴禮四代以天德、地德、人德爲三德，而曾子本孝又以三老爲三德，國語晉語四則以禮、親、善爲三德：竝記於此。

四六　一人，謂天子（同「我一人」，見註四三）。慶，福也（國語周語下「有慶未嘗不怡」注）。兆民，普天下之民眾也，史記建元以來王子侯者年表易作「天下」。惟，乃也（尚書故，在經說二之三）。○一人有慶，張衡東巡誥（全後漢文卷五四）慶作軆；兆民賴之，大戴禮保傅、淮南子主術、漢書刑法志、後漢書安帝紀、張衡東巡誥述引，兆皆作萬，今文尚書異文也（參今文經說攷、今文攷證）。

王曰：「吁！來，有邦有土，告爾祥刑（註四七）。在今爾安百姓，何擇，非人？何敬，非刑？何度，非及（註四八）？兩造具備，師聽五辭（註四九）；五辭簡孚，正于五刑（註五〇）；五刑不簡，正于五罰（註五一）；五罰不服，正于五過（註五二）；五過之疵，惟官、惟反、惟內、惟貨、惟來（註五三），其罪惟鈞，其審克之（註五四）。五刑之疑有赦，五罰之疑有赦，其審克之（註五五）。簡孚有眾，惟貌有稽（註五六）；無簡不聽，具嚴天威（註五七）。

釋文

四七　吁，歎詞。有邦，有國家；有土，有封土。有邦有土，謂諸侯國國君也。祥，常也；祥刑，常法也。○吁，堯典僞孔傳：「疑怪之辭」，與此釋「歎也」異。案：說文于部：「吁，驚語也。」又：「于，於（音烏）也，象气之舒。」是吁、于、於（音烏）皆語助詞。釋文：「吁，……馬本作于；于，於（音烏）也。」吁同于、於，此又一證。堯怪放齊薦丹朱，故僞孔謂彼吁爲助疑怪之詞；此則王呼諸侯來前，將言先發歎聲，故僞孔云「歎也」，各有攸當。邦，墨子尚賢下引作國者，說文：「邦，國也。」有邦有土，謂諸侯國君，開篇「度作刑以詰四方」、乃呼「四方司政典獄」，云「爾作天牧」、「今爾安百姓」，皆謂諸侯，或曰：「有邦，諸侯也；有土，都邑之大夫也。」（書古文訓卷十五）孫疏（卷二七）：「有國者，畿外諸侯；有土者，畿內有采地之臣。」案：禹貢「錫土姓」，謂封建諸侯也；皐陶謨「亮采有邦」，下文「敬哉有土」孫疏（卷二）：「有土，即謂上有邦者；重言以爲戒。」是此有邦有土皆謂國君，不必科分也。祥，或作詳（見墨子尚賢下列、漢書敘傳述及注引、周禮太宰及大司寇鄭注各一引、後漢書明帝紀兩述、劉愷傳一述及注引、文選王粲從軍詩述），漢書敘傳補注周壽昌曰：「詳與祥同，……左成十六年『詳以事神』，正義：『詳者，祥也；古字同耳。』」九經古義（經解卷三六二）：「詳與祥，古今字，易履上九曰『視履考祥』，釋文云：『本亦作詳。』……下經『監于茲祥刑』同。」案：祥、詳古音

四八

同（*dzjang）相借，荀子成相「百家之說誠不詳」注：「詳或爲祥。」舊解祥爲善，雖曲說百方，牽窒礙難通，平議（卷六）始作常解：「祥古通作常，說見立政篇敏案：立政俞氏曰：「士虞禮記薦此常事，鄭注曰：古文常爲祥。然則常、祥聲近義通，故上文言吉士，此言常人也。」。告爾祥刑者，告爾常刑也。莊十四年左傳曰『周有常刑』，正爲此矣。」案：常（*d̑jang）、祥音近，祥借爲常，常刑，國家經常之法典，俞說是。墨子尚賢下引作訟，後案、孫疏皆以爲誤字，呂刑研究（頁二一五）以爲訟屬段氏古韻九部、詳屬十部，旁轉可通，惟尚書故（在經說二之三）證訟讀庸義爲常，得之：「祥刑，常刑也。墨子作訟，訟讀爲庸；庸亦常也。堯典『嚚訟』，馬本訟作庸。」

擇，謂選人爲刑官。非人，僞孔傳：「非惟吉（善）人乎？」度，謀也（書疏引王肅說）。何度非及，尚書句解（卷十二）：「何所裁度，豈非情與罪相及、罪與法相及乎？蓋情或不然，而罪之狀乃然；罪或不然，而法之加乃然，皆非所謂及也。」是解及爲合，猶後文「獄成而孚」之孚。○非人，墨子引作「言人」，撰異（經解卷五九六）：「言人當是吉人之譌，謂何擇非吉人乎；承上苗民罔擇吉人言之。」（孫疏同）案：律以下兩句，此決爲疑問句，則「何擇，吉人？」不辭，段誤。墨子閒詁：「王引之云：言當爲否，篆書否字作[illegible]，言字作[illegible]，二形相似；隸書否字或作音、言字或作音，亦相似，故否誤爲言。否與不古字通，故（墨子）下二句云『何敬不刑、何度不及』也。今（尚）書作『何擇非人、何敬非刑、何度非及』，非、否、不竝同義。」本篇此二句蓋原皆作「非」，墨子或詁改爲「否」或「不」。度，釋文：「待洛反，注即僞孔傳同；馬云：造謀也。」案：「謀」可矣，「造」字莫須有，疑馬融原以「謀」釋下文「兩造」之造，釋文誤置於上。古寫隸古定本、內野本度竝作厇（書古文訓誤寫作厇，當正作厇。），案：厇，古文宅；即宅之重文。宅、厇（古音段入五部）通，說文義證（見詁林）：「度即宅，漢書音義臣瓚云：古文宅、度同。堯典『宅嵎夷』，石經作度；詩『宅是鎬京』，坊記引作度；……舜典『五流有宅，五宅三居』，史記五帝本紀宅竝作度；……易乾坤鑿度『庖氏先文乾鑿厇』，注云：厇，古度字。」是厇、度古今字；厇亦同宅，司馬遷所據尚書作厇，取宅義，故周本紀「何度」作「何居」。及，史記詁作宜（尚書句解與相契），僞孔傳皮傳其說（撰異評），云：「當何所度？非惟及世輕重所宜乎？」案：「世輕重」，因下文「刑罰世輕世重」添字於此，獄官所當度者非止乎此，傳說失之。便讀（卷四下）：「及讀爲疊，古理官決罪三日，得其宜乃行之也（敏案：此說文引揚雄說。）。」案：及、疊固得旁轉（段氏分別在七、八部），唯讀爲疊實亦因史記作「宜」而皮傅之，若取以證康誥「要囚，服念五、六日，至于旬時，丕蔽要囚」，庶幾可也，但呂刑此意未顯。平議（卷六）：「及乃服字之誤，僖二十四年左傳『子臧之服不稱也』，夫釋文作『子臧之及』，曰：一本作之服，蓋服從𠬝聲，古或止作𠬝，𠬝、及形似，故易譌耳。……史記作宜者，爾雅釋詁：服、宜事也；服與宜同訓，故經文作服，史記作宜。」案：釋詁：「績、緒、采、業、服、宜、貫、公，事也。」是服、宜義皆爲事，而服並無宜義；今恆曰「事宜」，亦事也。矧尚書五十二服字，無一訓「宜」者。康誥「乃服」，服，事也；「乃大明服」，服，從也，謂服罪，與此篇「上刑適輕下服」之服同。且古本尚書無一作「非𠬝」者。俞說無徵不孚。

四九

兩造，造一作遭（史記集解徐廣曰）；兩遭，即兩曹，適今獄訟之原告、被告。師，士也

「獄官」；士，亦稱士師（呂氏春秋君守篇注引堯典「汝作士」，士下有師字。）。聽，議獄也（尚書大傳「諸侯不同聽」注，見輯校二。）；今謂之審訊。五，謂五刑；辭，便讀（卷四下）：「訟也，猶今言口供也。」五辭，獄官據五刑之法以審訊，兩造各供其辭說也。○兩造，史記集解作兩遭，尚書故（在經解二之三）：「錢大昕云：『兩遭，猶言兩曹，說文：曹，獄之兩曹也。』……大誥『予造天役』，莽誥作遭。」案：文侯之命「造天丕愆」，王肅、偽孔皆訓遭。史記以「遭」代此「造」，詁訓字也。說文：「𣍘，獄之兩曹也。」段注：「㒳曹，今俗所謂原告、被告也；曹，猶類也。史記曰：『遣吏分曹逐捕。』……㒳遭、㒳造，即㒳曹，古字多假借也。」吳䕫雲謂史記「兩遭」謂兩曹，謂治獄之官（眞古文尚書集釋引），今文攷證同，竝失之。蓋下文「師」爲獄官，則此兩造非治獄者明矣。師，偽孔傳訓「眾獄官」，釋師爲眾，東坡書傳（卷十九）始正解曰「士」。周禮小司寇有以五聲聽獄訟以求民情，「一曰辭聽，二曰色聽，三曰氣聽，四曰耳聽，五曰目聽。」鄭注：「觀其出言，不直則煩；觀其顏色，不直則赧然；觀其氣息，不直則喘；觀其聽聆，不直則惑；觀其眸子視，不直則眊然。」是五「聽」字，皆不必用耳，釋爲「議獄」，正是也。

五〇　簡，核也（東坡書傳卷十九）；古寫隸古定本、內野本、書古文訓（下三簡字異文竝同）竝作柬，二字通假。孚，信也（說文）；信，謂實。簡孚，猶下文「閱實」。正，定也；書纂言（卷四）：「正者，謂斷以公定以理各得其正也。」下兩正字義竝同。○簡可訓核，尚書故（在經說二之三）：「姓苑『漢句章尉檢其明』，避諱改作簡，簡、檢通借。……漢書食貨志『考檢厥實』，與此簡正同也。」孚，史記詁作信，誠也；誠，實也。簡、柬古音同（見母，段表十四部），通假。左襄廿六年傳「簡兵」，注：簡，擇也；爾雅釋詁：「柬，擇也。」簡、柬同訓，可通。

五一 簡，義兼「簡孚」；不簡，謂不能核實其刑責也。罰，令出金贖罪也；即堯典「金作贖刑」、下文疑赦罰鍰也。五罰，依五刑而定，次爲五等（參下文）。○罰，東坡書傳（卷十九）徑解曰：「罰，贖也。」略有所本，周禮職金「掌受士之金罰」注：「罰，罰贖也。」傳疏皆謂出金贖罪，是也。五刑之所以改爲五罰者，全解（卷三九）：「蘇曰：『夫罪固有疑，今有人或誣以殺人而不能自明者，有誠殺人而官不能折其實者，是皆不可以誠殺人之法坐，由是而有減罪之律。當死而流，使彼爲不能自明者邪去死而不得流，刑已酷矣；使彼誠爲殺人者邪流而不死，刑已寬矣。是失實也。有失實之弊，則無辜者多怨，而僥倖者亦以免。今欲使不失實，其莫若重贖彼罪。疑者雖或非其辜，而法亦不至於殘潰其肢體；若其有罪，則法雖不刑，而彼固已困於贖金矣。』五刑不簡，正于五罰，此說爲盡。」老蘇討治其學理，甚精切！夫贖刑起於罪疑，與僞大禹謨「罪疑惟輕」及本篇下文「五刑之疑有赦，五罰之疑有赦」云云，皆古刑尙寬之證。

五二 不服，被告心不服也；罰所不應罰，故其人不服。過，聽獄者之過也；五過，謂司獄者依據五刑法五罰法審判時所犯之過失。○不服，僞孔傳：「不服，不應罰也。」罰輕於刑，不應罰，固亦不應刑，則其人原無過；過在法曹，故曰正於五過，下文具列五過之病目——官反內貨來，皆掌刑者常犯之過。舊謂過爲被告之過，援堯典「眚災肆赦」，言當從赦，非也。孫疏（卷二七）乃正舊失，云：「罰之不從，則是聽獄者之過也，故下文究其疵。」尚書故（在經說二之三）：「五過，謂聽獄者有五等失誤，即下所云『官反內貨來』也。非犯者輕于五罰、又有五過也。……若以五過爲輕於五罰之罪，則官反內貨來，五刑五罰皆有之，何爲但言五過之疵邪？」案：據孫、吳說，相鄰兩「五過」皆謂獄吏過錯，先儒之繳繞糾葛，盡爲廓清。

五三

五過，獄官審案時所犯之過失（已詳註五二）。疵，病也。五過皆用刑施罰者之過失。五「惟」，義皆作「爲」。官，畏貴勢也。東坡書傳（卷十九）：「反者，報也；報德怨也。」又云：「內，女謁也。」貨，勒索財賄也（孫疏卷二七）；猶上文「庶威奪貨。」來，當從馬融本作求，馬注曰：「求，有求請，賕也。」孫疏申之曰：「賕，……以財干請也。」〇五「惟」，僞孔傳皆訓「或」（云：「或嘗同官位，或……。」可證。）；或，有也。尚書故（在經說二之三）：「惟，有也。」同僞孔。反，僞孔曰「詐反囚辞」，尚書故曰「謂幡異」，似皆解反爲翻案，不如東坡說，孫疏（卷二七）：「孟子云『惡聲至，必反之』，謂報恩怨。」是也。內，便讀同東坡，僞孔傳「內親用事」，亦通。來，今文攷證（卷二六）：「今古文蓋同作求，漢人隸字求或作朩，與來字相似，故譌作來。」求讀爲賕，漢書薛宣傳音義（卷上）：「韋昭曰：行貨財以有求於人曰賕。」說文段注：「法當有罪而以財求免是曰賕，受之者亦曰賕。」呂刑「惟求」，實兼干求與受賄二事，九經古義（經解卷三六二）：「漢律……又有『聽請』之條，即經所云『惟求』也。」東萊書說（卷三四）不及考古本，云：「來，干請也。」亦能達經義。

五四　其罪，獄官之辠辜。均，古寫隸古定本、內野本、相臺岳本竝作鈞，字通；均，同也（僞孔傳）。其罪惟均，謂治獄者五過有犯，辠與犯法者相等也。其，希冀之詞。克，漢書刑法志引作核；審克，審核也。下一「其審克之」同。○均，左僖五年傳「均服振振」，注：均，同也。鈞，孟子告子上「鈞是人也」，注：「鈞，同也。」是均、鈞通。僞孔傳「罪與犯法者同」，均字訓同，是也。「其罪」，自是指獄官之辠，因彼「以此五過出入人罪」，故「與犯法者等」也（史記集解引馬融說）。乃商誼（卷三）以其罪惟均，「謂官反內貨來五者之罪相等」。案：罪情不一，刑責有差，王氏思未及此。克，舊解能（僞孔）、勝（東坡），不達經義；撰異（經解卷五九六）：「克（*k'ək）、核（*gək）古音同在第一部，……克當爲核之假借。」孫疏（卷二七）：「核又通覈，說文云：『覈，實也；考事襾笮邀遮其辭得實曰覈。』」是審克亦審實。

五五　赦，謂寬免。五刑之疑有赦，謂依五刑判罪，如案情有可疑，則另有寬赦之法以治之（即下文罰鍰——墨辟疑赦，其罰百鍰，其屬三千云云）。五罰之疑有赦，謂依五罰判罪，如案情有可疑，則另有赦免之法以治之。○此三句，立法精神爲刑疑惟輕，說略具於註五一。僞孔傳「刑疑赦從罰，罰疑赦從免」，赦免爲赦，寬減亦是赦，全解（卷三九）：「五刑之疑有赦，此即上文『五刑不簡，正于五罰』，赦而從罰之。五罰之疑有赦，……赦而免之也。下文『墨辟疑赦』之類皆然也。……古之云赦者，以疑似之罪不可以刑辟加，故爲之差降贖罰以寬宥之，所以矜恤善良，非貸免惡人也。」案：後文但言五刑疑罰之罰鍰數及適於五刑疑罰之罪型，而不舉五罰疑赦所屬之更輕之懲處，則罰疑則赦免之，果如孔林言。上兩言

「五過」，主審者之過（已詳註五二），先儒誤解，故於此不言「五過之疑有赦」一事上橫生議論，鄭玄（書疏引）：「不言五過之疑有赦者，過不赦也。禮記（王制）云：『凡執禁以齊眾者，不赦過。』」書疏：「不言五過之疑有赦者，知過則赦之、不得疑也。」皆郢書燕說。

五六

簡、核：孚、實也（詳註五〇）。有眾，於眾罪犯也。有稽，以考察也。〇上有訓於（參註一八），盤庚「民不適有居」，有，于也；下有訓以，洪範「月之從星，則以風雨」，論衡感虛引以作有。眾，僞孔傳曰「眾心」，東萊書說謂眾即師（士師），全解謂眾證驗，皆迂曲難通。觀下文「惟貌有稽」，犯者之貌也，則眾謂罪人。稽貌，書疏：「察其貌者，即周禮（小司寇）五聽：辭聽、色聽、氣聽、耳聽、目聽也。鄭玄以爲：辭聽，……（詳註四九）。」貌，史記作訊；訊：言也（爾雅釋言及周禮小司寇「用情訊之」注），辭也（詩出車「執訊獲醜」傳云辭即言，箋：「訊，言也。」）。惟訊有稽猶上文「簡五辭」，此篇上下數揭據辭決獄之意，史作訊、特馬遷詁訓字耳。貌本又作緢（說文緢下引、古寫隸古定本、隸古定本），貌爲「容儀」、緢曰「旄絲」（竝據說文），兩義絕不相通。尚書集釋（頁二五八）：「兮甲盤訊字作[illegible]，與緢形近，故訛爲緢，又轉爲貌。」存參。唯二字中古同音（莫教切），上古同在宵部。緢固得借爲貌，撰異（經解卷五九六）：「尚書本作緢，孔安國以今文字讀之，審爲貌之假借，乃更爲貌字。……說文所載尚書奇文異畫正同。此說文多存壁中之舊文，而尚書則多從安國已下諸儒所讀。孔傳雖僞，亦多舊說。釋文、正義不言馬鄭說『惟貌』有異解也。」斯論謹塙。音疏謂作貌衛包改，緢訓細微。孫疏、今文

五七

經說攷皆據緇以申經義，謂在此有細察之意；而商誼（卷三）：「貌，讀爲藐敏案：孫疏：「經文之貌，或藐省文也。」，方言『藐，廣也』，……貌有稽者，廣以稽核之也。」準是，則上句「有眾」，可以籠統眾獄官、眾罪犯、一切事證言之。吁！引申假借益濫而經義轉晦。

簡，核也；義兼簡孚，謂核實也（參註五〇、五一）。聽，見註四九。不聽，猶今法語「不受理」、「不起訴」也。具，共也（史記詁作共，爾雅釋詁：共，具也。）。嚴，敬也（詩殷武「下有民嚴」傳）。威，刑懲也。天威所當共敬者，東萊書說（卷三四）：「蓋刑乃天之威，非君之私權也。」○上文先有肯定句「五辭簡孚」，則……，繼以否定句「五刑不簡」，則……；此亦先有肯定句「簡孚有眾」，……續以否定句「無簡不聽」，……：皆作四字一句。上作「簡孚」，複語也；下作「簡」，單語也。撰者求句之字整齊，因下兩句須有「不、無」字，非省略一字不可；而省略「孚」字於義無損。余以是知一簡字兼簡孚二文之義也。不聽，僞孔傳「不聽理」，即今語不受理也。禮記王制：「司寇聽訟必三刺」，「有旨無簡不聽」，義當同此。聽史記作疑，會注考證張文虎曰：「集解但引書傳，索隱、正義無辨，是所見本皆作聽，今本傳寫誤。」案：涉上下眾疑字而譌，張說是。尚書故（在經說二之三）：「鄭注王制說不聽云『不論以爲罪』，是也。史記聽作疑，讀爲擬。」案：擬，說文：度也：不度究與不論以爲罪有閒，吳氏何必支蔓其義？

墨辟疑赦，其罰百鍰，閱實其罪（註五八）。劓辟疑赦，其罰惟倍，閱實其罪（註五九）。剕辟疑赦，其罰倍差，閱實其罪（註六〇）。宮辟疑赦，其罰六百鍰，閱實其罪（註六一）。大辟疑赦，其罰千鍰，閱實其罪（註六二）。墨罰之屬千，劓罰之屬千，剕罰之屬五百，宮罰之屬三百，大辟之罰、其屬二百（註六三）：五刑之屬三千（註六四）。

釋文

五八　墨，即上文黥（已詳註九）；史記周本紀詁作黥（下文「墨罰之屬」仍作墨，本字未易。）。此辟及下文五辟（書古文訓竝作侲，古文法辟之辟也，參金縢篇。），皆訓罪。疑赦……罰……，謂罪狀可疑，赦其肉刑，改以罰金也。（下竝同）墨辟疑赦，謂定以墨刑而罪狀可疑，則赦之而不墨，更以罰金，寬減之也。鍰，或作饌、選、鋝、率，周代貨幣名，銅質，每鍰約重六兩。閱實，核實也；義同上文「簡孚」。閱實其罪，核實犯人之罪，令與罰相當也。（下倣此）○辟，說文辟部：「法也，从卩从辛，節制其辠也。」是治罪曰辟東萊書說卷三四：「載於法謂之刑，加於人謂之辟。」。周禮司刑「墨罪五百，劓罪五百，……」五罪字適當此五辟字。爾雅釋詁：「辟，辠也。」若就「治罪」義引申，辟亦得有刑（刑）義，故管子君臣上「論法辟權衡斗斛」注：「辟，刑也。」則墨辟義爲墨刑，謂犯墨刑之法者，固亦可通。疑赦，類禮記王制「疑獄，汜與眾共之，眾疑赦之」，疏：「疑獄，謂事可疑難斷者也。」是所疑爲犯者之罪情，東坡書傳（卷十九）：「所謂疑者，其罪既閱實矣，而于用法疑耳。」猶今法言援用法條可疑，似非經義。周禮職金疏：「呂刑云『墨罰疑赦，其罰百鍰』，……夏侯、歐陽說云『墨罰疑赦，其罰百率』。」今文攷證（卷二六）：「……作墨罰，則三家今文於下文剕臏宮大辟等句辟字，皆當作罰；不以爲五刑，而以爲五罰也。今文家所以作罰者，蓋肉刑始於苗民，……至夏后始正用肉刑，然亦未嘗輕用，乃制罰以贖罪。大傳云：「語曰：『夏后氏不殺不刑，罰有罪而民不輕犯。』……蓋五刑不輕用而但用罰，故今文家不云墨辟而云墨罰；若罪可疑則並不罰，赦之而已，故云墨罰疑赦；其不可赦者乃罰之六百兩。……推之下文，剕臏宮大辟，其說當同。」案：日加藤虎之亮周禮注疏音義校勘記（卷三六）：「墨罰疑赦，原文罰作辟，浦已正。」是今文或原作「墨辟」，作「罰」者，後人誤從賈疏誤引呂刑改。即或不爾，「墨罰」或三家之「說」，不足定尚書本文，蓋治臯亦曰辟亦曰罰（盤庚：「罰及爾身弗可悔。」多方：「我乃其大罰殛之。」）。至解疑赦云云，謂「若罪可疑則並不罰，赦之而已」，請以全解（卷三九）證其失：「五刑之疑尚不免於罰，而謂之赦者，蓋雖以金自贖，而幸其不至於殘潰其肌體，是亦赦也；下文『墨辟疑赦』之類皆然也。……『墨辟疑赦，其罰百鍰』，於『疑赦』之下『罰』字之上言『其』字者，指其上之辭，則百鍰之罰正以疑而赦也。」罰金，事亦見彝銘周成王時，師旅受罰金三百寽。又曶鼎（孝王時器）：「昔饉歲，匡眾氒臣廿夫寇曶禾十秭。㠯匡季告東宮。東宮迺曰：『求乃人，乃（如）弗得，女（汝）匡罰大。」厲王時器矢人盤記罰金千鍰。鍰，大傳（輯校二，補注五、疏證六竝同。）作饌陳壽祺曰：「他本作鐉，非；惟震澤王氏史記本不誤。」段玉裁曰：「大傳曰『一饌六兩』，率與選饌皆雙聲，今刻尚書大傳作鐉者，誤也。」案：壽祺謂史記平準書索隱引大傳「死罪罰二千饌」證此「一鐉六兩」之鐉爲饌之誤。饌、鐉竝从巽聲，段氏竝入古音十四部，二字又皆可借爲鍰，未必饌正鐉誤，段氏從與率、選雙聲否乎用斷正誤，疑有未當。，正讀（卷六）：「鍰以聲敏案：曾氏謂疊韻，參下。轉叚借……爲饌。」是也。鍰，漢書蕭望之傳作選云：「甫刑之罰，有金選之品。」』，……。案：選（*siwan）、鍰（*gʷan）（從高本漢音）古疊韻，段皆入十四部，正讀（卷六）：「鍰以聲轉叚借爲選。」是也。（史記平準書「白金三品，其一曰重八丙，圜之，其文龍，名田白選」，漢書選作撰；是撰又音轉叚借爲選。）鍰又以爲即鋝，周禮考工記冶人「重三鋝」，注：「鄭司農云：『鋝，量名也。讀爲刷。』玄謂：許叔重說文解字云：鋝，鍰也。」敏案：說文金部：「鋝，十一銖二十五分之十三也。」又：「鍰，鋝也。」鄭君主說鋝字，故改說文。漢書蕭望之傳顏注：「鋝即鍰也。」小爾雅廣衡：「鋝謂之鍰。」鋝古音祭部，鍰，在元部，主元音近，一收t尾，一收n尾，可通假。鍰、鋝、初作爰、寽。張光裕君比較金文寽字（如曶鼎[古文字形]、毛公鼎[古文字形]）與爰甲骨文（如乙八七三〇[古文字形]）及金文（如[古文字形]），略謂爰、寽相近（毛公鼎[古文字形]可隸定作寽），二字在西周時尚通用（先秦泉幣文字辨疑頁六五）。清孫鳳起釋書呂刑鍰字（載皇清經解卷一三八九）云：「鍰、鋝二字形相近，薛尚功鐘鼎款識（卷十一）周師淮父卣銘云『錫貝山埒』，今考定當爲『錫貝[古文字形]（卌）爰』，爰正作[古文字形]，與寽字相類；又今嘉定錢氏所藏周祖罕彝銘云『王錫金百爰』，爰作[古文字形]，知其始本一字也。後世小篆作而加金作鍰，文既殊而音隨異矣。」鍰，史記周本紀作率，集解徐廣曰：「率即鍰也，音刷。」周禮職金疏：「夏侯、歐陽說云『墨罰疑赦，其罰百率』，……古尚書說『百鍰，鍰者，率也』。……鄭玄以爲古之率多作鍰。」案：

刷、率，古音心母，同在十五部（段表），故徐氏音率曰刷也。率（*sljwət或*ljwət）借爲鋝（*ljwat），古音段皆入十五部；鍰、鋝通用，故率亦常代作鍰。覈詁（卷四）：「古文作鍰，今文作率，古元、術二部通用。」總據上考，鍰、饌（或作鐉）、選（或作撰）、鋝、率字皆通。鍰之爲物，銅質，僞孔傳：「鍰，黃鐵也。」疏：「此傳言黃鐵，……是今之銅也。」於周爲貨幣，參近人王名元殷周貨幣攷。每鍰重量：（一）六兩，僞孔傳：「六兩曰鍰。」王肅曰：六兩爲鍰（周禮考工記冶氏疏引），賈逵引俗儒說，以爲每鋝重六兩（釋文及書疏載馬融述賈逵之言），撰異（經解卷五九六）：「俗儒者，謂歐陽、夏侯，即大傳之『一饌六兩』也。」周禮職金疏：「夏侯、歐陽說云：『……古以六兩爲率。』」鄭玄亦以六兩爲鍰，一見釋文，又鄭大傳注（見輯校二）：「所出金鐵也；死罪出三百七十五斤。」死罪罰千鍰（六千兩），正合三百七十五斤。小爾雅廣衡：「二十四銖曰兩。兩有半曰捷（捷合一兩半），倍捷曰舉（舉合三兩），倍舉曰鋝（鋝合六兩），鋝謂之鍰。」馬融云（史記平準書索隱引）：「饌，六兩。」釋文又云：「六（當作鍰），鋝也。鋝，十一銖二十五銖之十三也。馬同。」是馬作兩說。（二）六兩又大半兩，周禮考工記冶氏注：「今東萊稱，或以大半兩爲鈞，十鈞爲環，環重六兩大半兩。……三鋝爲二十兩。」賈疏：「一兩二十四銖，十六銖爲大半兩也。」說文：「鋝，……周禮曰『重三鋝』，北方以二十兩爲三鋝。」（三）十一銖二十五分銖之十三，見說文鋝下及釋文引說文及馬融說，又見古文尚書說（周禮職金疏引）。案：（一）、（二）說極近，或爲北方之說；（三）殆南方之說。疑以前者計罰，適中近是。張光裕君述近人說，云鋝有大小，大重六兩大半兩，以計銅之重量；小重十一又二十五分之三銖，用計黃金重量（先秦泉幣文字辨疑頁六二—六三）。愚謂：呂刑科罰黃銅非黃金，即鋝有小，此亦不合據以計量，聊錄此用備查考。閱訓簡者，左桓六年傳：「秋大閱，簡車馬也。」周禮大司馬「中冬教大閱」，注：「冬大閱，簡軍實。」實，誠也、孚也：參註五〇。便讀、尙書故竝謂閱實即簡孚。書疏：「檢閱核實其所犯之罪，使與罰名相當，然後收取其贖。此既罪疑而取贖，疑罪不定，恐受贖參差，故五罰之下皆言閱實其罪。」檢義同簡，以實爲核實，尤爲貼切。纂疏（卷六）引夏僎曰：「每條必閱實其罪，恐閱實其一切而忽其他，故不嫌費辭也。」乃述聞（經解卷一一八三）云：「呂刑……『閱實其罪』，『實』亦語詞。……閱當讀『用說桎梏』之說，古字閱與說通。說者，解釋也。上言赦，下言閱，其義一也。——百鍰既納，則釋其罪。」覈詁（卷四）：「說即古脫字也。實與寔同，通作置。……說文：置，赦也。」濫用假借，於單字義勉合，度制法本意，竟無可通者。

五九　剕（古寫隸古定本、內野本、書古文訓皆作剕），說詳註九。倍，爲墨罰之倍，二百鍰也。○倍，史記作倍灑，集解徐廣曰：「灑一作蓰，五倍曰蓰。」則剕罰爲五百鍰，刑比剕輕而罰反重，無是理也。撰異（經解卷五九六）：「灑當讀如釃酒之釃，即倍差也。……書之倍差、孟子之倍蓰、史記之倍灑，三字同在支歌，古音相近；謂倍之而又不止於倍也。……史記剕臏二項，蓋本皆作倍灑，與古文異。後人於臏改從古文作差，而剕則仍其舊。」今文經說攷（卷二九）據之，定剕罰爲二百五十鍰。案：本篇「惟倍」，惟，史記詁經，則去語詞

「惟」，然若作「其罰倍」，句字參差，因加「灑」於下，作「其罰倍灑」，倍灑，倍數也，義同「惟倍」。考灑借爲⿰麗攴，說文从麗聲；⿰麗攴，說文：「數也，从攴麗聲。」古音段皆入十六部。⿰麗攴訓數量，詩文王「商之孫子，其麗不億」，傳：「麗，數也。」麗借爲⿰麗攴。是麗、灑之借義，數也。沙畹（Chavannes）、高本漢（並見書經注釋）、中井積德（見史記會注考證）咸謂灑字衍，未深考也。

六〇 剕，或作臏（尚書大傳、史記述引，並參看下「剕罰之屬」注），斷足也。大傳（輯校二）：「決關梁踰城郭，而略盜者，其刑臏。」倍差，比劓罰多一倍半，謂五百鍰也。○剕，偽孔傳：「刖足曰剕。」刖，絕也（說文），是刖足即斷足（周禮司刑「刖罪五百」，引申「絕」義爲「絕足」，故鄭注：「刖，斷足也。」）。字亦作⿰足非，爾雅釋言：「⿰足非，刖也。」注：「⿰足非，斷足。」釋文：「⿰足非，本亦作剕，同；扶味反。……刖足曰剕。」李巡曰：「斷足曰刖。」（書疏引）說文足部：「⿰足非，跀也，從足非聲。」又：「跀，斷足也，从足月聲。」剕、⿰足非、刖、跀，古音段氏皆入十五部，並相通也。臏，說文無，而有髕，段注：「臏者，髕之俗。」剕作臏者，古今文之異；臏亦當釋爲斷足，撰異（經解卷五九六）：「凡古文尚書剕，今文尚書作臏，（下引史記、大傳、漢刑志、白虎通、元命包，從省。），……蓋賓聲、非聲相關通，……伏生教於齊魯之閒誤作臏字，失其實也（段注說文：「蓋⿰足非者，臏之一名，……今文尚書作臏，古文尚書作剕，實一事也。臏作⿰足非，如禹貢蠙作玭、商書紂作受，音轉字異，非有他也。」）」（周以前或有臏刑，說文「髕，厀耑也。」說文跀下段注：「唐虞夏刑用髕，去其厀頭骨也。」白虎通五刑篇：「臏者，法金之刻本；腓者，脫其臏也。」風俗通：「……故穿窬盜竊者髕，髕者，去膝蓋骨也。」（中法漢學研究所編風俗通通檢附佚文卷一，原注：「髕者去膝蓋」五字，依漢書五帝紀注補。敏案：御覽六四八引風俗通作「髕，去其髕骨也。」）姑置勿論可也。）胡厚宣殷代的刖刑（文史論叢，此從呂刑研究頁一二八—一二九轉引）。謂卜辭有[illegible]、[illegible]等字，象人一足長一足短，一旁象刀鋸，或有手持之，斯斷足刑之本字，說文尢之重文[illegible]即此字，羣籍或作尪。亦參看趙佩馨、許進雄文（見註九）。錄以備稽。倍差，馬融曰：「倍二百，爲四百；差者，又加四百之三分之一，凡五百三十三鍰三分鍰之一也。」（釋文引）釋差爲加多三分之一，而以爲乃加倍後之和之三分之一。史記正義：「倍中之差，二百去三分一，合三百三十三鍰二兩也。」以差爲減少三分之一，而以爲乃從所加一倍中扣減三分之一，則所加者只有一百三十三鍰二兩（二兩等於三分之一鍰），音疏說結果同。便讀（卷四下）：「惟倍，八十三斤也。……差猶二也，倍之外又加三分所倍之二，則爲銅三十八斤有奇也。」（數字恐有寫誤）案：諸家解差爲三分一或三分二，不知準何，又金皆奇零非整，不便施行。皆不可取。書經注釋（頁一〇七五）謂倍是百鍰加一倍，（差，差別也。）再加倍（二百鍰）與原數（一百鍰）之差——一百鍰，則倍差乃三百鍰也。案：墨、劓刑輕，罰數宜近；剕、宮刑重，罰數宜不遠，高本漢說未適。唯僞孔傳說近情，云：「倍差，謂倍之又半，爲五百鍰。」疏：「倍差，倍之又有差，則不啻一倍也。下句贖宮六百鍰，……。截鼻重於黥額，相校猶少；刖足重於截鼻，所校則多；刖足之罪近於宮刑，故使贖剕不啻倍劓而多、少近於贖宮也。」正義析理較精，從之。王安石尚書新義（輯本頁二二七）：「倍差者，謂以百鍰、二百、四百相倍而爲差也。」全解（卷三九）評之曰：「則是以倍爲四百鍰，或曰『惟倍』、或曰『倍差』，駁文也。」存參。

六一 宮，僞孔傳：「淫刑也；男子割勢，婦人幽閉；次死之刑。」大傳（輯校二）：「男女不以義交者[敏案：是謂淫。]，其刑宮。」（參註九椓）○鄭注周禮司刑「宮罪」：「宮者，丈夫則割其勢，女子閉於宮中。」又注禮記文王世子「公族無宮刑」：「宮，割淫刑。」竝與僞孔合。男子於蠶室行宮刑，後漢書光武帝紀注：「蠶室，宮刑獄名。宮刑者畏風，須暖，作窨室蓄火如蠶室，因以名焉。」女幽閉，宮或在臺亢，曲守約中國古代法律條述（法學叢刊十二期）：「左傳僖十五年杜注云：『古者宮閉者，皆居之臺，以抗絕之。』列女傳辯通篇齊威虞姬傳云：『周破胡惡虞姬嘗與北郭先生通，王疑之，乃閉虞姬於九層之臺，而使有司即窮驗問。』」非坐淫而被宮刑者，古亦有之，書疏：「本制宮刑主爲淫者，後人被此罪者，未必盡皆爲淫，昭五年左傳：楚子以羊舌肸爲司宮。非坐淫也。」六百，史記作五百，案：漢今古文本咸作六百，五爲六之誤寫，集解徐廣曰：「五，一作六。」當據以正。

六二 大辟，死刑也（僞孔傳）。書疏：「死是罪之大者，故謂死刑爲大辟。」大傳（周禮司刑注引）：「降畔寇賊，刼略奪攘撟虔者，其刑死。」○千鍰，史記平準書索隱：「尚書大傳云：『夏后氏不殺不刑，死罪罰二千饌。』鄭云注大傳「一饌六兩」云：「死罪出三百七十五斤。」適合千鍰（六千兩），是鄭君所據大傳本，原作「千饌」，「二」字索隱引衍。陳壽祺（輯校）、喬樅（今文經說攷）父子及皮錫瑞（尚書大傳疏證）竝謂。

六三 五「罰」字，周禮司刑皆作罪、白虎通五刑篇及春秋元命包（公羊襄廿九年傳疏引）竝皆作辟。屬，類也；罪案之種別也。墨罰之屬千，謂適用墨罰之罪目凡千類，各皆科罰金百鍰也。劓罰至大辟罰之屬，說倣此。剕，周禮司刑作刖、史記、春秋元命包（公羊襄廿九年傳疏引）、漢書刑法志、白虎通五刑篇（陳立疏證本作腓）則皆作臏。（參註六〇）大辟，周禮司刑作殺。〇罰作罪，呂覽仲秋「行罪無疑」注：「罪，罰也。」又作辟，治辠曰辟，是亦罰也（參註五八）。屬，分類也，周禮甸祝「致禽于虞中，乃屬禽」注：「……使獲者各以其禽來致于所表之處；屬禽，別其種類。」疏：「禽獸既致於旌旗之所，甸祝分別其種類，麋鹿之類各爲一所云。」是適墨罰之罪情，分別之而爲千類，屬云云猶甸祝分別麋鹿爲一類、雉𪇰爲一類……，故東坡書傳（卷十九）曰：「屬，類也；……五罰之罪，皆分門而類別之也。」罪類之數，周禮司刑：「墨罪五百、劓罪五百、宮罪五百、刖罪五百、殺罪五百。」五刑之罰皆整齊爲五百目，是輕刑（墨劓，言輕重依呂刑，下同。）皆少五百目、中刑（剕）同、重刑（宮、大辟）則分別多二百目、三百目。——周禮者，戰國中晚葉書，其因襲損益本篇甚明，罰目總數減五百，而重目加多，是總目數雖少而議法加重也。鄭注司刑：「夏刑：大辟二百，臏辟三百，宮辟五百，劓、墨各千。」罰數剕少二百目、宮多二百目，故總罰數同本篇。鄭所謂夏刑，殆本大傳。又「夏刑」及周禮皆宮輕於剕（周禮敘罪，輕先重後，宮在刖先，「夏刑」敘罪反是，而臏在宮先，且臏三百、宮五百：由此認定之。），刑罰世輕世重，四肉刑之爲害輕重，認識亦因時而易，乃疏謂：「夏刑以下，據呂刑而言，案：呂刑『剕辟五百、宮辟三百』，今此云『臏辟三百、宮辟五百』，此乃轉寫者誤，當以呂刑爲正。」尚書故（在經說二之三）疑臏宮二字誤倒，皆失於未加深考。

六四 五刑，即上文墨刑、劓刑、剕刑、宮刑、大辟（刑）也。五刑之屬三千，謂五刑之罪可疑，易繳罰金者，其罪目總共三千也。〇刑，魏石經古文作从土[illegible]（下文「其刑其罰」，魏石經古文亦作㓝。竝據孫星衍魏三體石經遺字考。），古文以儀型字借爲刑辟字，兩字古音同（段表皆在十一部），經籍儀型字常假刑字爲之，則型亦得假爲刑辟字，理兩宜也。書古文訓本篇刑悉作㓝。僞孔傳：「別言『罰屬』，合言『刑屬』，明『刑』『罰』同屬互見，其義以相備。」案：「五刑之屬」之下省略「五罰」，所以省者，一以承上，再以罰因刑而生，犯刑罪可疑而乃從罰也，僞孔刑與罰互文備義之說，失正。五刑之屬三千，孝經五刑章云：「子曰：五刑之屬三千，而罪莫大於不孝。」、尚書大傳云：「夏刑三千條。」（輯校二）殆即鄭注司刑引，已詳註六三。、史記已詳註六三、鹽鐵論刑德篇、春秋元命包（公羊襄二十九年傳疏引）云：「列爲五刑，而罪次三千。」、漢書刑法志、後漢書宗室四王三侯傳云：「甫刑三千，莫大不孝。」、又杜林傳云：「周之五刑，不過三千。」、陳寵傳云：「甫刑大辟二百，五刑之屬三千。」，或述或引，總數皆作三千，其間有誤解周刑條三千者，近人黃秉心中國刑法史云所謂三千，……乃指適用五刑之種目，非法三千條也。

上下比罪，無僭亂辭（註六五），勿用不行（註六六）；惟察惟法，其審克之（註六七）。上刑適輕，下服；下刑適重，上服，輕重諸罰有權（註六八）。刑罰世輕世重，惟齊非齊，有倫有要（註六九）。罰懲非死，人極于病（註七〇）。非佞折獄，惟良折獄，罔非在中（註七一）。察辭于差，非從惟從（註七二）。哀敬折獄，明啓刑書胥占，咸庶中正（註七三）。其刑其罰，其審克之（註七四）。獄成而孚，輸而孚（註七五）。其刑上備，有并兩刑（註七六）。」

釋文

六五　上與下，相對爲文，謂較重（之刑）、較輕（之刑）也。比，附也。上下比罪，蔡傳：「比，附也；罪無正律，則以上下刑而比附其罪也。」僭，亂也（詩鼓鍾「以雅以南」集傳）；僭、亂，爲複詞，辭，獄辭也；包罪人口供及法官審訊判決文。〇上下比罪，欲以有限法條，盡無窮之情，因賦執法者以較大之酌量權也，書疏已知之，云：「罪條雖有多數，犯者未必當條，當取故事並之；上下比方其罪之輕重，上比重罪，下比輕罪，觀其所犯，當與誰同。」東萊書說（卷三四）大略承之，曰：「刑者，律也；比者，例也。罪無正律，舉輕以明重，舉重以明輕，所謂上下比罪也。三千之刑，可謂眾矣，猶不能盡天下之罪，不免於上下求其比，以是知天下之情無窮，而法不可獨任也。」戴立寧曰：「……比附相當於今日之類推解釋，因爲罪刑法定義所不容，而我國古代法例，則鼓勵比附，以增加律條之彈性，而予執法者大量之裁量權。」（由尚書呂刑篇看我國古代刑法，法學叢刊三四期。）戰國至漢法典，沿用比附，禮記王制：「凡聽五刑之訟，……必察小大之比以成之。」注：「小大，猶輕重也。已行故事曰比。」周禮大司寇：「凡庶民之獄訟，以邦成弊之。」注：「邦成，八成也。……鄭司農云：『……邦成，謂若今時決事比也。』」疏：「小宰云『一曰……』，此八者皆是舊法成事，品式若今律。其有斷事，皆依舊事斷之；其無條，取比類以決之，故云決事比也。」案：決事比，見漢書刑法志。辭，「囚之訟辭（口供）及決獄之辭」（孫疏卷二七）。法曹竄亂訟辭，述聞（卷二七）：「漢書刑灋志云：『姦吏因緣爲市，所欲活則傅生議，所欲陷則予死比。』若此者，其於五辭也，必有竄之、翻之而亂之者矣。」

六六　不行，謂已廢止不用之法也。音疏（經解卷三九九）：「不行，謂已革之灋。」○勿用不行，舊謂不可用僭亂之辭折獄（傳疏），或云勿用不可行者爲法（東坡）。至東萊書說（卷三四）始近正，云：「此例固有昔嘗有之而今不行者矣，故戒之以『勿用不行』也。」蔡傳漸備，云：「不行，舊有是法而今不行者，戒其……勿用今所不行之法。」迨書經注（卷十二）作而義大明：「又不可引用久不行之法。蓋古今更定不同，舊有是條，久已不用，民不知而犯之，既犯而復引用焉，是陷民也。」音疏、孫疏（卷二七）皆因宋人爲說，孫云：「不行者，謂蠲除之法，晉書刑法志引春秋保乾圖曰：『王者三百年一蠲法。』」

六七　察，明審也。惟察惟法，謂明審案情，依法判決也。○大傳（疏證卷六）：「聽訟之術，大略有三：治必寬，寬之術歸於察；察之術歸於義。是故聽而不寬，是亂也；寬而不察，是慢也。古之聽訟者，言不越情，情不越義。」似即釋此句者。「歸於義」、「不越義」，謂一憑法理也。

六八　上刑、下刑，重刑、輕刑也（參註六五）。適，宜也。下服、上服，服較輕、較重之刑也。書經注（卷十二）：「罪在上刑而情適輕，則服下刑，此減等也；罪在下刑而情適重，則服上刑，此加罪也。」罰，刑懲也。有權，有所衡量也。◯金氏說最謹切，書纂言（卷四）、音疏（經解卷三九九）竝從之，前者曰：「刑在上而情適輕，則減一等而下服；刑在下而情適重，則加一等而上服。」後者曰：「下服，減等也；上服，加等也。本在上刑之科而情適輕，則減一等治之；本在下刑之科而情適重，則加一等治之。」張金鑑歷代科刑制度之演變（政治大學學報二三期）：「刑罰適用時，依原情、量罪、疑事三者之情節，得為上下輕重出入加減之決定。……呂刑曰：『上刑適輕，下服；……』此……原情、量罪、處疑時，刑之酌科與加減而見於古籍者。」情適輕適重，即原情而為加減也。兩適字，或竝作挾，後漢書劉愷傳：「愷獨以為春秋之義，善善及子孫，惡惡止其身，所以進人於善也。尚書曰：『上刑挾輕，下刑挾重。』如令使臧吏禁錮子孫，以輕從重，懼及善人，非先王詳刑之意也。」撰異（經解卷五九六）：「愷所用，今文尚書也。以策字隸多為筴例之，適之為挾，恐亦類此。」段蓋謂从朿之字（如策）常作成从夾之字（如筴）；適字篆作[illegible]，字右[illegible]近[illegible]（策字偏旁），因變作挾字。案：段說迂曲；且須證挾、適意義在此相關，又闕略未言。尚書故（經說二之三）：「如劉愷所言，則此經乃不以輕從重，不纍及無辜之恉。……愷所見本作挾，挾猶夾，其義為兼，兼義勝，大傳云『小罪勿增，大罪勿纍』，鄭注：『延罪無辜曰纍』，與愷義同，當是說此經。小罪勿增者，上刑挾輕下服也；大罪勿纍者，唐律所云『不纍輕以加重』，下刑挾重上服也。……鄭大傳注云『二人俱罪，甫侯之說敏案：原脫字，今補。刑也。』似說此經，獨異。劉愷說『以輕從重，懼及善人』，與鄭『二人俱罪』義同，亦與『延罪無辜』說合。」案：味太尉劉愷意，范邠貪贓罪輕，不應累及其子孫；累則是以輕罪而重懲之，固與呂刑「上刑適輕，下服」寬減之恉有悖，亦與「下刑適重，上服」加等之恉未合，皆非先王原情以量刑之義。挾，荀子王霸篇「政令以挾」，注「挾，讀爲浹，洽也。」洽，合也（詩載芟「以洽百禮」箋）；合義同適。「挾輕、挾重」，適輕適重也。吳氏訓兼，則愷所引二句，義爲上刑兼輕、下刑兼重矣，卒不可通；至言延罪無辜一節，愷誠有此意，唯非其論事主旨，用釋此經，未爲切要。又上刑適輕、下刑適重云云二聯句，皆謂一人有一罪，僞孔釋上刑適輕爲一人有一罪是，而謂下刑適重乃一人有二罪，則是重而輕并數；劉炫說（書疏引）以爲二聯句皆一人有二罪，李賢注後漢書略同：竝失之。罰，諸家或泥上文五罰，釋爲罰鍰，失之（下「刑罰」、「罰懲」之罰，同誤。）。輕重諸罰有權，音疏（經解卷三九九）：「權者所以審輕重而酌其平，……公羊桓十一年傳云：『權者反于經然後有善者也。』」引公羊發明本經，甚切要。

六九

世，時代也。刑罰世輕世重，言制刑與用刑隨時代需要而輕重也。王安石曰：「上言刑罰輕重有權者，權一人而爲輕重也；此言世輕世重，權一世而爲輕重也。」（全解卷三九引）上齊字，動詞，義同論語爲政「齊之以刑」之齊，齊整之也（論語集解引馬融論語注）。非齊，謂非法也。倫，義同康誥「殷罰有倫」之倫，理也；有倫，當理也。要，中也；有要，合中（謂輕重適中）也。○後漢書應劭傳：「夫時化則刑重，時亂則刑輕（敏案：二句本荀子正論，詳下。）書曰『刑罰時輕時重』，此之謂也。」（化，本是治字，唐人避唐高宗諱改，集解錢大昕說。）引書兩世字作時者，諱改耳，非關今古文之異（今文攷證卷二六）。周禮大司寇：「刑新國用輕典，……刑平國用中典，……刑亂國用重典。」合此經之義。荀子正論反是，云：

七〇

「……故治則刑重，亂則刑輕；犯治之罪固重，犯亂之罪固輕也。書曰：『刑罰世輕世重。』此之謂。」孫卿以本經「詿我」，「我」固非經義也。大傳（輯校二）：「（孔子）又曰：茲殷罰有倫，今也反是，諸侯不同聽，每君異法，聽無有倫，是故知法難也。」是援康誥以釋本篇。要，便讀（卷四下）：「猶中也。」述疏（卷二七）申明之，云：「說文云：要，身之中也。要與腰通，要者，脊之要也，故在中焉。今治刑之要，皆其中也。」案：太玄經達篇「不要止洫」，注：「要，中也。」本篇數揭中道，以爲一篇綱領（說已詳註二五），釋要曰中，得之。孫疏（卷二七）據周禮注鄭司農說，謂要爲簿書，非此經義。

罰懲，今恆言「懲罰」。非死，非致人於死也。極，困厄也。二句謂刑懲即使非處死，然人已困厄於病苦矣；言當愼刑。○極，猶孟子離婁下「又極之於其所往」之極，注：「極者，惡而困之也。」困猶困厄。人，漢藝文志考證（卷一）引漢儒尚書異字作佞，撰異（經解卷五九六）：「佞與人古同部（段均入十二部）同音，如國語『佞之見佞，果喪其田』，佞、田爲韻；大戴禮公冠篇『祝雍辭曰：使王近於民，遠於佞』，民、佞爲韻；左氏春秋『佞夫』，公羊作『年夫』。此蓋漢人所引今文尚書也，今未檢得出何書。」案：人爲簡易常用字，今文家無緣借佞爲之，段誤！今文攷證（卷二六）：「今文說蓋以『佞極于病』即『非佞折獄』之佞。」案：非佞之佞，獄官也；人極之人，犯者也：判然兩人。皮不得其解而強爲之辭也。意者，漢儒或誤解「人極于病」爲令惡人病苦（僞孔傳即依持此說者，云：「欲使惡人極于病苦，莫敢犯者。」），故改經人字爲佞字，不然則涉下佞字而譌。罰懲、人極二句，便讀（卷四下）：「言罰以懲戒于人，人即非死，已極于病苦，是故折獄不可不愼也。」於經愼刑之意，體認甚允。釋義（頁一四三）：

「非死，謂非致之死地也。按：極，困厄也。二句言罰懲雖非致人於死，然已困厄於病痛也。」審正字義，勝越舊說。

七一　佞，對下句良言，謂惡人也。折，斷也（參註八、二一）。兩折獄，審理罪案也。良，謂善人也。中，中正也；謂公正。○佞，說文：「巧讇高材也。」截截善諞者，僭亂獄辭，是即惡人，國語晉語三「佞之見佞」注：「僞善爲佞。」僞善以邪曲害公，眞惡人也。徐幹說此中以施刑適中，適中必正中，亦通，中論賞罰篇：「賞罰不可以重，亦不可以輕；賞輕則民不勸，罰輕則民亡懼；賞重則民徼倖，罰重則民無聊。故先王明庶以德之，思中以平之，而不失其節。故書曰：『罔非在中。』」

七二　辭，口供也。差，不齊一也（釋義頁一四二）；猶今語前後矛盾。察辭于差，書經注（卷十二）：「此古今聽獄之要訣也。凡辭之非實者，終必有差，故察獄辭者必於其差而察之，（則囚之不承者承矣。）」非從惟從，商誼（卷三）：「公羊宣十二年傳『告從』，注云：『從，服從（也）。』惟，讀如『其命惟新』之惟，乃也。言能察辭于差，則不服者乃服也。」○宋儒論察辭于差，精者甚多，東坡書傳（卷十九）：「事之眞者，不謀而同；從其差者而詰之，多得其情。」東萊書說（卷三四）：「辭之實者，屬訊屢鞫，前後如一；欺罔文飾者，雖巧於對獄，其辭要必有差，因其差而察之。」清儒多不知引，乃於大傳，即非切要，亦不憚徵引，大傳（輯校二）：「君子之於人也，有其語也，無不聽者，皇於聽獄乎？必盡其辭矣；聽獄者或從其情，或從其辭。」見音疏、後案、孫疏、今文經說攷、今文攷證述講，徒亂經義耳！

七三　敬，或作矜；矜，義同論語子張「如得其情，則哀矜而勿喜」之矜，憐憫也。哀敬，同上「皇帝哀矜」之哀矜。折，同註七一；大傳（困學紀聞卷二引）、漢書于定國傳竝作哲，哲借爲折。啓，開也。刑書，法典也。胥，相也。占，度也；謂審度之也。庶，庶幾也。○敬，明萬曆程榮輯漢魏叢書本孔叢子刑論：「書曰：『哀矜折獄。』（四部叢刊影明翻宋本孔叢子矜作敬）……孔子曰：『古之聽訟者，……雖得其情，必哀矜之。』」孫星衍輯孔子集語（卷下）論政篇載大傳曰：「子曰：聽訟雖得其指，必哀矜之，死者不可復生，𢇍者不可復續也。書曰：『哀矜折獄。』」（亦見輯校二、疏證二，訟下竝衍一者字，𢇍（絕）竝誤作斷，唯王闓運尙書大傳補注本不誤。）困學紀聞（卷二）原注：「大傳：『哀矜哲獄。』」漢書于定國傳贊：「于定國父子哀鰥哲獄。」魏受禪表（見漢碑引經攷卷二）：「哀矜庶獄。」庾亮讓中書令表（文選卷三八）注引尙書曰：「哀矜折獄，明啓刑書。」案：敬（*kieng）與矜（*kieng）古音近，借爲矜。矜，憐也（詩鴻雁「爰及矜人」傳）、憫也（公羊宣十五年傳「君子見人之厄則矜之」注）。矜又作鰥者，二字音近相借也，詩鴻鴈序「至于矜寡」，釋文：「矜，本又作鰥。」禮記王制「老而無妻者謂之矜」，借矜爲鰥。咸可證也。臧庸拜經日記（經解卷一一七六）：「呂刑『哀敬折獄』，傳：『當憐下之人犯法，敬斷獄之害人。』……孔傳曰憐，正釋經之矜字，可證經作哀矜而不作哀敬矣。傳中敬字亦係淺人竄入。孔傳蓋言當哀矜下人之犯法（原注：釋哀矜。）、斷獄之害人（原注：釋折獄。）。若謂敬斷獄之害人，乃不辭；斷獄害人，何敬之有矜若言斷獄宜敬，不當承以害人。此明是下人犯法、斷獄害人二者，皆蒙上哀矜也。正義曰：『當哀憐下民之犯法，敬慎斷獄之害人。』釋經釋傳皆有此辭，則孔所據本已誤矣。」案：傳曰憐，釋經哀；敬字，但述而無釋，故疏加愼字曰「敬愼」以明之。敬斷獄之害人，謂斷獄可致人傷害，正上文「罰懲非死，人極于病」義，皆戒法吏須當愼刑，臧氏未及通貫全經，致看理不透。孔叢子、大傳、文選注皆作矜，各本述引無有作矜者（臧氏謂大傳、文選注竝作矜，不知所據所本。）。其判僞孔本經傳「敬」字爲淺人竄入。甚謬。至于定國傳作「鰥」，臧氏謂借爲矜，則得之。古文尚書拾遺定本（制言半月刊廿五期）：「哀敬折獄，……古文敬作茍，聲與亟同，方言：『亟、憐、憮、惀，愛也。』則亟亦有憐義。……敬亦本當作茍，讀亟。」案：苟、亟古音，段皆入第一部，唯敬非从苟得聲，不便相假；即敬本作苟讀亟，亦無哀憫意，因方言一雖亟、憐同訓，但又云「自關而西秦晉之間，凡相敬愛謂之亟」，殊無憫意，宜分別觀之。折作哲者，借字，或竟爲誤寫，參註二一。受禪表「庶獄」，用康誥文，云哀矜庶獄，謂憐憫眾獄訟之事，皮氏謂變呂刑「皇帝哀矜庶戮之不辜」而成，殆非。周穆王之前，吾國已有成文法典——刑書，已詳題解。

七四　刑、罰分言，刑謂懲治，罰謂罰金。

七五　成，定也。獄成，謂定讞也。孚，實也（參註五〇）。輸，謂奏上也；輸而孚，謂刑案既定，奏上於王（如在藩國，則爲國君。），亦合實情也。〇輸，東坡（書傳卷十九）見上有「成」，以爲必其反義，因曰：「輸，不成也；囚無罪，如傾瀉出之也。」孔廣森經學巵言（經解卷七一二）謂輸曰反案，云：「輸與渝通，春秋經『鄭人來輸平』，詛楚文曰『變輸盟刺』，其義皆爲渝。成者，有司讞獄于上，上從而定之也；渝者，反其案也。」述聞（經解卷一一八三）：「成與輸相對爲文，輸之言渝也，謂變更也。爾雅：『渝，變也。』

廣雅：『輸，更也。』獄辭或有不實，又察其曲直而變更之，後世所謂平反也。……隱六年左傳『鄭人來渝平，更成也』，公羊、穀梁渝作輸；秦詛楚文曰『變輸盟刺』，謂變渝也。是輸與渝通。豫上六『成有渝』，是渝與成相反。」（輸、渝通，亦見王念孫廣雅疏證（經解六六九下），引之申其說耳。）雙劍誃新證（卷四頁三十及三一）從之。案：輸（*s'iug）、渝（*diug）古韻近，字誠可通。唯此輸不當借爲渝變字，蓋此獄成乃初判決，具文呈上其案於王，下文「其刑上備」，是也；若有翻案，則乃又一度獄成。僞孔傳「上其鞫劾文辭（於王）」，全解（卷三九）申之，最確，云：「獄成而孚者，言獄辭之成而得其情實，……而其輸之於上，亦當得其情實。……王制曰：『成獄辭：史以獄成告於正，正聽之；正以獄成告於大司寇，大司寇聽之棘木之下；大司寇以獄之成告於王，王命三公參聽之；三公以獄之成告於王，王三宥然後制刑。』此正所謂獄成而孚輸而孚也。王之有司輸於王如此，則有邦有土之臣輸之於其君亦然。」禮記文王世子亦云獄成上呈，云：「獄成有司讞於公。」

七六

備，具也；具備公文書也。其刑上備，謂辦具文書，將已審決之刑案奏報王（其在藩國則爲諸侯）也。有并，有所合併也。有并兩刑，謂一人而犯二罪以上，止科一重刑也。○上，全解（卷三九）：「薛博士曰：凡稱上者，各指其上也。……告有邦有土，則國之士師指其君曰上；推而及王朝，則王之士師指天子曰上。」判決書呈奏君上，已見註七五引禮經可據，僞孔傳亦曰：「其斷刑文書上王府，皆當備具。」一人而犯數罪，止科其較重之一刑，據鄭君大傳注（輯校二）：「犯數罪，猶以上一罪刑之。」上一罪，自是較重一罪，皮氏疏證（卷六）：「鄭……蓋以一人雖犯數罪，惟科其重之一罪，而輕罪不更科。如墨、劓並犯，則惟劓而不墨；臏、宮並犯，則惟宮而不臏；大辟並犯墨、劓、臏、宮，惟加大辟而已。……公羊莊十年傳解詁曰：『律：一人有數罪，以重者論之。』昭三十一年傳解詁同。何氏所引，蓋漢律也；鄭注亦引漢律耳。」東坡書傳（卷十九）：「并兩刑從一重論。」略同鄭注、何詁。尚書故（在經說二之三）統兩句說之，讀備爲服，謂一人犯數罪，止并服重之一罪，是矣；而不以「上備」爲備文奏報於上，則考之未精，其云：「上備即上服，左傳『備物典策』，王引之以『備物』爲『服物』，是也。……鄭大傳注云……『上一罪』，即上服刑一罪，而數罪并于此一罪矣。」古文尚書拾遺（卷二）得失同，云：「石經古文尚書『臯服』作『臯葡』，春秋『叔服』作『叔葡』，則此『上備』即『上服』。蓋古文上『服』、下『服』皆作『葡』，特此未改耳。唐律：諸二罪以上俱發，以重者論；此言并兩刑，即并輕刑于重刑中，論以上服。……非兩罪絫加，亦非兩刑俱用也。」

王曰：「嗚呼！敬之哉！官伯、族姓（註七七）。朕言多懼（註七八）。朕敬于刑，有德惟刑（註七九）。今天相民，作配在下，明清于單辭（註八〇）。民之亂，罔不中聽獄之兩辭；無或私家于獄之兩辭（註八一）。獄貨非寶，惟府辜功，報以庶尤（註八二）。永畏惟罰；非天不中，惟人在命（註八三）。天罰不極庶民，罔有令政在于天下（註八四）。」

釋文

七七　伯，長也；官伯，官長也。族姓，謂同姓諸臣、即上文伯父、伯兄、仲弟、叔弟、季弟、幼子、童孫之倫也。○伯爲長，見說文、爾雅，故盤庚及酒誥「邦伯」、立政「立民長伯」，亦謂邦之君長、官之長也。官伯，僞孔傳謂是諸侯，案：尚書稱諸侯慣作「邦君」、「邦伯」等（上文作「有邦有土」），孔傳誤，夏解（卷二五）始得正，云：「此呂侯又呼百官之長及與王同族姓者而告之也。」而便讀（卷四下）云：「官伯，刑官之長（音疏（經解卷三九九）、孫疏（卷二七）竝以官伯謂司政典獄；司政典獄，二子皆云「謂諸侯也」。）」朱氏蓋以本篇論用刑，則官必謂刑官，非別有依據也。族姓，僞孔傳：「族，同姓；姓，異姓。」案：官伯——異姓，對族姓——同姓，孔傳分離族、姓而殊其義，失之。亦夏解初得義之正（已見上引），音疏（經解卷三九九）同，云：「此文官伯、族姓對稱；族姓，謂同族，則官伯爲異姓矣。……族姓，伯父、伯兄、仲叔、季弟、幼子、僮孫也。」後學多同江氏說。

七八　言多懼，多儆戒之言辭也。○今文經說攷（卷二九）引伏生說以解此段（自「王曰」至「私家于獄之兩辭」）：「尚書大傳曰：孔子如衛，人謂曰：『公甫不能聽訟。』子曰：『非公甫之不能聽獄也。公甫之聽獄也，有罪者懼，無罪者恥；民近禮矣。』」姑繫此以備稽。

七九 敬，謹也。有德，有德之人也。惟，乃也（尙書故，在經說二之三）。有德惟刑，謂有德者乃可主刑罰也。○敬，尙書故：「讀爲矜，與上『哀敬』同。」案：此「敬刑」即上「敬之」，皆謂愼刑，而矜憫刑罰一義包焉；從吳說反隘。有德惟刑，特申上文「非佞折獄，惟良折獄」耳，而下文總結，曰「哲人惟刑」，則再申之言也。

八〇 相，助也（釋文引馬融說）。配，配合也。在下，在人間也。作配在下，謂承順天意（以聽獄）也。明清，明察清審也。○配，義猶召誥「配皇天」，謂迎合天意，蓋以五刑者天所以左右於民，人代天工，故執罰不可不合天意也。單辭，書疏：「謂一人獨言，未有與對之人。訟者多直己以曲彼，搆辭以誣人；『單辭特難聽』，故言之也。孔子美子路云『片言可以折獄者，其由也與』（論語顏淵篇），『片言』即單辭也。」後漢書明帝紀永平三年詔：「詳刑愼罰，明察單辭」，注：「單辭，猶偏辭也。」說同書疏。蔡傳則曰：「獄辭有單有兩；單辭者，無證之辭也，聽之爲尤難。」半從經古注、半從史注來，後漢書朱浮傳「永平中，有人單辭告浮事者」，注：「單辭，謂無正據也，書曰：『明清于單辭。』」尙書札記（經解卷一四一一）：「明清于單辭者，猶後世隔別審訊之法也。蓋兩造覿面，彼此分爭，易于熒聽，故隔別單問之，俾各得盡其詞而駁問之。」如許氏說，單辭宜作單訊；且獄有偏聽之弊，受鞫者雖無情亦得盡其辭詐，正足以熒聽。其說不可從。

八一 亂，治也（僞孔傳據爾雅釋詁）。民之亂，謂天下之所以平治，（無不由於……。）中，中正也。聽，謂審訊（已詳註四九）。中聽，謂以中正之態度審理案件也。兩辭，兩造（即原告、被告，亦詳註四九）之口供。或，有也；無或，絕不許有也。家，尙書集釋（頁二六〇）：「家，當爲圂之訛。家，大克鼎作[illegible]圂，毛公鼎作[illegible]（見金文編卷六總頁三三九）。二字形近易混。圂，與溷通；說見桂氏說文義證。說文：『溷，亂也。』」無私溷于獄之兩辭，絕勿私自混亂獄訟原告被告之供辭也。〇書疏發明「民之亂，罔不中聽獄之兩辭」，義理該洽，云：「獄之兩辭，謂兩人競理，一虛一實。實者枉屈，虛者得理，則此民之所以不得治也。民之所以得治者，由典獄之官其無不以有中正之心聽獄之兩辭。……實者得理，虛者受刑，……則刑獄清而民治矣。」私，古寫隸古定本、內野本竝脫此字，當補（內野本於或下家上之間字側校補小字「私」，是有見於文脫。）。家字，僞孔因下文「獄貨非寶」云云而傳之：「典獄無敢有受貨聽詐，成私家於獄之兩辞。」疏：「汝獄官無有敢受貨賂，成私家於獄之兩辭；勿於獄之兩家受貨致富。」釋家如字，斷乎難通，從而爲之辭者多，亦絕不可取。今古文攷證（卷五）因傳統受貨之意，以爲家是𧷤獄，云：「家當作嫁，賣也。高誘戰國策注。」失之。補疏（經解卷一一五〇）見傳疏皆有「成私家」，因疑僞孔本經文「或」字作「成」，不知乃孔傳解經不通增添之字。覈詁（卷四）：「家，疑當爲處，襄四年左傳『各有攸家』，釋文本或作攸處。是其證。」處義近居。書古文訓（卷十五）：「而私心偏聽，居之不疑。」釋家爲居，尚書斠證：「說文：『家，居也。』……『私家』，猶『私居』耳。」尚書故（在經說二之三）：「私家，謂私據之也。」私據略同私居。居（處、據）於獄兩辭，迂曲說之，似勉強可通。讀書管見（卷下）：「兩辭，則各執一說，非單辭之比。主於中以聽之，未可有所偏主；私家者，偏有所主之謂也。蓋以私意而主于原告，則被告雖有理，亦不肯聽矣；主于被告，則原告雖得實，亦不肯信矣。」是釋私曰偏、家曰主，稍近。書纂言（卷四）：「家者，人之所私；私家，謂私之如家。」便讀（卷四下）：「無或偏向于獄之兩辭。」似釋家爲偏，據荀子大略篇「此家言」注「家言，謂偏見自成一家之言」定也。益愈。唯東萊度得其正，書說（卷三四）：「……其可用私意而家于獄之兩辭乎？家云者，出沒變化於兩辭之中以爲囊橐窟穴者也。其所以如此者，蓋必有所利而然。」案：出沒變化云云，即撓亂兩造口供也。是釋家爲淆亂。此與屈師說契合。案：家，小篆作[illegible]、金文作[illegible]（毛公鼎，金文編卷六收，作圂。）、[illegible]（辛鼎，金文編卷七）、甲骨文作[illegible]（甲骨文字集釋卷七）；圂，小篆作[illegible]、甲骨文作[illegible]（集釋卷六）。家、圂二字古形近易致訛，呂刑家乃圂之字誤。溷从圂聲，古音段入十三部，圂同，二字通假，說文水部：「溷，亂也。」是圂亦訓亂。

八一

獄貨，謂刑官理訟而受人財賄也。非寶，不足貴尚也。府，取也（尚書故據廣雅釋詁一）。辜，說文：「辠也。」（古寫隸古定本呂刑辜作辠）功，謂乃有功績也。惟府辜功，言惟訊取犯人之罪情（即治犯人之罪）爲有成績也。報，復也。庶，眾人也。尤，怨也。報以庶尤，謂（取得犯人罪狀而懲治之，）用回復眾人於此犯之所怨懟也。○獄貨，僞孔傳云「受獄貨」，後師多從旃，古文尚書拾遺則否，（卷二）云：「獄貨即贖鍰。」潛夫論班祿篇：「三府制法，未聞赦彼有罪，獄貨惟寶者也。」獄貨惟寶，殆改易呂刑「獄貨非寶」，謂贖鍰者，政府之所尚，雖疑獄，亦必納罰金然後得赦也。是太炎說獄貨竟同王符。案：大傳（輯校二）：「獄貨非可寶也，然，後寶之者，未能行其法者也。貪人之寶，受人之財，未有不受命以矯其上者也。親下以矯其上者，未有能成其功者也。」「貪人、受人」云云二句，正謂「未能行其法者」受獄貨，則僞孔說有本而可從。寶在此句與下句功字地位同、取義近，當作動詞、訓貴尙。府，取也；取，老子四十八章「取天下者常以無事」，河上公注：「取，治也。」治，在此爲治罪。報，謂治惡人以罪，用荅羣眾之怨恨。庶，庶眾也（上文兩「庶戮」，庶皆謂民眾。）。尤，說文言部：「訧，罪也，从言尤聲。周書曰：『報以庶訧。』」撰異（經解卷五九六）：「王伯厚漢藝文志攷（卷一）說漢世諸儒所引尙書異字『報以庶訧』，今未檢得出何書。」今文經說攷、今文攷證謂王應麟即據說文，馬宗霍說文解字引經攷（卷一）：「王氏所偁諸儒引異字，尙有『今汝懖懖』、『庶艸繁橆』、『彝倫攸殬』等句，皆見說文，不見他書；以彼例此，則陳說是也。」尤與訧音同，借爲訧。

八三

永，長也。永畏惟罰，長懼爲天所懲罰也。中，中正也。在，察也（書經注釋頁一〇八七）。命，天命也。非天不中，惟人在命，謂（人若爲天所懲罰，）非天不中正，人當審察天命也。◯僞孔傳：「當長畏懼，惟爲天所罰，非天道不中。」釋前二句適經義。「非天不中」上當蒙上「畏天罰」之義省略「苟上天降罰」；下接以「惟人在命」，宜解爲受罰之人當察天命。書傳補商（卷十七）：「非天夭中，中，均也（原注：考工記弓人『斲摯之必中』，注：『中，均也。』），平也（原注：見上。）言非惟人在命，在，中也（原注：爾雅釋詁文。）……言非天之待人有不均平，乃其人自終其命耳。」（尙書讀本頁一八〇同）案：戴說脫胎於高宗肜日「非天夭民，民中絕命」，彼經上文有「（天）降年有永不永」，故下文「命」爲民命，而此經上文言天命降罰，罰又非必定終絕人命，則「在命」義應爲仰察天心。

八四　極，至也。令，善也。天罰不極庶民，罔有令政在于天下，謂若刑罰不施於民眾，則治者無有善政在國家。○極，僞孔傳因洪範「皇極」舊解而訓「中」，且從絕句，迂曲難通。尚書故（在經說二之三）：「爾雅：『極，至也。』言若使天罰不至，則眾人在天下無有善政矣；言必無是理也。」正讀（卷六）：「極，至也。言此貪墨之吏，國法不加其身，則爲民牧者，罔有令政在于天下庶民矣。『庶民』在句首，倒裝語。」案：此二句但意謂民之邪惡姦宄當懲，刑罰不可不施，故「庶民」須從上讀，二家囿於舊讀，以屬下句，曾氏且勉強以語倒說之。竝失！

王曰：「嗚呼！嗣孫（註八五）。今往何監，非德（註八六）？于民之中，尚明聽之哉（註八七）！哲人惟刑，無疆之辭，屬于五極，咸中有慶（註八八）。受王嘉師，監于茲祥刑（註八九）。」

釋文

八五　嗣，說文：「諸侯嗣國也。」嗣孫，諸侯之後嗣子孫，此謂呂侯也。○嗣从冊从口，徐鍇繫傳：「尚書『祝册』，謂册必於廟，史讀其册也，故從口。」大盂鼎作[illegible]（兩周金文辭大系錄編頁十八）同从册从口。左昭七年傳晉大夫言於范獻子曰：「今又不禮於衛之嗣。」注：「嗣，新君也。」是諸侯子孫繼位者稱嗣。（天子之嗣位者亦曰嗣，召誥「今沖子嗣」，謂周成王也、酒誥「在今後嗣王酣身」，言殷紂也。）此誥末呼「嗣孫」而戒之，釋義（頁一四四）：「此謂諸侯嗣世之孫，即呼呂侯也。」適經義。僞孔傳：「嗣孫，諸侯嗣世子孫非一世。」謂穆王所告者非止一人，後師或謂王耄而諸侯多爲其孫（東坡書傳），而或指上文伯父伯兄仲叔季弟幼子童孫以實之（全解）；蔡傳、陳氏詳解則以爲此詔戒於來世（音疏、尚書故說略同）；書纂言（卷四）又謂「蓋諸侯或有世子代君來朝者」：皆因僞孔而說，殆非經義。

八六　今往，從今以後也。監，視也；謂取法（參註三二）。德，美德也。〇今往，義同盤庚「自今至于後日」，而「今往何監，非德」？造型若上「今爾何監？非時伯夷播刑之迪」等句。舊以「非德」冒下爲句，今古文攷證（卷五）、書傳補商（卷十七）、覈詁（卷四），咸改從「非德」屬上爲句，平議（卷六）所論爲允：「此當於『德』字絕句，言自今以往，當何所監視，豈非德乎？何監非德，與上文『何擇非人、何敬非刑、何度非服』文法一律。」

八七　于，猶今「對於」也。中，謂訟案也。聽，審訊也（詳註四九）。〇中，舊說爲中正，明聽民之中正，費解殊甚。書傳補商（卷十七）：「中，即周禮士師『受中』之中。（原注：小司寇以三刑斷庶獄訟之中。司刑以三法斷民中。獄訟成，士師受之，曰『受中』；小司寇登之于王，曰『登中』。）」平議（卷六）：「周官鄉士職『士師受中』，鄭注曰：『受中，

八八

謂受獄訟之成也。』是古謂獄訟之成爲中。」疏：「獄訟成，成謂罪已成定；云『士師受中』者，士師當受取士成定中平文書爲案。」是中果爲訟案矣。

哲，智也；哲人，明智也。刑，作動詞用，謂立法或施刑。哲人惟刑，義猶上文「有德惟刑」，言惟明智之士乃可以主持法務也。無疆，無窮盡也。辭，口供也（已詳註四九）。屬（釋文：音蠋。），猶合也（禮記經解「屬辭比事」注）。五，謂五刑。極，義同洪範「皇極」之極，標準也。中，適中（不輕不重）。慶，福也（書纂言卷四）。四句意謂明智者主刑，犯人無窮之供辭，契合五刑之準則，則刑皆適中，民實受其福矣。◯哲，知也（說文口部），爾雅釋言：「哲，智也。」。此哲，僞孔傳依以訓智，是也。哲人惟刑，宋張九成發其義簡明，曰：「知人則哲（敏案：用臯陶謨文。），哲者，知人之謂也。有知人之哲，而以斷刑，則人之是非曲直何所逃哉！是非明辨，曲直昭然，善人怙焉，惡人懼焉。」（尚書精義卷四九引）或讀此哲爲折：朱彬經傳攷證（經解卷一三六三）：「哲即折，『哲人惟刑』，猶上文言『折民惟刑』也。」述聞（經解卷一一八三）：「哲人惟㓝，……傳言『智人惟用㓝』。……案：如傳說，則㓝上當增『用』字，文義乃明，殆非也。哲當讀爲折，折之言制也；折人惟㓝，言制民人者惟㓝也（原注：上文「制以㓝」，墨子尚同篇引作「折則㓝」。）。上文『伯夷降典，折民惟㓝』，傳曰『伯夷下典禮教民而斷以法』，墨子尚賢篇引依『哲民惟㓝』。折，正字也；哲，借字也（原注：上文「哀敬折獄」，困學紀聞卷二引尚書大傳作「哀矜哲獄」，哲亦折之借字。）。哲人惟㓝，猶言『折民惟㓝』耳。」案：本篇折字四見——伯夷降典折民惟刑（墨子折作哲、漢刑法志作悊、四八目作制）、非佞折獄、惟良折獄、哀敬折獄（大傳及漢書于定國傳折竝作哲），諸折、哲、悊、制，咸取「斷」爲義

（已分別詳註二一、七一、七三）；又本篇「制」字亦四見——苗民弗用靈制以刑（墨子制作折）、越茲麗刑并制、士制百姓于刑之中、斷制五刑，制、折皆具「斷」義（已分別詳注八、一〇、二五、三五）。綜觀此八例，皆謂以刑折民（伯夷折民以刑、制苗民以刑、士制百姓，皆明言「民」，其尤顯者也。），字絕不作「哲」，亦絕不作「折人」、尤其不作「哲人」，足徵本篇畫分「折」與「哲」、「民」與「人」，使義不相淆，則「哲人惟刑」之「刑」，作動詞，謂施刑或立法，「刑」上不必具「用」字（上文「有德惟刑」無「用」字，證據最爲堅強。），而上「擇吉人觀于五刑之中」、「惟良折獄」、「有德惟刑」，吉人、良、有德猶此哲人也。三國志步騭傳：「騭上疏曰：……昔之獄官，惟賢是任，故皐陶作士，呂侯贖刑，張、于廷尉，民無冤枉。休泰之祚，實由此興。今之小臣，動與古異；獄以賄成，輕忽人命。……『明德愼罰（敏案：出康誥、多方。），哲人惟刑。』書傳所美。」上言任賢者（皐陶、呂侯）爲獄官，下引「哲人惟刑」，自是援據本篇，則哲人者，明智之人也（其又云「今之小臣」受貨慢法，乃本篇所謂「佞折獄」者也。）寶應朱氏、高郵王氏未遑深考，說甚謬！屬，孫疏（卷二七）據周禮注訓合、今古文攷證（卷五）用詩五際義訓會（會猶合）。「五」字，本篇上文十六見，除「剕罰之屬五百」外，餘皆謂五刑，其中明言「五刑」者毋煩贅述，它例，述聞（經解卷一一八三）云：「家大人曰：上文『五辭』爲五刑之辭，『五罰』爲五刑之罰，『五過』爲五刑之過。」故王念孫又曰：「則此『五極』亦謂五刑之中也，上文曰『故乃明于刑之中』、又曰『罔擇吉人，觀于五刑之中』，皆其證。」案：王氏特出此條以闢傳「五極，五常之中正也」（疏略同）之非，宋人先已辭而闢之矣：全解（卷三九）：「五極，五刑之得其中也（音疏：「一說五極，五剕得中也。」殆陰指宋人之說。），先儒以爲『五常』，誤矣。」書纂言（卷四）：「極，謂得其至當。」至當之言標準也，蔡傳纂疏（卷六）：「極者，標準之名（敏案：爾詁卷四：「極，猶則也。」則即標準。），折獄能繫屬于五刑之標準，所以皆合乎中理而有福慶也。」得乎經之正義。

八九　王，謂周王朝。嘉，美善、師，眾民也。監，視也。祥刑，常法也（已詳註四七）。

尚書周書呂刑篇義證　引用書要目

書名	簡稱	著者	板本
墨子		周墨　翟	世界書局影印諸子集成本
國語			藝文印書館影印本
逸周書			皇清經解集訓校釋本
史記		漢司馬遷	藝文印書館影印本
漢書		漢班　固	藝文印書館影印本
經典釋文	釋文	唐陸德明	通志堂經解本
尚書注疏	僞孔傳 正義	僞孔安國 唐孔穎達	藝文印書館影印本
宋單疏本尚書正義		唐孔穎達	鼎文書局影印本
唐石經尚書	唐石經本		世界書局影印本
內野本尚書	內野本		日本昭和十四年東方文化研究所影印東京內野氏藏鈔本
古寫隸古定本尚書	古寫隸古定本		東方學會影印本
東坡書傳		宋蘇　軾	學津討原本
尚書全解	全解	宋林之奇	通志堂經解本

書名	簡稱	著者	板本
書古文訓		宋薛季宣	通志堂經解本
東萊書說		宋呂祖謙	通志堂經解本
朱子語類		宋朱　熹	正中書局影明覆宋本
書集傳	蔡傳	宋蔡　沈	世界書局影印本
困學紀聞		宋王應麟	臺灣商務印書館國學基本叢書本
書經注		元金履祥	十萬卷樓叢書本
書纂言		元吳　澄	通志堂經解本
尚書今古文攷證	今古文攷證	清莊述祖	清光緒二十二年刊本
觀堂學書記		王國維，劉盼遂筆記	台灣大通書局影印王國維全集本
雙劍誃尚書新證	雙劍誃新證	于省吾	藝文印書館影印本
歷代刑法考		沈家本	文海出版社影印沈寄簃遺書本
尚書正讀	正讀	曾運乾	宏業書局影印本
尚書覈詁	覈詁	楊筠如	北強學社鉛排本
書經注釋（中譯本）		瑞典高本漢（陳舜政譯）	中華叢書編審委員會鉛排本

書名	簡稱	著者	板本
周官著作時代考		錢穆	三民書局排印本（在兩漢經學今古文平議）
中國古代文學史講義		傅斯年	傅孟眞先生集中編甲
姜原		傅斯年	傅孟眞先生集中編庚
春秋大事表列國爵姓及存滅表譔異	春秋大事表譔異	陳槃	中央研究院歷史語言研究所鉛排本（專刊之五十二）
尚書釋義	釋義	屈萬里	中華文化出版事業委員會鉛排本
漢石經尚書殘字集證		屈萬里	中央研究院歷史語言研究所影印本（專刊之四十九）
金文叢考		郭沫若	影手寫本
兩周金文辭大系		郭沫若	大通書局影印本
金文編續編		容庚	洪氏出版社影印本
金文詁林		周法高	香港大學影印本
甲金文中稱代詞研究		韓耀隆	影印手寫本
眞古文尚書集釋	眞古文集釋	日加藤常賢	日本昭和三十年十月明治書院排印本
春秋戰國における尚書の展開		日松本雅明	日本昭和四十一年二月風間書房排印本

書名	簡稱	著者	板本
先秦泉幣文字辨疑		張光裕	國立臺灣大學文史叢刊之三四（鉛排本）
呂刑研究		曾榮汾	影印手寫本
尚書的文法及其年代		何定生	中山大學語言歷史學研究所週刊第四九、五十、五一期合刊
殷周貨幣考		王名元	中山大學文史學研究所月刊三卷三期
九經古義		清惠　棟	皇清經解本
尚書集注音疏	音疏	清江　聲	皇清經解本
尚書後案	後案	清王鳴盛	皇清經解本
古文尚書撰異	撰異	清段玉裁	皇清經解本
尚書今古文注疏	孫疏	清孫星衍	廣文書局影印本
經義述聞	述聞	清王引之	皇清經解本
經傳釋詞		清王引之	世界書局排印本
尚書古注便讀	便讀	清朱駿聲	廣文書局影印本
考信錄		清崔　述	河洛圖書出版社影印本
爾雅義疏		清郝懿行	皇清經解本

書名	簡稱	著者	板本
尚書今古文集解	今古文集解	清劉逢祿	皇清經解續編本
尚書大傳輯校	輯校	清陳壽祺	皇清經解續編本
今文尚書經說攷	今文經說攷	清陳喬樅	皇清經解續編本
今文尚書攷證	今文攷證	清皮錫瑞	藝文印書館影印本
尚書大傳疏證		清皮錫瑞	清光緒二十二年師伏堂刊本
漢碑引經考		清皮錫瑞	清光緒三十年刊本
尚書大傳補注		清王闓運	靈鶼閣叢書本
尚書孔傳參正	參正	清王先謙	清光緒三十年虛受堂刊本
羣經平議	平議	清俞　樾	世界書局影印本
尚書集注述疏	述疏	清簡朝亮	鼎文書局影印本
尚書商誼	商誼	清王樹枏	陶廬叢刻本
書傳補商		清戴鈞衡	清刊本
尚書故		清吴汝綸	藝文印書館影印桐城吴先生全書本
古文尚書拾遺		章炳麟	世界書局影印章氏叢書本

國家圖書館出版品預行編目(CIP)資料

尚書周書牧誓洪範金縢呂刑篇義證 / 程元敏著.
-- 初版. -- 臺北市 : 萬卷樓, 2011.12
面 ; 公分. --(經學研究叢書.經學史研究叢刊)

ISBN 978-957-739-736-2(平裝)
1.書經 2.研究考訂

621.117 100025477

尚書周書牧誓洪範金縢呂刑篇義證

2012 年 3 月 初版 平裝

ISBN 978-957-739-736-2

定價：新台幣 600 元

作　　者	程元敏	出 版 者	萬卷樓圖書股份有限公司
發 行 人	陳滿銘	編輯部地址	106 臺北市羅斯福路二段 41 號 9 樓之 4
總 編 輯	陳滿銘	電話	02-23216565
副總編輯	張晏瑞	傳真	02-23218698
執行主編	陳欣欣	電郵	editor@wanjuan.com.tw
編輯助理	游依玲	發行所地址	106 臺北市羅斯福路二段 41 號 6 樓之 3
封面設計	果實文化設計工作室	電話	02-23216565
		傳真	02-23944113
		印 刷 者	百通科技股份有限公司

新聞局出版事業登記證局版臺業字第 5655 號

如有缺頁、破損、倒裝
請寄回更換

網 路 書 店　www.wanjuan.com.tw
劃 撥 帳 號　15624015